Las Mascaras: Ensayos De Critica Teatral...

Ramón Pérez de Ayala

OBRAS DE R. PÉREZ DE AYALA

RAMÓN PÉREZ DE AYALA

LAS MÁSCARAS

VOLUMEN II

*LOPE DE VEGA, SHAKESPEARE,
IBSEN, WILDE, DON JUAN*

MCMXIX

EDITORIAL "SATURNINO CALLEJA" S.A

CASA FUNDADA EL AÑO 1876

MADRID

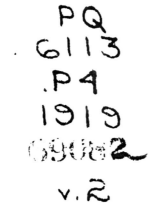
PROPIEDAD

DERECHOS RESERVADOS

PARA TODOS LOS PAÍSES

———

COPYRIGHT 1919 BY

RAMÓN PÉREZ DE AYALA

Imprenta Clásica Española. — Madrid.

LAS MÁSCARAS

TIENEN INGLESES y franceses una expresión usual y sobremanera significativa, que explica cumplidamente el carácter y conducta de ciertas personas:

spoiled baby y *enfant gaté*. En castellano carecemos de un modismo que reproduzca con exactitud aquella expresión. Lo más aproximado, dentro de las locuciones acostumbradas que aluden a hechos cotidianos, sería *niño mimado. Spoiled baby* y *enfant gaté* son frases que las dos quieren decir lo mismo; valen tanto como «niño echado a perder». Aun suponiendo que nuestra expresión se corresponda en la realidad con las otras dos extranjeras, o sea, que todas tres designen el mismo fenómeno, es de advertir que nosotros, pecaminosamente especulativos allá hacia la época en que por último se formó nuestra habla, nos detuvimos a señalar la causa, el *mimo*, en tanto ingleses y franceses, más prácticos, se conforman con indicar el efecto o resultado: la *perdición*. Pero no designan las tres el mismo fenómeno, sino que entre la una y las otras dos háy notables diferencias.

Niño mimado se aplica literalmente a los niños; sólo por excepción y abusivamente a las personas talludas. *Spoiled baby* se predica indistintamente de chicos y grandes.

Niño mimado puede serlo un niño tonto y feo, porque el mimo sobrado viene de los progenitores, los cuales contadas veces reconocen tontería ni fealdad en los frutos de su amor. En el *spoiled baby* se presuponen ciertas cualidades anejas: rara hermosura o brillantez de inteligencia. El vino se echa a perder; no el vinagre. El niño o persona, en este caso, no ya se ha echado a perder por culpa de sus padres, mas también por obra de sus relacionos y amistades.

El *niño mimado* es odioso. El *spoiled baby* es amable; rinde la voluntad de cuantos le rodean.

Examinemos por lo sucinto algunos rasgos psicológicos del niño echado a perder. Puesto que está avezado a rendir voluntades, su voluntad se le representa soberana. Siéntese como entronizado en el centro del universo. Si por ventura quienes le acompañan se distraen de él un punto, requeridos por algún afán o preocupación, él ha de solicitarles a que no dejen de mirarle y oírle; como asimismo, por el medio que sea, y todos son excelentes si lo-

gran el fin, ha de provocar la curiosidad y atención de quienes no tuvieran noticia de él. Si
habla, todos asienten; pero si él asintiese a lo
que los demás se han adelantado en decir, ya
no sería el centro del universo. Es, pues, el espíritu de contradicción, encarnado en un cuerpo favorecido y en una inteligencia privilegia-
da, porque el mundo no tolera la contradicción
si no se presenta adobada de gracias e incentivo. El primer *spoiled baby* fué, sin duda, Lu-
cifer, el ángel más hermoso y amado del Eterno. Cayó al tártaro negro e irreparable, porque
a la postre, y a pesar del donaire con que vaya
aparejada, ni Dios resiste la contradicción sis- / s
temática y activa, la rebeldía, con ser Dios infinitamente misericordioso.

El *spoiled baby* no toma la vida en serio, porque sólo a sí propio se toma en serio, que es
la mayor falta de seriedad. Lo demás de la vida
—hombres, cosas, ideas y sentimientos—no
es sino un juguete. De su falta de seriedad no
es siempre él responsable; antes bien, los semejantes con quienes fué tropezando y que se
le doblegaron. Son circunstancias éstas que
convienen también al carácter femenino. El
hombre se pone serio por primera vez cuando
echa de ver que el acto no corresponde necesariamente al deseo, por haber hallado resis-

tencia, y comprende que entre el deseo y el acto es menester incluir el esfuerzo. Pero el *spoiled baby* no conoce el esfuerzo, por no haber conocido obstáculos. El leñador que descarga hachazos en un tronco, se pone serio, porque está esforzándose. La risa, espiritual y corporalmente, es incompatible con el esfuerzo. Si sobreviniese un hada y le diese la mágica varita con que tocando a los árboles se atierrasen por sí, de allí en adelante le parecía al leñador su oficio cosa de juego. El *spoiled baby* posee la varita mágica; su vida es un juego gracioso; toda la vida es un juego gracioso. Su corazón rezuma generosidad y simpatía, un poco frías desde luego, por todas las cosas. ¿Cómo ha de ser malo y avieso, ni creer en el mal, si no ha visto el mal de cerca, si nadie le ha hecho daño, ni siquiera en la vanidad? ¿Por qué ha de fruncir las cejas ante la vida, no habiendo recibido de ella sino halagos y sonrisas? Cuando más, insospechada vislumbre del ajeno dolor le herirá, con emoción sentimental y momentánea.

El espíritu contradictorio se manifiesta en la vida de relación adoptando de preferencia la vanidad y el cinismo como actitudes convencionales, y por convencionales, un tanto ingenuas.

Pasan los años. Aunque el niño se hace hombre corporalmente, tal vez prosigue porque el mundo le lisonjea y acata, siendo niño echado a perder. Y el escarmiento, al cabo, descarga sobre su enhiesta cabeza. El escarmiento acudirá, moroso acaso, pero es indefectible. Porque la impunidad en la contradicción de palabra induce a la contradicción de obra, y en esto termina, y el mundo, que tolera y aun festeja que un ser fuera de lo común se divierta y chancee a costa de las ideas comúnmente recibidas, no admite en cambio que un niño antojadizo quebrante de hecho las normas de convivencia que secular y penosamente se han ido adoptando; no admite la rebeldía individual, el escándalo. El escarmiento es indefectible. El pobre niño mimado pasa a ser un hombre despreciado. Y la vida, que antes juzgó fiesta liviana, ahora gravita sobre él a la manera de una gran tragedia. No hay tragedia semejante a la tribulación de un niño, porque siendo para él la propia voluntad todo el universo, rota su voluntad, el universo se desploma hechos añicos. Es la máxima sensación de lo irreparable.

Los fracasos y derrotas de los hombres provienen de que suele andar en ellos alterado el curso del tiempo y trocadas las edades. Unos han sido hombres prematuramente. No han tenido infancia en su debida sazón. Como nadie puede dejar de ser niño, siquiera sea una vez a lo largo de la vida, éstos se sienten niños a deshora, que es gran desdicha. Lo propio sucede con la mocedad. Otros no dejan jamás de ser niños, pero sin llegar a ser hombres. ¡Cuitados! Serán presa de los demás, y, bien que alcancen el reino de los cielos, un hemisferio terrena de la vida les permanecerá ignorado. La armonía de la vida redúcese a saber hacerse hombre sin dejar de ser niño; en tomar la vida en serio, sin perder la alegría.

Hemos esbozado aquí una de las formas del espíritu de contradicción, aquella que se engendra del haber vivido sin obstáculos. En el polo opuesto está otro espíritu contradictorio, que es forma de reacción contra el ambiente hostil, y se origina de la vanidad lastimada. Equidistante de una y otra manía de contradecir se mantiene la comezón negativa y espíritu de contradicción, que nace de mera estupidez. Lo primero, aunque impertinente es, por lo general, noble, ligero y optimista. Lo segundo, acre, mordaz y no menos impertinente. Ambos, divierten, a sus horas. Lo último, nada más inaguantable y nauseabundo.

Si alguien se ha ajustado al patrón ideal del *spoiled baby*, en todos sus perfiles, ha sido el escritor inglés Oscar Wilde, así en su vida como en sus obras. Favorecido con los más peregrinos dones de inteligencia y sensibilidad, personal prestancia y posición social, no le estorbó para ser un gran hombre sino el haber sido y haber continuado siendo un niño mimado y echado a perder. Nada tan bizarro como su vida voluntariosa y afectada; nada tan trágico como su escarmiento.

En su libro *De Profundis*, escrito en la cárcel, en los momentos más amargos de su escarmiento y caída, se expresa así Oscar Wilde: «Los dioses me lo habían dado casi todo. Pero yo me dejé extravíar y caer en largos encantamientos de ociosidad insensata y sensual. Me divertía ser un *flaneur*, un *dandy*, un hombre a la moda. Fuí pródigo de mi propio genio. Despilfarrar una eterna juventud me proporcionaba curiosa alegría. Cansado de estar en las alturas, descendí deliberadamente a los abismos, en busca de nuevas sensaciones. La perversidad en la esfera de la pasión fué para mí lo que la paradoja en la esfera del pensamiento. Más y más indiferente hacia la vida ajena, jugué con cuanto me placía, y seguí adelante... Acabé en horrible desgracia.»

Comenzó por no ver en el universo sino interesante juego de apariencias, que viene a ser

como pensar que la vida es una mascarada alegre. «Los superficiales son los únicos que no
juzgan por apariencias» — dijo —. «La estética sólo manipula apariencias agradables. La
estética es independiente y superior a la ética.
Es menester comenzar por hacer de la propia
vida una obra de arte.»

Así, profesó ser, ante todo, un esteta. Veamos en qué consistió la obra de arte que hizo
de la propia vida, conforme aquellos principios.

. Conquistada ya sonora nombradía, hace un
viaje al Norte de América (1882). Se lanza a
pasear por las calles de Nueva York ataviado
con este indumento: ondas de cabello castaño,
cruzándole la frente, caían hasta los hombros;
corbata chalina, de un verde fantástico; casa-
quín de terciopelo; calzones cortos, ceñidos;
medias de seda y zapatos de hebilla. En la
mano conducía un enorme girasol. Como para
una alegre mascarada.

De vuelta en Europa, y visitando el museo
del Louvre, le sorprende y fascina un busto de
Nerón, a causa del insólito y sorprendente corte y rizado de los cabellos. Preséntase en Londres, ya con la testa aderazada según el tocado
neroniano, e introduce la moda masculina
de los claveles verdes en el ojal. Entonces escribe a su amigo Sherard (autor de *La vida de*

Oscar Wilde, y *El verdadero Oscar Wilde*, de donde tomo los datos anecdóticos): «La sociedad necesita que se le cause maravilla, y mi tocado neroniano la ha maravillado. Casi nadie me reconoce, y todos aseguran que me hace muy joven, lo cual, desde luego, es delicioso.» *Punch* y otros periódicos cómicos publicaron caricaturas y sátiras sobre el «eminente esteta». Para Wilde, todo esto era delicioso; la alta sociedad inglesa le celebraba. Entre la alta sociedad, las cuestiones del traje no constituyen dogma. Se soporta toda arbitrariedad o descuido, a no ser en aquellas personas que no presentan otro título para el acceso al trato social sino la corrección en el vestir y la conformidad con los cánones de la moda. El linaje, la fortuna o la fama son prerrogativas exentas del rigor indumentario. Oscar Wilde poseía dos de estas prerrogativas: el nombre familiar y el renombre de su talento. Podían, pues, pasar su espíritu de contradicción en los atavíos y su paradójico cinismo intelectual. (En *Lady Windermere's fan*, comedia de Oscar Wilde, hay estas dos frases: «Es absurdo dividir a la gente en buena y mala. La gente es o encantadora o tediosa.» «¿Qué es un cínico? Un hombre que conoce el precio de todo, pero no conoce el valor de nada.»)

De esta época son las cuatro comedias modernas de Oscar Wilde.

Pero el espíritu de contradicción de Oscar Wilde fué más lejos y se mostró en actos. Llamaba y hacíase llamar de sus amigos por el nombre de pila, y los abrazaba y besaba al encontrarlos y despedirlos, en lugar de darles la mano; costumbres que, aunque admitidas en otros países (la primera, en España; la otra, en Italia), escandalizaban a la sociedad inglesa. Añádase que sus amigos eran todos tiernos mozos.

Comenzaron a fraguarse graves sospechas sobre la limpieza de su conducta. Oscar Wilde, con afectada pomposidad y aquel su nativo donaire, desafiaba la pública opinión. Una carta suya a un amigo vino a parar en manos de unos desalmados, los cuales, habiéndola interpretado como les convenía, y después de enviar copia de ella a Beerbohm Tree, actor de las comedias de Wilde, consideraron que el documento podía valerles buen dinero. Esta carta fué la pieza de convicción más fuerte contra Wilde, en el proceso que le acarreó la prisión. El mismo Wilde refería, antes del proceso, el incidente de la carta, como dando a entender que era inofensiva. En el proceso habló del asunto en estos términos: «Se presentó un hombre en mi casa. Dije: supongo que viene usted con motivo de mi hermosa carta. Si usted, tontamente, no hubiese enviado una copia a mister Beerbohm Tree, yo hubiera pagado con gusto mucho dinero por tener esa carta, porque la considero una obra de arte. Y dijo él: de esa carta se pueden sacar muy curiosas consecuencias. Yo repliqué: el arte es muy difícil de entender para las clases criminales. El dijo: una persona me ha ofrecido por ella sesenta libras esterlinas. Dije: si usted se guía por mi consejo, véndasela. A mí mismo nunca me han pagado tanto por una obra de tan corta extensión. Pero me enorgullece saber que en Inglaterra hay quien considera que una carta mía vale sesenta libras.» Quedó el otro perplejo; concluyó confesando que no tenía un cuarto, y Wilde le dió unos chelines de limosna.

La carta estaba dirigida a lord Alfredo Douglas. El poeta francés Pierre Louys la tradujo, convirtiéndola en soneto, que se publicó en la revista titulada *La Lámpara del Espíritu*. He aquí el primer cuarteto y los dos tercetos: «Jacinto, corazón mío, dios joven, dulce y rubio; tus ojos son la luz del mar. Tu boca, la sangre roja de la tarde en que mi sol se pone. Te amo, zalamero joven, caro a los brazos de Apolo.

Huyes de mí, a través de las puertas de Hércules. Ve. Refrigera tus manos en el claro crepúsculo de las cosas, en donde desciende el alma antigua, y vuelve, Jacinto adorado. ¡Jacinto, Jacinto! Porque quiero ver en los bosques siriacos tu bello cuerpo, siempre extendido sobre la rosa y la menta.» En oídos españoles, esto sonará con alarmantes sugestiones. Téngase en cuenta que es sólo literatura. Loores no menos desconcertantes y poéticos abundan en los sonetos de Shakespeare, dedicados a un amigo, y en la correspondencia entre Goethe y Schiller. La opinión más cuerda sobre aquella carta de Wilde la dió el juez Wills, presidente del tribunal: «No quiero — dijo — expresar el juicio que me merece el acusador, a causa del uso que hace de esa y otras cartas. Lo único que me atrevo a indicar es que, acaso porque soy un majadero en materias de arte, no acierto a ver en el lenguaje de esa carta la extrema belleza que pregonan.»

Era acusador de Wilde el hoy universalmente conocido gobernante sir Eduardo Carson. Preguntó Carson a Wilde si consideraba dentro de los términos ordinarios la carta a lord Alfredo Douglas. Wilde respondió: «Lo que yo escribo es todo extraordinario. ¡Cielos! Si precisamente he procurado siempre no caer en lo ordinario.» Otra pregunta de Carson: «¿Suele usted beber champaña?» Wilde: «Sí. Helado es una de mis bebidas favoritas, por cierto muy en contra de las prescripciones de mi médico.» Carson (malhumorado): «No hagamos caso ahora de las prescripciones de su médico.» Wilde: «Nunca he hecho caso de ellas.» Cada vez que se mencionaba alguna amistad de Wilde, Carson inquiría la edad. «¿Qué edad tenía?» —pregunta Carson por milésima vez—. Wilde responde, hastiado: «Realmente, yo no llevo un censo.» Carson insiste. Dice Wilde: «Calculo que unos veinte años. Era joven, y en esto se cifraba una de sus atracciones. Me deleita la compañía de los que son mucho más jóvenes que yo. No reconozco otra especie de distinción social. Para mí, el simple hecho de ser joven es tan admirable, que prefiero hablar media hora con uno de ellos antes que sufrir un largo interrogatorio, aunque sea tan hábil como el del señor acusador.» Más adelante declaraba que le atraía el trato de los jóvenes porque gustaba de que gustasen de él *(Y like to be liked)*, y le complacía pontificar y que le escuchasen religiosamente. Alma débil, necesitaba del calor de la lisonja, como el reumático necesita del calor de las bayetas.

A consecuencia del escandaloso proceso, hundióse la vida de Oscar Wilde. Le llegó el escarmiento; paró en la cárcel. Allí escribió su *De Profundis*, libro que pretende ser un acto de humildad y de contrición, pero que no es sino una nueva actitud afectada. Era ya demasiado tarde para que el niño echado a perder se trocase enteramente en hombre. Cuando apareció este libro, Ramiro de Maeztu me dijo: «Me hace el efecto de un *dandy* que, aun después de muerto, se presentase ante el eterno tribunal de Dios fumando con petulancia un cigarrillo de boquilla dorada y echando el humo en roscas.» Exacto. Ni en los paisajes más patéticos de este libro consigue Wilde desentenderse de sus fútiles preocupaciones y vanidades. Hablando de la muerte de su madre, acaecida en tanto él estaba en la prisión, escribe: «Yo, *que fuí un tiempo señor del lenguaje*, no encuentro palabras, etc., etc.» Fría retórica.

Algunos amigos procuraron defender a Wilde. Madame de Bremont, amiga de la madre de Wilde, hasta inventó una teoría al efecto, según la cual no sale en verdad muy bien parado Oscar Wilde. «Estando Esperanza (madre de Wilde) encinta de su infortunado hijo, deseaba ardientemente que fuese hembra. Para dar con la solución de la personalidad y genio paradójicos de Oscar Wilde, debemos mirar a su alma. Cuando la unión del cerebro y del alma es anormal, el producto es el genio. Esto se debe al estado híbrido en donde alma y cuerpo están atados en antítesis sexual. El alma femenina en el cerebro masculino crea el genio en el hombre; el alma masculina en cerebro femenino crea el genio en la mujer.» Y luego: «Su no secreta antipatía a las mujeres, como tales mujeres, y su ostentoso entusiasmo por el hombre, en cuanto hombre, es buena prueba del alma femenina de Oscar Wilde.» Por último: «Oscar Wilde hubiera sido una mujer buena y noble si su alma se hubiera alojado en un órgano acomodado, en un cerebro femenino.»

Mejor lo defienden Sherard y Gide. El primero escribe: «Nunca vi en él nada afeminado. La impresión que siempre me produjo fué la de ser todo un hombre, y su alma, asimismo masculina.» Y Gide dice: «Nada, desde que frecuenté a Wilde, me hizo sospechar nada.»

Salió de la cárcel y de Inglaterra; escondióse a las miradas del mundo y arrastró miserable existencia. Hubo momentos en que el más delicado agasajo con que le podía brindar alguno de sus amigos leales era una camisa limpia o un cuello postizo. ¡Un cuello postizo! Y ni aun siendo el hombre deshecho y echado a perder, dejó de ser el niño echado a perder, vanidoso, contradictor y obsesionado por adoptar actitudes teatrales.

E «Cuando su escandaloso proceso, algunos escritores y artistas intentaron una especie de salvamento, apelando a la literatura y al arte. Confiaban excusar la conducta del hombre enalteciendo la obra del escritor. De donde se siguió un error; porque, ¡ay!, es preciso reconocerlo, Wilde no es un gran escritor. Sus obras, más bien que sostenerle á flote, no parece sino que se hundieron con él.» Y Gide consagra su pluma antes a vindicar al hombre que a encarecer al literato.

Al cabo de diez y seis años, se ha confirmado la validez del juicio de Gide.

Oscar Wilde es un escritor interesante, dotado de cierto hechizo intelectual y sensual que hará siempre gustosa la lectura de sus obras, un escritor gracioso y agraciado, esto es, favorecido por las Gracias; mas para ser un gran escritor le faltó concepto preciso del mundo y hondo sentido de la vida.

En época de boyancia y esplendor, decía él

mismo que todas sus obras eran técnicamente perfectas. Si las ideas de «forma» y de «técnica» se restringen al mero escrúpulo de lenguaje, sin duda los escritos de Wilde se aproximan a la perfección. Pero la técnica literaria circunda y abarca materias más graves que la corrección del lenguaje. Wilde lo comprendió así en cuanto le dieron tiempo para pensar sobre el asunto con alguna circunspección, habiéndole encerrado en una cárcel. Declaró entonces que le repugnaban todas sus obras. Y algún tiempo después reiteraba su pensamiento con estas palabras: «Escribí cuando no conocía la vida. Ahora que conozco el sentido de la vida nada tengo que escribir; sí sólo vivir. Fuí feliz en mi prisión porque dentro de ella di con mi alma. Lo que antes había escrito, lo había escrito sin alma. Lo que he escrito luego, guiado por mi alma, día llegará en que el mundo lo lea.» Sin embargo, y a pesar del divino hallazgo de la propia alma, en los escritos posteriores a su confinamiento hasta el presente conocidos (pues se asegura que algunos permanecen todavía inéditos), en relación con los anteriores, se observa que lo que hubieron de perder en alacridad no consiguieron trocarlo en hondura y aplomo. Continuaba siendo Wilde niño echo a perder, hombre frustrado. No acertó a tomar la vida en serio antes ni después de estar preso; de ídolo ni de réprobo.

Huído de Inglaterra, hallábase Wilde en Argel, en donde por caso dió con él Gide, el cual refiere: «Una de las últimas noches de Argel parecía que Wilde se había propuesto no decir nada en serio. Yo llegué a irritarme un poco con sus paradojas, demasiado espirituales... De pronto, inclinándose bruscamente sobre mí—¿quiere usted saber, dijo, el gran drama de mi vida? Consiste en que he consumido todo mi genio en vivir, y en mis obras sólo he empleado mi talento.»

Oscar Wilde se ufanaba, con abusiva reiteración, de ser un genio; pertinacia, más que vituperable, sospechosa, porque indica una de dos, o que él no estaba muy seguro, o que los demás no lo estaban.

Aquella misma noche de Argel le confesaba Wilde a su amigo que no eran nada buenas sus comedias, que no las tenía en ninguna estima, y que casi todas las había escrito por apuesta. Afectaba desdén hacia sus producciones literarias, mostrando de esta suerte que había concentrado su genio en la vida por la vida misma, haciendo de ella una obra de arte. Si cabe hacer impecable obra de arte de la propia vida, el arquetipo o ideal de este género artístico, a pesar de que un personaje de Wilde afirme ser invención de nuestros días, lo trazó Platón hace siglos, y de entonces acá no ha mudado: «lo más hermoso es ser sano, rico, honrado entre los compatriotas hasta la extrema vejez, y ser enterrado con decoro por los hijos».

¿En qué reveló Wilde su genio, a través de su vida? El genio se revela necesariamente en las obras o en las acciones. En las obras: el genio de la mente, el genio creador, el genio artístico. En las acciones: el genio del carácter, el heroísmo y la santidad.

En cuanto á las obras, bien que Wilde no reputase geniales las suyas propias, ha habido quien le calificó de genio literario. ¿Lo fué realmente?

Un escritor inglés contemporáneo, John Bailey, estudiando la genialidad de Boswell, biógrafo del doctor Johnson, escribe: «Si el término *genio* se toma en su estricta acepción moderna, que vale tanto como trascendental potencia de espíritu, acepción en que lo aplicamos a un Miguel Angel, por ejemplo, es absurdo pretender que este título le conviene a Boswell. Pero úsase asimismo la palabra en otro sentido más laxo y añejo, significando definidamente el hombre que establece una originalidad importante y crea una manera nueva en

algunas de las actividades serias de la vida, arte
o literatura, política o guerra, y en tal caso,
Boswell fué, sin disputa, un genio.» Boswell
creó la forma moderna de la biografía.

Ni en la acepción estricta ni en el sentido
laxo es admisible predicar la raridad de genio
en Oscar Wilde, juzgando su obra. El don del
ingenio sí que lo poseyó; ingenio fuera de lo
común.

¿Acaso el genio literario es otra cosa distinta
de aquellas dos categorías que establece John
Bailey? Wilde definió a su modo, paradójica-
mente, el genio literario. Hay dos especies de
escritores, decía: unos, que asientan respuestas;
otros, que formulan preguntas. Es menester
averiguar si se es de los que responden o de los
que preguntan, porque el que pregunta nunca
es el que responde. Hay obras que esperan; no
se entienden durante largo tiempo. Es porque
asientan respuestas a preguntas que todavía no
se han formulado, pues a veces la pregunta sobreviene con terrible retraso respecto de la respuesta. Claro está que el genio literario es el
que se anticipa a responder lo que preguntará
la Humanidad futura.

La anterior paradoja nos parece sumamente
ingeniosa, y al pronto nos aturde como si nos
hubieran dado una gran sacudida. Eso es las

más de las veces la paradoja: un razonamiento vertiginoso y capcioso, un volver el pensamiento cabeza abajo. Pero si nos detenemos un punto a aquilatar su verdad, el artificio se nos desbarata entre los dedos. Los grandes escritores no son los que de antemano dan respuesta a preguntas del porvenir, por la sencilla razón de que todas las preguntas esenciales están ya formuladas desde el orto de la conciencia humana. Lo que cambia en cada época y pueblo es el modo de la pregunta, su expresión circunstancial. Los grandes escritores son aquellos que mejor han sabido responder a las preguntas esenciales y eternas, según el modo y expresión de su tiempo y pueblo. Y en esto está el secreto de su universalidad, en el espacio, y de su perduración, en el tiempo. Oscar Wilde no es uno de los escritores contemporáneos que mejor han sabido responder a las preguntas eternas, tal como se han planteado en los últimos años.

Si en sus obras no se acredita de genio, por de contado que en sus acciones no fué héroe, ni mucho menos santo.

Ya que él mismo estigmatizaba sus obras, por deleznables, y su vida social fué tan desastrada como sabemos; entonces, ¿en qué sustentaba su jactancia de genialidad? En su conversación. ¡Peregrina vanagloria! Era un genio de la charla. «Wilde no hablaba, narraba», dice Gide. Así como algunas gentes deben su buena acogida en el trato de gentes a una copiosa *summa* de chascarrillos pornográficos, que vierten en el intercambio cuoloquial, venga o no a pelo, Oscar Wilde llevaba archivados en la memoria unos cuantos cuentos y apólogos, sobremanera poéticos, a veces hasta mistagógicos, y así que se le presentaba una coyuntura los recitaba con gran entonación. Sus conocidos afirman que cuando repetía una de sus fabulillas, las palabras eran las mismas exactamente. Así estas narraciones orales, como sus cuentos escritos, son deliciosas flores de la fantasía.

En resolución, se nos presenta Oscar Wilde, en su vida y en sus obras, como el niño a quien echaron a perder la inteligencia, por la exageración inconsiderada de las alabanzas; el carácter, por haberle dejado hacer siempre su voluntad; el corazón, por haberse ocupado de él con exceso, adorándole, idolatrándole.

De aquí su vanidad y su cinismo, su incapacidad para tomar la vida en serio, su impertinente espíritu de contradicción, que él involucraba, creyéndolo fuerza de originalidad. Escribe Saint-Beuve: «Hay dos maneras de no pensar por cuenta propia: repetir lo que los otros dicen o hacerse un género aparte, diciendo todo lo contrario de los demás. Después del calco nada hay más fácil que la contradicción.» Antes de haber leído estas líneas de Saint-Beuve, yo había escrito que alardear de renovador sin otro fundamento que la contradicción sistemática de las ideas comúnmente recibidas es como volver del revés un traje viejo y hacerse la ilusión de llevar un vestido flamante.

Pero en las contradicciones y paradojas de Oscar Wilde reluce siempre soberano ingenio. Adoptando una elocución feliz de Menandro, podríamos decir que los epigramas de Wilde son miel del Himeto embebida en ajenjo. No son simples expedientes o trucos al alcance de todo el mundo, como juzgaron, con ligero desdén, algunos críticos de sus comedias.

Bernard Shaw, en quien influyó no poco la manía paradójica de Wilde, escribía con ocasión del estreno de *Un marido ideal (Dramatic opinions and essays)*: «La nueva comedia de mister Oscar Wilde constituye un tema peligroso, porque tiene la propiedad de entontecer a los críticos. Ríen coléricamente los epigramas de Wilde, como niño a quien se trata de distraer durante un acceso de rabia. Protestan de que el truco es demasiado transparente y que cualquiera persona lo suficientemente informal para condescender hasta semejante frivolidad pudiera hacer por docenas idénticos epigramas. Por lo visto yo soy la única persona en Londres que no es capaz de sentarse a escribir una comedia de Wilde cuando le apetece... En cierto sentido, Wilde es nuestro único escritor de comedias *(playwright)*. Juega con todo; con el ingenio, con la filosofía, con el drama, con los actores, con el público, con el teatro entero.› La palabra *play* tiene un doble sentido; quiere decir comedia y juego. Por eso Shaw hace girar el vocablo, diciendo que Wilde en sus comedias juega con todo y nada toma en serio. Entiéndase rectamente la opinión de Shaw. No indica que Wilde fuera el mejor dramaturgo, pues la cualidad primordial del dramaturgo es la aptitud para tomar la vida en serio; sino el mejor jugador de ideas y sentimientos. Y el juego ya se sabe que es radicalmente una actividad destructora; se destroza el juguete, por escudriñar su escondido resorte; y se le deja de lado después.

Las comedias modernas de Wilde poseen una de las virtudes teologales y necesarias para salvarse: que cada uno de sus personajes tiene razón. Wilde ha descubierto y mostrado con sagacidad intelectual el resorte de los muñecos. Pero esto no basta; porque siguen siendo muñecos. Wilde comprendió a cada uno de sus

personajes, pero le faltó la simpatía humana
con que vivificarlos; le faltó lirismo, el infundir-
se y apasionarse dentro de cada uno de ellos.
Y sin este lirismo no hay caracteres; no hay
drama verdadero. Y no habiendo drama verdadero, no se le presentaban situaciones al autor.
Wilde hubo de inventarlas por los medios más
falsos e ineficaces. Los caracteres de las comedias de Wilde son lo que el doctor Johnson
denominaba caracteres de costumbre, por contraposición a los caracteres de naturaleza. «Los
caracteres de costumbre, decía, son muy diver-
tidos; los entiende un observador superficial.
En tanto, para entender los caracteres de naturaleza es fuerza penetrar hasta los más oscuros
recovecos del corazón humano.»

Las comedias de Wilde aparecen en la escena española tras largos años de estar condena-
das al ostracismo en los teatros del extranjero.
Llegan hasta nosotros, como nos llegan todas
las ideas y obras del ancho mundo, en la ex-
tremidad de su peregrinación, avenjetadas, des-
lustradas, cansadas.

PROCESO
PÓSTUMO.

La sombra del pobre Oscar Wilde no logra
hallar reposo ni aun en la morada letárgica de
las sombras, frío campo de asfódelos, más allá

del bituminoso Leteo. Le persigue en la muerte el mismo sino adverso que en vida. Estando vivo, Themis. diosa de la Justicia, le desgarró con su espada el corazón. Al cabo de los años de haber fenecido, cuando su corazón es sólo ceniza, la propia Themis, severa, coge en un puñado las cenizas y las aventa al huracán del desprecio.

Pasemos del tono lamentoso y alegórico al acento moderado y narrativo.

Ello es que recientemente se ha visto en Londres un escandaloso proceso, y, por paradójico modo, regocijado cuanto escandaloso. El procesado se llama míster Pemberton Billing, diputado. La demandante, miss Maud Allan, bailarina. Los cargos en que se cimentaba la querella, eran: primero, la publicación de un artículo difamatorio contra la Allan y su empresario Grein, artículo publicado por Billing en su periódico *Vigilante*; segundo, la obscenidad del artículo.

Sin embargo, ni el diputado ni la bailarina fueron los verdaderos protagonistas. Igual que en algunas baladas, en este proceso hubo un embozado misterioso, que al abrir la capa vióse que era un muerto: el embozado aquí era Oscar Wilde. En el banquillo de los acusados yacía la triste memoria de Oscar Wilde.

Tratábase de fallar si la obra de Oscar Wilde cae dentro del fuero lícito de la estética, o, por el contrario, debe ser relegada a los penumbrosos suburbios en donde se acoge la libídine clandestina. Si los doce jurados — doce, como los apóstoles —absolvían a Billing, debía entenderse que el pueblo inglés repudiaba la obra de Oscar Wilde. Si le condenaban, significaba que sus compatriotas rendían un desagravio póstumo a Oscar Wilde. Tal es el sentido que unánimemente se dió en Inglaterra a este proceso. Al final, se pronunció la absolución de Billing, seguida de *hurras* del público, en la sala de audiencia, y luego de aclamaciones de la muchedumbre congregada en la calle.

Los periódicos ingleses publicaron a diario y al pie de la letra las vistas del proceso. En el último número del *Mercure de France* (I-VII-1918) aparecen los trozos más interesantes de él.

El párrafo de Billing en que fundó la bailarina su querella, dice: «Para asistir a las representaciones privadas en las cuales miss Maud Allan interpreta *Salomé*, de Oscar Wilde, se exige estar inscrito en casa de miss Valetta, calle Duque, 9, Adelphi. Si Scotland Yard (Oficina central de la policía secreta) se hiciese con la lista de los allí inscritos, averiguaría, sin duda, los nombres de muchos millares de los 47.000.» Estos incógnitos 47.000 componen, según Billing, una lista alemana, de hombres y mujeres, todos ingleses, personas influyentes, cuyos vicios y flaquezas les convierten en presuntos y aptos instrumentos a la merced de los espías y agentes alemanes.

El presidente del Tribunal fué el juez Darling; el acusador privado, por la bailarina, un míster Hume Williams; Billing ejerció su propia defensa.

He aquí algunos fragmentos del proceso. A lo último haremos los comentarios.

Maud Allan declara haber nacido en América, de padres ingleses; educóse en San Francisco, hasta los quince.

Billing.—Su hermano de usted, ¿fué ejecutado en San Francisco? ¿Por qué crimen?

M. A.—Ya lo ha contado usted.

B.—¿Por el asesinato de dos niñas?

M. A.—Sí.

B.—¿Y violación después de la muerte?

M. A.—Creo que eso último es una imputación falsa.

B. (Abriendo un libro).—Esta fotografía, ¿es el retrato de su hermano?

El juez.—¿Se considera usted obligado a hacer esa pregunta?

B.—Lo siento mucho, pero he de probar la influencia precisa de este hecho sobre la perversión sexual en general.

El juez.—¿Qué hecho?

B.—El que se analiza en este libro. He de demostrar que ciertos vicios son hereditarios; que en algunos seres el instinto de tales conduce al asesinato; pero que en la mayoría no determina sino una predisposición a figurarse y representar crímenes que no osan cometer en la vida real; esto es, a la pantomima. Así, me parece que la pasión por la cabeza de San Juan Bautista debe clasificarse en esta categoría.

La señora Villiers-Stuart, testigo, certifica la existencia de la lista de los 47.000.

El juez.—¿Puede usted dar su palabra?

V. S.—Sí. Era un libro grande, negro, impreso en Alemania.

Interviene Billing, con preguntas que el juez Darling considera ociosas. El juez alude a las reglas del procedimiento. Billing comienza a exasperarse.

B.—No sé nada de reglas ni de ley. He venido aquí, en justicia, a probar una cosa, y la he de probar.

El juez.—Pero pruébela usted observando las reglas.

Billing (colérico, dando un puñetazo y con voz aguda, pregunta a la testigo).—¿Está en la lista de personajes viciosos y sospechosos el nombre del juez Darling?

La testigo.—Sí.

Tumulto. Billing grita:

— ¿Está en la lista el nombre de la señora de Asquith?

La testigo.—Sí.

B.—¿El de Asquith? ¿El de lord Haldane?

La testigo.—Sí, sí.

Aparece lord Alfredo Douglas, como testigo.

Douglas.—Autor, poeta, director de la Academia desde 1907 a 1910, he hecho un estudio escrupuloso de la obra de Oscar Wilde, al cual conocí íntimamente desde 1892 hasta su muerte. La reputación que alcanbó Oscar Wilde como crítico, autor o poeta, me parece muy exagerada. No tiene la mitad del talento que se le ha concedido. Habilidad técnica, eso sí. No se servía de las palabras a la ligera, y decía lo que quería decir. Cuando parece decir una cosa, es con toda intención. Los símbolos de *Salomé* son explícitos y no requieren comentarios. Este drama, construído en inglés, y traducido, con la ayuda de algunos escritores franceses, en época en que Wilde no dominaba bastante esta lengua, fué luego nuevamente escrito en inglés por mí, bajo su dirección. De suerte que poseo especialísimo conocimiento de sus ideas íntimas.

B.—¿Cuáles son esas ideas, tales como él se las hubo de expresar a usted?

D.—Quería hacer la historia de una perverversión sexual. Y aun hay más: un pasaje sodomítico, concebido con intención sodomítica.

B.—¿Se lo dijo así él mismo?

D.—Me lo dijo sin emplear, es verdad, la palabra *sodomítico*, porque tenía la costumbre de enmascarar sus abominaciones bajo un lenguaje florido. Ejerció la más diabólica influencia sobre cuantos se le aproximaron. Fué la más poderosa fuerza del mal en Europa, desde hace trescientos cincuenta años. (La exactitud de esta cifra, tres siglos y medio justos, ni año más ni año menos, no deja de sorprendernos.)

B.—¿Habla usted solamente de homosexualidad?

D.—No. Wilde era agente del demonio de todas las maneras imaginables. Su único objeto en la vida era atacar la virtud, denigrarla o presentarla ridícula.

B.—¿Qué edad tenía usted cuando le conoció?

D.—De veintiuno a veintidós años.

B.—¿Lamenta usted haberle conocido?

D.—Lo lamento amargamente.

B.—¿Considera usted *Salomé* como una obra clásica?

D.—No. Se ha hecho clásica a causa de los elogios insensatos de los críticos y de la notoriedad exagerada.

B.—¿Piensa usted que debe ser conservada por la nación?

D.—Ciertamente que no. Wilde jamás escribió sin intención nociva y sentimiento pervertido.

. . . .

B.—¿Deplora usted haber colaborado en *Salomé?*

D.—Lo deploro profundamente. Es una obra abominable. Las personas normales sienten hacia ella honda repugnancia; los corrompidos, se deleitan; pero todo ser moralmente indeciso, es una víctima segura.

. . . .

B.—En su dictamen, ¿se sirvió Wilde de la luna al modo de pantalla en donde proyectar imágenes demasiado abominables para ser presentadas al desnudo?

D.—Sí.

B.—Según eso, ¿tiene la luna un sentido oculto?

D.—Sí; Wilde hablaba con frecuencia de la luna.

B.—¿Qué quería dar a entender?

D.—En realidad, designaba con ella el vicio contra natura.

B.—El nombre de Wilde, ¿tiene actualmente un sentido especial en nuestro país?

D.—Sí; decir de un hombre que es un Oscar Wilde, vale tanto como afirmar que es un *pervertido*.

Más adelante, agrega lord Alfredo:

—Wilde no despreciaba ni aun a las gentes que carecían de inteligencia para apreciar su obra. Era el hombre más fatuo que haya habido jamás... Desde luego, no quiero dar a entender que todos los que hablan del «arte por el arte» y otras *bobadas* semejantes sean también personas necesariamente corrompidas.

El juez.—Claro que no todos son gente mala; son simplemente cubistas o algo estúpido por el estilo. (Risas.)

La parte humorística del proceso corrió a cargo del juez Darling.

La última parte del testimonio de lord Alfredo Douglas es harto delicada y penosa, para que nos permitamos transcribirla.

Surge un nuevo testigo, un sacerdote, el padre Bernardo Vaughan. Su presencia mueve murmullos de extrañeza entre el público. El clérigo comienza anunciando que se expresará como patriota; pero, a pesar suyo, no puede reprimir el celo canónico que le anima.

Padre V.—De hablar el sacerdote, ¿qué no diría yo de esa abominación (*Salome*), que considero deliberado ultraje a la majestad y santidad de Dios?

El juez.—Todo eso ya nos lo dirá usted mañana. (*El día siguiente era domingo. El juez alude al sermón o prédica dominical*). Ahora, procure usted ser concreto.

P. V.—Debiera prohibirse esa pieza. Si Salomé en vida hizo tanto daño a Herodes, ¿qué estragos no acarreará en estos tiempos una nueva Salomé, cuando los Herodes son legión? No me explico que ninguna mujer se atreva a representar ese personaje.

Incurre el testigo en algunas digresiones poco pertinentes, y, reconociéndolo así, se excusa ante el Tribunal y los oyentes.

El juez.—Si hubiera usted leído el *Procedimiento* judicial, en lugar de leer *Salomé*, hubiera usted hablado más a propósito.

El doctor Clark afirma que la obra de Wilde es un museo de todas las perversiones sexuales, y que la haría representar ante sus discípulos, a modo de exposición patológica, si no juzgase la lección demasiado nociva.

El doctor Cooke declara acerca del título que llevaba el artículo de Billing publicado en el periódico *Vigilante*. Uno de los fundamentos de la denuncia contra Billing estribaba en la obscenidad de dicho título. El título estaba en griego. Los periódicos ingleses no dicen cuál sea.

El doctor Cooke dice que la obscenidad supuesta no reside en el título del artículo, ni en el párrafo denunciado, sino en el drama *Salomé*, vituperado en el artículo.

El juez. —Cuando una obscenidad se dice en griego, ¿es por eso menos ofensiva?

El doctor. —Claro está.

El juez. —Salvo para los griegos, naturalmente.

El testigo hace protestas de adhesión al bien general. Asegura no tener malquerencia a nadie. Sobre todo, advierte que no ha acusado a míster Grein de sodomita. Lo único que ha dicho es que míster Grein hablaba la lengua de Sodoma.

El juez. —¿Y no reputó usted interesante oír

hablar la lengua de Sodoma, una lengua muer-
ta? (*Risas.*)

Billing (el energúmeno).—No admito, mi-
lord, que se trate tan grave asunto con chanzas semejantes.

Pongamos ahora unos someros comentarios al margen de este
curioso proceso.

LA MORAL
Y EL ARTE

L PROCESADO y triunfante Billing quiso desarrollar su requisitoria con carácter científico, según se deduce de aquellas sus palabras primeras: «He de demostrar que ciertos vicios son hereditarios; que en algunos seres el instinto de tales vicios conduce al asesinato, pero que en la mayoría no determina sino una predisposición a figurarse y representar crímenes que no osan cometer en la vida real; esto es, a la pantomima.»

Billing no redujo esta categoría de crímenes imaginarios y frustrados a la mera pantomima, o acción dramática muda, sino que le concedió medidas mucho más anchas, dentro de las cuales cae un buen segmento de la estética pura. Según este criterio científico, o por mejor decir, pseudocientífico, algunas obras mal llamadas de arte tienen su origen en ciertas formas de hereditaria degeneración, y por consecuencia, deben prescribirse o a lo sumo considerarse como documentos clínicos. La primera parte de este criterio no parece aventurada ni anticientífica. Lo incoherente y atrevido comienza en los corolarios. Supuesto y concedido que algunas obras artísticas (bien llamadas o mal llamadas obras de arte, pero, al cabo y a la postre, llamadas de arte, porque en el propósito del autor estuvo realizar una obra artística); repetimos, supuesto y concedido que algunas obras artísticas tienen origen en ciertas formas de hereditaria degeneración del autor, la apreciación estética de dichas obras es independiente en absoluto de la relación entre el autor y la obra. La obra será estimable o no será estimable estéticamente, pero no a causa de que el autor sea equilibrado o desequilibrado, sino por cualidades o defectos intrínsecos a la misma obra. Un asesino, no ya un asesino imaginario y pantomímico, sino uno que haya verdaderamente escabechado una docena de personas, puede distraer sus ocios carcelarios pintando, o componiendo música, o pergeñando odas pindáricas en loor del asesinato. Y si el cuadro, o la canción, o la oda no resultasen artísticos, ciertamente que sería incongruente achacarlo a los asesinatos, teniendo tan a la mano la explicación; simplemente, que el asesino carece de sensibilidad y habilidad de pintor, músico o poeta.

La pseudociencia o falsa ciencia consiste siempre en un exceso de generalización. Aquí el exceso estriba en convertir la relación individual, sin duda necesaria, entre cada autor y cada obra, en una relación universal y fatal: toda persona que presenta síntomas de desequilibrio o degeneración está incapacitada radicalmente para la obra artística. De donde será igualmente cierta la proposición correlativa; toda persona de buena salud y conducta será necesariamente un gran artista. Comoquiera que no hay un solo ejemplo humano de perfecta normalidad y equilibrio, si para la génesis y licitud del arte se exige este postulado, habrá que negar todo género de arte.

Que la figuración o representación, bien sea imaginaria, bien plástica y dramática, es como sucedáneo o sustitutivo de la acción real, y que, por ejemplo, las personas inclinadas a cometer crímenes se satisfacen con ejecutarlos imaginariamente, viviéndolos, en lo íntimo, con todas sus patéticas peripecias, o bien por medio de la representación, esto parece cierto y no es ninguna novedad Pero nada dice en contra del arte, antes en su favor. Es muy antigua la teoría que considera el arte como liberador o purgador de pasiones, justamente porque provoca una vida imaginaria con que descargar el cúmulo de energía para el mal, que de otra suerte se había de emplear en hacer el mal realmente. Goethe fué sacudiendo de su pecho, una tras otra, tantas pasiones como le asaltaron, y a cada sacudida brotaba una nueva obra de arte; tal es la historia de sus libros. ¿Qué otra cosa era la catarsis, el horror piadoso, la purificación por la vida imaginaria, sustancia de la tragedia griega?

Y sin embargo, hay obras literarias que, sin dejar de ser artísticas, son vitandas, y por ende, moral y socialmente execrables. Porque si, en efecto, el arte es una liberación de energía funesta, para que admitamos la licitud de obras de cierto linaje se nos impone como primera condición la certidumbre de que el autor se inspiró en aquel fin, y de que el espectador va animado del mismo propósito. La primera condición, pues, es la ejemplaridad. Sólo así cabe justificar aquellas obras de arte que encierran imágenes y acciones deshonestas, bárbaras o nefandas. En la tragedia griega, el coro, que encarnaba la razón humana, definía la ejemplaridad de los sucesos abominables que el espectador iba contemplando.

Pero si, por el contrario, así el designio del autor como la afición del espectador se alimentan de baja voluptuosidad y deleitación morosa, entonces la obra es por lo menos sucia, pornográfica, y siempre vitanda, execrable. Si verdadero es aquel fenómeno psicológico mediante el cual el horror experimentado por la imaginación y la ejemplaridad que el entendimiento deduce de este horror engendran en la voluntad motivos inhibitorios a la manera de normas de conducta que luego impiden en la realidad la comisión de aquellos mismos actos horribles, vividos ya y escarmentados de antemano imaginariamente, no menos verdadero es otro fenómeno psicológico semejante, a saber, que las imágenes horrendas, crueles o nada más que torpes, por sí solas y desamparadas de toda interpretación del entendimiento, lejos de apartar la voluntad del objeto de ellas y sugerir repulsión, van poco a poco creando el hábito. la idea fija, infundiendo la obsesión, que por último impele fatalmente a la voluntad a convertirlas en realidades efectivas, de realidades imaginarias que eran, señaladamente a la voluntad débil. Tales son los frutos de ciertas obras artísticas. ¿Cabe admitir o justificar estas obras porque son artísticas? Esta cuestión merece algún examen.

¿Cabe admitir o justificar ciertas obras, éticamente repulsivas, so pretexto de que son obras de arte? Este es ya pleito viejo. La mayoría de las opiniones se ha inclinado siempre por la respuesta negativa. Los menos propugnan la autonomía del arte, una especie de fuero exento estético, totalmente manumitido de los imperativos morales. Huelga añadir que estos escasos propugnadores son artistas, o que por tales a sí propios se reputan. La teoría que ha sustentado la escisión entre la ética y la estética se acostumbra denominar «del arte por el arte». De esta teoría derivó, a fines del pasado siglo, una escuela, llamada «esteticismo»; uno de sus más señalados corifeos fué Oscar Wilde.

Y así tenemos tres categorías de arte: el arte popular, para todo el mundo, arte sometido a la moral; el arte artístico —valga la redundancia—, que consiste en una especie de habilidad sólo justipreciable por aquellas personas que en alguna medida la poseen, esto es, artistas y deleitantes; arte, si independiente de la moral, no por eso en contradicción con ella; y el arte exquisito o esteticista, más difícil todavía de apreciar que el arte artístico, arte para unos pocos seres superiores, arte no ya indiferente sino enemigo de la moral.

El arte popular es trasunto y reflejo de la vida, pero con ciertas restricciones. En primer término, no reproduce pasivamente la vida, ni toda la vida a la manera como se nos ofrece en el curso monótono de los días, sino que selec-

ciona ciertos elementos significativos, los funde, y, a la postre, infunde un sentido evidente
a esta obra de síntesis; sentido que en la vida
misma acaso no habíamos echado de ver. En
segundo término, este sentido de la obra de
arte popular se caracteriza por ser de naturaleza ejemplar, ética, conforme a los dictados
de moral universalmente admitidos. (Entende-
mos por arte popular así el que por manera
anónima nace del pueblo, como aquel otro, más
copioso, que, aunque creado por un artista conocido, aspira a ser un fenómeno social y va
enderezado a la muchedumbre, al pueblo.)

El arte artístico pretende ser trasunto de la
vida, tanto de la vida externa como de la vida
interior del artista; pero trasunto pasivo, impersonal, objetivo, fiel, sin cuidarse de selec-
cionar elementos estéticos ni de perseguir en
la obra propósitos ejemplares. Lo esencial en
el arte artístico es la habilidad—espiritual y
técnica — para percibir con exactitud las cosas y los hechos de la vida y expresarlos
con precisión. Para el arte por el arte, los
actos morales o inmorales son, indistintamente, como los actos de valor o de cobardía, como
el amor o el odio, parte de la vida, temas artísticos. ¿Se cometen en la vida actos inmorales? Si se cometen, ¿por qué no se ha de estre-

char una obra de arte a reproducirlos imper-
sonalmente? ¿Dejará por eso de ser obra de
arte, si acredíta aquellas cual·dades esenciales
de percepción y expresión imprescindibles en
la obra de arte?

Aparte de que el arte artístico alcance mayor o menor popularidad, que puede alcanzar
mucha, se supone que el artista o creador se
ha propuesto realizar ante todo obra artística
pura, bien que por añadidura descubra que
además está realizando obra social.

Al pasar del arte artístico al esteticismo, ya
nos hallamos en terreno difícil. El esteticismo
no admite otro fin artístico sino la creación de
la belleza. El arte popular selecciona los elementos significativos de la vida, los más inteligibles. El arte artístico recibe como tema o asunto todos los elementos de la vida y de la realidad,
por ser materia viva y real. El esteticismo sostiene que la vida, en sí misma, no es sino fealdad y
torpeza. Al arte compete inventar la belleza. La
vida, para ser vivible y tolerable, debe estetizar-
se, asumir en la conducta diaria aquellas normas
de belleza y exquisitez con que el arte la provee. En el esteticismo vemos trocados los términos usuales de las otras dos categorías de
arte. Así el arte popular como el artístico se
supone que provienen, por imitación, de la

vida. Pero en el esteticismo, la vida debe provenir, por imitación, del arte, nada más que del arte. Ahora bien: como quiera que el esteticismo no se ajusta a otro patrón que el de la belleza, y, por otra parte, el esteticismo no se esfuerza en especular y definir teóricamente la belleza, sino que para los efectos prácticos da por sabido e indubitado que es bello todo lo exaltado o sutil, todo lo que no es acostumbrado, todo lo que está por fuera del nivel usadero, sea para bien, sea para mal; en general, todo lo que proporciona un intenso placer, ya intelectual, ya sensual (Salomé se supone que es una figura bella sólo a causa de su rara perversidad), y nada de lo atañedero a la vida normal humana es bello para el esteticismo; así resulta que la mayoría de las obras de arte exquisito contradicen flagrante y escandalosamente, no ya los usos éticos y sociales, sino, además, el mismo fundamento de la moral; y esto no por caso, sino de propósito.

El arte popular sigue los derroteros de la moral, bien que en ocasiones el artista, animado de puro celo social y amor del mejoramiento humano, parezca oponerse a ciertas ideas morales—en rigor, inmorales—de sus contemporáneos (por ejemplo, Tolstoy). El arte artístico, si no va del brazo de la moral, tampoco se enfrenta con ella, ni la contradice. Cabe aquí decir que la obra de arte, aunque su contenido esté compuesto de acciones calificadas de inmorales en la vida, no es moral ni inmoral, puesto que el artista no buscó sino dar artísticamente la sensación de la vida misma. Y aun podría añadirse que si el artista acertó a mantenerse impersonal en todo punto, sin incurrir en deleitación inmoral de simpatía o admiración por el acto inmoral, habiendo sabido penetrar en los motivos fatales de los actos reprobables, entonces, la obra de arte, aunque de traza inmoral, es verdaderamente moral, puesto que, resolviendo el instinto pecaminoso en conocimiento liberador, cumple en aquel elevado menester del arte trágico, generador de la piedad, expurgador de pasiones, extirpador de sombríos estímulos de conciencia.

¿Cabe semejante excusa en una obra de esas que arbitrariamente son consideradas como exquisitas? Su problemática exquisitez, ¿las limpia de pecado? ¿Será lícito establecer para ellas la distinción e independencia entre la moral y el arte? Claro está que no, puesto que la estética esteticista no establece esa distinción e independencia, sino que, por el contrario, se ha constituído en madrina de lo inmoral cuando lo juzga bello, y, lejos de mantenerse en este límite, defiende que ciertas formas de inmoralidad, celebradas artísticamente, se trasladen a la vida real, a fin de amenizarla y embellecerla. Adviértase la diferencia entre lo inmoral como tema artístico en el arte por el arte y en el arte esteticista. En el arte por el arte, lo inmoral no interviene por razón de su linaje inmoral, sino como uno de tantos motivos extraídos del innúmero repertorio de la vida; en tanto, en el arte esteticista lo inmoral se impone por virtud de una selección y por razón de su belleza; con que se asienta una jerarquía de superioridad a favor de ciertas acciones inmorales con daño de otras acciones morales. Es decir, que ciertas obras de arte esteticista son deliberadamente inmorales.

¿Y eso qué importa?, objetará alguno. ¿Es su inmoralidad impedimento para que alcancen el mismo punto de mérito artístico que otras obras acomodadas a la moral corriente? Procedamos con parsimonia en la respuesta.

¿Eso qué importa?, pregunta un exquisito. Y otro, que no es exquisito, replica: A usted, que no se sirve en la vida sino de un valor, el arte, no le importará; a mí, que poseo una compleja serie de valores, en lugar de uno solo, y que cotizo tan por alto la moral como el arte, sí me importa. La casi totalidad de los hombres computan y cotizan tan por alto, si no más, la moral como el arte. Luego un arte que voluntariamente se ajena de la humanidad casi entera, y de esta suerte renuncia a ejercer un ministerio artístico sobre la sociedad, adolece de cierta insensatez radical.

¿Es la inmoralidad impedimento de la excelencia artística? Sin duda. Los profesionales del arte y algunos aficionados, quizás a causa de encerrarse demasiadamente en el cultivo o estudio de un arte determinado, suelen incurrir en una aberración de aprecio que a la postre redunda en un error de concepto. Consiste en preterir, y últimamente en ignorar, uno de los elementos—el de mayor importancia—del arte. Estos son dos: el contenido y la técnica, ya se llame este último forma, estilo o factura. Por el contenido, el arte es un fenómeno humano. Por la factura, es una actividad profesional. Los artistas, como profesionales, caen, harto frecuentemente, en el vicio de juzgar las obras de arte por la factura, figurándose que la factura es todo el arte, cuando no es sino un elemento, supeditado al contenido, pues por sí nada vale. Ocurre que se encomia de artística una obra a causa de su factura. Pero si carece de contenido, que es por donde el arte

se inserta en la naturaleza humana, o su contenido repugna a la naturaleza humana, esta
obra, aun cuando algunos profesionales la ten
gan en estima, a causa de la habilidad
o novedad de su factura, no es una
obra de arte. Y así, la inmoralidad deliberada se erige
como impedimento
de la excelencia
artística.

OMPARADA EN cantidad y volumen, la obra de Shakespeare con la de Lope de Vega, resulta algo así como un grano de pimienta al lado de una poderosa sandía. Pero si la comparación se aplica a la calidad, el teatro del versátil, elocuente y amoroso Lope cede no pocos grados en jerarquía al teatro del dulce, jovial y temible William. Y tanto vale, para el caso, decir teatro de Lope y teatro de Shakespeare, como teatro español y teatro inglés. En Lope y en Shakespeare están cabalmente representadas las respectivas dramaturgias nacionales, con sus virtudes y flaquezas. Lope persiguió en sus obras la *amenidad*; Shakespeare, la *humanidad*. La materia dramática de las obras de Lope son los *sucesos*; la de Shakespeare, las *acciones*. Lope fué «monstruo de la naturaleza»; esto es, él mismo, más que sus propias obras, fué producto prodigioso de la naturaleza. Las obras de Shakespeare son ellas mismas como obras de naturaleza. Según esto, la obra de Lope es quizás un vasto museo, un microcosmos; pero la de Shakespeare es el cosmos. Las obras de Shakespeare son patrones o normas insuperables: se deben seguir e imitar, pero no es dable aventajarlas. Quienes en él osaron poner mano, salieron mohinos de la empresa. A Lope, en los mismos géneros y aun con los mismos temas, sobrepujaron en perfección otros autores españoles: Calderón, Moreto, Rojas, Alarcón. En esto reside justamente el valor de Lope, en haber desflorado todos los géneros y en haber roturado, aunque a veces corto trecho, todos los caminos, algunos de ellos que todavía pisamos los hombres de hoy.

Uno de los géneros teatrales predilectos de nuestro público contemporáneo es la comedia de bandidos y policías, de justicias y ladrones. Si investigamos los orígenes de este género tropezamos, desde luego, con Lope de Vega. Escribió Lope algunas comedias de bandoleros. ¿Cómo trató nuestro autor este escabroso asunto? Nada mejor, para averiguarlo, que separar una de sus comedias y seguirla paso a paso. Hemos elegido una, titulada *Antonio Roca*. Lope tomó pie de la realidad para su comedia. Antonio Roca fué, en efecto, un feroz bandido catalán de mediados del siglo XVI. Además, era clérigo: pintoresco contraste.

Lope nos presenta al protagonista, en la iniciación de la primera jornada, acabando de or-

denarse de Epístola. Hablan Roca y su amigo
Feliciano, vestidos de clérigos, y les acompaña
Mendrugo, criado de Roca, de capigorrón.
Excusado es añadir que Mendrugo hace el
papel de gracioso y que se esforzará en mover-
nos a risa con sus estupideces y salidas de tono.
Estamos en Lérida. Nos informamos que Roca
se ha ordenado con cierta premura, por consejo de Feliciano, que es muy piadoso y va a
adoptar, de un momento a otro, el hábito de
San Francisco, en Tarragona. Feliciano comunica a Roca, de parte del señor obispo:

> que reformes el cabello
> y que no pase del cuello.

Y añade que, en cortándoselo, vaya a Barcelona a visitar a sus padres. Barcelona, Tarragona, Lérida... La obra no puede tener más
sabor regional.

¿A qué ha obedecido el precipitado consejo
de Feliciano? Aludimos al de tomar las órdenes, no al de cortarse el cabello. El mismo nos
lo dice:

> Ordenarte
> con tanta aceleración
> fué, Antonio a mi persuasión,
> recelando que a inquietarte
> viniese, si lo sabía,
> Laura, que estabas muy ciego.

Antonio no niega que la quería y tenía intento de desposarla. Interviene Mendrugo:

> Ya en Lérida la tuvieras,
> a saber, cuando partiste,
> el intento que trujiste
> y quizá no consiguieras
> tan presto haberte ordenado.

Pasa el señor obispo. Retírase Feliciano a hablarle. Quedan solos Antonio y su fámulo. Y he aquí que aparece Laura, seguida de su criada Juana. Natural sorpresa de Antonio. Escena de recriminaciones. Nos enteramos que Laura es viuda y que Antonio ha gozado de sus más recónditas mercedes:

> Y después que tus fuerzas
> consiguieron obligarme
> y entrada te di en mi casa...

No cabe duda. Y luego:

> ¿Era necesario, infame,
> el desordenarme a mí
> para que tú te ordenases?

Mas ya la cosa no tiene remedio. Antonio responde con razones mesuradas y humildes. Sale Feliciano y se le encara Laura, achacándole la culpa de todo:

> Más quisiera, ¡vive el cielo!,
> para que me aconsejase
> un salteador entendido
> que un virtuoso ignorante.

Sabia máxima, que debiera entenderse igualmente en cuanto atañe a la gobernación de los pueblos. Vase Laura, después de amenazar a Roca con el escándalo. Llega un correo de a pie con una epístola para Antonio. Viene de su madre, que le requiere al punto en Barcelona, porque «un caballero traidor me ha muerto a tu padre». Mendrugo, aparte, supone que el matador ha sido el barón Alverino, que cortejaba a la señora. Y para cohonestar—si es lícito aquí el uso de este verbo —que la atribulada dama sea madre de su amo, y al propio tiempo posea incentivo con que encalabrinar de tal suerte cortejadores, dice Mendrugo en voz alta, dirigiéndose a Antonio:

> Trece años tenía, cuando
> te parió, y aun no cabales.

Extraña precocidad la de las catalanas de entonces. Roca y Mendrugo vanse por la posta.

Ya estamos en Barcelona. Escena entre el Virrey y el Justicia. El Virrey es un caballero y pide que se aplique rectamente la ley al barón. Pero el Justicia es un galopín y lagarto como él solo. Se ve que le han untado la mano y que al barón no le pasará nada. Mal ejemplo de justicia catalana.

Otra escena. Antonio y su madre. Julia. La

madre pide al hijo venganza, con elevado acento. Refiere cómo el barón Alverino,

> al sol de mi honor opuso
> sombras de torpes deseos,

cómo la perseguía sin tregua y, de industria con una mala amiga, había querido forzarla, trance de donde por milagro libró, no sin haber recibido en el rostro una bofetada del barón; y cómo, por último, entre el barón y dos criados le mataron al marido. Roca responde paciente y resignado, como buen cristiano y buen sacerdote. Julia exclama!

> Cierra los labios.
> ¿Esto engendró Pedro Roca?
> ¿En mi rostro un bofetón
> y un padre muerto a traición,
> cobarde, no te provoca?

Éntrase furiosa la madre, y a poco vuelve a salir con espada y daga, determinada en vengarse por su cuenta. Aquí Roca pierde los estribos, y no es para menos:

> Dadme esa daga y espada,
> que a matar estoy dispuesto,
> donde estuviere, al barón.

Replica Julia:

> De gozo no estoy en mí
> Los brazos y el corazón
> toma.

Antonio pregunta en qué prisión se halla el asesino.

> *Julia*   La Atarazana; mas no es
> prisión, pues están abiertas
> siempre de día las puertas.
> Mas la salida después
> será difícil.
>
> *Antonio*   En dando
> muerte al infame homicida
> yo buscaré la salida
> o, al fin, moriré matando.

Cuando se piensa que este mismo hombre se ha ordenado de epístola no ha mucho, y, enfervorizado de religioso sentimiento rompió las deleitosas ligaduras de la carne y rehuyó los señuelos del mundo, a fin de consagrar su vida entera a Dios, fuerza es considerar con maravilla de qué insospechados accidentes pende la voluntad y con ella el futuro de los mortales. Hace un instante, no más que un breve instante, el porvenir de Antonio estaba en suspenso impelido de contrarias fuerzas, unas interiores, exteriores las otras; la *Vocación* frente al *Destino*, la *Libertad* frente a la *Predestinación*. Venció lo de fuera a lo de dentro. De aquí en adelante, el porvenir de Antonio estará a merced de las circunstancias. Cuanta más violencia lleva la pelota, tanto más rebota sobre el muro. ¡Pobre Antonio! Apercíbete, triste clérigo, a darte de calabazadas contra la negra y dura pared que llaman *Destino*.

> El Justicia dijo
> al barón que no se prueba
> nada, y que de aquí a dos días
> le dará su casa mesma
> por cárcel.

Así habla uno de los guardas, a las puertas, abiertas de par en par, de Atarazana. Llega Antonio, animado de cólera funesta. Pregunta cuál es el barón. «El que está de espaldas»— responde otro de los guardas—. «Buena es la ocasión»—murmura entre sí Antonio—. «Y los dos sus criados»—prosigue el guarda—. «No me pesa»—murmura Antonio—. Penetra en la cárcel, y, en menos que se santigua un cura loco, que no otra cosa es ahora Antonio, los mata a los tres. Acude el alcaide a prenderle y mata al alcaide. (Ya van cuatro.) Ábrese paso hasta la calle. Síguenle. La gente se arremolina. Ya llega la Justicia, gritando: «¡Matadle!» A lo cual, Antonio comenta sarcástico: «No es tan fácil como piensa.» Antonio ya es otro hombre. Se le revela una cualidad que hasta ahora nos era desconocida: la agudeza maliciosa.

El alboroto atrae al Virrey. El Justicia, fuera de sí, le da nuevas de lo ocurrido. El Virrey,

después de culpar al Justicia por haber dejado
desguarnecida la cárcel, dice:

> Permisión del cielo es, /
> sobre ultrajar a su madre,
> si tres mataron al padre
> que el hijo mate a los tres.

Pase, pero «¿ y la muerte del alcaide?» —objeta con cierto buen sentido el Justicia. Y el
Virrey:

> Si ya se halló
> perdido, de cualquier modo
> bien hizo en querer salir,
> que siendo fuerza morir,
> lo mismo es morir por todo.

Entra un guarda, a quien se le escapa esta
frase de admiración y entusiasmo: «¡Raro valor!» El nombre de Antonio Roca comienza a
ser acariciado por el aura de la simpatía popular. El guardia relata que Antonio ha muerto a
cinco hombres más (y ya van nueve) y ha herido a tres muy mal, según le perseguían. De
huída robó un niño que estaba a la puerta de
una casa principal, y con él en brazos fué a encerrarse, de acogida, en una vieja torre de
iglesia. El Justicia ya lo da todo por resuelto;
o se entrega Antonio, o le dejarán morir de
hambre. Pero el Virrey no lo ve tan claro, a

causa del niño, «porque no ha de perecer un
ángel».

| *Justicia* | *Con ese intento* |
| | sin duda se lo llevó. |

Virrey   De que tan en sí estuviese,
que ese riesgo previniese,
es lo que me admiro yo.

Y luego, el Virrey, rezonga aparte:

(Si yo Virrey no me viera,
¡vive Dios!, que le pusiera
en salvo, por valeroso.)

Preséntase la madre del niño, llorosa, y al
brazo un canasto de mantenimiento, porque su
hijo no pase necesidad. El Virrey le da palabra
de no sitiar por hambre a los de la torre. En
esto, asómase en lo alto de la torre Antonio,
y, en un aparte, comunica que le aflige la sed.
Sí, después de todo, debe de tener seca la boca.
El Justicia niega el agua. Antonio asoma el
niño, el cual grita: «¡Agua, agua!» La madre
suspira: «¡Ay hijo de mi alma!» El niño pide,
además, de comer. El Virrey ordena que se lo
den. El Justicia, aparte: «No estoy en mí de
furor.» Antonio inculpa de lo ocurrido al Justicia y repite que así pasó: «Por no hacer justicia vos.» La simpatía popular hacia Antonio
va dilatándose y robusteciéndose.

A todo esto, Laura ha llegado a Barcelona,

y, de acuerdo con los padres del niño, urde el escape de Antonio, el cual descuelga desde lo alto de la torre una cuerda, en donde atan la cesta de los mantenimientos, no sin haber metido en ella, de matute, una pistola y una carta con instrucciones. Por la carta viene Antonio en conocimiento de que en el puerto le aguarda, aparejado, un navío. A la noche, Antonio logra libertad. Al evadirse, mata a otro hombre. (Y ya van diez.)

Jornada segunda. Después de unas escenillas superfluas, nos trasladamos a bordo del navío. Antonio habla a solas:

> Yerro ha sido fiarme
> del capitán que, aunque ofreció ampararme,
> el verle disgustado
> me tiene receloso y asustado.
> . . . .
> ¡Malhaya el hombre que en el hombre fía!

No era baldía la escama de Antonio. El capitán del navío viene a prenderle. Antonio se lo afea:

> Un caballero
> español y capitán,
> ¿quiere entregarme a la muerte,
> prometiéndome amparar
> hasta dejarme seguro
> en Nápoles?

Antonio se resiste a entregarse. El capitán

requiere al alférez y soldados a que le prendan
o le maten; pero el alférez se niega. No quiere
cumplir en menesteres policíacos:

> Venablo me dió el rey
> sólo para pelear
> con sus enemigos.

Y luego:

> General de las galeras
> es don Alvaro Bazán.
> Él me dió vuestra bandera
> y, aunque sois mi capitán,
> solamente obedeceros
> me toca en lo militar.

¡Lo que va de ayer a hoy! Aprovechando la
discordia, Antonio se arroja al mar.

Cambio de decoración. Despoblado. Una ca-
suca. Antonio, mojado. El húmedo prófugo
llama a la puerta. En la casa no hay sino una
temerosa mujer y un difunto. La mujer, por
miedo del difunto, alberga a Antonio en el fú-
nebre aposento. Quedan en íntima compaña el
clérigo criminal y el difunto. Habla el clérigo:

> Señor difunto, preciso
> es que nos acomodemos
> en esa cama los dos,
> que ni es razón que viniendo
> yo tan mojado y molido,
> me eche a dormir en el suelo,

ni arrojarle de su cama
tampoco fuera bien hecho.
Hágase a un lado, y perdone.
Mas, ¡ay!, que agora me acuerdo
de que ayer y hoy mis desdichas
me han olvidado del rezo
a que por la Orden sacra
estoy obligado.

Abre el breviario: *Domine labia mea aperies.*
Mas ¿qué es esto? Óyese ruido. La mujer, que
conoce a Roca ya por fama, y desea ampararlo,
le advierte que cuatro hombres armados
vienen a prenderlo. Antonio, inmutable, responde:

Vuelve y diles que durmiendo
estoy; pero no les digas
que hay en aqueste aposento
difunto.

Tapa al difunto y métese debajo de la cama.
Precipítanse los cuatro a apuñalar al que yace
en el lecho, tomándolo por Antonio. Danle por
muerto, y siéntanse en el suelo a celebrar la
hazaña, dejando las carabinas no lejos de la
cama. Antonio las va retirando con tiento. Preséntase
entonces armado y fuerza la salida, matando
de paso a uno. (¿Cuántos van?) Ya está
Antonio nuevamente en campo abierto. Da con
Laura, Juana y Mendrugo, que venían en su
busca, y todos juntos toman la derrota de
Francia. Pero, no han caminado gran trecho,

cuando les atajan el paso unos bandoleros, que les piden vestidos, armas, ropa, alhajas y dinero, amén de:

> ese par de taifas,
> porque de verdad las hemos
> menester, y no pedimos
> mucho.

«No habéis pedido mucho—vocifera Antonio—, porque yo os voy a pedir, además, la vida, si no os valen los pies. Luchan.» Los bandoleros reconocen a Roca, se rinden y le aclaman por capitán. Antonio acepta. Hace el panegírico del bandolerismo en una larga tirada de versos. Los grandes reinos, ¿cómo se hicieron? Por el bandidaje y el robo. Los monarcas famosos, ¿qué fueron? Ladrones. En este punto hay en la comedia una indicación para los cómicos: *Desnudándose el brazo, pica con el puñal una vejiga y va saliendo la sangre, de que ha de estar llena, que será clarete.* Antonio quiere que sellen todos el pacto, bebiendo de su sangre, a la usanza de los lacedemonios.

Los otros sienten terror y repugnancia; pero concluyen bebiendo el clarete. Da fin la segunda jornada con los versos siguientes:

Todos   ¡Viva Antonio Roca,
heroico caudillo nuestro!

Antonio Pues mi estrella lo ha querido,
seguir su influjo pretendo,
guardando mi vida a costa
de muchas, ¡viven los cielos!

Esto nos hace recordar *El Tenorio*.

La tercera jornada desmerece notablemente de las dos primeras. Parece ser que esta última jornada fué corregida y estragada por don Pedro Lanini y Sagredo. La mayor parte de los versos son detestables y defectuosos; el desenlace de la accion, injustificado y desabrido. Antonio vive ya en la serranía, con Laura, su amante, ejerciendo de bandido generoso. Desvalija a los hacendados; pero siempre con muchísimo respeto y a título de préstamo, que promete satisfacer. Protege a los débiles y menesterosos. Hasta que viene a visitarle por aquellos andurriales el célebre Feliciano de marras, ya de fraile francisco. Y a Roca le entra de pronto tal arrepentimiento, que muere subitánea y ejemplarmente de dolor de haber ofendido a Dios. Lanini había puesto a la comedia un subtítulo: *Antonio Roca o La muerte más venturosa*. Lo cierto es que Roca, después de degradado por el obispo de Gerona, fue atenaceado, ahorcado y descuartizado, junto con un compañero suyo: Sebastián Corta. (Obras de Lope de Vega, publicadas por la Real Academia Española. Tomo I. Prólogo de don Emilio Cotarelo.)

Antonio Roca, adaptada a la moderna factura teatral y con un desenlace adecuado, resultaría una comedia deliciosa en el género de justicias y ladrones. Las condiciones de este género deben ser brío, trepidación y fantasía en los incidentes que constituyen la trama, y luego un fondo de humorismo con que corregir la impresión deprimente que nos señorea al considerar que tal vez la vida humana es juguete fútil del ciego acaso. Decía Pascal: «El hombre es como cañaheja, lo más débil del mundo, y cualquiera cosa le quita la vida; pero al morir sabe que muere, y por saberlo es superior a todo el universo.» Concedamos que el hombre es juguete de las circunstancias y víctima de la predestinación. Si sabe sonreír a tiempo, frente a las circunstancias y a expensas de la predestinación, se acredita en alguna manera como superior a ellas. Lope conocía el significado profundo de la sonrisa. Todo está escrito; pero lo que está escrito muda de sentido si le añadimos un comentario de buen humor. Una familia de cuáqueros vivía sola en una comarca desamparada. Los cuáqueros son enemigos de la violencia, que vale tanto como contradecir inútilmente la voluntad divina, porque lo que está escrito ha de ser. Son además los cuáqueros muy escrupulosos observantes. De aquí que la cuáquera de aquella familia no acertase jamás a comprender para qué quería el cuáquero un rifle que tenía en la casa. Cierto día, el cuáquero hubo de emprender larga y peligrosa caminata, con no floja congoja de la cuáquera. Antes de salir, dijo: «Dame acá el rifle.» «¿Para qué?, opuso la cuáquera; si te acomete un forajido y está escrito que has de morir, de nada te servirá el rifle.» «Claro que no, dijo el cuáquero; pero lo llevo por si está escrito que muera el que se me ponga por delante.»

 ESPUÉS DE HA-
ber recibido una
primera impre-
sión de la come-
dia *Antonio Roca*,
esto es, después
de haber perma-
necido como su-
jetos pacientes,
reaccionemos frente a ella, pasemos a ser sujetos activos, procedamos a examinarla. Lo
primero que echamos de ver, lo más aparente y de forma superficial, es que la comedia está escrita en rengloncitos cortos, que
suenan en medida unánime y concuerdan por
las letras del cabo, de trecho en trecho. Nos
las habemos, pues, con una obra escrita en verso. ¿A santo de qué, con qué propósito, bien
sea práctico, bien artístico o estético, está escrita la obra en verso y no en prosa? ¿Qué condición le añade la forma métrica y ritmada?
¿Qué condición perdería si trasmutásemos el verso en prosa? Experimentemos. Dice la comedia:

> Permisión del cielo es,
> sobre ultrajar a su madre,
> si tres mataron al padre,
> que el hijo mate a los tres.

Esto es lo que se llama una donosa y suelta
redondilla. Ahora bien: sin quitar ni poner pa-

labra, simplemente con alterar el orden de los vocablos, vertemos en prosa la redondilla: «Es permisión del cielo que el hijo a los tres mate, si al padre tres mataron, sobre ultrajar a su madre.» ¿Ha perdido algo la expresión, en claridad, energía o belleza? No. En tal caso, ¿en qué se distingue el verso de la prosa? Nada más que en el sonsonete. El concepto contenido en la redondilla, ¿era un concepto poético que ha degenerado en concepto prosaico, al ser enunciado en prosa? No. Tan prosaico era estando ataviado de la medida y de la rima, como despojado de esos atavíos.

I. *Resultado de esta experimentación*. En ocasiones, al transformarse el verso en prosa permanece sustancialmente lo mismo, a diferencia del sonsonete.

Probemos otra experimentación:

Mendrugo quiere decir a Antonio Roca: «A saber (Laura) el intento que trujiste, cuando partiste, ya la tuvieras en Lérida, y quizás no consiguieras haberte ordenado tan presto.» Pero, al hablar, Mendrugo introduce una pequeña alteración, y lo que dice le sale en verso:

Ya en Lérida la tuvieras,
a saber, cuando partiste,
el intento que trujiste,
y quizá no consiguieras
tan presto haberte ordenado.

Para combinar los versos, Mendrugo (o mejor, Lope de Vega) no ha tenido necesidad de introducir palabras superfluas, que es lo que vulgarmente se llama *ripio*. La prerrogativa de exención del ripio se suele denominar *facilidad*.

2. *Resultado de esta experimentación.*—En ocasiones, la prosa pasa a ser verso sin perder en concisión, pero permanece sustancialmente prosa, salvo el sonsonete.

Otra experimentación: En cierta comedia moderna aparece una vendedora de lotería, pregonando:

> ¿Quién lo quiere con ahinco?
> El más gracioso y gentil:
> el número siete mil
> seiscientos ochenta y cinco.

Preciosa redondilla. Traduzcámosla en prosa. «¡El 7.685!» En el trueco hemos convertido diez y siete palabras en una sola cifra, como quien cambia un puñado de calderilla por una pieza de plata. ¿Hemos salido ganando o perdiendo? Hemos salido ganando en concisión y en energía. Nos hemos desembarazado del ripio.

3. *Resultado de esta experimentación.* — En ocasiones, el verso se contrae a prosa, mejorando su condición.

Otra experimentación: En cierta comedia

moderna, un caballero penetra en un jardín, y quiere decir: «Ameno jardín. Hermosa estatua»; pero como está determinado en producirse en verso, habla de la siguiente rodeada manera:

Hermoso jardín es éste.
Bella estatua. ¿Es de Minerva?
Y cómo crece la hierba
con este viento Sudeste.

Las superfluidades o ripios con que, por obtener el sonsonete, se recarga la locución, nos hacen reír, por ridículos y fuera de propósito.

4. *Resultado de esta experimentación.* — En ocasiones, al disfrazarse de verso la prosa, se degrada cómicamente. Este linaje de cómica degradación abunda, con singular contumacia, en los dramas en verso del señor Villaespesa.

Otra experimentación: El Conde Lozano quiere decir a Peransules: «El que es honrado y de familia ilustre, debe procurar siempre acertar; pero, si se equivocase, debe sostener lo hecho antes que volverse atrás»; y, concentrándose por mejor explicarse, rompe a hablar así:

Procure siempre acertalla
el honrado y principal;
pero, si la acierta mal,
defendella y no enmendalla.

(*Las mocedades del Cid*, de Guillén de Castro.)

8 3

Prescindamos de lo desatentado e irracional del consejo.

He aquí una experimentación de nueva especie. La prosa, al cuajar en verso, se ha contraído, ha economizado voces, como si dijéramos, ha cristalizado. Los versos son como facetas, y las rimas como aristas. Pero, ¿ha adquirido aquí la prosa valor poético? No; solamente valor sentencioso.

5. *Resultado de esta experimentación.*— En ocasiones, la prosa difusa cristaliza en sentencias rimadas, aunque permanece sustancialmente prosa.

Otra experimentación: Justina, a solas en el jardín, siéntese dolorida y acongojada, sin saber cómo, y no es sino amor por Cipriano. Las fuerzas ocultas de la naturaleza la van envolviendo en languidez y desmayo. Óyense músicas y cánticos, cuyo estribillo repite: *Amor, amor.* Justina exclama suspirando:

> Aquel ruiseñor amante
> es quien respuesta me da,
> enamorado constante
> a su consorte, que está
> un ramo más adelante.
>   Calla, ruiseñor; no aquí
> imaginar me hagas ya,
> por las quejas que te oí,
> cómo un hombre sentirá,
> si siente un pájaro así.

Mas, no; una vid fué, lasciva,
que buscando fugitiva
va el tronco donde se enlace,
siendo el verdor con que abrace
el peso con que derriba.

No así con verdes abrazos
me hagas pensar en quien amas,
vid; que dudaré en tus lazos,
si así abrazan unas ramas,
cómo enraman unos brazos.

Y si no es la vid, será
aquel girasol, que está
viendo cara a cara al sol,
tras cuyo hermoso arrebol
siempre moviéndose va.

No sigas, no, tus enojos,
flor, con marchitos despojos;
que pensarán mis congojas:
si así lloran unas hojas,
cómo lloran unos ojos.

Cesa, amante ruiseñor;
desúnete, vid frondosa;
párate, inconstante flor,
o decid, ¿qué venenosa
fuerza usáis?

Coro (a lo lejos)   Amor, amor.

(*El mágico prodigioso*, de Calderón
de la Barca.)

¿Osaremos disolver el lazo que une a las palabras, como por afinidad o parentesco preestablecidos, y la combinaremos conforme nuevos e ingratos maridajes, a fin de que el verso se vuelva prosa? Intentémoslo, no sin reverencia y remordimiento: «Aquel ruiseñor amante es quien me da respuesta, enamorado constante a su consorte que está un ramo más adelante. Ruiseñor, calla; no me hagas aquí imaginar, por las quejas que te oí, cómo sentirá un hombre si así siente un pájaro.» ¿Qué ha sucedido después de la manipulación arbitraria a que hemos sometido los versos? Advirtamos que, no obstante haber repetido antes la misma manipulación, hasta ahora no se nos antojaba ser arbitraria. ¿Por qué? Porque ahora nos damos cuenta que hemos echado a perder unos verdaderos versos. Las frases de Justina eran, en la forma, versos; en la sustancia, poesía. Desfigurada la forma, roídas las aristas del cristal, la sustancia poética permanece incorruptible, saturando la prosa; pero echamos de menos algo que le es necesario, no ya el sonsonete, sino la musicalidad. Si un inglés traduce los anteriores versos a su idioma, pero en prosa, cuantos lean la traducción percibirán su valor poético. Pero si el traductor es un poeta, se verá como arrastrado a emplear el verso y musicalizar la emoción. Y así resultará:

Tis that enamoured nightingale
Who gives me the reply:
He ever tells the same soft tale
Of passion and of constancy

To his mate, who rapt and fond
Listening sits, a bough beyond, etc., etc.

(Traducción de Shelley.)

6. *Resultado de esta experiencia.* — La poesía versificada permanece sustancialmente, aunque·el verso se mude en prosa, salvo la musicalidad.

Con estas seis experimentaciones nos damos por satisfechos. Clasifiquémoslas ahora, sometiéndolas a diversos criterios.

Conforme al primor, a la conveniencia y a la necesidad.—En los dos primeros casos el verso no enaltece la prosa; pero le otorga cierto primor y fluidez graciosa. El sonsonete agrada y distrae. En los casos tercero y cuarto, el verso es fea prevaricación de la prosa. El sonsonete sobra, y cuando no da que reír, irrita. En el caso quinto, el verso, ya que no necesario, es conveniente, cuando menos para grabar distintamente la sentencia en la memoria. En el caso sexto el verso, en ministerio de música, es necesario.

Por lo cual, de aquí en adelante, prescindiremos de los casos tercero y cuarto, en los cuales no se trata de verso, ni de poesía, ni Cristo que lo fundó.

Conforme a la naturaleza de lo que se expresa.—En los casos primero, segundo y quinto,

86

se expresan sucesos ordinarios, normales. En
el caso sexto, un hecho de intensidad fuera de
lo común. En los casos primero y segundo, se
expresan juicios y observaciones acerca de lo
que ha pasado y no se espera que vuelva a
ocurrir. En el quinto, con ocasión de lo que ha
pasado, y considerando que se repetirá otras
muchas veces, el discurso se traduce como
norma de conducta. En el caso sexto, ya no se
expresa un juicio, una observación o una norma, sino una emoción profunda y perdurable. No ya lo que ha pasado o lo que se ha
de repetir, sino lo que en el punto mismo se
siente como que abarca la vida entera y se
presume que ha de mantenerse igual toda la
vida.

Derivemos algunos corolarios con relación
al arte dramático.

Corifeos y propugnadores del teatro en prosa desdeñan, con aire de burla, el teatro en
verso, fundándose en que el verso no es natural. Un hombre que está en sus cabales no
pide en verso que le sirvan la sopa. En efecto,
para pedir en verso la sopa hay que apelar a
ciertos embolismos fútiles. Si es invierno:

(El personaje se frota las manos y el cuerpo.)
Con este frío indecente,
no hay ropa que sea bastante.

(Dirigiéndose a la criada.)
      Sirve la sopa al instante.
(Sorbiendo con satisfacción.)
      ¡Qué rica está y qué caliente!

Si es en estío:

(El personaje, en mangas de camisa y a bufidos.)
      ¡Qué calor, Dios soberano!
(Dirigiéndose a la criada.)
      No hay quien resista la ropa...
      Muchacha, sirve la sopa.
(Prueba una cucharada y la repugna.)
      ¿Quién traga sopa en verano?

Evidentemente, no es natural pedir en verso la sopa. Pero el conato de pedirla en verso nos ha servido para algo: nos hemos percatado de los diferentes efectos fisiológicos y psicológicos de la sopa, según la estación. Y sobre todo, al aceptar el verso como mera futilidad, nos hemos reído; porque todo lo fútil es cómico. Por donde se nos ocurre que se puede emplear el verso como artificio cómico deliberadamente. Ya tenemos una primera intuición de la poesía festiva. De aquí en adelante no juzgaremos irremisiblemente absurdo comer en verso. Y si no, veamos:

      La mesa tenemos puesta;
      lo que se ha de cenar, junto;
      las tazas de vino, a punto;
      falta comenzar la fiesta.

      · · · · · · · · · · · · · · · ·

La ensalada y salpicón
hizo fin; ¿qué viene ahora?
La morcilla. ¡Oh gran señora,
digna de veneración!
    ¡Qué oronda viene y qué bella!
¡Qué través y enjundia tiene;
Paréceme, Inés, que viene
para que demos en ella. Etc., etc.

(*Una cena*, de Baltasar
de Alcázar.)

Luego parece natural que en el teatro cómico y humorístico se emplee el verso.

Dicen los enemigos del verso que no es natural. Los ingleses hacen versos; los franceses hacen versos, y los italianos, y los alemanes, y los suecos; y los hicieron griegos y romanos; y el verso es anterior a la escritura. Precisamente para esto se inventó el verso: para conservar en la memoria gestas, leyes y aforismos morales. Todo lo que existe es natural. El verso ha existido siempre y existe universalmente.

Cuando se repudia el verso, por antinatural, se quiere dar a entender que su existencia no es ordinaria, frecuente, cotidiana. Una persona está viviendo durante millones de segundos, y se muere sólo en un segundo; lo cual no significa que la muerte sea menos natural que la vida. Tampoco el verso es menos natural que la prosa.

Pero no deja de asistirles alguna razón a los

enemigos personales del verso. Así como en la historia de un hombre lo natural es que la muerte sólo representa un solo instante frente a innumerables instantes de vida, si bien todos estos instantes gravitan hacia aquel instante único; de la propia suerte, durante el curso de la vida humana, y su correspondencia la expresión oral, la prosa prepondera, en proporción disforme, sobre el verso, si bien todo el caudal de prosa aspira ciegamente a manifestarse de vez en vez, en verso, y, mejor aún, en poesía.

De donde se infiere que, *naturalmente*, a ciertos géneros de teatro les cuadra, como forma de lenguaje, la prosa; a otros, el verso conciso y sentencioso; a otros, el verso poético.

Si la obra teatral se propone imitar, en todos sus pormenores y circunstancias, la realidad existente, el verso será inadecuado. (Teatro estrechamente realista, o, más bien, verista.)

Si de la experiencia y estudio del exterior el dramaturgo ha sacado algunos tipos genéricos y acciones ejemplares, éticas, el verso conciso y contencioso será lo más acomodado al diálogo. (Teatro latino. Alta comedia, en la manera de Ruiz de Alarcón y Molière. Alarcón es el autor más atildado y correcto de nuestros clásicos. Débese, entre otras razones, a que el verso de ocho sílabas es molde a propósito

para el hablar sentencioso, y el hablar sentencioso es propio de las comedias ejemplares,
que él con preferencia cultivaba.)

Si el autor elige para componer su obra
aquellos excepcionales momentos de emoción
y entusiasmo, ya sean de la vida de un hombre, ya de la de un pueblo, en que todo el resto de la vida difusa y prosaica se concentra y
adquiere divino sentido, la expresión perfecta
será el verso poético. (Tragedia. Drama romántico.)

Muchas veces, casi siempre, una sola obra se
inspira, a retazos, en el criterio realista, en el
moral y en el trágico y romántico. ¿Qué forma adoptar, entonces?

Lope estipuló ciertas formas métricas, como
peculiarmente predispuestas a la diversidad de
motivos y escenas de una misma obra; las dé-
cimas, para los lamentos; el romance (que es
una estructura entre el verso y la prosa), para
la exposición; la lira, para la declamación he-
roica; la redondilla, para los coloquios de
amor. Los sucesores respetaron, en general,
las disposiciones de Lope de Vega. Pero en
nuestras comedias clásicas, casi nunca se ad-
mitió la prosa normal, ni para los pasajes normales y prosaicos. A lo sumo están en prosa
algunas cartas que se reciben y se leen en es-

cena. El verso obligatorio fué causa, sin duda, de garrulería y conceptismo: los dos defectos más notorios de nuestro teatro.

De todos los autores dramáticos, quien mejor comprendió la finalidad del verso y la prosa fué Shakespeare. En sus obras se mezclan abigarradamente, y siempre como mejor conviene, la prosa, el verso blanco, el verso dramático y el poema lírico.

En resolución, que no es lo mismo teatro en verso que teatro poético.

 ROSEGUIMOS analizando *Antonio Roca*. Antonio es un hombre tierno, sanguíneo y temerario. Ha seducido a una viuda; pero de bue-

na fe, bajo palabra formal de matrimonio. En esto se le interpone un amigacho, tocado de misticismo, que le inocula a Antonio la vocación canónica, y le persuade a que deje, por el servicio de Dios, el servicio de la viuda, en que no había cobrado primicias ni sido misacantano, sino mero acólito y segundón. Y Antonio se hace cura sin decirle nada a la viuda, claro está. Al llegar a este punto, y antes que nos enteremos de más, nuestra conciencia, con movimiento irrefrenable, nos interrumpe para someternos esta cuestión: ¿es Antonio un pillo, por haber burlado a la viuda, o es un santo, por haberse sobrepuesto a los halagos del amor, y seguido la disciplina eclesiástica? Antonio se consagra al servicio de Dios. Pues, determinado en servirle, lo primero era obedecerle y acatar sus preceptos, uno de los cuales nos ordena paladinamente no mentir, cumplir la palabra dada. Por lo tanto, debió casarse con la viuda cuanto antes, aunque por ciertas razones no le corriera mucha prisa, en rigor. Antonio, a nuestro entender, cometió una pillada, si bien con algunas atenuantes; unas, ajenas a su personal arbitrio, y otras, tocantes a la intención de su ánimo. De aquéllas, la más palmaria es la viudez de la amante; por donde se presume que el daño causado por Antonio no fué mucho ni irreparable. Distinto fuera si se tratara de una doncella. Respecto a la segunda categoría de atenuantes, reparemos que Antonio burla a su amante por lo mejor, considerando que más vale servir a Dios que a una viuda. Se equivocará, pero no es un mal intencionado.

El mismo día que Antonio toma las órdenes sacras, su padre muere asesinado alevosamente por un despechado cortejador de su madre. El matador es noble, rico y de recias aldabas. Conque el asesinato quedará impune. La madre de Antonio pide venganza a su hijo. El hijo, desde luego, y por hábito, encomienda la venganza a Dios, como le había encomendado la satisfacción de su amante la viuda. Pero así como antes le movió a ordenarse la persuasión de un amigo, ahora, y al cabo de un breve coloquio, la cólera y dolor de su madre le impelen a tomar la justicia por su mano. Penetra

airado en la prisión, mata al matador y a dos
sicarios serviles que le acompañan, procúrase
la huida, matando a cuantos le cierran el paso,
y en menos de veinticuatro horas tenemos al
humildoso clérigo convertido en salteador de
caminos, en bandido generoso.

Y aquí nuestra quisquillosa conciencia se
entromete de nuevo. Antonio, ¿es un hombre
bueno, o es un hombre malo? Él atribuye la
culpa de sus desmanes al juez, por no haber
hecho justicia. Piensa que sus crímenes los cometió obligado y contra su inclinación. Según
eso, será un hombre bueno que ejecuta malas
acciones. Como toda proposición, si es verdadera, admite ser vuelta por pasiva sin perder
certidumbre, deduciremos que hay hombres
que ejecutan buenas acciones y son, sin embargo, malos. Luego la bondad y la maldad no
se muestran en la manera de obrar. ¿Qué son
entonces el bien y el mal? ¿Qué son la virtud y
el vicio?

Empleamos indistintamente, y en sinnúmero de ocasiones, las palabras bueno y malo, vicioso y virtuoso. Decimos de una comida que
es buena o mala, lo decimos de un mueble, de
un *sentimiento*, de un caballo. Sorprendente
mezcolanza. Pero, bien que de un caballo decimos que es bueno o que es malo, entendiendo

que la afirmación de lo uno implica la negación de lo otro; en cambio, decimos también de un caballo que está vicioso o que tiene un vicio, y en caso negativo no se nos ocurre decir que es virtuoso. Y, sin embargo, de un excelente instrumentista o cantante decimos que es un virtuoso, sin que jamás de los mediocres o torpes digamos que son viciosos. Y aun hay más: de un veneno se dice que posee virtud ponzoñosa; de un arma de fuego, que posee virtud mortífera; pero no decimos que un veneno adolece del vicio de no servir para hacer con él un par de pantalones, ni de un arma de fuego que no sirve para escarbar los dientes. El vicio de la ponzoña y del arma consistirá en que no sirven para matar, que es el fin para que existen. Como asimismo decimos de un instrumento o de un árbol que tiene vicio, cuando reiteradamente falla en un punto o se inclina de una parte.

Reflexionando sobre la precedente enumeración de objetos buenos y malos, virtuosos y viciosos, se advierte que, conforme su naturaleza, habría que separarlos en dos especies: de un lado, el sentimiento bueno o malo; del otro, todo lo demás bueno o malo. Así la bondad como la virtud de los seres y cosas que hemos enumerado, menos del sentimiento, la certificamos sólo en habiéndola comprobado. En todos

aquellos ejemplos, la virtud viene a ser sinónimo de eficacia, y la bondad, lo mismo que utilidad. Lo eficaz es lo que tiene en sí mismo su
propio fin y en el propio acto se satisface y
acaba. Lo útil aprovecha a los demás; sus actos
están enderezados al ajeno bienestar o beneficio. El matar un hombre, por lo común, no es
nada útil; pero, puestos a matarlo, nos procu-
raremos un medio eficaz. Y así decimos que el
veneno o el arma poseen virtud mortífera. El
tocar el violín o el cantar una fermata no son
actividades útiles; de aquí que a quienes seño-
rean estas actividades en su máxima eficacia
les llamamos virtuosos. Un caballo vicioso puede ser un buen caballo, un caballo útil, aunque
no alcance suma eficacia, como es útil un árbol
vicioso y un mecanismo vicioso. Lo útil y lo
eficaz cumplen un fin, satisfacen un propósito,
son maneras de obrar, y por ende, se supedi-
tan a comprobación.

Pero un buen sentimiento, ¿cómo lo compro-
bamos? No a través de las acciones del sujeto,
puesto que hemos concedido, y así es en efecto, que hay hombres buenos que cometen malas acciones y hombres malos que las ejecutan
buenas. Luego hay dos morales humanas: una
interior y otra exterior, una de conciencia y
otra social, una de la intención y otra del acto.

Un hombre que no empece ni mortifica a los demás, antes les es útil y conveniente, es un hombre socialmente bueno, aunque el forro de su alma sea más negro que el revés de un cazo. Un hombre que roba, viola, miente y asesina, es un hombre socialmente malo, aunque su alma sea «más pura que el aliento de los ángeles que rodean el trono del Altísimo», que dijo el poeta. ¿A cuál de los dos preferimos? Conteste cada lector por su cuenta. El vulgo, por lo regular, no se detiene a inquirir la génesis de las acciones, y del que comete una acción fea dice, sin más, que es un truhán, y al que hace ostentación de bondad, lo califica de santo. Esta regla no es absoluta; se nos ocurre una peregrina excepción: la del bandido generoso, y aun el simple bandido montaraz. El pueblo no reprueba ni aborrece al bandido. ¿Es acaso porque el bandido favorece a veces a los menesterosos y corta, siempre que hay coyuntura, la ración a los hartos? No; el sentimiento del pueblo hacia el bandido no es de anuencia moral, sino de admiración estética. Más adelante volveremos sobre este asunto.

Venimos hablando de bondad y maldad en el hombre, y aun no hemos aludido a la virtud y al vicio. ¿Decimos del hombre que posee cierta virtud, como del veneno y del arma de fuego, o que es vicioso, como de un caballo, un mecanismo o un árbol? Sí y no. Lo usual, al presente, es que no. Pero hubo un tiempo en que sí. El supremo idea¹ de la virtud para los griegos se llamó *kalokagathia*, palabra que en castellano suena bastante mal, y que aunque intraducible, viene a querer decir la perfección del cuerpo, la máxima eficacia del hombre para sí propio, no para el prójimo. Era una moral física. En su preceptuario, la lascivia, por ejemplo, no se consideraba vicio; la cojera, sí. Para los romanos, virtud, *virtus*, significaba valor, poder, facultad, fuerza, mérito; en suma, eficacia. *Virtus verbi*, dice Cicerón para expresar la fuerza de una frase. Esta acepción de la virtud reaparece en la Italia del Renacimiento. Maquiavelo, en su *Príncipe*, emplea con frecuencia el término *virtú* y exalta esta cualidad como indispensable en el gobernante, y en general, para todo el que quiera triunfar en la vida. Los italianos del Renacimiento entendían por *virtú* una aleación oportuna de la fuerza y la astucia; en suma, la eficacia. César Borja, a pesar de sus gatuperios y crímenes monstruosos, fué un hombre de mucha *virtú*, en el sentir de sus contemporáneos. Porque la prueba concluyente de la virtud, en este sentido pagano, es el éxito, el suceso feliz para el que acomete la acción, y no para los demás; así como la prueba de la bondad se acredita por la utilidad del que la recibe más que del que la otorga.

Pero la virtud humana tiene otro sentido, que le infundió el cristianismo, y es en el que comúnmente la empleamos. El hombre bueno para sus semejantes, esto es, útil, se supone que no pierde su tiempo. La vida es una reciprocidad de utilidades. Obrar el bien es lo que conviene, lo que importa. La virtud cristiana es un grado más alto que la bondad, en el obrar el bien; es la bondad desinteresada. El hombre virtuoso no hace el bien para cobrarse en esta vida, sino que hace el bien por el bien mismo, para salvar su alma.

Incontables sistemas se han inventado a fin de aclarar el origen y fundamento de la moral. Todos ellos se reducen a dos. Uno sostiene que la moral viene de fuera, es adquirida. Otro, que viene de dentro y es innata. Según el primero, el hombre, por experiencia del trato social, ha ido adquiriendo ciertas normas útiles de convivencia en común, que son las ideas morales. Según el segundo, el hombre nace con esas mismas normas grabadas en el corazón, que son los sentimientos morales. Para el primero, el hombre inmoral, y por lo tanto, inútil, es un hombre deficiente, bien por falta de inteligencia, bien por cobardía, bien por falta de educación y trato de gentes. Para el segundo, el hombre inmoral es un pervertido que, libre y deliberadamente, obra contra los dictados de su corazón. El primero reputa los actos de morales e inmorales por sus efectos. El segundo, por la intención. Para el primero, la inmoralidad es una equivocación; para el segundo, un pecado.

Al referirnos, sea al uno sea al otro de estos dos sistemas, no disponemos sino de dos palabras de sentido idértico: una, griega, *ética;* otra, latina, *moral*, que valen tanto como «arte de las costumbres». Juzguemos que viene de fuera, creamos que viene de dentro, la ética o la moral no concibe al hombre sino en sociedad, un hombre entre otros hombres y para otros hombres. Si se considera un hombre por sí mismo, como un ser de excepción y susceptible de afirmarse hasta el último límite de sí propio entre otros hombres, por normales de más estrecha capacidad y carácter, desaparece la moral. La virtud, sea a lo pagano, sea a lo cristiano, es una cualidad irreductible a lo moral, es un don de los Dioses o gracia de Dios, respectivamente; es el heroísmo o la santidad, la extremada soberbia o la extremada humildad. Es absurda, inconcebible como norma social, porque al punto perecería una sociedad compuesta de Césares Borjas o de Franciscos de Asís. La virtud imprime al que la posee un carácter dramático y estético, que no un carácter moral. La virtud es amoral. Son virtuosos los hombres extraordinarios y fuertes De aquí que Nietzsche se explicase la moral como engendro torpe y vasta maquinación hipócrita de los débiles con que sacudir el yugo de los fuertes odiosos. Y de aquí también que el vulgo admire a los bandoleros, pues nada admiramos en tanta medida como lo que de todo punto ros es imposible.

Acaso desconcierte al lector esta larga digresión sobre moral. No nos hemos dilatado en ella por el útil placer de divagar. Al contemplar la escena del mundo y el mundo de la escena, colmados de confusas acciones, si no queremos extraviarnos y aturdirnos, fuerza es que, ante todo, veamos de darnos cuenta y poner en orden nuestras ideas. Al cabo de la jornada, sabremos si nuestro trabajo ha sido en balde.

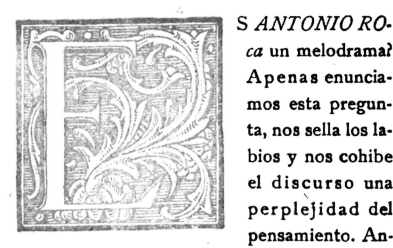 S *ANTONIO RO-
ca* un melodrama?
Apenas enuncia-
mos esta pregun-
ta, nos sella los la-
bios y nos cohibe
el discurso una
perplejidad del
pensamiento. An-
te todo, murmura una vocecilla impertinente,
¿qué es melodrama? Todo el mundo parece conocer la diferencia entre un melodrama y un
género teatral cualquiera, no de otra suerte que
se distingue un huevo de una castaña. Pero si
de estos desenfadados zahoríes solicitamos que
nos definan qué es una castaña, no aciertan a
responder sino que una castaña es una cosa que
no es precisamente un huevo, como aquel otro
que aseguraba asemejarse entre sí un cepillo y
un elefante en que no trepan a los árboles.

Resignémonos a seguir, en el punto de partida, aquel procedimiento negativo. Melodrama, por lo pronto, no es lo que su nombre eti-
mológicamente indica. Melodrama quiere decir
drama melódico, drama musical, drama lírico,
ópera dramática. La palabra fué empleada en
este sentido durante el siglo xviii. En el siglo xix se desvió un tanto de su acepción literal. Se aplicó entonces para designar el libreto

o drama en verso de una ópera, separándolo
así de la parte musical o *partitura*. El más famoso melodramaturgo del siglo xix fué el italiano Felice Romani. Otro italiano, el crítico
Enrique Panzachi, escribe: «El alma de Romani parece compenetrada con la de Bellini. Fué
en su tiempo opinión general que sin los versos del poeta genovés no hubieran manado, tan
ligeras y paradisíacas, las melodías bellinianas.»
En efecto: habiéndose separado ambos colabo-
radores, después de insolente trifulca, el músico declaraba, arrepentido y desesperado, que
no atinaba a componer buena música sin los
versos de Romani, ni conseguía inspirarse como
con las situaciones dramáticas que su antiguo
libretista inventaba. Las inventaba muy relati-
vamente, pues, como advierte el mencionado
crítico, «sus melodramas de más éxito, *Norma*,
Sonámbula y *Lucrecia Borja,* están tomados,
de punta a cabo, el primero, de una tragedia
de Soumet; el segundo, de un baile-pantomima
de Aumer, y el tercero, de Víctor Hugo». Y,
sin embargo, de ser ajenas, las obras adquirían
a través de Romani carácter original. Recordemos, por lo somero, *Sonámbula*. La acción sucede en una aldehuela arcádica, entre sencillos
labriegos. Hay honestos regocijos populares
porque una pareja dichosa y enamorada acaba

de firmar el contrato de esponsales. Santa alegría reina en todos los corazones, menos en uno, envidioso, que pertenece a una moza bastante agraciada y no menos desenvuelta. El cascabeleo de una silla de postas interrumpe cánticos y danzas. Llega un gran señor, que, informado de lo que pasa, hace votos por la venidera ventura de los novios y encomia la hermosura y candor de la novia, acariciándole paternalmente la barbeta, y, en consecuencia, haciéndole la barba, por decirlo así, al novio, el cual, como campesino, es cazurro y receloso. El señor queda a hacer posada en el mesón durante la noche. En el segundo acto estamos en un aposento del mesón. La moza desenvuelta tienta y provoca con dengues y melindres la ecuanimidad del gran señor, Dios sabe con qué fin. Oyese un ruido. La moza corre a esconderse. Ábrese una puerta y se adelanta la novia del primer acto. Viene en camisa. La moza liviana escapa furtivamente del escondrijo, e impelida de espíritu de venganza, corre a sobresaltar el pueblo y dar la triste nueva al novio. El gran señor advierte que la encamisada está dormida. Es una sonámbula. Se retira, dejándola acostada en un diván. Penetran los sencillos labriegos en el aposento y ven con sus propios ojos la mujer en camisa. ¡Pobre novio!, rezongan. En este punto irrumpe el novio dando voces. La sonámbula despierta y se sorprende de hallarse allí y en tal guisa. El novio la infama, le arrebata el anillo de pedida, rompe la promesa de matrimonio. La primera parte del acto tercero está dedicada, de un lado, a las lamentaciones de la inocente sonámbula, que no cesa de llorar sobre el seno materno; del otro lado, al dolor y despecho del burlado novio, al cual no se le ocurre cosa mejor, para desquitarse, que pedir la mano a la moza liviana y desenvuelta. El gran señor, entretanto, no se ha enterado de nada. Ve, con sorpresa, que el mozo se va a casar con la moza del mesón. ¿A qué motivo obedece la mudanza? Los labriegos sencillos le cuentan lo ocurrido. El gran señor pone en conocimiento del mozo que hay un extraño fenómeno llamado sonambulismo, y consiste en vivir y obrar dormido como despierto. El cazurro mozo no quiere creer en fenómenos. «¿No quieres creer? Pues mira», ordena el gran señor, señalando hacia el molino. El molino se comunica con el mesón por un angosto puente, que pasa a regular altura sobre la presa y la rueda voltaria. Todos se ladean a mirar de aquella parte. Saliendo del molino, surge la sonámbula, en camisa y con una vela encendida en la mano. ¿Se caerá? ¿No se caerá?

Minutos de angustia. En los comedios del puente, la sonámbula da un traspiés y suelta la vela...

Cuéntase que las mujeres encinta no podían ver las tragedias de Esquilo, porque, a causa de la mucha emoción, abortaban. Este momento patético y congojoso de *Sonámbula*, no diremos que es como para precipitar el alumbramiento, pero sí para suspender el ánimo y oprimir la glotis del ingenuo espectador.

Afortunadamente, la sonámbula sale con bien del estrecho trance; desciende a la plaza, entre los embobados lugareños; despierta poco después, y el novio se abraza con ella, experimentando insólito deleite, o, como dijo el poeta francés, un escalofrío nuevo, por mor de la reconciliación y de la poca ropa de la novia.

Aquí, el pecho del ingenuo espectador se hinche de ternura, y a poco se desinfla en un suspiro desahogado y satisfactorio. Todo ha concluído a pedir de boca. ¿Todo? No, todavía no. Se ha verificado ya el triunfo de la inocencia. Falta el castigo del culpable, que aquí es ella, la moza liviana y desenvuelta. La madre de la sonámbula dice, dirigiéndose al pueblo: «¿Sabéis quién estaba con el señor aquella noche? Esa mujerzuela. Aquí tenéis la prueba: su pañuelo, que yo misma recogí cuando entra-mos en el aposento a instancias de ella.» El pueblo la increpa, y la moza huye más corrida que una mona. *Il melodramma è finito.*

¿Cuál es la impresión dominante con que esta pieza dramática afecta al espectador ingenuo? No vacilaremos en responder que es una impresión de sentimentalismo. He aquí que, como las sirenas de Ulises, nos atrae fuera de ruta esta palabra evasiva: sentimentalismo. Creemos tenerla asida y se nos escurre, como irisada anguila. De pasada y presto, extraviémonos, salgamos de la vía, a fin de precisar el concepto de aquella palabra. Sentimentalismo hace, desde luego, alusión al sentimiento. ¿A toda especie de sentimiento, o a un orden determinado de sentimiento? Del que posee fuertemente el sentimiento de su dignidad, o de sus méritos personales y alcurnia, o permite que le arrastre el sentimiento de venganza, o infunde en todos sus actos un sentimiento de concupiscencia y ambición, o siente con desapoderado vigor el deseo físico de una mujer de ninguno de éstos, ¿diremos que es un sentimental? Claro que no. En todos los ejemplos anteriores el sentimiento es, ya defensivo, ya agresivo, una afirmación del individuo; ora conservador, ora estimulante de la voluntad, es un requisito de la acción egoísta. En cambio, decimos que es un sentimental: del que se duele y abandona por la esquivez de la amada; del que se lastima, sin recobrarse, por la falsedad de un amigo; del que consiente que su alma se conturbe y su vida se perturbe habiendo averiguado que en el mundo hay huérfanos y doncellas desvalidos; del que ante la injusticia rompe a sollozar, con la cabeza entre las manos; de aquel cuyo corazón se quebranta con el dolor ajeno; del que derrama lágrimas porque suena un violín, o el sol se pone, o la luna se levanta. Las anteriores notas el vulgo acostumbra atribuirlas al romanticismo, confundiéndolo con el sentimentalismo, dos formas espirituales que, en verdad, nada tienen de común. En todos los ejemplos últimos el sentimiento es, en su origen, flaqueza de ánimo; en sus resultados, dejación de la voluntad. Así, pues, como hay un orden de sentimientos que afirman al individuo frente a la sociedad, la especie y la naturaleza, hay otros sentimientos que le enmollecen y abandonan a merced de la naturaleza, la especie y la sociedad. Los primeros son sentimientos de insolidaridad; los segundos, de solidaridad. Los primeros corresponden a los espíritus recios; los segundos, a los débiles. Sentimentalismo es el señorío que sobre el hombre ejercen estos sentimientos de exagerada solidaridad, acompañado de cierta deleitación en el que padece su servidumbre. Hemos visto en un ensayo previo cómo la solidaridad de las costumbres vale tanto como la ética o moral. Luego el sentimentalismo equivale a una percepción excesiva y emocionada de los agentes de cohesión moral que mantienen la fraternidad humana, a despecho de las infinitas camorras, malquerencias y rivalidades del trato continuo. Hemos visto también que uno de los sistemas morales considera la solidaridad humana como una federación de mutuas conveniencias. La ética y la utilidad vienen a ser lo mismo. Un acto bueno es un acto útil para el mayor número. Pero sólo una inteligencia cultivada discierne y compagina el aparente y momentáneo perjuicio que a uno se le sigue de algún acto útil para los demás, y la segura utilidad de este mismo acto para uno propio, a la larga, en una manera reduplicadamente retributiva. La mayor parte de las personas son morales por el sentimiento. Luego el sentimentalismo cumple al efecto un menester de iniciación y saturación moral.

Los espíritus recios, o que se figuran serlo, ríen despectivamente del sentimentalismo. Para ellos, *Sonámbula* es una pieza risible. No lo negaremos. Mas ha de repararse que *Sonámbula* y melodramas congéneres no fueron escritos para ellos.

Risible o llorable, separemos los elementos de que se compone esta pieza. Cuantos intervienen en ella son buenos, a excepción de la moza liviana. Uno de los personajes buenos es injustamente perseguido, pero al final resplandece su inocencia y la persona culpable recibe adecuada sanción. Los acontecimientos toman pie de un suceso fortuito, extraño a la voluntad de los personajes: el sonambulismo de una muchacha casadera. El autor de la obra no ha querido permanecer ajeno á las peripecias de sus personajes, sino que, por todos los medios, pintando a uno particularmente amable y a otro particularmente odioso, y haciendo padecer sin tasa al primero, ha pulsado aquellas cuerdas poco templadas que todos llevamos dentro del alma; ha dado con nuestro punto flaco; nos ha ido poco a poco persuadiendo a que nos abandonásemos a un sentimiento exagerado de compasión hacia las desdichas del prójimo. La debilidad del personaje perseguido ha captado la simpatía de nuestra propia debilidad. El personaje no acredita por propio esfuerzo su inocencia, sino que a última hora la casualidad viene a satisfacerle. Aquí se nos levanta el corazón. Pensamos, muy por lo hondo y sombrío, lo conveniente que será, si algún día nos persigue el infortunio, sentirnos acompaños de la simpatía de todos, y que los demás o el acaso acudan con la reparación. Es el fondo de timidez y pereza que Nietzsche echó de ver en la moral cristiana, moral de la compasión, moral para los débiles.

El autor de *Sonámbula* no ha tenido a bien insinuarnos en el fuero interno de sus personajes. Vemos lo que les pasa y de qué manera les pasa, como si se tratase de personas en la vida real; pero su secreto pensar y sentir lo desconocemos de todo punto.

Del mismo tipo de *Sonámbula* hay numerosos melodramas. Los caracteres del tipo son: acontecimientos desusados, sobrevenidos fortuitamente, que engendran un conflicto entre el bien y el mal, en el cual el bien lleva la de perder, incitando de esta suerte en el espectador un estado de penoso sentimentalismo, hasta el final, en que el bien triunfa. El contenido y el fin de este melodrama es exclusivamente moral; pero la moral en él está reducida a sus términos sentimentales más simples y patéticos, a propósito de ser asimilados por espíritus sencillos. Este tipo de melodrama dominó a fines del pasado siglo y comienzos del actual.

Ahora campea un nuevo tipo de melodrama:

el de justicias y ladrones, de policías y bandidos. Excusado es puntualizar el argumento de uno de ellos; a diario se representan en algún escenario. El moderno tipo de melodrama participa de algunos de los caracteres formales del melodrama sentimental. Vemos lo que les pasa a los personajes y de qué manera les pasa; pero su carácter íntimo nos está vedado, como si todo sucediese en la vida real, si bien los sucesos son desusados y sobrevienen fortuitamente, dando lugar a que se opongan y contiendan, no ya el bien contra el mal, sino la fuerza y la astucia contra la fuerza y la astucia; y el triunfo es del más fuerte y del más astuto. Las vicisitudes forasteras hacen o deshacen a los hombres, según sean fuertes o flojos, así como la corpulenta ola anega al que no sabe nadar y encumbra al nadador. Antonio Roca era un clérigo manso y sufrido. Un acontecimiento insólito le sacude, despertándole en los adormecidos y estólidos limbos del ser un insospechado cúmulo de fuerza y astucia, de *virtú*, de eficacia para la acción. En un periquete despacha al otro mundo a quien le ataja el camino, y cátalo al instante erigido en rey de la serranía. Estos hombres de rara energía y eficacia, que no se amilanan en los trances adversos, antes salen de la prueba agigantados y triunfantes, inspiran al rebaño, a la masa, al pueblo, compuesto en su mayor parte de criaturas pusilánimes, menesterosas y sumisas, un sentimiento de entusiasmo, que en su tuétano es el rudimento estético de la emoción dramática.

Y así observamos que el mundo abigarrado de las relaciones humanas en la vida real está formado a la manera de nebulosa de miriadas de sucesos, inconexos y aleatorios para el espectador; nebulosa que gira en torno de un eje sutil e imaginario, cuyos dos patentes y opuestos polos son: a un extremo, el sentimentalismo, oscura conciencia del propio desvalimiento, intuición de lo útil, piedad hacia todas las víctimas, instinto de conservación de la especie; al otro, el amoralismo, anhelo de afirmación individual, complacencia en la sensación de esfuerzo que en sí mismo se satisface, fascinación de lo inútil, deleite de realizar con la imaginación los actos que nuestra flaqueza o cobardía nos tienen vedados. Estos dos aspectos esquemáticos y simplificados de las relaciones humanas, el uno de naturaleza ética, y estética el otro, constituyen la materia del melodrama; a veces cada cual de por sí, como en los tipos acusados de melodrama sentimental y melodrama amoral, pero con frecuencia envueltos y mezclados. El melodrama se corresponde, pues, con el nacimiento del drama y de la tragedia; es el zaguán del arte dramático, donde se instala la ingenua turba; es el teatro popular. Si es esto en cuanto a la materia, en cuanto a la forma escénica el melodrama está entretejido con sucesos, que no con acciones. La nota específica del melodrama estriba en que los sucesos desfilan ante nosotros tal como suceden en la vida real, sin las concomitancias y ligaduras entrañables que los fuerzan a ser así, y no de otra suerte; el melodrama presenta acontecimientos sucesivos. Pero ante los sucesos, cabe que indaguemos por qué suceden y qué sentido encierran. El porqué de los sucesos se esconde en la complejidad íntima de los caracteres, y los caracteres se definen por sus acciones. Hay, por tanto, una jerarquía más alta de arte dramático, que presenta, no ya acontecimientos sucesivos, sino acciones trabadas y necesarias, a cuya necesidad asentimos, habiendo penetrado, por ministerio del autor, en el íntimo santuario de la conciencia de cada personaje. Esta es la esencia del arte trágico, en todas sus variedades. Así como el melodrama se orienta hacia los dos polos opuestos de la vida de relación, el arte trágico abarca el entero volumen de la vida humana, en movimiento y equilibrio permanentes, con su eje, su ecuador y meridianos. Con los meros sucesos y la motivación (consiéntasenos esta palabra bárbara, pero expresiva) de los sucesos, no se agotan las posibilidades del arte dramático. Queda por explorar una región de la realidad. ¿Qué sentido tienen los sucesos? Los sucesos todos conspiran a un fin que se arreboza en las brumas de lo porvenir y no se echa de ver hasta mucho después de haber pasado los sucesos. Para adivinarlo, es menester ser adivino, vate, esto es, poeta. El teatro poético presenta sucesos libertados de contingencias, sacando a luz su oculto sentido. Es el reinado de la absoluta libertad, así como el arte trágico lo es de la absoluta fatalidad. Y como lo menos comprometido es adivinar las cosas pasadas y adornarlas de sentido y significación, los más de los poetas se sienten inclinados a situar sus obras en los siglos pretéritos.

El melodrama no provee, en rigor, en aquella obra de purificación de pasiones que Aristóteles adscribió al arte dramático. Su misión es de adoctrinamiento elemental, magistral, para la vida en comunidad. La misión purificadora compete al arte trágico.

Para más completa aclaración nos permitiremos transcribir unas líneas de una novela con-

temporánea, *Troteras y danzaderas*, en donde,
al modo de síntesis explicativa de ciertos hechos narrados, se lee: «Aquella catarsis o purificación y limpieza de toda superfluidad espiritual que el espectador de una tragedia sufre,
según Aristóteles, no es más, si bien se mira,
que acto preparatorio del corazón para recibir
dignamente el advenimiento de las dos más
grandes virtudes, y estoy por decir que las
únicas: la tolerancia y la justicia. Estas dos virtudes no se sienten, por lo tanto no se tras-
miten, a no ser que el creador de la obra artística posea de consuno espíritu lírico y espíritu
dramático, los cuales, fundidos, forman el espíritu trágico. El espíritu lírico equivale a la
capacidad de subjetivación; esto es, a vivir, por
cuenta propia y por entero, con ciego abando-
no de uno mismo y dadivosa plenitud, todas y
cada una de las vidas ajenas. En la mayor o
menor medida que se posea este don, se es
más o menos tolerante. La suma posesión sería
la suma tolerancia. Dios solamente lo posee en
tal grado que en él viven todas las criaturas.
El espíritu dramático, por el contrario, es la
capacidad de impersonalidad, o sea, la mutila-
ción de toda inclinación, simpatía o preferencia por un ser o una idea enfrente de otros,
sino que se les ha de dejar, uncidos a la propia

ley de su desarrollo, que ellos, con fuerte independencia, luchen, conflagren, de manera
que no bien se ha solucionado el conflicto se
vea por modo patente cuáles eran los seres e
ideas útiles para los más y cuáles los nocivos.
El campo de acción del espíritu lírico es el
hombre; el del espíritu dramático, la humanidad. Y de la resolución de estos dos espíritus,
que parecen antitéticos, brota la tragedia. Cuando el autor dramático inventa personajes amables y personajes odiosos, y conforme a este
artificio inicial urde la acción, el resultado es
un melodrama.» Y más adelante: «el autor
dramático debe hacerse esta consideración: Supongamos que mis personajes asisten como
espectadores a la representación de la obra en
la cual intervienen, ¿pondrían en conciencia su
firma al pie de los respectivos papeles, como
los testigos de un proceso de buena fe al pie
de sus atestados?»

En el melodrama, el espectador no es nada
más que un espectador. En el drama y en la
tragedia, el espectador es, al propio tiempo,
actor, con todas sus potencias.

Con esto damos por concluídos nuestros co-
mentos acerca de *Antonio Roca*. Hemos ob-
tenido algún resultado: el descubrimiento de
que esa forma peregrina y amoral del melo-

drama novísimo tiene ya sus antecedentes en
aquel bullicioso *microcosmos* que fué la obra
de Lope de Vega. Quizás algún día se nos
antoje inquirir y mostrar cómo allí
mismo se animan los organismos
infantiles de la tragedia, el
drama y el teatro
p o é t i c o .

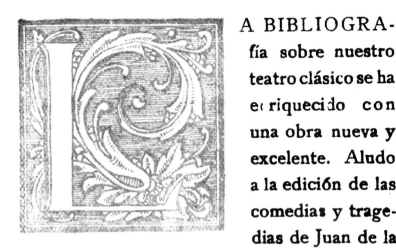

A BIBLIOGRA-
fía sobre nuestro
teatro clásico se ha
enriquecido con
una obra nueva y
excelente. Aludo
a la edición de las
comedias y trage-
dias de Juan de la
Cueva que ha hecho D. Francisco A. de Icaza
y publicado la Sociedad de Bibliófilos Españoles. La edición comprende cuatro tragedias y
diez comedias. Va precedida de un estudio del
colector, trabajo no por compendioso nada deficiente, en el cual se patentizan aquellas cualidades de elevación en el propósito, fineza de
percepción y amable sobriedad de forma que
posee el Sr. Icaza, como poeta y como crítico.

Como advierte el Sr. Icaza, el de Juan de la
Cueva no es un valor literario perenne, sino
ocasional; no nos solicita a causa de su interés
presente e intrínseco, sino por su interés histórico. Juan de la Cueva debe su partícula de
inmortalidad a la circunstancia de haber nacido
antes de Lope. Si se retrasa en nacer unos
cuantos años, la posteridad erudita apenas si le
hubiera mentado. Dicho en otras palabras:
Juan de la Cueva figura en la historia literaria
en concepto de precursor de Lope; algo así

como el Bautista de nuestro teatro. El problema es: ¿está Cueva, respecto de Lope, en la relación de la flor y el fruto, que si la flor no se logra, el fruto no cuaja? De no haber existido Juan de la Cueva, ¿hubiera practicado Lope diferente arte de componer comedias? Más adelante responderemos a esta pregunta.

La circunstancia de ser Juan de la Cueva precursor de Lope ha ido desnaturalizándose en términos que recientemente se le ha llegado a considerar como definidor y creador de la dramaturgia hispaña. Este fenómeno de estragamiento en la estimación de los valores literarios es harto frecuente y explicable. Es de suponer que el primero que intenta fijar el valor de una obra tiene conocimiento de ella. Pero viene luego un segundo, al cual ya no le importa aquella obra en particular, sino como tantas otras, puesto que desea trazar la historia de una época, y, en vez de acudir directamente a la obra, aprovecha el dictamen del primero, modificándolo un tanto y exagerando ora el loor, ora el menosprecio, porque parezca que habla por cuenta propia. Y surge un tercero, que tiene entre manos la historia de varias épocas, el cual toma disimuladamente la opinión del segundo y la exagera y modifica un poquito más, por amor de la originalidad. Y así sucesivamente hasta que ya nadie se entiende. Esto se llama hablar por boca de ganso, lo cual no tiene remedio mientras en la flaca naturaleza humàna subsista la propensión a oficiar de enterado, sin noticias, ni juicio, ni comedimiento.

Algo semejante sucedió con Juan de la Cueva. Schack y Lista hablaron como por cuenta propia de Juan de la Cueva, y no hacían sino aderezar, a su modo, lo poco que Moratín, hijo, había dicho antes. «Y más inexplicable es aún—escribe el Sr. Icaza—que empiece a correr como valedera, y se repita de igual modo que antes se reproducían las observaciones de Moratín, cierta leyenda recién inventada, falsa de todo punto, que hace de Juan de la Cueva el más fervoroso propagandista, en la teoría y en la práctica, de un arte netamente español por la forma y por los asuntos, que hasta exigía fueran contemporáneos.» Añade el Sr. Icaza que para salir de este error bastaba con leer los resúmenes que Moratín hace de los argumentos de las comedias y tragedias de Juan de la Cueva. «Sólo tres de las catorce obras escénicas que hasta nosotros han llegado tienen asunto español.»

Un historiador reciente de la literatura española atribuye a Juan de la Cueva el siguiente

designio: «Que no había que andar repitiendo
fábulas griegas, latinas o italianas, que no nos
importaban un bledo a los españoles.» Y como
quiera que Juan de la Cueva, en *El ejemplar
poético*, trató en verso la didascalia dramática,
el referido historiador infiere que Cueva «llevó
la teoría a la práctica», suponiendo que su obra
didáctica es anterior a sus comedias y tragedias; hipótesis algo aventurada, que es como si
supiéramos que Aquiles había sentido la vocación de héroe porque había leído la *Ilíada*, o
que Esquilo aprendió a hacer tragedias en la
Poética de Aristóteles. «*El ejemplar poético*—
escribe el Sr. Icaza—es más de un cuarto de
siglo posterior a las comedias y tragedias.»
Mal pudo Juan de la Cueva llevar su teoría a la
práctica. En arte, jamás la teoría antecede a la
práctica, sin que esto signifique que el artista
produzca ciegamente su obra, no de otra suerte que la nube se resquebraja y da de sí agua
de lluvia. El artista—digo el artista, que no el
confeccionador de pacotillas y de arte contrahecho—sabe lo que hace y cómo lo hace y
para qué lo hace; pero lo sabe en el momento
de estar haciéndolo, con un conocimiento tan
profundo y activo que su manera más adecuada de expresión es la creación misma. En cada
artista yace un sentimiento peculiar del Uni-

verso, acompañado de una visión propia de la realidad sensible. A este modo original de ver y de sentir, que necesariamente provoca un modo original de pensar, se le denomina tempe ramento o personalidad. Si un artista verdade ro, original, con personalidad propia, en el momento de atravesar ese período indivisible de conocimiento teórico o intuición técnica y de necesidad de creación, se desdoblase y es cindiese, dejando por el momento de producir, a fin de sólo enunciar sistemáticamente la teo ría de arte que sintéticamente se le había reve lado cuando se hallaba en trance de crear, re sultaría: primero, que su teoría no sería inteli gible para los demás; segundo, que luego, al producir, sus producciones serían artificiosas, insípidas, muertas. El artista realiza u objetiva en la misma obra de arte su personalidad, su teoría, su sistema. Más tarde, si se tercia, expone su sistema; pero este sistema nunca tiene un alcance universal, sino que es mera mente la justificación o elucidación del pro pósito y procedimiento de la obra ya exte riorizada. Si la crítica tiene alguna utilidad o razón de ser, ha de esforzarse, ante cada perso nalidad artística, en justificar y elucidar el pro pósito y procedimiento de la obra, cuando el propio autor no lo haya hecho. Lo cual supone un viceversa correlativo; fijar lo artificioso y falso de una obra cuando, careciendo el pro·ductor de originalidad y personalidad propia, se ha conformado con seguir cánones preestablecidos, fingir en frío sensibilidad y emoción, y remedar peculiaridades ajenas.

Juan de la Çueva escribió comedias y tragedias a su modo. Andando el tiempo, pretendió justificarse en su *Ejemplar poético*, al cual pertenecen estos tercetos:

> Mas la invención, la gracia y traza es propia
> a la ingeniosa fábula de España;
> no, cual dicen sus émulos, impropia.
> Cenas y actos suple la maraña
> tan intrincada, y la soltura de ella,
> inimitable de ninguna extraña.
> Es la más abundante y la más bella
> en facetos enredos y en jocosas
> burlas, que darle igual es ofendella.
> En sucesos de historia, son famosas;
> en monásticas vidas, excelentes,
> en afectos de amor, maravillosas.
>
> *(Suple las comedias.)*
>
> Finalmente, los sabios y prudentes
> dan a nuestras comedias la excelencia
> en artificio y pasos diferentes.

De lo copiado no es lícito deducir que Juan de la Cueva asentase la simpleza de que un teatro nacional debe versar sobre asuntos nacionales. Comenta el Sr. Icaza, y el comento es obvio: «Juan de la Cueva se refiere a los moldes del teatro español de su época, cuyo artificio alaba por más amplio, en contraposición del teatro griego, latino e italiano renacente, *teatros extraños.* Sujetos aquéllos a las unidades clásicas, paréncele monótonos y cansados, y su trama, *maraña,* no tiene a su juicio el *suelto* y a la vez *intrincado* enredo del teatro español. *Jamás trata de limitar los motivos y argumentos, ni en tiempo, ni en lugar, ni en acción, ni mucho menos en asunto.*»

Un teatro será nacional cuando se corresponde con el temperamento de una nación, como una obra es original cuando se corresponde con la personalidad de un individuo; y temperamento y personalidad se acreditan, no sólo en la vida nacional y doméstica, sino también, y principalmente, en la vida de relación con otros pueblos y otros individuos, tratando temas universales, que así es como se contrasta y define el carácter de cada cual. Shakespeare aprovechó asuntos de la historia inglesa para su teatro; pero el teatro inglés no se ensanchó a la categoría de teatro universal por virtud de los asuntos estrictamente ingleses, antes por el contrario, gracias a las obras no locales; *Hamlet, Othelo, El mercader de Venecia, Romeo y Julieta,* etc., etc.

Examinando en estos mismos ensayos una obra de Lope, hemos escrito: «En Lope y Shakespeare están cabalmente representadas las respectivas dramaturgias nacionales, con sus virtudes y flaquezas. Lope persiguió en sus obras la *amenidad;* Shakespeare, la *humanidad.* La materia dramática de las obras de Lope son los *sucesos;* la de Shakespeare, las *acciones.*» Dicho en los términos de Juan de la Cueva: el teatro español buscó ante todo la invención, la gracia y movimiento, la fábula enmarañada e intrincada, la abundancia de enredos.

Más arriba hemos calificado a Juan de la Cueva como el Bautista de nuestro teatro. No se interprete este apelativo metafórico en un sentido literal, como si Juan de la Cueva fuese el primero en España que escribió obras teatrales. Nadie ignora que ántes de él escribieron otros muchos. Pero en Cueva aparecen las cualidades características de nuestra dramaturgia ya robustas y a punto de adquirir forma definitiva, la cual recibió de las ágiles manos de Lope. Y estas cualidades son características, no ya de Cueva y Lope, sino del pueblo hispano. Todas ellas, ha poco mentadas, se resumen en una: falta de atención. La falta de atención en el autor le condujo a diluirse en su obra, adoptando, como más cómoda, la factura laxa y su-

perficial. La falta de atención en el público necesita, como acicate del interés, la obra de factura laxa y superficial, la maraña, la diversidad ininterrumpida de escenas. En
suma: pereza de entendimiento
y sordidez de nervios. Sin
Juan de la Cueva, Lope
hubiera escrito lo
mismo que
escribió.

SÍ LA PALABRA entremés como la palabra sainete, las cuales en el uso figurado designan sendas especies dramáticas, hasta cierto punto semejantes entre sí, significan originalmente cosillas de comer. Aunque admitida secularmente en nuestra habla, y al parecer voz familiar y castiza, sin embargo, la verdad es que nos llegó de Francia, en donde se dijo *entremets*, o sea, entre vianda y vianda.

La palabra entremés viene ya desde la Edad Media. La «crónica de don Alvaro de Luna» dice del rey don Juan II: «Fué muy inventivo e mucho dado a fallar invenciones e sacar entremeses en fiestas.»

Sainete deriva de saín, que vale por la grosura de los animales. Era el pedacito de gordura de tuétano que los cazadores de volatería daban al halcón cuando lo cobraban. Díjose luego, por extensión, de cualquier bocadillo delicado y gustoso al paladar, o de la salsa con que se da buen sabor a las cosas, y, por último, de un a modo de postre en las representaciones teatrales.

Una representación clásica de nuestro teatro estaba aparejada en el estilo de una comida suculenta y copiosa. Primero, la loa o aperitivo. Luego, la comedia, con sus tres jornadas por lo menos, que hacían de platos fuertes. Entre jornada y jornada, como entre plato y plato, los entremeses. Y el sainete, de postre. Los españoles son de condición sobria, pero cuando se presenta la coyuntura de comer, no se detienen hasta el hartazgo.

Siendo los entremeses materia parva, considero incongruente hacerlos indigestos, adobándolos con una larga disquisición erudita. Sea este breve comentario un entremés más; entremés de entremeses.

Tres de estas menudas y sabrosas representaciones se nos ofrecen hoy: una de Lope de Rueda, otra de Cervantes, otra de los hermanos Quinteros. De los Quinteros, así como de Cervantes, ¿qué podré decir que vosotros no sepáis? Pero Lope de Rueda ya no es de todos igualmente conocido. Sea el propio Cervantes quien os lo presente.

Escribe Cervantes en el prólogo de sus comedias: «Los días pasados me hallé en una conversación de amigos, donde se trató de comedias y de las cosas a ellas concernientes.

Tratóse también de quién fué el primero que en España las sacó de mantillas y las puso en toldo y vistió de gala y apariencia. Yo, como el más viejo que allí estaba, dije que me acordaba de haber visto representar al gran Lope de Rueda, varón insigne en la representación y en el entendimiento. Fué natural de Sevilla y de oficio batihoja. En el tiempo de este célebre español, todos los aparatos de un autor de comedias se encerraban en un costal, y se cifraban en cuatro pellicos blancos, guarnecidos de guadamecí dorado, y cuatro cayados, poco más o menos. Las comedias eran unos coloquios como églogas. Aderezábanlas y dilatábanlas con dos o tres entremeses, ya de negra, ya de rufián, ya de bobo o ya de vizcaíno, que todas estas cuatro figuras y otras muchas hacía el tal Lope, con la mayor excelencia y propiedad que pudiera imaginarse. No había en aquel tiempo tramoya. El adorno del teatro era una manta vieja, tirada con dos cordeles de una parte a otra, que hacía lo que llaman vestuario, detrás de la cual estaban los músicos cantando sin guitarra algún romance antiguo.»

Por mi parte, sólo he de añadir unas consideraciones, concisas y someras, por ver de contrarrestar y esclarecer un error y un equívoco, ya bastante arraigados, sobre el teatro español y el entremés.

A veces se da por evidente que el entremés es una comedia comprimida, o que la comedia es la dilatación de un entremés; y más aún, que el entremés fué como la célula germinativa, que, reproduciéndose y desarrollándose, dió de sí nada menos que todo el teatro español; y viceversa, que nuestro teatro clásico nace del entremés. Prescindo de argumentos documentales y me atengo al sentido común.

Supongamos que nos preguntan qué es una corbata y en qué relación está con el traje. Sería absurdo responder que una corbata es un traje comprimido, y un traje, una corbata dilatada; que la corbata es el origen del traje y que el traje nació de la corbata. Pero esto, que es absurdo de la corbata, ya no lo sería de... una hoja de parra. La hoja de parra sí es un traje comprimido, y correlativamente, el traje es una hoja de parra dilatada. Por eso, una vez que la hoja de parra ha henchido los últimos lindes de sus posibilidades utilitarias y se ha convertido en traje, ya no habemos menester de ella. No creo que nadie se ponga ahora hojas de parra. En cambio, todos nos ponemos corbata. Aquí está el toque. Cuando una cosa, sea en el orden que sea, ya en la evolución de

los géneros de la naturaleza, ya en la evolución
de los géneros literarios, cumple en el menester de germen, paso o estadio previo de un
organismo superior y más perfecto, deja de
existir por sí y permanece reabsorbida en el
nuevo ser a que ha dado origen.

Cuéntase que entre el repertorio de santas
reliquias, en una catedral andaluza, acostum-
braban mostrar a los curiosos tres calaveras,
las tres de San Palemón, que no fué tricípite;
una, pequeñuela, de cuando era niño; otra, ter-
ciada, de cuando era mancebo; la otra, del tamaño acostumbrado, de cuando era hombre
hecho y derecho. Puede pasar, tratándose de
reliquias, que son vestigios de personas y
sucesos sobrenaturales. Pero no es admisible
semejante criterio cuando aplicamos a inquirir los fenómenos naturales.

La mejor prueba de que el entremés no es
embrión de nuestro teatro, nos la proporciona
el número crecido de entremesistas notables
durante el siglo XVII, época de máximo esplendor para el teatro clásico español. Y ahora
mismo el entremés continúa siendo literatura
viva, como lo acreditan con sus obras los hermanos Quinteros, las cuales no ceden en primor y donaire a los mejores modelos de otras
épocas.

Lejos de ser la comedia dilatación del entremés, Cervantes dice muy claro que el entremés sirvió para dilatar la comedia. «Las comedias eran unos coloquios como églogas. Aderezábanlas y dilatábanlas con dos o tres entremeses.»

Y en el *Viaje entretenido*, de Agustín de Rojas, leemos acerca de Lope de Rueda:

> *Empezó a poner la farsa*
> *en buen uso y orden buena*
> . . . .
> *Entre los pasos de veras*
> *mezclados otros de risa,*
> *que porque iban entremedias*
> *de la farsa, los llamaron*
> *entremeses de comedias.*

Por ende, los entremeses son pasos de risa, son chascarrillos, son ocurrencias de poco momento, y como tales, obligadamente breves. ¿Se concibe que del paso de *Las aceitunas* o de *El viejo celoso*, por mucho que se dilaten, lleguen a salir dos comedias?

Españoles, españolísimos son los entremeses, sobre todo por el lenguaje. Como dijo Sarmiento: «Nunca supe lo que era lengua castellana hasta que leí entremeses.» Por el asunto ya no siempre son tan españoles, sino que con frecuencia recuerdan las befas italianas y las chocarrerías de la *Commedia del'Arte*. Cervantes nos informa de çómo Lope de Rueda representaba con la mayor propiedad las figuras de bobo, negra y rufián. Por lo pronto, ya tenemos aquí un personaje del todo italiano y con nombre italiano: el rufián. Por otra parte, en los entremeses viejos bullen y zanganean los jocundos e irrisorios tipos del teatro italiano popular y profano: *Arlequino, Truffaldiño, Capitano, Spavento, Rinoceronte, Francatripa,* e *tuti* e *cuanti,* si bien al pasar a estas tierras se confirman con nombres castellanos.

Por lo tanto, el entremés puede ufanarse de su autonomía y razón de ser, al lado de otros géneros teatrales de más pompa y prosopopeya; posee carácter propio, dispone de tipos exclusivos suyos y se inspira en un fin peculiar, que es el de mover a risa; simplemente, hace reír. A la sazón que este género literario frisaba en su adultez, ocurría que el mundo de entonces no acertaba a reír sino a costa de personas viles y de condición baja, o con palabras y lances licenciosos. De aquí que los tipos del entremés están extraídos de entre la gente rahez, y sus agudezas son harto desenfadadas, cuando no torpes. Téngase en cuenta que de esa gran risa sana, libre y tumultuosa, que resuena en las postrimerías históricas del medioevo y aurora de la presente edad, participaban todos, grandes y chicos, hembras y hombres, religiosos y seglares. En su *Tratado histórico del histrionismo en España*, escribe Pellicer que «se representaban en templos y conventos de monjas comedias con entreme- ses y bailes indecentes». La corroboración se halla en muchos autores, entre otros, el P. Juan de Mariana.

Del linaje de asuntos y condición de los ti- pos del entremés, se ha querido deducir una categoría estética: la del realismo. Y aquí aparece el equívoco a que más arriba hube de eludir.

Yo he leído estas caprichosas afirmaciones: «La literatura española es la más realista. El entremés es eminentemente realista, y el teatro español, como nacido del entremés, es eminen- temente realista.» Afirmaciones caprichosas y equívocas, en tanto no acordemos qué es rea- lismo.

Sobre el realismo del teatro clásico español, escuchemos a Cervantes, el cual, en el *Quijote*, dice: «Estas (comedias) que ahora se usan, así las imaginadas como las de Historia, todas ellas o las más son conocidos disparates y co- sas que no llevan pies ni cabeza.» «Los extran jeros, que con mucha puntualidad guardan las leyes de la comedia, nos tienen por bárbaros e ignorantes.» Escribía esto Cervantes a tiempo que, según sus propias palabras, «entró el monstruo de naturaleza, el gran Lope de Vega, y alzóse con la monarquía cómica, avasalló y puso debajo de su jurisdicción a todos los farsantes». El propio Lope reconocía, en su arte de hacer comedias, ser el escritor más bárbaro.

No he de ponerme a escudriñar aquí lo que el realismo sea, o si el teatro español ocupa en justicia el solio de la eminencia a causa de ese pretendido realismo. No deseo sino prevenir a los incautos contra el equívoco, ahora muy en boga, acerca del realismo. Se ha dado en estrechar la realidad humana a las funciones del sistema circulatorio, digestivo y de reproducción, excluyendo en absoluto las del sistema nervioso. Se quiere que la materia estética de la literatura sea aquello que el hombre tiene de común con los animales, y no aquello en que los aventaja. Conforme a este patrón de juicio, hay historiadores y críticos literarios que clasifican las obras en verdaderas y falsas, o realistas y cultas: son realistas y verdaderas las que muestran al hombre como un ser fisiológico y huyen de expresar ideas; son cultas y falsas, las que expresan ideas. Como si los pensamientos de un hombre fueran menos reales y verdaderos que sus uñas. En suma: se da por supuesto

que realismo y lo vil son sinónimos. Y esta sinonimia la aplican al fondo de la obra y asimismo a la forma, al habla. Y al tropezar con
un entremés extremadamente deslenguado, ex-
claman con fruición: ¡Qué realismo! Cierto: qué
realismo. No hay por qué asustarse. Así debe
ser el lenguaje, cuando se tercia, porque la condición del personaje lo pida. Pero no se olvide
que si hay realismo y verdad en lo vil, no
por eso deja de haber realismo y verdad en lo noble. Pues qué, ¿son
acaso los suspiros de Don
Quijote menos reales y
verdaderos que los
regüeldos de
Sancho?

LOS COMIENZOS de la temporada teatral, se representó en Eslava *La adúltera penitente*, cuya paternidad el cartel atribuía exclusivamente a Moreto. Dolida la triste adúltera de la indiferencia del público, nuevo y mortificante género de penitencia con que tal vez no contaba, hubo de retirarse presto por el foro hacia la región de los bienaventurados, dejando afligidas a las almas piadosas, y contrariados a los espíritus que se gozan en el arte. A pesar de todo, la escenificación de *La adúltera penitente* ha sido uno de los acontecimientos dramáticos más señalados y dignos de comentario, hasta ahora. La cortedad de la estada de aquella antigua comedia sobre el moderno tablado de la farándula no es razón bastante para que se malogren las glosas que a su paso nos sugirió.

Algún erudito supone que sólo la segunda jornada de *La adúltera penitente* es de mano de Moreto. La primera y la tercera se presume que pertenecen, respectivamente, al acervo literario de Cancer y al de Matos Fragoso, ingenios segundones de la prole multitudinosa q don Pedro Calderón dejó en el mundo de la escena española. Sea de ello lo que quiera, *La adúltera penitente* puede valerse por sí y con independencia de sus procreantes.

En las relaciones de comedias de los tiempos viejos, *La adúltera penitente* va adornada con este perendengue: *comedia de vidas de santos.*

La clasificación de nuestro teatro clásico es de origen vulgar, que no erudito. Las denominaciones con que se conocen los diversos y ricos grupos de comedias las fué poco a poco inventando el público de los corrales; no revelan el concepto dramático del autor, sino que expresan la impresión en el pueblo, el cual se inclina a definir las cosas atendiendo antes a una circunstancia notoria que al carácter esencial, como lo prueban los apodos y remoquetes. Para el pueblo todo lo que vuela es ave; por ejemplo: el murciélago. Todo lo que nada, es pez; por ejemplo: la ballena. Lo que vuela y lo que anda, es carne; lo que nada, es pescado. Lo que no vuela, ni anda, ni nada, no es carne ni pescado; por ejemplo: una berza. El pueblo no podía admitir que dos comedias, una sobre San Isidro, labrador, y otra sobre Tolomeo, rey de Egipto, fuesen de la misma especie. Sería tan absurdo como emparejar de alguna suerte murciélago y ballena.

Así, se estableció, ante todo, una marcada divisoria entre las comedia *a lo divino* y todas las demás, urdidas con personajes de carne, hueso y cuero. La comedia a lo divino, por antonomasia, es el «auto sacramental». En la loa del auto de Lope *El nombre de Jesús*, a la pregunta «¿qué son autos?», se contesta:

«Comedias a gloria y honor del pan,
que tan devota celebra
esta coronada villa.»

Son los autos comedias en torno al sacramento de la Eucaristía, obras de divulgación teológica.

Como su mismo nombre indica, las comedias de vidas de santos toman a los santos en vida, cuando se mostraban como seres de carne, hueso y cuero. Son, por consiguiente, comedias humanas. Era costumbre dar estas comedias el día de la fiesta del protagonista, a fin de ejemplarizar con sus virtudes.

La comedia de vidas de santos viene a ser, en el fondo, una leyenda dramática con asunto piadoso. En cuanto al aparato, corresponde a lo que se llamó comedia *de ruido, de teatro, o de cuerpo*, por oposición a la comedia de *capa y espada*, o *de ingenio* y discreteo.

En las de capa y espada, los actores vestían trajes de la época. El tablado estaba circuí·do de tapices fijos. Las de teatro y ruido exigían más lujo de trajes, maquinaria y decoraciones.

Si arbitraria es la clasificación precedente, no lo era menos, en verdad, la que hicieron los romanos de sus comedias, según tenían asunto de Roma o asunto de Grecia, en *Commediae Togatae* y *Commediae Palliatae; de toga*, vestidura romana con que salían los actores en las primeras; y *palio*, traje nacional griego, atavío obligado en las últimas. Dintinguíase también la tragedia, con personas de elevada jerarquía, de la comedia, entre gente rahez.

La adúltera penitente es Santa Teodora de Alejandría. Da la casualidad que el 28 de agosto la Iglesia católica celebra la festividad de dos Santas Teodoras: la de Alejandría y otra, virgen y mártir; y las dos han salido a las tablas· La Santa Teodora virgen y mártir es la heroína de una de las tragedias de Corneille.

El venerable Jacobo Voragino, frailecico italiano del siglo XIII, hermano en religión y sentimiento del beato Angélico, nos cuenta, en su *Lectura áurea*, la vida de Santa Teodora de Alejandría.

«Teodora, mujer de ilustre casa, vivía en

Alejandría, bajo el emperador Zenón. Estaba casada con un hombre rico y temeroso de Dios; pero el diablo, resentido de su santidad, excitó en el alma de otro ciudadano de Alejandría el deseo de poseerla.»

El seductor importuna en vano a la santa. Por fin, envía de mandadero a un mágico. Teodora responde que no cometerá pecado en presencia de Dios, que todo lo ve. A lo cual, el pícaro mágico responde con estas palabras, que el venerable Jacobo estampa, como si las estuviese oyendo: «Todo lo que se hace de día, Dios lo ve y lo sabe; pero lo que se hace por la noche, después de la puesta del sol, Dios lo ignora.» Y la dama, engañada por esta mentira y tocada de piedad por su enamorado, le envía a decir que le autoriza para que venga a verla, después de la puesta del sol. Y añade candorosamente el venerable Jacobo: «el enamorado tuvo buen cuidado de no faltar.» Apenas el amante abandona la casa, Teodora comienza a «volver en sí» y a darse cuenta de que ha pecado. Por salir de dudas, va la mañana siguiente a consultar con una madre abadesa sobre si Dios ve de noche. La madre abadesa responde, claro está, que sí. Entonces, Teodora termina de darse cuenta. De allí a pocos días se corta el cabello, se viste de hombre y se dirige a un convento de monjes, a ocho leguas de Alejandría.

En *La adúltera penitente* el esposo de Teodora se llama Natalio, y el amante, Filipo. La primera jornada comprende la caída de Teodora y su huída al convento. El episodio del mágico y la consulta con la madre abadesa, no tienen cabida en la comedia. El diablo toma mucha parte en esta primera jornada, si bien su papel es mudo, pantomímico.

Teodora, en el convento, pasa por hombre; es el hermano Teodoro. Hace dura y edificante vida de penitencia. El diablo está cada vez más resentido y rabioso. «Un día, refiere el venerable Jacobo, volviendo Teodoro de la ciudad, recibe hospitalidad en una casa en donde una muchacha se le acerca y le dice: ven a yacer conmigo. Y como el monje rehusase, la muchacha va a buscar otro hombre que vivía en la casa. Y cuando, andando el tiempo, le preguntaron de quién estaba encinta, respondió: del monje Teodoro.» En las anteriores líneas hemos modificado y preterido algunas expresiones, harto cándidas, del venerable Jacobo. Prosigamos. El prior del monasterio reprimenda ásperamente al hermano Teodoro y le despide, con la criatura a cuestas. Tal es lo que sucede en la segunda jornada.

En la tercera jornada acrecen las penitencias del tierno monje; convierte al seductor, que andaba como forajido por el monte; retorna a las puertas del convento, conociendo que se aproxima su fin; satisface al marido; pónese en claro que no podía ser padre de ningún niño, y en la hora de la muerte los ángeles acuden a recoger su alma.

Esta es la deliciosa comedia, que los espectadores frívolos han desdeñado por pueril y disparatada.

Autos sacramentales y comedias de vidas de santos son derivaciones, intelectualmente elaboradas, de aquellas piezas de asunto religioso y propósito moral, aun cuando no siempre de procedimiento limpio y decoroso, *milagros, misterios* y *moralidades*, que durante la Edad Media se representaban en todos los pueblos de Europa, generalmente en las catedrales, iglesias y monasterios.

Prohibióse en España la representación de los autos sacramentales, a 9 de junio de 1765; la de las comedias de santos, algo antes. Debióse, como causa ocasional, la prohibición, a las impugnaciones de José Clavijo Fajardo, que ha dejado memoria, más que como escritor, como hombre, a causa de cierta aventura con una hermana de Beaumarchais, que aprovechó Goethe para su drama *Clavijo*.

Clavijo era uno de aquellos escritores hispanos que durante el siglo XVIII se esforzaron por corregir nuestros hábitos escénicos e implantar las normas austeras del teatro francés. Los ensayos polémicos y críticos, sobre arte dramático, de Clavijo, aparecieron en una publicación intitulada *El pensador matritense*, imitación de *El espectador* inglés. El ensayo o «pensamiento» III del volumen primero se rotula en el índice *Crítica de nuestras comedias*, y en el texto, *Defensa de las comedias españolas*. Versa sobre las comedias de ruido y bulto, entre las cuales se cuentan las de vidas de santos (1). El asunto está desarrollado irónicamente. Comienza: «¡Que no ha de haber forma de reprimir la osadía con que a nuestras barbas se burlan de nosotros los extranjeros! Señores, ¿y dónde estamos? ¿Qué sufrimiento tan fuera de tiempo es el nuestro? Y luego, mucha bulla, mucha planta, mucho de

> Es una fiera gente la de España,
> que cuando a pechos una cosa toma,
> los tiembla el mar, la muerte los extraña.»

---

(1) Las comedias de capa y espada, de ingenio o de intriga se ajustan, por su naturaleza, a las exigencias unitarias de lugar, tiempo y acción.

Simula el autor que en un corro de conversación tropezó, entre muchos españoles, con
dos extranjeros, los cuales «empezaron a bur-
larse a banderas desplegadas, ¿y de qué? De
las niñas de nuestros ojos, de la alhaja preciosa de la España; en una palabra: de nuestras
queridas comedias».

«El primer envite de los dos señoritos em-
pezó por las tres unidades, que dicen deber
observarse en la comedia: unidad de lugar, unidad de tiempo y unidad de acción.» Entonces
el autor asume en chanza la defensa de nuestras comedias, y acumula de propósito en su
alegato donosos desatinos. «Ahora bien: señores, les pregunté yo: ¿porqué y para qué se
han de guardar? El porqué, ya veo que me dirán vuesas mercedes que es porque así lo esta-
blecieron los maestros del arte. ¿Y quiénes son
estos maestros, estos doctores, cuyos documentos y lecciones debemos seguir ciegamente? Aristófanes, Menandro, Plauto, Terencio y
otra cuadrilla de condenados. Lindos modelos,
por cierto. Unos hombres que están ardiendo
en los infiernos...» Y luego: «Si al señor don
Terencio y al señor don Plauto se les hubiera
antojado poner cinco, seis, veinte y cuarenta
unidades en cada comedia, ¿el mismo número
habíamos de conservar nosotros?» Siguen otras

razones no menos estrambóticas. «Queda visto ser absurdo, tuerto y contrahecho, el porqué de las tres unidades, que vuesas mercedes nos vienen cantando a cada instante, como las tres ánades madre. Veamos ahora el para qué.» A esto se responde que para conservar la ilusión. Y el pensador exclama: «Que es lo mismo que el engaño, en buen castellano. ¿Y quién les ha dicho a vuesas mercedes que nosotros queremos engañar a las gentes? No, señores; muy al contrario. Nosotros somos hombres de buena fe, y de verdad, y no damos gato por liebre... Y si no, miren ustedes nuestros teatros y nuestros actores. Estos parecen alquilados, y a excepción de levantar un poco más o menos la voz en donde se les antoja, sin método ni discernimiento, y sin saber lo que se pescan, ellos no hacen sino el papel de papagayos, repitiendo lo que les dice el apuntador; pero esto bien y fielmente, sin que pueda quedar la menor duda, porque en lo más retirado de nuestros corrales (y búrlense vuesas mercedes del nombre), antes se oye al apuntador que a ellos.» Lo mismo que ahora. «Nuestros teatros no pueden engañar al más rústico». Noticias que en otros pasajes nos da el propio Clavijo, contradicen esta afirmación.

Entra a seguida el autor a criticar humorísticamente el famoso dístico de Boileau sobre las tres unidades; que, traducido al castellano, dice, poco más o menos:

> Que *en un lugar y en un día,*
> *un solo y único hecho*
> tenga el teatro ocupado
> y al auditorio suspenso.

Los extranjeros interpretan la unidad de lugar como alusiva a la acción de la obra dramática, de manera que «si la acción de la pieza principia en Viena, no tenga su medio en Babilonia, ni su fin en el Mogol... No, amigos; nosotros acomodamos esta regla mucho mejor, sin comparación, según su sentido literal, que se reduce a decir que en el mismo lugar donde se empieza la comedia, allí mismo, y no en otra parte, se concluya. Y esto sucede, y hubiera siempre sucedido, aunque Boileau no hubiera venido al mundo; porque sería muy incómodo después de oír la primera jornada en la Rambla, ir a ver la segunda al Encante, y la tercera a Barceloneta». Esta interpretación española de la unidad de lugar, aunque el pensador la juzgase risible y sandia, es, en rigor, la misma que adoptaron el doctor Johnson, en el prólogo a su edición de Shakespeare, y Lessing, en su *Dramaturgia hamburguesa.* Hoy en día no consideramos monstruoso que la acción de una obra comience en Viena, continúe en Babilonia y concluya en el Mogol.

«Pasemos a la segunda unidad. En un día. ¿Qué cosa más clara? Un niño de la escuela adivinará sin mucho trabajo que esto quiere decir que no dure dos o tres días la comedia... Antójaseme, por ejemplo, saber la vida de Matusalén. Quizás habrán vuesas mercedes oído decir que vivió novecientos sesenta y nueve años. Tomo, pues, un Flos Sanctorum. Apostemos que en menos de una hora me leo toda la vida. Aquí, pues, de la razón y del juicio. Si en una hora sé lo que ha pasado a Matusalén en novecientos años, en dos horas y media, que hemos de conceder, por lo menos, a la comedia, puedo saber lo sucedido en dos mil doscientos y cincuenta »

«Una sola acción es la tercera y última unidad que se nos predica. ¿Y qué es esto? Vuélvome a mi tema: pobreza. Pobreza de ingenio, pobreza de invención y pobreza de gente.»

En cuanto al ingenio, el pensador se burla de la desatentada promiscuidad de metros en que están escritas las comedias españolas, fea y extravagante abundacia que los nacionales toman por riqueza de ingenio.

«Pobreza de invención. Porque los extranjeros han inventado el telescopio, las máquinas pneumática y eléctrica, y otras semejantes, ya les parece que no hay otras invenciones que las suyas, y que los españoles no saben lo que se inventan. Y a fe mía que se engañan de medio a medio; que mucho más difícil y mucho más gloriosa es la invención de hacer hablar un mono, y no le va en zaga el formar una voz *sobre natural*, y uno y otro se ve en la comedia famosa de Lope, intitulada *El Pitágoras moderno*. Y si esto les parece poco, ahí está la comedia del Rey Wamba, que no me dejará mentir, donde un niño recién nacido hace su papel como un hombre.» «En la comedia *El triunfo de la virtud*, de Lope, con sólo hacer el mágico Euristeo sobre el tablado varios círculos, se abre una boca de infierno, tan fea y tan hedionda que da miedo, y sale bailando, dando saltos y brincos una tropa de diablos de todos tamaños.»

«Pobreza de gente. Tómense las comedias de los extranjeros y se verá que en entrando en una comedia seis o siete personas, ya les parece que tienen el gasto hecho... Pues en la comedia citada de *El Pitágoras moderno*, excluyendo las guardias del rey de Marruecos, una tropa de marineros moros, un mono que habla, una estatua, dos pares de angelones y

una voz sobrenatural, hay por lo menos veinticinco personajes.»

Los pensamientos XLII y XLIII del volumen
cuarto contienen reflexiones y críticas sobre la
representación de los autos sacramentales. El
pensador procura desterrar de la escena estas
obras, más por amor a la religión, a lo que él
asegura, que por amor al arte.

«No pueden mirarse—dice—en unos teatros
tan profanos, sin que tenga mucho que gemir
el católico menos celoso.» Y más adelante:
«Quieren elevar el teatro hasta una esfera muy
distante y muy ajena de su institución, o reba-
jar el santuario, queriendo trasladar a un lugar
inmundo la cátedra y el sacerdocio.» «No ha
muchos años que en uno de nuestros teatros
se vió ridiculizar al Papa y al Sacro Colegio
representado con la púrpura y demás insignias
de sus dignidades, haciendo que al oír cantar
la chacona perdiesen todos estos personajes la
gravedad que les correspondía y empezasen a
bailar descompasadamente.» Tendría que ver.

«Mi dictamen es *que los autos sacramentales
deberían prohibirse por el Soberano, como perni-
ciosos y nocivos a la religión cristiana.*»

A cuatro puntos reduce el pensador los motivos en que funda su demanda de prohibición:
1.º, el fin de los autos; 2.º, el lugar en que se

representan; 3.°, las personas que os ejecutan; 4.°, el modo de representarlos.

«No obsta que digan algunos van a los autos para aprender teología y escolástica y la expositiva, y que aprenden más en una tarde de autos que en muchos meses de trabajo sobre libros.»

«Lo que se advierte continuamente es que la mayor parte de las gentes, y particularmente las de un cierto tono, están en conversación o dejan los aposentos y lunetas mientras dura el auto, y sólo asisten al entremés y sainete.»

Respecto a las personas que los ejecutan: «El pueblo, acostumbrado a ver representar a una comedianta los papeles de *maja*, de *lavandera*, de *limera* y otros, que, por más serios, no tienen menos indecencia, y en que no pocas veces se ven más atajados el recato y la honestidad, no puede engañarse cuando la ve hacer el papel de la Virgen purísima.»

«Al rey nuestro señor don Felipe II presentó un seglar de capa y espada un memorial en que había las cláusulas siguientes: el traje y representación de la reina de los ángeles ha sido profanado por los cómicos, representándose en esta corte una comedia de la vida de Nuestra Señora... El representante que hacía la persona de San José estaba amancebado con la mujer que representaba la persona de Nuestra Señora... En esta misma comedia, llegando al misterio del nacimiento de Nuestro Señor, este mismo representante reprendió en voz baja a la mujer, porque miraba, a su parecer, a un hombre de quien él tenía celos, llamándola con un nombre, el más deshonesto que se suele dar a las mujeres malas.» Y añade el memorial: «En su vestuario están bebiendo, jurando y jugando con el hábito y forma exterior de santos, de ángeles, de la Virgen y del mismo Dios, y después salen al público fingiendo lágrimas y haciendo juego de lo que siempre había de ser veras.» Esta manera de raciocinio carece de validez, ya se aplique al cumplimiento de los deberes religiosos, ya al ejercicio del arte escénico. Que sacristanes y monaguillos retocen, remangados los hábitos, en la sacristía, y profieran allí palabrotas irreverentes, no es fundamento para suprimir estos útiles acólitos en las ceremonias del culto. Mucho menos lógico sería acabar con el clero porque haya malos clérigos. Y en lo atañedero al arte escénico, la vida en el camarín y detrás de bastidores en nada se asemeja a la vida ideal del proscenio· Puede hacer un excelente Yago un actor que después de los mutis sea, en la vida civil, un pedazo de pan; un excelente Otelo, un marido burlado, noticioso de la burla y estoico, y una excelente Desdémona, una mujer corrompida y hastiada de amorosas experiencias.

En cuanto al modo de representarse los autos, el pensador vitupera los anacronismos en que abundaban. Pero el anacronismo podrá ser un defecto científico, mas no una falta de arte.

Las tachas que el pensador descubre en nuestro teatro clásico, fueron, a la vuelta de contados años después que él pensaba y escribía, enaltecidas como rasgos de belleza, alicientes de amenidad y condiciones de vida del drama, por los corifeos del teatro romántico en toda Europa. Y caso, no por frecuente en España, menos peregrino: cuando algunos escritores españoles ensayaron aclimatar entre nosotros el teatro romántico, el público y la crítica lo motejaban de insensato, desapacible, estúpido y extranjerizo.

Recientemente se observa en todo el mundo civilizado un renacimiento de los artes dramático y escénico, cuya orientación y sentido ha compendiado un tratadista en esta fórmula: *reteatralización del teatro.*

El vicio de origen del teatro clásico francés, y de sus sucedáneos e hijuelas, entre los cuales está, naturalmente, el teatro francés moderno,

estriba en haber mermado la materia estética
del arte dramático, restringiéndola a la imitación mecánica de la vida cotidiana Lo esencial
e imprescindible para preceptistas y autores
franceses son la verdad y la realidad escénicas,
las cuales, cierto que no son esenciales ni imprescindibles. La verdad y la realidad artísticas, sea en la escena, sea en el cuadro, sea en
un instrumento músico, son verdades y realidades distintas de las verdades físicas con que,
a troche y moche, tropezamos; son realidades
y verdades imaginarias, que acaso conseguimos
insertar en la vida cotidiana y acaso no. Si ha
de existir un teatro artístico, vivo y bello, ha
de nutrirse de verdades y realidades peculiarmente teatrales. Así ha sido siempre el teatro
y así ha de ser, si quiere durar y prosperar.
Esto quiere decir la reteatralización del teatro.
Justo es declarar que de los directores de teatros actuales, el señor Martínez Sierra es el
único que ha percibido las obligaciones que
incumben al cargo.

Al aparecer en Eslava *La adúltera penitente*
se dijo que obras de este jaez no interesan al
alma contemporánea, que no cree en milagre-
rías ni diablos coronados. Precisamente por eso
deben interesar, artísticamente.

Las impugnaciones y críticas del pensador

son disculpables, porque entonces el pueblo tomaba demasiado por lo serio, como si fuera la verdad misma de todos los días, las representaciones teatrales. El propio Clavijo cuenta que, en cierta ocasión, un espectador, fuera de sí, gritó: ¡Viva el demonio!, después de un parlamento afortunado de un actor que hacía de diablo.

Que yo no crea en centauros ni nada de la mitología griega, no me impide admirar el cuadro de Boticelli «Palas y el centauro».

Una obra de arte es un pedazo de materia bruta en donde han infundido su espíritu o su carácter un individuo o un pueblo. Tan artística, a su modo, es una bronca cerámica de Fajalauza, como una porcelana de Sèvres. El interés del arte no proviene tanto de la perfección imitativa cuanto del carácter acusado que posee la obra. Y *La adúltera penitente* es una comedia característica, muy española y muy siglo XVII. Esperemos que permanezcan en el repertorio y se muestre de cuando en cuando.

I AGRUPAMOS los miembros de la Real Academia de la Lengua según el género literario que cultivan, tengo para mí que el núcleo más nutrido está representado por el arte dramático. Autores dramáticos, ya puros, ya injertos en otra autoridad literaria, creo que son los más en la Academia. Acaso les sigan los oradores políticos. Oratoria política y arte dramático; dos maneras retóricas que ofrecen entre sí estrecho parentesco y semejanza.

Si bien la pauta o canon con que, antes de acogerlos, talla, mide y coteja la Academia a los académicos aspirantes permanece incógnita e inviolada para quienes vivimos extramuros de aquel sacro recinto, con todo, se me figura que, en punto a la admisión de los autores dramáticos, la Academia emplea dos criterios: uno remuneratorio y otro punitivo. Así como en otras actividades literarias no es raro que la Academia se incline por las medianías, en lo tocante a la dramaturgia no acepta sino los extremos; bien sea los autores excelentes, que todo el mundo admira y aplaude, bien los autores depravados y execrables (artísticamente hablando, claro está), que todo el mundo toma a chanza. En el primer caso, la investidura académica es un galardón. En el segundo caso, como quiera que a la Academia le incumbe velar por los fueros de la literatura patria, finge otorgar un honor al vitando dramaturgo, no sin antes haberle exigido juramento de que no volverá a escribir para el teatro, y si, por desdicha suya y de los demás, cediera a la tentación de reincidir, se le recaba la promesa solemne de que, cuando menos, no consentirá que su obra se represente en un escenario importante. Si es esto cierto, como presumo, yo, por mí y en delegación de no pocos deleitantes del teatro, me atrevo a suplicar a la Academia que no desdeñe al señor Linares Rivas, el cual, a lo que se dice, presenta su candidatura para una vacante que ahora hay.

Una larga experiencia me ha enseñado, en efecto, que los dramaturgos académicos incursos en el sector penal se divorcian de Talía desde el instante que transpasan los umbrales de la Academia. De donde infiero que el criterio punitivo y prohibitorio no es un antojo de mi imaginación, sino cosa real, aunque recóndita. Dichos señores académicos y autores dramáticos a lo sumo celebran vergonzantes contubernios con la musa plebeya de algún antro escénico fuera de mano. Así ha sucedido estos últimos días. Un académico ha estrenado en Novedades, y otro, en Romea. Lo de Novedades no lo sé sino por referencia periodística. De lo de Romea he sido testigo presencial. Se trata de una obrilla en verso, escrita por el señor Cavestany para el beneficio de la gran bailarina gitana Pastora Imperio.

El apropósito del señor Cavestany no es sino un apropósito para que Pastora, la gitanaza, y otras varias gitanillas, en torno de ella, agiten todo el repertorio de danzas loquescas o graves en que la española gitanería siempre fué maestra. Pero, además de ser un apropósito: está profusamente aderezado de despropósitos que se revisten de variadas formas métricas, redondillas, quintillas, seguidillas y *morcillas*, que es como en la jerga de entre bastidores se llama al ripio o relleno. En puridad, poco montan apropósito y despropósitos del señor académico, porque la verdadera académica allí es Pastora Imperio.

Recuerdo la Pastora Imperio de hace quince años, primera vez que la vi. Bailaba en un teatrucho que había a la entrada de la calle de Alcalá. No gozaba todavía de renombre. Penetré, por ventura, una noche en el teatrucho.

Fueron sucediéndose en el tablado varios números: una pareja italiana, hombre y mujer, que hacían infinitos gestos y cantaban canciones indecorosas, enseñando unas hortalizas naturales y alusivas; una cupletista voluminosa como un mamut... Y salió Pastora Imperio. Era entonces una mocita, casi una niña, cenceña y nerviosa. Salía vestida de rojo; traje, pantaloncillos, medias y zapatos. En el pelo, flores rojas. Una llamarada. Rompió a bailar, si aquello se podía decir baile: más bien lo que griegos y romanos querían que fuese el baile (*orchestike, saltatio*); esfuerzo dinámico y delirio saltante, ejercicio de todo el cuerpo, sentimiento, pasión, acción. La bailarina se retorcía, como posesa, con las convulsiones de las Mainades y los enarcamientos de las Sibilas (*sibulla*, que significa «voluntad de Dios»). Los negros cabellos en torno a la carátula contraída y acongojada ebullían de vida maligna, ondulaban, sacudíanse con frenesí, como sierpes de una testa medúsea. Todo era furor y vértigo; pero, al propio tiempo, todo era acompasado y medido. Y había en el centro de aquella vorágine de movimiento un a modo de eje estático, apoyado en dos puntos de fascinación, en dos piedras preciosas, en dos enormes y encendidas esmeraldas: los ojos de la bailarina. Los ojos verdes captaban y fijaban la mirada del espectador. Entre niebla y mareo, como en éxtasis báquico, daba vueltas el orbe de las cosas en redor de los ojos verdes.

Los bailes de Pastora Imperio, niña, imprimían en la memoria impresión indeleble. Cuando yo leía en autores clásicos o pseudoclásicos todo eso de los bailes sagrados y de las bacantes que llegaban a perder el seso haciendo zapatetas, pensaba que eran exageraciones, literatura y pamplina. Después de ver a Pastora Imperio en sus bailes apenas núbiles, comprendí que no todo era pamplina en algunas danzas clásicas.

De entonces acá, en el lapso transcurrido, Pastora no ha envejecido quince años, sino algunos siglos. No quiero decir que Pastora haya envejecido físicamente. Pastora está muy joven, entre otras razones, porque es muy joven. Me refiero al envejecimiento artístico; y el arte bueno, como los buenos libros, el buen vino y los buenos amigos, cuanto más antiguos, mejores. Ha envejecido Pastora, porque si en sus danzas de muchacha era Grecia, en las de ahora, ya mujer, es la India. Antes, el movimiento; ahora, el reposo: antes, el giro raudo; ahora, la actitud plástica: antes, la fuga de sus alados pies; ahora, la majestad de sus divinos brazos: antes, la flecha; ahora, el surtidor.

Pasemos a otro asunto. Generalmente se toma por cierto y averiguado que el baile gitano es el baile español por excelencia; tal vez hasta se oye afirmar que es el único baile castizo. *Castizo;* esta es la palabra que más a menudo suena para calificar lo concerniente al gitanismo. Cuando un extranjero llega a España y pregunta por las manifestaciones castizas de la vida española, se le conduce, lo primero, a que contemple bailadoras gitanas. No parece sino que el gitanismo es algo consustantivo con la casta española. Según eso, tanto valdría casticismo como gitanismo.

Sin embargo, los gitanos no hay cuenta que cayeran sobre España antes de la Edad Moderna. Hoy en día, llamar «gitana» a una mujer es rendimiento y loor. Hace tiempo, «gitano» era grave denuesto e injuria. Una pragmática de 1783 considera esta palabra como «denigrativa».

El Diccionario de autoridades define «gitano» en términos bastante irrisorios. «Cierta clase de gente que, afectando ser de Egipto, en ninguna parte tienen domicilio y andan siempre vagueando.» Con esto ya están cabalmente descritos los gitanos. La *afectación* de ser de Egipto la mantienen los gitanos todavía.

Una gitana me decía: «A nosotros nos llaman gitanos porque venimos de Gito.» Luego me habló de los Faraones. Naturalmente, yo no pensé que fuera afectación, sino ignorancia de la etnografía, que nadie está obligado a conocer al dedillo, y menos una gitana. Aparte de que el cómo y de dónde han venido los gitanos no se sabe de cierto. Este tema del gitanismo en su relación con lo castizo merece tratarse con alguna extensión.

La única autoridad que cita el Diccionario de autoridades acerca de la voz «gitano» es la de Cervantes, del cual copia las primeras líneas de *La gitanilla:* «Los gitanos y gitanas parece que solamente nacieron en el mundo para ser ladrones.» Diríase que Cervantes tenía en poco a los gitanos. No hay tal. Sobre Cervantes, hombre andariego y ganoso de aventuras, «la vida ancha, libre y muy gustosa» (como él mismo dice) de los gitanos ejercía singular hechizo, y aun considero probable que experimentase, por lo personal e íntimo, las costumbres del aduar. Pruébalo la frecuencia con que alude a los gitanos y las circunstancias gitanescas que nos pinta en el *Coloquio de los perros* y en *La gitanilla.*

La ascendencia de Pastora hemos de buscarla en *La gitanilla* de Cervantes. La Preciosa de antaño es como la Pastora de hogaño. La mayor parte de los accidentes y pormenores, y todos los encarecimentos cervantinos sobre Preciosa, cuádranle bien asimismo a Pastora.

«Salió la tal Preciosa la más única bailadora que se hallaba en todo el gitanismo», escribe Cervantes.

«Salió Preciosa rica de coplas y otros versos, que los cantaba con especial donaire..., y no faltó poeta que se los diese: que también hay poetas que se acomodan con gitanos y les venden sus obras, como los hay para ciegos.»

Al cantar y bailar Preciosa, «unos decían: *Dios te bendiga. Otros: Lástima que esta mozuela sea gitana; en verdad que merecía ser hija de un gran señor. Otros había más groseros, que decían: Dejen crecer la rapaza, que ella hará de las suyas; a fe que se va añudando en ella gentil red barredera para pescar corazones.*» Pero no le decían: *Bendita sea la madre que te parió*, que es acaso un punto más grosero que el precedente jaleíllo de la red barredera.

«Preciosa quedó tan celebrada de hermosa, de aguda y de discreta y de bailadora, que a corrillos se hablaba de ella en toda la corte», y en toda España.

«Estos sí que son ojos de esmeraldas »
«*Ceñores*—dijo Preciosa, que, como gitana,

hablaba ceceoso, y esto es artificio en ellas, que no naturaleza.» Esta observación cervantina sugiere algunos interrogantes. ¿Es que en tiempo de Cervantes el cecear era un defecto de pronunciación y no manera prosódica de ciertas regiones? ¿Es que el artificio lo tomaron los gitanos de los andaluces, o, por el contrario, los andaluces de los gitanos?

A última hora, averíguase que Preciosa no es tal gitana, sino una niña rica y noble; Costanza de Acevedo y Meneses, a quien una gitana había robado y puesto aquel gentil remoquete.

No me sorprendería que vinieran a
última hora con que tampoco
Pastora es tal gitana.

1

ROMETIMOS EN el ensayo anterior conceder algún espacio a este tema. He aquí unas ligeras disquisiciones.

Con harta frecuencia se leen en periódicos, revistas y libros, elucubraciones retóricas de escritores españolistas, de esos que llevan muchos dedos de rancia enjundia, en las cuales ora se canta, en tono de ditirambo, lo castizo, tradicional y típico, ora se vitupera, con amargura de treno jeremíaco, el desuso en que poco a poco va cayendo lo castizo, tradicional y típico. Lo que comúnmente se entiende a veces por castizo, tradicional y típico, no es sino la indumentaria pintoresca. Pero la indumentaria pintoresca, en ocasiones, nada tiene de típica, ni de tradicional, ni de castiza. Por ejemplo: el mantón de Manila, atavío mujeril el más clásico y español, a lo que se asegura, sin reparar que no se introdujo en España hasta los comedios del pasado siglo. Si en el punto en que un tendero atrevido y unas hembras desenvueltas ensayaron establecer la moda del mantón de Manila hubiera prevalecido el criterio de los casticistas indumentarios de ahora, adiós esa prenda, si no la más clásica y española, desde luego muy graciosa y alegre.

No debemos entusiasmarnos con ciertos rasgos y circunstancias tradicionales, porque quizás no lo son. Ni hay razón tampoco para que nos amilanemos porque desaparecen ciertos usos y costumbres que desde nuestra infancia nos eran familiares; otros vienen, que, a su turno, serán tradición más pronto de lo que se piensa.

La vida del hombre está gobernada por dos fuerzas armónicas: una, impulsiva, afán de novedad, de donde nace la moda; otra, represiva, exigencia de continuidad, de donde nacen la rutina y la tradición. La vida del hombre atraviesa por dos períodos: en el primero, de juventud y plasticidad, domina la fuerza impulsiva, el anhelo de cambiar la faz del mundo; en el último período, el hombre quisiera que el mundo se inmovilizase y conservase sin mudanza, tal como se le aparecía cuando él era joven, y, de esta suerte, albergar la ilusión de seguir siéndolo. La mayor parte de los hombres, a los cincuenta años, son infinitamente más viejos de lo que la edad les acredita, porque asumen como propia la milenaria ancianidad del mundo, y se figuran que todo ha de concluir cuando ellos concluyan. Y la mayor parte de los

jóvenes se figuran que el mundo es mozo, porque ellos son mozos. Por donde, al llegar a
viejos, se aficionan a considerar como antiquí-
simas y necesarias las cosas que en la mocedad conocieron y que por caso perduran. De
aquí esas llamadas tradiciones, que, en rigor, son mocedades de anteayer. Y así, en
la sociedad, jóvenes y viejos andan encariña-
dos con su tema; unos, con la moda; otros,
con la tradición. Y las modas pasan a ser tradiciones.

Yo había oído que el *fado* es un canto inme-
morial portugués. El verano pasado, estando
en Portugal, leí, en una monografía sobre *Música e instrumentos portugueses*, por Luis de
Freitas Branco: «En cuanto al fado, que hoy
pasa por ser el canto nacional por excelencia,
dice Miguel Angel Lambertini que en los Dic-
cionarios anteriores a la última mitad del siglo xix no se encuentra la palabra fado en sentido musical. Por lo tanto, no se pueden conceder fueros de nacionalidad a una canción po-
pularizada en estos últimos cincuenta años.» Y
como yo le expresase mi sorpresa a un portugués, me replicó: «No haga usted caso de las
tonterías que ponen los libros. El fado se canta
en Portugal de toda la vida. Yo recuerdo ha-
berlos oído cantar cuando era muchacho.» Para

este portugués la vida de Portugal era nada más
que su propia vida.

Hoy nos parece muy chula la gorrilla de vi-
sera, picarescamente derribada a un lado y dejando en libertad un bucle por el lado opuesto.
Pues la gorrilla chula no es sino la gorrilla inglesa, que no hace aún muchos años sólo se
veía en algún escenario de género chico, cari-
caturizando un inglés de sainete. Por entonces
la gorra chula era de tubo de chimenea, es
decir, la gorra de los parisienses del pueblo
bajo, a la sazón. Los tres ratas de *La Gran Vía*
se presentaban con esa gorra, chaquetilla a la
altura de los riñones y pantalones sobremanera angostos. Hoy los pantalones chulos son
pantalones de odalisca, esto es, imitados de
los que usan las mujeres en el harem. Y en
cuanto a las ingeniosidades y fantasías capila-
res, ¿hay nada más chulo, más castizo, que ese
bucle, de la forma y tamaño de una rosquilla
de Reinosa? Sin embargo, no ha mucho lo castizo y chulesco era el peinado de *chuletas*, con
el pelo atusado hacia delante, adherido a las
sienes, hasta las cejas, y cortado al extremo en
línea vertical.

Clemencín, en una nota al *Quijote*, nos refiere las vicisitudes históricas de barba y cabellos. «Entre los antiguos, escribe, hubo varie-

dad acerca de la barba. A los judíos prohibía la ley el raerla. Por el contrario, los griegos y romanos se la quitaban, conservándola sólo entre los primeros algunos filósofos y personas que afectaban gravedad. Cicerón habla de las precauciones de Dionisio, el tirano de Siracusa, para afeitarse. Los romanos usaron barbas al principio; después, las quitaron, y el famoso Escipión Africano introdujo la costumbre de afeitarse diariamente. Entre nosotros se traían barbas en la Edad Media; pero las atusaban y componían, sin dejarlas crecer libremente. En Aragón se usaba también llevarlas en el siglo XIV, puesto que el rey don Pedro IV prohibió las postizas, que se ponían los atildados y petimetres. En Castilla se suprimieron por entonces las barbas. En el XVI, el rey de Francia Francisco I, para ocultar una cicatriz que le dejó una quemadura en el rostro, se dejó crecer la barba. Con esto las barbas se hicieron de moda; dejábanselas crecer los galanes, y las personas serias se afeitaban, por gravedad y por no parecerse a los pisaverdes. A principios del reinado de Carlos V, en España se introdujo la moda de las barbas largas, a la tudesca. Por entonces floreció un pintor flamenco llamado Juan de Barbalonga, porque la tenía de vara y media de largo (la barba, claro está). Fué costumbre general llevar barbas atusadas en el resto del siglo XVI y parte del siguiente, en que se incluye la época de Cervantes. Muy entrado ya el siglo XVII, las barbas se redujeron al bigote y perilla, que duraron hasta el XVIII, de que han quedado restos en los bigotes de los soldados. Al mismo tiempo que volvían a dejarse crecer las barbas, se introdujo también el cortarse la cabellera que antes traían larga los seglares. Carlos V se la cortó en Barcelona el año 1529, para curarse de los dolores de cabeza que padecía, y a su imitación se la cortaron también sus cortesanos. Los españoles llevaron cabellera sin barba hasta Carlos V; barbas sin cabellera, hasta Felipe IV; bigotes y perilla con cabellera, hasta Felipe V.» Después de Felipe V pasó a España la moda francesa del rostro rasurado y la peluca.

Ahora bien: ¿qué es lo español y castizo, en punto a barba y cabellos?

Cuando algunos panegiristas de lo castizo preconizan la vuelta a lo tradicional y añejo, así en la indumentaria como en las costumbres y en el lenguaje, me pregunto: ¿hasta qué fecha hemos de retirarnos en el tiempo para dar con el prístino manantial de la tradición? Y concediendo que se fije una fecha, ¿por qué nos hemos de plantar ahí, en lugar de seguir retrocediendo? De esta suerte, llegaríamos a lo más tradicional y castizo: la hoja de parra, trepar a los árboles, el grito onomatopéyico.

Actualmente estamos asistiendo a una reviviscencia deliberada de lo castizo pintoresco. Por todos los medios se procura que seamos castizos, tradicionales. Pero ¿hasta dónde se alonga esta pretendida tradición? No más allá de fines del siglo XVIII y principios del XIX. Entendida de esta suerte la tradición, el gitanismo es uno de los ingredientes esenciales de lo castizo. Otro ingrediente esencial es el versallismo. El casticismo a la moda es maridaje de dos influencias exóticas.

Desde la época de Felipe II los modos y maneras españoles eran rígidos, severos, adustos, formulistas. Los hombres vestían de negro; las mujeres, cuando no de negro, con sobriedad de colores. Los arreos de los menestrales eran asimismo apagados, sombríos. Guardábanse celosamente las jerarquías. El hidalgo miraba a lo alto y rehuía envolverse con la plebe, aunque anduviera tronado y muerto de hambre. Las grandes solemnidades públicas consistían en que los caballeros alanceaban a caballo toros en coso, y los togados quemaban herejes. Sobre aquel cortejo funerario de los atavíos de entonces contrastaba, como pandilla de máscaras en un entierro, el indumento amarillo y rojo de los tercios de Flandes y el más abigarrado aún de la gitanería, que desde poco más de un siglo se había metido por tierras de España. Carlos V, en una pragmática de 1539, mandaba salir del reino a los *gitanos y personas que con ellos andan en su hábito y traje.* Infiérese de aquí que, bien que los gitanos no fueran bienquistos de la mayoría de los españoles, no faltaba quien se dejara arrastrar por ellos a la vida errante, adoptando la traza gitanesca. Tal es el asunto de *La gitanilla*, de Cervantes. Inútiles fueron todas las ordenanzas reales encaminadas a la expulsión de los gitanos. Los gitanos que cayeron sobre España afincaron en ella para no abandonarla ya más. Otro caso de contumacia semejante, no ya de una clase de gentes, sino de una costumbre, lo ofrecen las fiestas de toros. Pontífices y prelados las condenaban. Isabel la Católica las aborrecía. Felipe II caviló en proscribirlas. Pero ni Isabel ni Felipe se juzgaron con fuerza bastante para tamaña empresa. En resolución, la España de los Austrias se nos representa como un pueblo enorme, empobrecido, espetado, picaresco, supersticioso, cruel y lúgubre. Dos notas de color flamean sobre este ambiente fuliginoso: los soldados y los gitanos.

En el siglo xviii desvanécense del solio real los trágicos y lóbregos monigotes austriacos, y salta, como en un escenario de fantoches, un muñeco versallesco, disfrazado con peluca y sedas de mil brillantes colores. Este ligero trastrueque basta para desfigurar la fisonomía de España. Nuestra nación cuelga los enlutados tocas y mantos de dueña dolorida y se viste de colorines. Bajo el influjo de la corte de Versalles, que dirige y acompasa los movimientos de la Europa como un maestro de baile, el siglo xviii es racionalista, epicúreo y danzante. España entra en la danza. Las mujeres de alto copete, que hasta entonces habían vivido encerradas bajo muchas llaves, dentro de casa, y encerradas dentro del guardainfante, faldamento aforrado de hierro como plaza fuerte, abren de golpe puertas y ventanas, rompen la afectada reserva, se arrojan a la calle, acortan la falda hasta más arriba del tobillo, van de tertulia en tertulia y de sarao en sarao, se pintan lunares, chapurrean francés y bailan gavotas. Los menestrales de la urbe remedan en el traje la policromía y porte de los encasacados lechuguinos. La luenga capa negra cede el puesto a la capa escarlata. El pardo chambergo se destierra por un gran sombrero redondo, de color gris perla; el castoreño que todavía usan los picadores de toros. En todo el Mediodía de España el pueblo se apropia los rasgos característicos de la gitanería; su estilo de vestir, sus bailes y algunas de sus expresiones. Carlos III otorga estado civil a los gitanos, y los caballeros e hidalgos cultivan su trato y amistad (véase la *VII carta marrueca*, de Cadalso). Al propio tiempo se inicia, y en un instante llega a su colmo, la moderna tauromaquia. «Como el señor Felipe V no gustó de estas funciones (alancear toros), las fué olvidando la nobleza; pero no faltando la afición a los españoles, sucedió la plebe a ejercitar su valor, matando los toros a pie, con la espada, lo cual es no menor atrevimiento y, sin disputa, por lo menos su perfección es hazaña de este siglo.» (Nicolás Fernández de Moratín: *Carta histórica sobre el origen y progresos de las fiestas de toros en España.*) Antes, correr toros era deporte y alarde de hombres principales. Con los Borbones, es profesión lucrativa de gente baja.

En el desarrollo de la fiesta de toros, tal como hoy se practica, no les cabe participación y honra a los gitanos. Seguiré copiando a Moratín, padre: «Francisco Romero, el de Ronda, fué de los primeros que perfeccionaron este arte, usando la muletilla» (invención sólo comparable a la de la imprenta). «En el tiempo de

Francisco Romero, estoqueó también Potra, el de Talavera, y Godoy, un caballero extremeño. Después vino el fraile de Pinto, y luego el fraile del Rastro, y Lorencillo, que enseñó al famoso Cándido. Fué insigne el famoso Melchor y el célebre Martincho, como lo fué sin igual el diestrísimo licenciado de Falces.» Véase cómo en la creación de la tauromaquia moderna colaboraron el pueblo, el blasón, la cogulla y la muceta. El licenciado de Falces inventó plantar los garapullos o banderillas dos a dos.

Añade Moratín: «era una cierta ceremonia que los toreros de a pie llevaban calzón y coleto de ante, correón ceñido y mangas atacadas de terciopelo negro, para resistir a las cornadas. Hoy que los diestros ni aun las imaginan posibles, visten de tafetán (seda).» Y, como complemento, Estébanez Calderón, el *Solitario*, nos informa de que: «Cándido, dejando el calzón y justillo de ante como traje poco galán y de poca bizarría, introdujo el vestido de seda y el boato de los caireles y argentería.» Ésto es, se rechazó el sórdido traje español del período austriaco por el traje galo; calzones, chupa y casaquilla recamados de oro, plata y pedrezuelas. En las corridas de toros perdura el alguacilillo, vestido de golilla de la época austriaca, sin duda a fin de marcar este contraste de que venimos hablando. Los toreros imitaron de los gitanos las patillas de «boca de hacha» y el traje de calle, que, al fin y al cabo, se había instituído como típico en Andalucía.

Instaurada la moderna tauromaquia, la nobleza, arrepentida de haber abandonado tan lozano juego, y no siéndole ya fácil volver a él, consuélase con mezclarse entre toreros y ponerlos par a par de sí. De este connubio irregular de aristocracia, torería y gitanismo, se engendra la *majeza*, lo *flamenco*. El *majo* es una mezcla de gitano, torero y señor. «El vestido de majo — escribe el inglés Ricardo Ford, a principios del siglo XIX—, lo mismo que un disfraz, autoriza la conducta licenciosa. Cualesquiera que sean la posición o sexo del que se lo pone, y se lo pone hasta la más alta nobleza (1), adquieren derecho a la insolencia.» Ford dice «requiebro»; pero por entendido que, en opinión de un inglés de entonces, el requiebro era pecaminosa insolencia.

¿Se pretende que el flamenquismo y el gitanismo sean muy españoles y castizos? Confor-

---

(1) Lady Holland escribe desde Madrid: «Los *matadores* son una especie de *toreros*, particularmente admirados por las altas damas. Las duquesas de Alba y de Osuna rivalizaron en el amor de Pedro Romero.»

mes; siempre que se precise y agregue «muy siglo XVIII».

A pesar de todo, el problema del gitanismo queda en pie. Los gitanos están extendidos por todas partes en Europa. Repártense en doce grupos: Turquía, Rumania, Hungría, Bohemia, Moravia, Rusia, Alemania, Francia, Inglaterra, Grecia, Italia y España. El grupo más numeroso es el rumano (unos 300.000). No se conoce de cierto su origen. Según la conjetura más verosímil, pertenecen a una raza aborigen de la India. Ford, escribía hace años: «los gitanos españoles muestran decididas señales de sangre y hermosura indostánicas; los ojos grandes y casi cristalinos, la mirada de languidez, la blancura de los dientes, la frente evasiva, el frágil y elegante esqueleto». Investigaciones posteriores confirman esta presunción. El *caló* gitano es una lengua congénere de los siete idiomas neo-indos. La inmigración gitana en los países de la Europa occidental data del siglo XV. Tuvieron, a lo que parece, por centro primitivo, un país griego, probablemente Tracia (un autor francés, M. Bataillard, quiere que los gitanos sean un antiguo pueblo griego, los *Syginnos*), luego un país eslavo, y, por último, antes de desparramarse, acamparon y posaron en Rumania.

Lo curioso es que en ninguna de las naciones en donde fueron a dar, salvo en España, dejaron de ser casta intrusa, esclavizada o paria. A lo sumo se les tomó por instrumento de solaz y pasatiempo servil, como sucede con *los tsiganos* o gitanos de Bohemia. En ninguna parte, salvo en España, se fraternizó con los *cañís*, ni el gitanismo se consustantivó con la tradición nacional, con el casticismo. ¿A qué misteriosas razones de afinidad obedece este fenómeno? Merece la pena pensarlo.

EL TITULO CAS-
tellano que el se-
ñor Martínez Sie-
rra ha puesto a la
comedia de Sha-
kespeare, *The ta-*
ming of the shrew,
si no más exacto
que el que acos-

tumbraba llevar en otras traducciones italianas y españolas, es, desde luego, más gracioso y sugestivo. El verbo inglés *to tame*, y
el nombre *shrew*, significan, literal y respectivamente, «desbravar» y «mujer de mal genio». Hasta ahora, la comedia de Shakespeare
venía llamándose *La fierecilla domada*, lo cual
no es del todo exacto, pues fierecilla lo mismo
puede ser una moza que un mozo o un niño;
en tanto, *shrew* no puede significar sino una
hembra de rompe y rasga, una mujer bravía.
No añade exactitud la sustitución de «tarasca»
en vez de «fierecilla», pues la nueva palabra,
ya se tome en sentido literal, ya en traslaticio,
implica, no sólo mal carácter y desenvoltura
de la mujer, sino también fealdad, falta de
gracias físicas, lo cual no es verdad en lo que
atañe a Catalina, la bravía de la comedia, sobre
todo cuando esta Catalina es Catalina Bárcena.
De todas suertes, es innegable que *Domando*

la tarasca, hasta en la forma de acción presente, expresada por el gerundio «domando», es un título que estimula la fantasía, que es precisamente lo que se propuso Shakespeare, en *The taming of the shrew.*

La comedia ofrece muchos lados interesantes, así para el mero espectador como para el aficionado a penetrar un poco más seriamente en el sentido y desarrollo del arte dramático.

The taming of the shrew es una comedia dentro de una comedia. Los ingleses llaman a esta especie de enchufe dramático, «inducción».

La inducción es independiente de la comedia propiamente dicha. En la comedia de Shakespeare, los personajes de la inducción son: un lord, un calderero, de nombre Cristóbal Sly; una huéspeda o dueña de taberna, un paje, criados, cazadores y farsantes. Es el calderero un impenitente borracho, de abundante y villanesca vena cómica. A poco de levantarse la cortina, se desploma en escena, como un fardel. En esto llega un lord, que viene de caza con sus monteros y jauría; ve al borracho en tierra y se le ocurre, al punto, jugarle una burla. Llévase a casa consigo al calderero, hace que lo desnuden y acuesten en rica estancia, pone maestresala y criados a su servicio, de manera que, al recobrarse de la borrachera, imagine, por lo que todos en torno suyo aseguran, ser un gran señor que ha vivido muchos años fuera de seso y como en sueños, y que al cabo torna a la razón. Y como se previene, se ejecuta. Porque no falte detalle, una hermosa dama, que es el paje disfrazado, finge ser la mujer del tantos años insensato señor. A lo cual, el calderero, que lo acepta todo sin melindres, dice a la supuesta dama: «Puesto que sois mi esposa, aléjense los criados; desnudaos, señora, y venid conmigo a la cama.» La mujer responde que los médicos lo tienen prohibido, por el pronto, temerosos de una recaída del enfermo. No sin cierta contrariedad, el calderero se somete a la prescripción facultativa. Anuncia entonces un criado que algunos farsantes, que van de paso, entrarán en la estancia a representar una comedia. Y las últimas palabras de la inducción o prólogo le corresponden al calderero, que exclama: «Pues bien: veamos la comedia. Venid, señora esposa; sentaos muy cerca de mí. Que ruede el mundo. Nunca hemos de ser más jóvenes que en este instante.» He aquí al grosero borracho convertido en hombre delicado, gentil y un tanto filósofo.

A continuación, los actores de la inducción

pasan a ser espectadores de la comedia. El señor Martínez Sierra ha suprimido este prólogo.
Hoy por hoy, y para el público madrileño, la
supresión es juiciosa.

Hay bastantes ejemplos de inducción en el
teatro inglés. También en *Hamlet* unos cómicos
andariegos representan una tragedia en el palacio del rey. Los espectadores y glosadores
son, igualmente, cómicos que hacen su papel.
Merced a este modo duplicado, echamos de ver
el verdadero sentido del teatro y cómo fué en
sus orígenes el drama moderno. El público era
el pueblo. Los actores estaban tocando y per-
cibiendo de continuo el temple del corazón popular, como un músico su instrumento. Tropas
de farsantes iban, sin aparato ni tramoya, dando sus comedias de pueblo en pueblo, de posada en posada y aun de casa en casa. No faltan en nuestro teatro clásico comedias con inducción. El entremés cervantino *El retablo de
las maravillas* es un ejemplo magistral de inducción.

La inducción teatral se ha mantenido hasta
el presente. Las llamadas «revistas» están he-
chas, casi siempre, por el procedimiento de la
inducción.

El prólogo de *The taming of the shrew* nos
hace recordar, en cuanto al significado tras-

cendental que encierra, y en algunas de sus frases, la idea matriz de *La vida es sueño*, de Calderón; y en cuanto a la intriga, se asemeja, en parte, a *Los tres maridos burlados*, de Tirso.

Bien que en la literatura inglesa ha influído la literatura española acaso más que ninguna otra literatura, sólo hay dos casos en que las fuentes de las obras de Shakespeare, el cual abundantemente bebió de todas las fuentes, se remonten a nuestras letras. Uno es *The two gentlemen of Verona*, que tiene puntos de contacto con el incidente de Felismena, en la *Diana*, de Montemayor. Otra es *The taming of the shrew*, cuya primera inspiración hallamos en el ejemplo XXXV del conde Lucanor. No es probable que Shakespeare conociese el ejemplo directamente, sino a través de traslados o referencias hechos en Italia o en Francia, por donde la obra de don Juan Manuel andaba muy difundida.

Titúlase el ejemplo de nuestro escritor: «De lo que aconteció a un mancebo que casó con una mujer muy fuerte y muy brava.» La moraleja del ejemplo va al final, en un dístico, que reza:

Si al comienzo no muestras quién eres,
nunca podrás después, cuando lo quisieres.

La historia pasa entre moros. Un mancebo
de «buenas maneras» desea casar con una doncella rica, cuyas maneras eran «malas y reve-
sadas, y, por ende, hombre del mundo no quería casar con aquel diablo». El padre del mozo
pide la hija al padre de la moza, que eran buenos amigos, el cual respondió que sería falso
amigo si se la diese, «porque tenéis muy buen
hijo, y estoy cierto que, si con mi hija se casa-
se, sería muerto o le valdría más la muerte que
la vida». Pero el mozo, que estaba determinado en casarse con ella, la desposa sin escuchar
advertimientos. Luego que se casaron, y estando en casa solos y sentados a la mesa, antes
que ella pudiera decir nada, miró el novio en
derredor, y, viendo «un su alano, díjole bravamente: Alano, dadnos agua a las manos. Y e
aláno no lo hizo. Y él se comenzó a ensañar, y
díjole más bravamente que le diese agua a las
manos. Y el perro no lo hizo. Y de que vió
que no lo hacía, levantóse muy sañudo de la
mesa y metió mano a la espada, y fué contra
el alano, que comenzó a huir, y él en pos de él,
saltando ambos por la ropa y por la mesa y
por el fuego, hasta que lo alcanzó y le cortó la
cabeza y las piernas y los brazos, y todo lo hizo
pedazos, y ensangrentó toda la casa y la ropa
y la mesa. Y así, muy sañudo y ensangrentado

tornóse a la mesa y miró alrededor y vió un gato». Y el novio hizo con el gato lo que con el perro, por no haberle obedecido, y luego con un caballo, el único que tenía. Volvióse a sentar con «la espada ensangrentada en el regazo». La mujer comprendió que aquello «no se hacía por juego», y desde aquel punto obedeció al marido en todo lo que le mandaba, y quedó mansa como una paloma duenda «et hobieron muy buena vida. Et dende a pocos días su suegro quiso facer así como ficiera su yerno, y por aquella manera mató un caballo, et díjole su mujer. A la fe, don Fulán, tarde vos acordastes, ca ya non vos valdrá nada si matásedes cient caballos, que antes los hobieredes comenzar, porque ya bien nos conocemos.»

El mozo del conde Lucanor pasa a ser Petruchio en la comedia de Shakespeare, y la moza, Catalina. En el ejemplo español, la ficción del mozo se desarrolla con aspecto trágico, bien que las víctimas fuesen seres irracionales, «animalías», como se decía en aquel entonces. La comedia inglesa es el arquetipo de la farsa. La entraña es sustancialmente humana; el aspecto es grotesco. Traducido en términos sencillos, la farsa consiste en tomar la vida en broma; pero en serio. La farsa es la antesala del humorismo, del humorismo genuino, que no es sólo donaire y visaje, sino cordialidad y nobleza. *La señorita de Trevélez*, de Arniches, cae dentro de este concepto de la vida y del teatro.

Un sesudo crítico de Shakespeare, Mr. Herfort, estudiando la cronología de las obras shakespeareanas, sitúa *The taming of the shrew* en lo que él denomina «el grupo Falstaff»: esto es, en la plenitud humorística, en la colmada jocundidad y maduro sentido de la vida en Shakespeare. Aun el más intenso sentimiento trágico, si se derrama por exceso de plétora, hace un son de carcajada saludable y optimista.

Petruchio, saturado de la intuición trágica de la vida cotidiana, no se manifiesta con actitudes trágicas; antes bien, bufonescas y humorísticas. No domina a la brava Catalina mediante el terror, sino mediante la seriedad burlesca o burla grave. «¿Que me habla con destemplada voz?», piensa entre sí Petruchio, «le diré, llanamente, que canta con tanta dulzura como el ruiseñor. ¿Que frunce el ceño? Le diré que su rostro está despejado como rosas empapadas en el rocío de la mañana. ¿Que permanece muda, sin decir palabra? Entonces encareceré la versatilidad de su penetrativa elocuencia.»

Poco a poco, merced a mentidas blanduras que disimulan provechosas asperezas; sin darle un gusto, fingiendo no moverse sino por darle gusto en todo; contrariando su voluntad a pretexto de acatársela, Petruchio va domando y desbravando a la caprichosa y mimada Catalina. *This is a way to kill a wife with kindness,* murmura quejumbrosa Catalina. Lo cual, en romance, significa: «He aquí una manera de matar a una mujer en fuerza de amabilidad.» Matar, sí, a la mujer bravía y dominante, por que nazca la mujer dulce y sumisa, la compañera, la esposa. Al final de la comedia, Catalina, con razones cortas, resume el ideal que nuestro fray Luis de León desarrolló en prolijo volumen: *La perfecta casada.* Sobre si la casada perfecta es lo que quieren la mujer de Petruchio y fray Luis, habría bastante que discutir, y no es esta la ocasión. Piénsese lo que se piense, ello no estorba a la excelencia y encanto de esta comedia como obra de arte.

Observemos, de pasada, que algunas escenas de *Domando la tarasca,* aquella en que Petruchio asegura que el sol es luna, y un viejo, bellísima doncella, y la mujer asiente, de buen o mal grado, recuerdan otro cuento del conde Lucanor.

Algún inglés ha dicho, según refiere Hazlitt,

que toda luna de miel es un conflicto elegante
entre una Catalina y un Petruchio. Esta inge
niosa definición merece meditarse seriamente.
En los amores sin atadura legal o religiosa in.
disoluble—amor de novios y amor de amantes—, voluntad, designio, fuerza e iniciativa,
pertenecen al que ama menos. El que ama más,
sea el hombre, sea la mujer, cede siempre, porque tiene más que perder. En el matrimonio,
establecido por atadura perdurable, ya no es
cuestión de quién ama menos, sino de quién
ha de mandar y de cuál ha de ser la voluntad
imperativa. En el matrimonio, el que ama menos no cabe que imponga la amenaza tácita o
expresa de romper, porque esta atadura no se
rompe. Marido y mujer, recién casados, son
como dos adversarios. Uno será el vencedor
para lo venidero; otro, el vencido. El pensamiento germinal de *Domando la tarasca* ha
reaparecido en una comedia francesa modern a
muy conocida, que se titula, precisamente, *El
adversario*. En este sentido, la luna de miel es
un conflicto elegante entre una Catalina y un
Petruchio.

*Si al comienzo no muestras quién eres,
nunca podrás después, cuando lo quisieres.*

The taming of the shrew es una comedia de

técnica la más compleja y habilidosa. Amén de
la inducción o prólogo y del conflicto entre
Petruchio y Catalina hay una trama subsidiaria entre Blanca, hermana menor de Catalina,
y tres pretendientes. Esta trama subsidiaria la
tomó Shakespeare de *I suppositti*, de Ariosto,
a través de una comedia inglesa del tiempo de
la reina Isabel: *Supposes*. En su arreglo o versión castellana, el señor Martínez Sierra ha sim-
plificado la trama subsidiaria, en mi sentir, con
notable acierto y buen sentido. En el resto de
la obra, el traductor ha seguido fidelísima-
mente el texto inglés, vistiéndolo con el más
acomodado, elegante y gracioso ropaje castellano.

El decorado de la obra ha sido, que yo re-
cuerde, lo más artístico que hasta el presente
se haya visto en un escenario madrileño. La interpretación, en conjunto, muy buena; óptima,
por parte del señor Hernández... Y en cuanto
a la señora Bárcena... ¿Cómo encarecer bastan-
temente la incorporación, mejor dicho, la com-
penetración de Catalina Bárcena con la otra
Catalina, el personaje imaginario de Shakespeare? Acaso no falte quien ponga reparos a
su labor, y yo he escuchado algunos. Pero, en
puridad, son reparos convertibles en extrema-
das lisonjas, así como se suele decir de ciertas

personas que son demasiado ricas o sanas hasta la antipatía o que fastidian por muy talento-
sas. ¡Que Dios nos conceda esos que muchos
reputan como defectos, cuando son, si
no exceso, abundancia! Los defectos
que le ponían a Shakespeare en
el siglo xviii eran, principalmente, que incurría en
**excesos de belleza
artística.**

OTABLE MUES-
tra de sagacidad y
cultivado talento
nos ha dado, entre
otras muchas, el
señor Martínez
Sierra, director ar-
tístico del teatro
de Eslava, al resu-
citar en la escena española, con un intersticio
de pocos días, *Domando la tarasca* y *Casa de muñecas*, porque ambas obras son la misma cosa,
aunque vista por diferentes lados; como si dijéramos el anverso y el reverso de una medalla. El
tema de estas dos obras pudiera formularse así:
«Valor de humanidad de la mujer, en cuanto mujer casada.» ¿Qué debe ser el matrimonio para la
mujer? ¿Esclavitud, liberación o entronización?
¿Qué es la mujer casada junto a su marido; es-
clava, compañera o tirana? ¿Es la mujer un ser
humano lo mismo que el hombre, o es un ser
inferior, un animal de cabellos largos e inteligencia corta, como dijo Schopenhauer, si no
estoy equivocado? Hombre y mujer, dos cuerpos y dos almas distintas, dos personalidades
naturalmente contrarias, llegan a formar, mediante el matrimonio, un nuevo ser y persona
de indisoluble unidad. Pero la unidad es mera-
mente formal; impuesta por la costumbre y por

la ley. ¿Cómo se ha de llegar a la unidad sustantiva, al goce aplaciente de la armonía verdadera? ¿Ha de lograrse merced a una igualdad y equilibrio perfecto de obligaciones y derechos y ecuación de responsabilidades? ¿O es cuestión de resolver prácticamente quién se ha de vestir los pantalones, como dice el vulgo?

LA EPÍSTOLA DE SAN PABLO
Cuando la gente se desposa, el sacerdote lee a los contrayentes, entre otras cosas, me parece que el capítulo VII de la epístola de San Pablo a los de Corinto. Y es lástima que, cohibidos y casi ajenados por lo terrible del trance, los novios no presten la debida atención a la palabra del apóstol y la escuchen como monserga.

Desde luego, San Pablo no era partidario del matrimonio. El citado capítulo comienza así: «Por lo que hace a este asunto, bueno sería a un hombre no tocar mujer.» Que es como resolver el problema huyendo de él: lo mejor de los dados es no jugarlos. Prosigue: «Mas para evitar la fornicación (*propter fornicationem*), cada uno tenga su mujer y cada una su marido. La mujer no tiene potestad sobre su propio cuerpo, sino el marido. Y asimismo, el marido no tiene potestad sobre su propio cuer-

198

po, sino la mujer. Mando, no yo, sino el Señor, que la mujer no se separe del marido. Y el marido tampoco deje a su mujer. Y, no el Señor, sino yo, digo que si alguno tiene mujer infiel y ella consiente morar con él, no la deje. Y si una mujer fiel tiene marido infiel, y él consiente morar con ella, no deje al marido.» Igualdad de derechos y obligaciones. El adulterio es tan grave y pecaminoso en la mujer como en el hombre. Y si al hombre se le perdona, debe perdonársele en la misma medida a la mujer; «porque el marido infiel es santificado por la mujer fiel; y santificada es la mujer infiel por el marido fiel. Porque si no, vuestros hijos no serán limpios». He aquí, en estas siete últimas palabras, condensada la más profunda doctrina moral sobre las relaciones entre marido y mujer: «porque si no, vuestros hijos no serán limpios». El problema del matrimonio es, en definitiva, el problema de la prole. La libertad individual, el derecho de exaltar la propia personalidad hasta el máximo, con menosprecio de todo reparo, ligadura o responsabilidad, no se pierde en el momento de casarse, sino en el momento de tener un hijo.

El que ha echado un hijo al mundo ya no es por entero dueño de sí mismo, so pena de dejar de ser honrado. El hombre es el centro del universo; pero, al ser padre, el hijo pasa a ser el centro del universo.

Por esto mismo de que hay una ley moral, muchas veces difícil de cumplir, el matrimonio induce a frecuentes conflictos de conciencia y empeñadas luchas entre la razón y el instinto, que también tiene sus leyes y a veces se erige en ley moral; y de aquí su virtualidad como tema dramático.

The taming of the shrew, cuya es protagonista Catalina, es la única obra de Shakespeare que tiene moraleja. En el punto de casarse, Catalina es una criatura hombruna, desapacible, imperiosa y cerril. Celando el amor bajo inflexible severidad, el marido la desbrava y hace de ella el ser más amoroso, aniñado, dulce y sumiso. La morada de Catalina será como una casa de muñecas. La comedia se cierra con un largo parlamento de Catalina, del cual entresaco algunos conceptos: «La esposa irritada es como agua removida, cenagosa, repulsiva, espesa y hedionda, que nadie, ni el más reseco y sediento, beberá una gota de ella. El marido es señor, es rey, es quien gobierna.» Y repite otra vez: «El marido es señor, vida, guardador, cabeza y soberano de la mujer. Por procurarle

sustento padece sinnúmero de penalidades, en
tanto ella se guarda dentro del templado ho
gar. La propia obediencia debe la esposa al esposo como el vasallo a su príncipe. Me aver-
güenza ver mujeres tan insensatas que riñen
por el gobierno y la supremacía dentro de casa.
Hemos nacido para servir, amar, obedecer. Por
eso nuestro cuerpo es débil, suave y terso.» Allí
donde concluye *The taming of the shrew*, comienza *Et Dukkehjem*, esto es, *Casa de muñecas*.

Catalina, la Catalina aniñada, dulce, jovial,
ha mudado de nombre: se llama Leonor, Eleo-
nora, pero le dicen siempre Nora, en abrevia-
tura. Su cuerpo es débil, suave y terso, delicado regalo para los sentidos del esposo. Nora es
ya madre, pero sigue siendo tan niña como sus
propios hijos. Es hija de un hombre de dudo-
sa hombría de bien. Ha sido educada frívola-
mente. Es derrochadora. Miente sin escrúpulo,
por ligereza más que por malicia. Pero su corazón es hermoso. Los estímulos de su conducta se inspiran en un deseo de bondad, de ventura y firmísimo amor al marido. El marido,
por su parte, no ve en Nora sino un hechizo
de hermosura y de puerilidad. La trata como
una niña, como un bebé. No comparte con ella
las intimidades de su trabajo ni las hondas pre-

ocupaciones de su espíritu; apenas si le pone al tanto de las vicisitudes de su fortuna y se excusa de hablarle sobre asuntos serios. El hogar es para Nora una casa de muñecas. Nora, por salvar la vida del marido, en circunstancias difíciles, ha contraído temerariamente compromisos de dinero. Al descubrirlo, el marido se muestra árido, frío, egoísta, cruel, cobarde y temeroso de los respetos humanos, del «qué dirán», en lugar de agradecido y enamorado, como esperaba Nora. En un instante de intuición, de revelación, de clarividencia absoluta, Nora advierte que su matrimonio no ha sido tal matrimonio, que ha estado conviviendo con un extraño, y no con un esposo Su alma niña atraviesa una trasustanciación y se trueca súbitamente en alma adulta. No juzgándose todavía apta para ser cabalmente madre de sus hijos, abandona la casa. ¿Para volver? «Los poetas noruegos — escribe Havelock Ellis, precisamente a propósito de *Casa de muñecas* — gustan de terminar sus dramas con un signo de interrogación, al modo que concluyen en la vida real.»

Domando la tarasca es la historia de la sumisión de la hembra. *Casa de muñecas* es la historia de la emancipación de la mujer. Una y otra obra son dos arquetipos dramáticos, en

los cuales el tema de la mujer en el matrimonio se trata con dos técnicas dramáticas las
más contrarias — Shakespeare, con una farsa;
Ibsen, con un drama de conciencia—, y el
tema se resuelve con dos soluciones, las más
opuestas también.

Como fiel de balanza, entre Catalina y Nora,
está Casilda, la mujer de Peribáñez, en *Peribáñez y el comendador de Ocaña*, tragicomedia de
Lope de Vega. El fondo de la obra de nuestro
clásico no es propiamente el tema de la mujer
en el matrimonio, si bien se toca de soslayo la
cuestión de las obligaciones conyugales, que
Lope llama agudamente el A B C del marido y
el A B C de la mujer, y la toca con donosura
tan peregrina que no resisto a la tentación de
transcribir aquí el pasaje. Peribáñez recita el
A B C de la casada: «Amar y honrar el marido—es letra de este abecé—, siendo buena por
la B—que es todo el bien que te pido—. Harás-
te cuerda la C—, la D, dulce y entendida—; la
E y la F en la vida—, firme, fuerte y de gran
fe.—La G grave, y, para honrada—, la H, que
con la I—te hará ilustre, si de ti—queda mi
casa ilustrada—. Limpia serás por la L—y por
la M, maestra—de tus hijos, cual lo muestra—
quien de sus vicios se duele—. La N te enseña
un no—a solicitudes locas—; que este no, que

aprenden pocas—, está en la N y la O—. La P
te hará pensativa—, la Q bien quista, la R—
con tal razón, que destierre—toda locura excesiva—. Solícita te ha de hacer—de mi regalo
la S—, la T tal que no pudiese — hallarse mejor mujer—. La V te hará verdadera—, la X
buena cristiana—, letra que en la vida humana—has de aprender la primera—. Por la Z
has de guardarte—de ser zelosa...»

Casilda dice el A B C del casado: «La primera letra es A—, que altanero no has de
ser—; por la B no me has de hacer — burla
para siempre ya—. La C te hará compañero—
en mis trabajos; la D — dadivoso, por la fe—,
con que regalarte espero—. La F de fácil trato—, la G galán para mí—, la H honesto, y
la I—sin pensamiento de ingrato—. Por la L
liberal-—, y por la M mejor—marido que tuvo
amor—, porque es el mayor caudal—. Por la N
no serás—necio, que es fuerte castigo—, por
la O sólo conmigo—todas las oras tendrás—.
Por la P me has de hacer obras—de padre,
porque quererme—por la Q será ponerme—en
la obligación que cobras—. Por la R regalar-
me—, y por la S servirme—, por la T tenerme
firme—, por la V verdad tratarme—, por la X,
con abiertos—brazos imitarla así—(abrázale)—
y como estamos aquí — estemos después de

muertos.» La solución que Peribáñez y Casilda dan a la cuestión del matrimonio es sencilla, graciosa, tierna y honda. El hogar de Peribáñez no era casa de muñecas.

Casa de muñecas es, en el teatro moderno, como una de esas piedras miliarias que señalan una nueva jornada en el camino. Nora, como Werther, en el siglo XVIII, incitó a controversias ásperas e incontables imitaciones supersticiosas, en la literatura y en la vida. Por los tablados de la farándula castellana ha brujuleado, por fortuna fugazmente, una Nora un tanto caricaturizada, que respondía por el alias de *La princesa Bebé*, la cual, a su modo, también quiso emanciparse y «vivir su vida».

En cuanto a la técnica, *Casa de muñecas* señala la revolución teatral de los tiempos modernos. Una revolución que, como todas las revoluciones sinceras, consistió en la vuelta a las eternas normas de la cultura grecorromana. En efecto: la perfección técnica de *Casa de muñecas* y de las obras que inmediatamente le siguen en la producción ibseniana es tan acabada que, para hallarle adecuado parangón, es fuerza retraerse a los modelos de Sófocles, el más ducho de los trágicos griegos. No hay en

205

Casa de muñecas ninguna frase brillante, pero tampoco hay una sola expresión baldía, o que no tenga íntima significación psicológica, o no esté estrechamente ligada a la acción dramática.

A nuestro juicio, la interpretación de *Casa de muñecas* por la compañía de Eslava es la más justa, cuidadosa y viva de cuantas obras hemos visto representar en aquel teatro o en cualquiera otro, durante esta temporada. La señora Catalá y los señores Hernández, París y Vega, están como deben estar, ni más ni menos, que es lo difícil.

Nora es, de todos los personajes de Ibsen, el más rico psicológicamente. Por eso ha seducido a las más famosas actrices. En la primera parte de la obra, Nora es como una niña; a propósito para ser representada por una actriz de las llamadas ingenuas. Huelga añadir que la señora Bárcena ha incorporado este preliminar del carácter de Nora con insuperable primor y encanto. Todos admiten unánimemente que este tipo de mujer es el que cuadra mejor con las particularidades físicas de la señora Bárcena y con su peculiar estilo escénico. Pero, sobreviene un instante supremo en el carácter de Nora: el tránsito del alma niña y atolondrada al alma adulta, recogida en sí misma y abarcando con estupor los ámbitos enormes de su conciencia y de su propio destino. En el ins-tante de esta crisis espiritual, la señora Bárce-na llegó a la plenitud de olvido de sí misma y de inmersión en el alma del personaje figura-do. Puede decirse que aquella escena para la señora Bárcena, fundida con Nora, fué no tan sólo el tránsito del alma niña al alma adulta, sino también el tránsito del arte de la ingenua al arte de la gran actriz. Creo que este es el elogio más acendrado que se le puede hacer. Y presumo que la mayoría de los espectadores son de mi opinión.

La versión, excelente, de *Casa de muñecas* al castellano, es del señor Martínez Sierra.

 N LO QUE VA de temporada teatral, la musa escénica, en plena fecundidad y entre otros varios actos maternales, ha tenido un alumbramiento de tres mellizos, de los cuales el primero, nada viable, adoleció y desfalleció al salir a la luz de las candilejas; el segundo, a'go alfeñicado y disforme, logró días contados de vida' y el tercero, clamoroso, pataleador y sanote hasta la antipatía, esta es la hora que continúa clamando y pataleando.

Con las anteriores expresiones figuradas, quiero aludir a los estrenos, casi sincrónicos, de *En Ildaria*, del señor Grau; *Esperanza nuestra*, del señor Martínez Sierra, y *El pueblo dormido*, del señor Oliver, comedias que considero mellizas por razón de la semejanza de sus rasgos y carácter. Las tres pertenecen a una misma norma o matriz, que denominaré «comedia política», a falta de otro mejor y aun a sabiendas de que este nombre encierra una antinomia o una redundancia.

¿Con qué se come eso de la comedia política, y por qué, ya en el punto de bautizarla, aparece la superfluidad o la antinomia y el absurdo?

El arte dramático, a diferencia de todas las demás artes, es un arte que no admite el individuo, ni la soledad. La poesía lírica, no sólo puede ser, sino que por naturaleza es solitaria. Está consagrada al individuo en cuanto individuo; va en derechura a llamar en las puertas de su recóndita alma personal. Lo mismo la pintura. Lo mismo la escultura. Lo mismo la música. Está el hombre, a solas con su unidad y autonomía, frente al libro que lee, el cuadro o estatua que contempla, el instrumento que suena o la voz que canta. Las obras de cada una de estas artes van encaminadas a un hombre solo, o a cada uno de los hombres, en soledad imaginaria. La relación de la obra y el espectador es siempre unilateral, aun cuando sean muchos los espectadores. Su eficacia se ejerce sobre la propia conciencia individual, afinando y elevando las cualidades superiores del espíritu.

Pero no se concibe un teatro para un solo espectador.

Cuando la poesía lírica deja de ser solitaria y unilateral para convertirse en coro, se desvanece la poesía lírica y brota la poesía dramática. Lo mismo con la música, la lírica y la dramática.

Así nació la tragedia griega, y de ella nuestro teatro occidental. Cuando la pintura deja de ser solitaria, se trueca en pintura escénica.

El arte dramático no admite la soledad. El teatro es un espectáculo público. Supone la agrupación de hombres que viven civilmente. En este sentido, una obra teatral cualquiera ofrecerá por fuerza un aspecto político. El aditamento de política añadido al nombre de comedia, antes que precisión, trae redundancia.

Sin duda, el espectador que sale de ver una buena comedia, ya no es el mismo que entró; ha sufrido una modificación, habiendo pasado a través de nuevas experiencias, intensas y expresivas. No vale decir que el espectador no ha hecho sino divertirse. Aun siendo así, divertirse consiste en adquirir experiencias nuevas. Pero el espectador sale, después de la comedia, modificado muy de otra suerte que de un concierto, o de un museo, o después de haber leído un libro.

En el caso de las demás obras de arte, han sufrido una disciplina de mejoramiento aquellas facultades del espíritu que exaltan la personalidad y proporcionan una perspectiva única en la visión del mundo; como si dijéramos las facultades estéticas

En el caso de la comedia, la disciplina de

mejoramiento ha obrado sobre las facultades de relación, sobre las facultades morales, tomando lo moral en su acepción más capaz. El arte dramático no hace sino mostrar ejemplos de inadaptación a la armoniosa vida en común, bien sean graves y patéticos, como en la tragedia, ya sean ridículos y de menos fuste, como en la comedia y en la farsa. De aquí que en el frontispicio de la escena se acostumbrase inscribir estos rótulos: *Speculum vitae. Castigat ridendo mores:* Espejo de la vida. Corrige con risa las costumbres. De aquí que en el teatro nos repugne la inmoralidad deliberada, que acaso toleramos y aun celebramos en el libro o en las artes plásticas; porque la obra dramática cae bajo el fuero de la conciencia colectiva, menos fina, pero más segura que la conciencia individual, ya que en ella va infundido, por manera misteriosa, cierto sentido vital o espíritu de conservación de la especie. El espectador en el teatro deja de ser él mismo, en algún modo. Existe un contagio espiritual de la muchedumbre congregada, que va anulando a cada ser de por sí y los envuelve a todos en una masa homogénea, con un solo corazón.

Modernamente ha salido a plaza, conquistando rápida boga fuera de España, un tipo de teatro dicho «de tesis» ¿Qué es teatro de tesis? En las formas clásicas del teatro, la inadaptación a la vida, que es la materia del arte dramático, se engendraba por culpa del individuo; cuándo, a causa de sus pasiones, como en la tragedia; cuándo, a causa de sus flaquezas, como en la comedia. Pero puede suceder que la inadaptación no sea culpa del individuo, sino de la sociedad, por obra de alguna falsa idea reinante. El teatro de tesis muestra concretamente ejemplos de este linaje de inadaptación Así, varias obras de Ibsen, de nuestro Galdós, de Bernard Shaw. Otras veces, la inadaptación proviene de caducidad y rigidez en alguna ley vigente o anquilosamiento de alguna institución. Tampoco aquí el inadaptado e inadaptable es el individuo, sino la ley, que no acierta a seguir la fluidez rítmica de la vida. Un ejemplo de esta segunda categoría de las obras de tesis: la tragedia *Justice*, de Galsworthy, que, sin predicaciones, sólo por la fuerza de los hechos, hubo de provocar la reforma de régimen carcelario inglés. *El alcalde de Zalamea* sería en este instante drama político de oportunidad.

Adviértase una nota señalada del teatro de tesis. En el propósito del autor no está *demostrar* la veracidad de un principio político, sino *mostrar* prácticamente la insuficiencia o perversidad de una norma imperante, costumbre o ley. En el punto en que una obra se propo ne demostrar o propagar un principio político cae sobre ella la mancha de un pecado origi nal, que le impedirá ser propiamente obra dra mática, y lo que es más triste, le estorbará que demuestre nada. En este sentido, la denomina ción comedia política yuxtapone dos términos que se destruyen.

Con una sola tecla que no rija, con una sola nota fuera de tono, se inutiliza un instrumento musical para sus fines más delicados. La mano que recorre el teclado y da con la tecla inerte o con la nota falsa no hace en aquel momento una disertación de mecánica ni de acústica, sino que pone de manifiesto el vacío melódico o la estridencia. De la propia suerte, el autor dramático anda pulsando la realidad, y allí don de al oprimir surte una disonancia dolorosa, es que hay un drama.

No se olvide que, en la obra de tesis, la in adaptación dramática no debe computarse a cargo del personaje, antes bien, en su descar go. La culpa acháquese al prejuicio social, a la ley, a la costumbre, a las circunstancias ajenas al personaje, así como de la inadaptación de una cabeza y de un sombrero la culpa será siempre del sombrero, que no de la cabeza.

Esto es, que el personaje dramático no ha de ser sandio, porque si la inadaptación que padece no existe como conflicto real e irreductible, sino que, por el contrario, pudiera resolverse fácilmente con una pequeña dosis de sentido común por su parte, entonces el drama de tesis os dará más risa que angustia, que es lo que suele suceder con los del señor Linares Rivas. Ya no se trata de la cabeza y del sombrero, sino del payaso que se obstina en vestirse unos calzones como si fueran chaqueta. La realidad, al rozar las almas, despierta en cada una, según su calidad, movimientos varios y voces de timbre distinto. El drama se produce y se depura en la medida que un alma afronta la realidad con movimientos más nobles y con voz más elevada. Un bofetón origina diferentes situaciones dramáticas si el que lo recibe es un justo, o un caballero, o un tímido. Si justo, ofrece la otra mejilla. Si caballero, se desencadena la tragedia; así se inicia la del Cid. Si tímido, exclama como el personaje cómico:

> Y me dió una bofetada;
> por cierto, que me chocó.

Hay tan desmesurada proporción entre los medios sintéticos de que dispone el arte tea-

tral y la complejidad casuística de un problema político cualquiera, que toda aspiración de
un autor a realizar obra política, mediante la
obra dramática, se nos figura tan extravagante
y fútil como procurar cazar un rinoceronte con
liga.

El teatro en general, y más señaladamente
el teatro de tesis, tienen de suyo benéfico influjo político, en cuanto ambos son fenómenos sociales de divulgación estética e inducen al pueblo a sentimientos de solidaridad. El susten-
táculo de la solidaridad es la igualdad; e igualdad implica libertad. Todas las obras de tesis
son liberales. No cabe, dramáticamente, una
tesis reaccionaria. Pero, así en las obras clásicas como en el teatro de tesis, se deduce la libertad como corolario lógico y fatal, como
condición para la vida armoniosa del grupo,
de suerte que la fallada de una tecla no des-
componga el instrumento y lo inutilice para
sus más delicadas funciones; en tanto ha habido otro linaje de teatro en el cual se ha predi-
cado la absoluta libertad para el individuo, por
amor de su plenitud personal. Esta manera de
teatro es la romántica, caracterizada por el culto del «héroe»; el hombre a quien no le impiden adaptarse circunstancias adversas, sino su
propia voluntad enérgica de no adaptarse, de

descollar con eminencia sobre el medio, de asumir en sí la existencia universal. El arquetipo del teatro romántico lo fijó Schiller en *Los bandidos*, desentrañando la lógica inmanente a que obedece y el fracaso a que está destinado el héroe romántico.

El teatro, pues, acaso favorece la génesis de ciertos sentimientos políticos, pero es un vehículo angosto e imposible para las ideas políticas. El carro de Tespis no sirve de plataforma electoral.

Demanda, ante todo, el teatro la concentración del tema, una acción apretada y coherente. Cuando Ibsen, por razones privadas, quiso hacer una obra de sátira política, escribió *El enemigo del pueblo*, y eligió un asunto de traza trivial: las disputas locales, con ocasión de un establecimiento balneario. La intención política la dedujo el espectador, juzgando de las alusiones por similitud y correspondencia.

Nuestros autores dramáticos se han sentido con ánimos, no ya para encarar y vencer un problema político determinado, sino para dar al traste con todos, de una vez.

Se dice que en el fondo de cada español yace el inquisidor. Por encima del inquisidor, y más a flor de piel, asoma el arbitrista. En torno al velador de un café hay siempre un cónclave de arbitristas. Inquisidor y arbitrista son variaciones de una misma especie: el intelecto supersticioso. Las cosas malas vienen del enemigo malo. Con un solo hisopazo se ahuyentan los demonios. Y si no bastan los exorcismos, para eso está el garrote.

Las tres obras antes mencionadas ambicionan nada menos que resolver el problema político español, si bien la del señor Martínez Sierra estrecha el empeño dentro de límites mejor marcados, menos genéricos que las otras dos, dicho sea en homenaje de la discreción e instinto artístico del autor. Lo que sobre todo perjudica a la obra del señor Martínez Sierra es la interpolación de algunos temas y acciones de sentimentalidad débil y extraña al tema propio del drama. Por esta razón, al principio he acusado la obra de disforme.

Las tres obras producen desagradable impresión de falsedad, que en otra clase de obras nos pasaría inadvertida. Y es que en aquellas tres obras los autores exigen implícitamente del espectador que admita las peripecias escénicas como la representación exacta de la enojosa realidad cotidiana, y, además, le brinda con petulancia la panacea de todas las enojosidades por venir; por donde el espectador se ve constreñido a establecer términos de comparación, y concluye que aquello no es la realidad, sino imaginaria pamplina harto fácil de remediar. Basta con no ir al teatro.

Don Jacinto Benavente, en *La ciudad alegre y confiada*, primera de la serie reciente de obras políticas, obvió talentosamente el riesgo de falsedad, separando la fábula de todo accidente y pormenor histórico, y dando a sus personajes la personalidad fantástica de seres representativos. Pero erró en dos extremos. Uno, en no desarrollar la comedia por medio de una intriga ágil. Otro, en haber empleado en la sátira el discurso prolijo y enfático, en lugar de la frase concisa y volandera, a modo de venablo, en el estilo de las comedias de Beaumarchais, que tanto influyeron en la política, diríase que sin proponérselo.

Del protagonista de la obra del señor Benavente se supuso, lo mismo que en la del señor Grau, que quería incorporar a don Antonio Maura. No deja de ser sugestiva esta predilección por la personalidad del señor Maura. Sin duda por ser hombre enterizo, de una pieza, advierten en él algo así como el canon de los caracteres dramáticos, los cuales, según la fórmula rutinaria, deben ser sostenidos. Y, sin embargo, el señor Maura es la negación del carácter político y dramático. El señor Maura es irresponsable. Irresponsable en cierto sentido, nada hostil ni despectivo; al político no le bastan talento, entereza y honestidad si está al propio tiempo desamparado de otra cualidad inapreciable: la de hacerse cargo, esto es, reaccionar con rapidez a los más leves estímulos del momento, *responder* adecuadamente a los hechos que van pasando. Esta misma cualidad ha de resplandecer en el carácter dramático. Pero el señor Maura se cierne por encima de los estímulos y de los hechos. Él es él. O no responde, o responde siempre lo mismo, en monólogos, que es otra manera de no responder. Esto significa irresponsable. Ahora bien: la forma oral del teatro es el diálogo. El monólogo y el discurso se toleran por rara excepción. Lo cual han olvidado nuestros autores de comedias políticas.

Tal vez la predilección por el señor Maura estribe en la peculiar manera del intelecto supersticioso, que de ordinario se siente impelido hacia los hombres providenciales y las soluciociones providenciales. Porque, ciertamente, en nuestro repertorio político pululan figuras más pintorescas y teatrales que el señor Maura. Por ejemplo: el conde de Romanones, que es el Catilina de nuestros días; el señor La Cierva, *miles gloriosus*, de Plauto; el marqués de Alhucemas, especie de M. Jourdain, de *Le Bourgeois Gentilhomme*, que a veces es presidente del Consejo sin enterarse; el señor Cambó, epiceno entre Yago y Gloucester; el señor Alcalá Zamora, con su facundia mazorral y su sonrisa satisfecha, reminiscencias del bobo de nuestras comedias antiguas, etc., etc.

Pero, no; nuestros autores no se satisfacen con poca cosa. Son buenos patriotas y les corre prisa salvar a España por cuenta propia y en un periquete. ¿Cómo? Esto es lo que no han tenido a bien explicarnos. El señor Oliver dice que con un periódico; pero si su periódico no había de contener más ideas que las que se exponen en *El pueblo dormido*, para él no existía el problema del papel, porque le bastaba tirar un solo número en un papel de fumar.

L SEÑOR ARNI-
ches, autor hasta
hace poco de pie-
cecillas compen-
diosas, tan pronto
en el estilo del
sainete, que es
una mínima co-
media de costum-

bres, como en el modo de la farsa, y aun del drama, si bien drama breve y frustrado, géneros los tres de buena ley artística, aunque no de alto coturno e hinchada prosopopeya, en cada uno de los cuales acertó el señor Arniches a producir verdaderos arquetipos u obras maestras, digo que este autor, justamente famoso en el género llamado chico, viene, durante las dos últimas temporadas, ensayando explayar sus facultades en el género llamado grande.

Respetamos estos calificativos genéricos de grande y chico, ya que circulan como buenos así entre el público como en la crítica. Rara cosa es que, para juzgar una obra de arte, se empleen adjetivos que aluden al volumen y no a la materia o sustancia de la obra. Este criterio implica un hábito peculiar de la mente: el de clasificar en ordenación jerárquica las cosas según sus dimensiones. Y así resulta a veces que un kilo de lana pesa más en el aprecio, ya que no en la balanza, que un kilo de platino, porque abulta más. Cosas de España, en donde un discurso vacío, por ejemplo, vale, políticamente, más que una sentencia preñada de sentido.

Como el señor Arniches ha sido por largos años autor de género chico, y nuestro público es irreductiblemente afecto al encasillado, no es empresa sencilla conseguir que se le considere ya como autor de género grande, aunque escribiera varias tetralogías. Cuando más, se le otorgará una categoría intermedia: autor de chico en grande. Esto es, que se da por sentado que el señor Arniches, en sus obras de tres actos, continúa siendo autor del género chico, si bien, por medio de artificios ingeniosos, se las arregla estirándolo de suerte que alcanza la longitud del género grande. Lo cual encierra un orden de verdad, pero a la inversa. Las obras breves del señor Arniches, si no todas, muchas de ellas son del género grande, pero comprimido dentro de estrechos límites. Son del único género grande que hay en arte: el género de la verdad, la humanidad y el ingenio. Así como el niño juega con una joya sin sospechar su valor, tomándola por bujería, así el público y la crítica españoles han venido divirtiéndose con la producción del señor Arni-

ches, tomándola de nimio pasatiempo y deses-
timándola, justamente por eso, por ser pasatiempo, sin advertir que lo más precioso en la
vida es el buen pasatiempo. La religión, el arte,
la política, la ciencia, ¿qué son sino pasatiem-
pos? Mejores cuanto más intensos y trascen-
dentales. La religión aspira a resolver el pro
blema del pasatiempo para toda la eternidad,
de manera que durante ella no nos aburramos
ni lo pasemos mal; y cuidado que es problemá-
tico no aburrirse durante toda una eternidad...
Como que, de aburridos con algo, decimos que
dura una eternidad. Otro pasatiempo es el arte,
y, por lo tanto, el arte dramático. En el breve
lapso de una genuina obra dramática, pasamos,
no ya nuestro tiempo, sino el tiempo de muchas vidas, las de todos los personajes, las cuales hemos vivido cabalmente por cuenta propia. Tal es la trascendencia del arte como pasatiempo. Y esta trascendencia existe en la
mayor parte de las obras del señor Arniches.

En la temporada anterior, el señor Arniches
dió al proscenio una comedia en tres actos: *La
señorita de Trevélez*. Me complazco en recordar esta comedia, por varias circunstancias. Se
supuso, con ocasión de su estreno, que era un
sainete estirado, género chico en grande, y que
sus alicientes reducíanse a la amenidad, la ale-

gría y la gracia. Cierto en lo tocante a gracia y amenidad, que no es poco. Pero, por lo que atañe al resto del dictamen, nada más lejos de la verdad. *La señorita de Trevélez* es, en el fondo o intención, una de las comedias de costumbres más serias, más humanas y más cautivadoras de la reciente dramaturgia hispana, y, en consecuencia, una comedia hondamente triste, bien que con frecuencia provoque la risa. Es también una de las comedias que encierran y exponen una tesis real, patética y convincente, que persuade al espectador sin valerse de artilugios retóricos, nada más que por la fuerza suasoria y afectiva de un conjunto de hechos semejantes a otros muchos hechos de todos conocidos. Cuando, a la vuelta de los años, algún curioso de lo añejo quiera procurarse noticias de ese morbo radical del alma española de nuestros días, la crueldad engendrada por el tedio, la rastrera insensibilidad para el amor, para la justicia, para la belleza moral, para la elevación de espíritu, pocas obras literarias le darán ideal tan sutil, penetrativa, pudibunda, fiel e ingeniosa como *La señorita de Trevélez*; así como de la altiva, pagana y enérgica insensibilidad moral del renacimiento italiano, la idea más exacta la adquirimos a través de las befas y farsas que de entonces nos quedan.

Hay, sobre todo, en esta obra un personaje, el señor Trevélez, que es uua creación fuera de lo común, uno de los caracteres más vivos y amables, más fina y difícilmente artísticos del teatro español de estos últimos años. Menciono su dificultad artística, porque es éste un carácter humorístico, y el humorismo, manera enteramente personal y subjetiva de contemplar el mundo y la humanidad, fruto de tolerancia logrado solamente en espíritus adultos y perspicaces, no se compadece con el teatro, que es suma objetividad artística, y en el cual el autor debe dejar à sus personajes que se muevan y obren por sí, sin mostrarse él mismo un instante.

Citábamos en un ensayo anterior cierta observación de Bergson sobre lo cómico, y es que tan pronto como un personaje cómico inspira interés o simpatía, cesa el efecto risible, cesa lo cómico. Así es, en efecto. Cesa lo cómico, pero no nace necesariamente lo dramático sino cuando la interioridad del personaje externamente cómico en la cual penetramos es de naturaleza dramática, a causa de las pasiones o torturas que le atosigan y remueven. Pero si el alma, imbuída en cuerpo risible, se nos ofrece clara y desnuda, como un alma, no ya violenta y exaltada, sino de normal diapasón, tierna, sencilla y en servidumbre de flaquezas comunes y parvas contrariedades, que ella, en la estrechez de su conciencia a que ha reducido el vasto mundo, se las figura de aspecto desmesurado y trágico sentido, entonces se origina en nosotros un sentimiento equívoco, epiceno de serio y de cómico; con el corazón estamos al lado del alma cuitada, pero con la inteligencia analizamos su cuita y echamos de ver que la desproporción entre la causa y el resultado nos induce a una sonrisa de burla que la compasión nos reprime; no ha cesado ahora para nosotros el efecto cómico del exterior del personaje, pero lo cómico material se ha modificado, amalgamándose con lo cómico-psicológico y con la simpatía; no asoman las lágrimas a nuestros ojos, ni la sonrisa a nuestros labios, sino que permanecen dentro de nuestro pecho, derretidas y envueltas las unas en las otras, pugnando con tenue congoja por salir, aunque sin querer manifestarse. En suma, nace entonces una de las maneras de humorismo: lo cómico romántico.

El género apropiado para presentar el humorismo de los caracteres es la novela, puesto que, como hemos notado, los caracteres humorísticos se corresponden con almas de normal diapasón que a sí propias se definen, no mediante acciones extrardinarias, sino a lo largo de una copiosa sucesión de hechos menudos y débiles vislumbres psicológicos, los cuales re coge a su entero talante y con dilatada holgura el novelista, en tanto el dramaturgo no dispone sino de pocas y culminantes acciones. Dickens, en primer término; luego, Daudet, y, entre nosotros, Galdós y Palacio Valdés, son maestros en la concepción y desarrollo de esos caracteres humorísticos, cuerpos de ridícula traza y de entrañas sanas, de alma buena y un tanto ridícula al propio tiempo, criaturas conjuntamente bufas y adorables.

Galdós ha llevado alguna vez con éxito al teatro a estos personajes: don Pío Coronado, de *El abuelo;* don Pedro Infinito, de *Celia en los infiernos*. Pero deben advertirse dos circunstancias acerca del modo como Galdós saca a escena estos personajes, a diferencia de cómo ellos mismos, u otros de la familia, discurren a través de las novelas galdosianas. Primera: los caracteres humorísticos de Galdós, en la novela, están desarrollados con todo pormenor y deleitación; en el teatro, no más que insinuados. Segunda: en la novela, el pergenio físico de estos personajes abunda en trazos caricaturescos y agudos que punzan inmediatamente los músculos de la risa; en el teatro, la caricatura se mitiga hasta casi desaparecer, sin

duda porque Galdós comprendía lo arriesgado
que es reunir teatralmente lo ridículo con lo
patético en todas las acciones y movimientos
de un mismo personaje. Por consiguiente, estos
caracteres humorísticos son personajes secun-
darios en el teatro de Galdós, en tanto el señor
Trevélez es eje de la obra de Arniches, aunque
otra cosa diga el título de ella, y su carácter va
desarrollándose puntualmente en la experiencia espiritual del espectador, a tiempo que,
ante la experiencia sensible, se le está mostrando, sin cesar, en caricatura. Por si acaso,
traduciré este concepto con mayor claridad
aún. El espectador, tal como advierte con sus
sentidos al señor Trevélez, tal como le ve y le
escucha, tal como le juzga, por la experiencia
sensible y externa que de él tiene, halla un cúmulo de ridículas particularidades, que son
otros tantos estímulos para que la malignidad
burlesca, que yace ingénita como integrante
del ser elemental humano, tome a chanza al señor Trevélez y se ría a su costa. Pero, al propio
tiempo, el espectador, por ministerio artístico
del dramaturgo, va pasando insensiblemente
por otra experiencia de orden espiritual, va
compenetrándose con el alma del señor Trevélez, hasta que se le aparece toda desnuda y delicada, y en este instante el personaje teatral

es digno de veneración sin dejar de ser ridículo. Conservar en el fiel la balanza, con risas y lágrimas contrapuestas, es de extremada dificultad en el arte dramático. La risa suele sobreponerse, y, al desbordarse, la primera víctima es el autor. Añádase a la anterior dificultad otra, peculiar del carácter del señor Trevélez. La generalidad de los caracteres humorísticos son ridículos sin saberlo, y hasta, por un fenómeno de inversión psicológica, reputan como admirable lo que es ocasión de su ridiculez; por ejemplo, aquella señora de una novela de Dickens que se ufanaba de una nariz absolutamente ridícula, porque ella creía que era de clásico perfil, a lo Coriolano. El señor Trevélez, en cambio, es deliberadamente ridículo, en holocausto al amor fraternal; los que en torno de él giran y le dan vaya le imaginan ignorante de su propia ridiculez. Presentar en escena un carácter con tales matices y contradicciones aunadas era sobremanera expuesto. El señor Arniches acertó a infundir tanto caudal de humanidad en el señor Trevélez que este personaje, una vez conocido, permanece alojado en las moradas de nuestra memoria.

RNICHES CALIfica su última obra. *Que viene mi marido*, de tragedia grotesca. ¿Qué nuevo concepto engendra este peregrino ayuntamiento de antiguos conceptos: lo tragico y lo grotesco? Para los que emplean las palabras sin ponderación ni examen, concediéndoles sólo un valor aproximativo, lo grotesco es lo cómico exagerado y lo trágico es lo dramático exagerado. Como quiera que el límite máximo y fatal de la tragedia es la muerte, infiérese, según este sumario método de discurrir, que la tragedia grotesca se reduce a comentar con bufonadas la muerte. Si se añade que esta actitud ante la muerte no es la usual, resulta que aquellos angostos, livianos y aproximativos entendimientos, para los cuales lo real es lo usual, ya que no alcanzan ni por ende admiten otra realidad que la acostumbrada, vienen a dar en que la tragedia grotesca por fuerza ha de ser una forma falsa, arbitraria y despreciable de arte. No pocos juicios de este linaje aparecieron con ocasión de la última obra de Arniches. Se dijo que era una astracanada lúgubre, una farsa macabra sin verosimilitud alguna. Esto de la verosimilitud me recuerda cierto sucedido. Un famoso ceramista español mostró a un su amigo, escritor, un ánfora que acababa de hacer, en la cual campeaba una gran águila heráldica. El escritor sonrió compasivamente ante aquel avechucho de dos cabezas, cuatro patas y plumas historiadas y simétricas, y aconsejó al ceramista que en lo sucesivo procurase hacer las águilas más verosímiles y conforme a naturaleza. Luego, por su cuenta, decía irritado el ceramista: «¡Qué bruto! No se ha enterado de que es un águila *estilizada*.» En efecto, el arte no siempre persigue la verosimilitud. A veces, la voluntad del artista se sobrepone a la realidad —que no otra cosa es el estilo, «el estilo es el hombre»—y deforma o transforma las formas naturales; por ejemplo, en las artes decorativas, y dentro de la dramaturgia, en la farsa.

La farsa macabra no es de desdeñar, y menos en España, en donde viene de tradición milenaria y acaso por idiosincrasia espiritual. Su origen patente se remonta a Séneca, a quien Nietzsche llamó, con expresión feliz, «el torero de la virtud». El estoicismo de Séneca se diferencia de las demás disciplinas de estoicismo por lo pronto en el tono, que así como en éstas es austero y enjuto, en aquél es socarrón y pingüe. El estoicismo tiene dos aspecto: uno positivo, la práctica de la virtud; otro negativo, la serenidad ante las adversidades y la muerte. El estoicismo ibérico se desentendió de lo positivo, y así se quedó en una moral negativa, compatible con toda inmoralidad activa. Séneca predicaba la virtud, pero la burlaba con ágiles quiebros y vivía muellemente. La picaresca española es la historia anecdótica del estoicismo senequista en acción El pícaro era un estoico y un sinvergüenza. El pícaro se reía, con ánimo sereno, del hambre, del sufrimiento y de la muerte. En la literatura española hay innumerables testimonios de inversión de lo patético en bufo. En el último tercio del siglo XIX eran tipos cómicos obligados del sainete y de la caricatura el maestro de escuela y el cesante, desastrados y hambrientos. Lo que ahora denominan «el fresco», personaje imprescindible en las obras bufas, no es sino supervivencia del pícaro. La insensibilidad española se corresponde con el senequismo, esa sofisticación del estoicismo; porque el estoicismo persuade a la insensibilidad y entereza en las propias adversidades, pero no induce a la burla y dureza con las adversidades ajenas, antes al contrario; en tanto el español suele ser tan árido para el dolor de los demás como para el propio.

La aridez y sequedad de ternura de que adolece el pueblo español las puso Arniches de manifiesto en *La señorita de Trevélez*, contrastándolas con lo florido y tierno de dos almas, humanas verdaderamente, que se disimulaban bajo una envoltura corporal ridícula.

En la tragedia grotesca *Que viene mi marido*, Arniches realiza una obra de estilo, o, si se quiere, de estilización, sobre aquel rasgo característico de españoles: la insensibilidad. El autor ha tomado como punto de partida la insensibilidad (o senequismo, o picarismo) del carácter español, y la va desarrollando y perfilando, sin cuidarse de la aparente verosimilitud, y sí sólo de la expresión, hasta consumar un edificio imaginario, que, no por artificioso, deja de ser en el fondo más real y sugestivo que la copia mecánica y naturalista de un suceso cierto, pero fútil.

No olvidemos advertir que el picarismo, o senequismo rahez y anecdótico se define en la práctica por una nota intelectual, que es como su última diferencia, junto a todo el resto de normas de conducta. Es desde luego el picarismo un estoicismo o moral negativa que se compagina maravillosamente con la inmorali-

dad activa. Pero no basta ser estoico y sinvergüenza para ser pícaro, como no basta, según
Quevedo y Chamfort, ser marido engañado
para ser cornudo. El título diplomado de pícaro exige una certificación de aptitud intelectual
específica: maliciosa agilidad con que burlar y
torear a la virtud, inventiva de recursos con que
salir campante de lances prietos, sutileza de ingenio con que industriarse a través de la vida.
Los pícaros son caballeros, pero caballeros de
industria La escuela de picarismo es la necesidad, conforme aquella sentencia: «La necesidad aguza el ingenio». Pero no todos aprove-
chan la enseñanza de esta escuela. En definitiva, que el ingenio es la nota diferencial del picarismo; ingenio más de acción que de labia.
Luego veremos cómo en la tragedia grotesca
de Arniches resplandece rarísimo ingenio.

Y ahora puntualicemos el calificativo de tragedia grotesca.

Comencemos por lo grotesco. Conceder que
lo grotesco es lo cómico exagerado es confor-
marse con poco; viene a ser como decir que
una casa es un gabán de piedra o que un gabán es una casa de paño. Primeramente nos
encontramos con que la palabra «grotesco» no
es castellana, sino italiana, si bien le hemos
suprimido una *t*. La voz italiana es *grottesco*,

que viene de *grotta*: gruta. En castellano debiera decirse grutesco, y así se dijo. En una edición añeja del Diccionario de la Academia se describe así lo grotesco: «Adorno caprichoso de bichos, sabandijas, quimeras y follajes; llamado así por ser a imitación de los que se encontraron en las grutas o ruinas del palacio de Tito. *Florum frondiumque et pomorum insectorum insuper deformiumque animalium implexus atque contextus.*» Se refiere a la arquitectura y a la pintura. Es, por lo tanto, un procedimiento decorativo o de estilización, en que el designio del artista se sobrepone a la rutina de las formas naturales acostumbradas. Es lo grutesco, en su primera apariencia, arbitrariedad inverosímil; trátese de artes plásticas o ya se trate de literatura. Pero sólo en su primera apariencia, pues, como más arriba se ha dicho, estos artificios imaginarios son a veces más reales que la copia mecanica de la naturaleza. En este sentido: que la copia mecánica repite los resultados de la actividad de la naturaleza, sus obras acabadas, o sea, lo ya rígido, lo ya sobreseído, lo ya inerte, lo ya muerto; en tanto, la finalidad de esos artificios imaginarios de arte estriba en imitar a la naturaleza en su manera de obrar, en lo flúido, lo continuo, lo sensible y lo vivo. ¿Reproduce lo grutesco la naturaleza en su manera de obrar? Sin duda. Por lo grutesco, el arte se anticipó en adivinar una doctrina que la ciencia, al cabo de muchos años, se había de hacer la ilusión de descubrir: la doctrina de la evolución natural. Sostiene esta doctrina que la infinita diversidad de formas naturales no fueron creadas *ab initio* y de sopetón, sino que de la pristina e insensible materia fueron surgiendo, por evolución, las formas inorgánicas, las vegetales, las zoológicas y las humanas. La naturaleza está de continuo en vías de transformación, si bien los hombres en general no ven sino las transformaciones conseguidas y desconocen el nexo inequívoco entre una y otra, no de otra suerte que el espectador de un teatro ve salir en escena un actor como rey, y poco después el mismo actor como bufón; pero se le oculta aquel período en que el actor, en trance de transformarse dentro de su camarín, es a medias rey y a medias bufón. Lo grutesco imita plásticamente a la naturaleza en período de transformación y evolución; de aquí que sus manifestaciones sean monstruosas a la par que bellas.

Lo grutesco no está imitado de la gruta de Tito, como dice la Academia, sino de todas las grutas. Penetramos en una gruta, y las anfractuosidades de la roca, insinuadas a través de la penumbra y animadas de soslayo por la luz, fingen abigarrado hacinamiento de formas fantásticas: frondas, flores, frutos, insectos y mil deformes animales, como reza el texto latino antes citado.

Todas estas formas vegetales y animales no se presentan autónomas, separadas, distintas, sino envueltas, enredadas *(implexus);* y aun más, entretejidas y en continuidad no interrumpida *(contextu);* de suerte que las vegetales brotan de las minerales, sin emanciparse enteramente de la inercia, y las animales de las vegetales, sin eximirse del todo de la naturaleza vegetativa, estableciendo así una jerarquía de lo inferior a lo superior *(insuper),* de lo más sordo a lo más sensible. En el seno de la gruta se nos revela esa lucha latente y titánica del Universo por esclarecerse a sí propio, por humanizarse, por darse cuenta de sí mismo, *ideal* que se alcanza definitivamente en los más elevados vuelos del alma racional: la filosofía y la poesía, la comprensión intuitiva y la especulativa.

Huelga traer ejemplos de lo grutesco plástico, puesto que se emplea como ornamento en casi todos los estilos arquitectónicos y de mueblería. La poetización patética de la esencia de

lo grutesco la expresó Rodin en su famosa es
cultura «El Pensamiento», en donde una deli
cada y evanescente cabeza femenina va sur
giendo, angustiada y serena, de un bloque de
piedra mármol. Porque, ciertamente, en el pensamiento más puro y desasido de lo concreto
actúa una fuerza de gravitación hacia la materia bruta, como si la roca aspirase con ciega
energía hacia el pensamiento, y el pensamiento, fatigado de conocer, sintiese en todo punto
la nostalgia de ser roca. En España nos ufana-
mos de un extraordinario dibujante de lo grutesco deforme, un creador fecundísimo de formas fundidas e implicadas, pertenecientes a los
tres reinos de la naturaleza: Bagaría.

Trasladando las observaciones anteriores a la
motivación psicológica, que es el terreno de lo
dramático, clasificaemos con almas grotescas
aquellas en que las formas superiores de la conciencia aparecen implicadas, apenas nacientes y
casi absorbidas en las formas inferiores del instinto; almas oscuras que en vano se afanan hacia
la claridad; pequeños monstruos inofensivos,
porque ni el instinto ni la inteligencia están lo
bastante deslindados para determinar acciones
violentas. En estas almas hay un asomo de
conciencia, que es lo que de ellas sale al exterior; pero la conciencia está reintegrada en el.

instinto, que es el móvil recóndito y confuso de los actos que ejecutan. La mayor parte de los hombres poseen un alma grotesca. Arniches, en su última obra, nos presenta unas cuantas almas grotescas, y nos las presenta grotescamente, como es debido; unas cuantas almas que se juzgan libres, pero que están enraizadas en el bajo subsuelo del instinto de codicia.

Se levanta el telón. Una sala modestamente amueblada. Se oyen ayes y alaridos en aposentos interiores. Varios personajes salen y entran atraviesan aturdidos la escena. Acuden unos vecinos. ¿Qué pasa? Una madre y una hija que están accidentadas. ¿Por qué? Los personajes, en su aturdimiento, olvidan satisfacer nuestra curiosidad, que va subiendo de punto, aguijada por varios lances ridículos, hasta que, promediado el acto primero, nos informamos de todo. ¡Un drama terrible! La niña de la casa, Carita, tenía un padrino millonario, que la ha dejado heredera. Pero... según condición que impone el testador, la niña no podrá entrar en posesión de la fortuna sino al quedarse viuda. La carta del notario, con el testamento, se les ocurrió leerla estando presente el novio de la niña, Luis, que es estudiante de Medicina. La niña y su madre han caído con sendos patatuses. El novio se pone pálido, se apoya en el hombro de un tío de la niña, y exclama: «Ay, don Valeriano, qué infamia... Yo me muero.» Y el buen tío replica: «Hombre, todavía no; espera a ver, espera a ver...» Pero ¿cómo se le ocurrió al padrino semejante infamia? ¿Sabía que la niña tenía novio? Sí, lo sabía, y por celos, lo aborrecía. Había pretendido casarse con su ahijada, y como ésta se negase, él le había respondido, avieso y sentencioso: «Yo te prometo que algún día desearás la muerte de ese hombre.» Por evitar que llegue ese día, el estudiante no quiere casarse. Consternación en la familia. Examinan entre todos las posibilidades y contingencias futuras. No hay solución satisfactoria. El padrino les ha condenado a una vida amarga y desesperada. Se imagina uno al viejo, riéndose con faz sardónica de ultratumba. Por cuanto, he aquí que un compañero del novio da con una idea que anulará el pérfido conflicto póstumo promovido por el padrino. Este compañero, llamado Hidalgo, se explica así: «Hay en mi sala del hospital un enfermo que lleva allí dos meses. La afección que aqueja a este quídam se ha hecho incurable, según el pronóstico de las diez y ocho eminencias médicas que le han visitado. Ha entrado esta mañana en el período preagónico.» Hidalgo propone que Carita se case *in artículo mortis* con el enfermo; se quedará viuda al día siguiente, y, ya millonaria, se casará con su Luis. Después de cortas dubitaciones, la familia se somete al plan facultativo. La codicia les ha dado aliento y esperanza.

Este acto es delicioso de movimiento, comicidad y donaire. Pero hasta aquí no aparece la tragedia; cuando más, un drama conjurado a tiempo, a la picaresca, por industria del ingenio.

La tragedia grotesca comienza en el acto segundo. Realmente el modo de concebir Arniches la tragedia grotesca es de una penetración y agudeza asombrosas. Algunos revisteros teatrales se figuraron que el autor calificaba su obra de tragedia grotesca porque se disponía a tomar la muerte a chanza. Sorprendente miopía del entendimiento, cuando el concepto de tragedia grotesca se descubre tan paladino en *Que viene mi marido*.

Hemos visto que lo grotesco sorprende a la naturaleza en vías de transformación, y cómo en lugar de repetir servilmente las obras acabadas y rígidas de la naturaleza toma las formas naturales más superiores y nobles y las ofrece, desenvueltas, sin solución de continuidad, en varios antecedentes de formas inferio-

res. Así, en un mascarón de talla grutesca observamos algunas facciones cabalmente humanas y otras que degeneran hacia la animalidad,
el mundo vegetal, y, por último, la materia
inorgánica; acaso las orejas se retuercen y pasan a ser alas de dragón; quizás la lengua, que
sale de la boca, es lengua al principio, luego
penca de acanto, luego columna arquitectónica.
Cabe en lo grutesco la posibilidad de subvertir
el orden de la naturaleza a voluntad del hombre, comenzando por lo último para concluir
por lo primero, como se hace, por ejemplo, con
una cinta cinematográfica. ¿Habéis visto, por
ventura, una cinta cinematográfica a la inve·sa?
Todo va hacia atrás, todo ·e retrotrae. De una
lisa superficie de agua surten al pronto sin
número de gotas que, trazando una curva gentil, van a reunirse en un punto, de donde sale
disparado, cabeza abajo, un hombre con tapa-
rrabos, el cual se eleva prodigiosamente en el
aire hasta caer de pie en lo más avanzado de
un trampolín. Algo semejante a esto ·erá lo
grótesco, aplicado a la tragedia. Una tragedia
grotesca será una tragedia desarrollada al revés.

¿Y qué es una tragedia al revés? Arniches lo
ha resuelto, con certera perspicacia. En la tragedia, la fatalidad conduce ineluctablemente al
héroe trágico a la muerte, a pesar de cuantos

esfuerzos se realicen por impedir el desenlace
funesto. El héroe trágico no tiene más remedio
que morirse. Por el contrario, el héroe de la
tragedia grotesca no hay manera de que se
muera ni manera de matarlo, a pesar de cuantos esfuerzos se realicen por acarrear el desenlace funesto. Tal es el tema de los actos segundo y tercero de *Que viene mi marido*.

Bermejo, el moribundo del hospital, después
de casado *in artículo mortis*, ha ido restable-
ciéndose poco a poco y ya le han dado de alta.
Los parientes y el novio de la desposada han
ocultado a ésta el *trágico* desenlace. En el fondo de todas estas almas grotescas, penum-
brosas, se insinúa el deseo de deshacerse del
resucitado; pero como carecen de la determinación para las acciones violentas se conforman con preparar cepos en que el imprevisto
esposo parezca morirse por cuenta propia, víc-
ma de la fatalidad. Bermejo no tiene un cuarto
al salir del hospital. Sus inopinados afines le
proporcionan vestido y sustento, a condición de
que no aparezca por la casa; vestido, un traje
de alpaca delgadísimo, y estamos en el riguro-
so enero; sustento, en un restaurante barato,
en donde, por rara casualidad, le sirven setas
en todas las comidas. Pero la fatalidad protege
a Bermejo. Carita se ausenta de su casa por

unos días, a pasar en un pueblo, con unas amigas, la primera temporada del imaginario luto. Y ya puede Bermejo presentarse en la casa. Viene como un desenterrado. Se deshace en excusas: «Perdónenme que no me haya muerto; pero es que materialmente no me ha sido posible... ¡Ni con diez y ocho médicos! Todo ha sido inútil. No, no he sabido morirme.» Ya fuera del hospital, Bermejo ha hecho lo que ha podido por morirse. Inútil. «Atravieso todas las tardes la Puerta del Sol, de siete a ocho, y no sé qué hacen esos automóviles que ni me tropiezan. Me coloco intencionadamente ante los tranvías. Me tocan el timbre, y como si me tocaran *El conde de Luxemburgo*. Pues nada: me empujan con delicadeza, me apartan y pasan rápidos.» El tío Segundo dice: «Aceptamos sus disculpas. No ha podido usted realizar su propósito; ¡qué le vamos a hacer, paciencia!» Pero el tío Valeriano es más reacio en avenirse: «¡Paciencia!... Pero perdone que le digamos que, en cierto modo, lo que ha hecho usted es una informalidad.» Y replica Bermejo: «¿He podido yo hacer más para fallecer que tomarme todas las medicinas que me han dado? A mí se me ha inyectado cuarenta y seis clases de vacuna. Se me han administrado veinticuatro sueros y diez y siete caldos microbianos; a mí se me han administrado hasta los últimos Sacramentos .. Y yo, tomándomelo todo... ¿He podido hacér más?» Bermejo comunica su resolución irrevocable de suicidarse allí mismo, lo cual, naturalmente, impiden los parientes. El tío Valeriano, demostrándole amoroso interés, le aconseja que, puesto que está decidido, busque un fondo a propósito donde el suicidio revista caracteres románticos: «Ahí tenemos el Retiro, la Moncloa, lugares de una belleza y amenidad que envuelven el suicidio en un ambiente de poesía que conmueve. Espronceda no los hubiera desdeñado. Y en otro caso, ahí tenemos también el Canalillo. No echemos el Canalillo en saco roto: una cinta de plata. álamos en las orillas...» Se aplaza el suicidio, por haber sobrevenido varias peripecias inesperadas, al cabo de las cuales Bermejo, en un acceso de arrebato, se arroja por el balcón a la calle. Gritos y lamentos. Reaparece a poco Bermejo, ileso. Ha caído sobre el toldo de una tienda que pertenece a unos parientes de su esposa; ha roto el toldo y luego ha venido a dar de rechazo sobre Hidalgo, aquel estudiante de Medicina que ideó lo del casamiento *in articulo mortis*, y le derrenga.

En el acto tercero, Bermejo está obeso como un cebón. Asistimos a varias asechanzas que los parientes e Hidalgo le tienden, por ver si al cabo revienta. En vano. El tío Valeriano llega a comprender el sentido trágico a la inversa que preside el curso de la vida de Bermejo. «A ese hombre—dice el tío Valeriano—le hacen la autopsia y engorda.»

El desenlace de la obra está hallado con notable agudeza.

Bermejo es un fresco, un pícaro, mezcla de estoico y sinvergüenza. Así como el estoico honrado se sobrepone a la fatalidad, aceptándola, el estoico pícaro se burla de ella, la torea y acaso llega a rendirla en su favor. Bermejo no es tal Bermejo; se llama Menacho. Los conatos de suicidio han sido contrahechos. Cuando se arrojó por el balcón, bien sabía que le amparaba el toldo... Faltándole qué comer y en dónde dormir, acostumbraba ingresar en los hospitales, simulando insólitas enfermedades. Cada vez que ponía en juego la combinación necesitaba una cédula falsa. Afortunadamente, la última cédula pertenecía a un individuo que ha muerto después de casarse sin saberlo, *in extremis*, con Carita. Conque ya tenemos a Carita viuda y millonaria.

Apuntemos ahora algunos defectos del teatro de Arniches. Cuando un escritor posee temperamento y cualidades sobresalientes de

autor dramático — que tal es el caso de Ar
niches—, sus defectos suelen ser concesio
nes al gusto predominante de la época en que
escribe: la inflazón del lenguaje de Shakespeare,
el movimiento vertiginoso de las comedias de
Lope, el ergotismo de los dramas de Calderón:
la sentimentalidad de Racine.

Las preferencias y aversiones del espíritu
español contemporáneo derivan de un sentimiento raíz, que difícilmente se hallará tan
afirmado en ningún otro pueblo ni en ningún
otro tiempo: el miedo a la verdad. La España
de hoy (el hoy en la historia de un pueblo
puede abarcar media centuria), se estremece
con la sola presunción de tener que afrontar
en algún momento la verdad. Quiere ignorar,
lo quiere desesperadamente. Y como la fun
ción de patentizar la verdad corresponde a la
inteligencia, España, que había comenzado por
abdicar de la inteligencia, ha concluído por
odiarla. El dicterio más apasionado es «intelectual».

El público teatral español pide a sus autores
que satisfagan en alguna medida aquellas dos
condiciones: primera, rehuir y rodear, con epi
sodios y expedientes dilatorios, la emisión sin-
cera y rotunda de la verdad; esquivar las situa
ciones extremas, distraer la atención de lo sus

tancial hacia lo accidental; en suma: lo que se llama habilidad comúnmente, y que ya hemos analizado en otro ensayo; segunda, respetar la abdicación que de su inteligencia ha hecho el público y darle gusto, abdicando también el autor de cuando en cuando, y no otra cosa es el retruécano o preferencia por la risa más plebeya y obtusa, la de origen fisiológico, con daño de la risa noble, de origen intelectual.

Los defectos de las obras de Arniches se ocasionan de la habilidad que muchos encarecen en este autor, y que las priva de plenitud, y del abuso del retruécano, que las priva de armonía. Hablo de las obras extensas, porque en las breves ha llegado con frecuencia a los aledaños de la perfección. Me queda por estudiar un punto importante: el *astracanismo*, plausible y artístico en Arniches, deplorable y vacío en sus imitadores.

Debo anticiparme a una probable objeción. Alguno de esos fiscales linces, atropellados y reparones, se adelantará a afirmar de ligero que las observaciones que aquí he explanado sobre la génesis y trascendencia de las dos obras extensas de Arniches, se las atribuyo, como claros y meditados propósitos artísticos, al autor, antes de aplicarse a escribir las obras Lo rechazo. Tales inepcias no son de mi cose-

cha. El artista tiene la virtud de crear; el crítico está obligado a analizar. Encomiar la exquisitez de un melocotón no significa dar a entender que el árbol que lo ha producido ha estu-
diado química orgánica ni arboricultura. El
hombre vulgar distingue un melocotón sabroso
de uno insípido, o de uno de cera, con sólo
tocarlo y probarlo. Luego, un químico analiza
la composición del fruto y un arboricultor
declara cuáles son las buenas cualidades que residen en la condición
del árbol, y cuáles las malas,
que se deben a la condi-
ción del ambiente
o al modo de
cultivo.

DON JUAN, BUENA PERSONA

CON SU ULTIMA comedia, *Don Juan, buena persona*, los señores Alvarez Quintero han dado solución a un problema que hasta ahora se reputaba insoluble: han resuelto la cuadratura del círculo. No se vea en lo que decimos el menor asomo de ironía. Y aun añadimos que los señores Alvarez Quintero no han dado por chiripa con aquella peregrina solución, sino que adrede, en su nueva comedia, persiguieron compaginar lo que parecía irreductible, la bondad moral y el donjuanismo. No hay sino leer el título, que no puede ser obra de la casualidad. Don Juan, buena persona, es una antinomia, y viene a ser como decir la cuadratura del círculo. Hacer de un círculo un cuadrado no es cosa del otro jueves. Lo difícil es cuadrar el círculo sin despojarle de su naturaleza circular. De la propia suerte, hacer de Don Juan una buena persona, es verosímil, sólo que al hacerse buena persona deja de ser Don Juan. Los señores Alvarez Quintero han querido trasmutar la esencia moral de Don Juan, sin por eso disiparle su legendaria esencia. Ambicioso em-

peño. ¿Lo consiguieron? Hemos comenzado por conceder que sí.

Recordemos ligeramente la genealogía literaria de Don Juan y algunos de los rasgos sobresalientes y perdurables con que se ha ido enriqueciendo su carácter. Comienza por apenas llamarse Pedro. La estirpe originaria de Don Juan no es noble, es plebeya, al contrario de Hamlet y Don Quijote, que uno era hijo de reyes y otro vástago de hidalgos. Y repárese que, dentro de un triángulo, cuyos ángulos fuesen estos tres personajes, acaso cupiera inscribir la incoercible infinitud y complejidad del tipo humano; Don Juan, la sensualidad, la ambición de conquistas palpables y de fama funesta, representa los sentidos, por eso es plebeyo; Don Quijote la idealidad, la ambición de conquistas desinteresadas y de fama pulcra, representa el corazón, por eso es hidalgo; Hamlet, el examen crítico y trágico del valor último de cualquier conquista y acción, ya sea palpable, ya sea quimérica, de dónde nace el desdén por la fama, representa la mente, por eso es príncipe. Don Juan, antes de llamarse Don Juan, es un ser anónimo que pulula en todas las literaturas populares de la Edad Media; es, simplemente, un hombre impío, alardoso de su impiedad, que por chanza convida a comer a un muerto o estatua. Tirso de Molina toma este individuo anónimo y con él forma su Don Juan Tenorio, burlador de Sevilla. El Don Juan, de Tirso, posee ya las cualidades donjuanescas definitivas. Nos encontramos, desde luego, con Don Juan en su plenitud, a modo de idea platónica, como arquetipo humano. Cada Don Juan posterior al de Tirso nada sustancial añade al arquetipo originario, sino que se distingue y define por la mayor notoriedad o simplificación de alguna de aquellas cualidades con que ya se nos mostró el de Tirso.

El Don Juan, de Tirso, es hermoso, apuesto y arrojado; aunque todavía mozo, ya corrido en años, y los años, colmados de aventuras y experiencia; impío, o lo que es lo mismo, despiadado, así para con lo divino como para con lo profano; es burlador profesional de hembras; mendaz de amor, artimañero, no solicita de la mujer sino los deleites efímeros de la carne, y, en habiéndolos gustado, olvídase de quien apasionadamente se los brindó. A pesar de todas estas cualidades, Don Juan no dejaría de ser un hombre reduplicadamente vulgar, puesto que no se mueve sino hacia la consumación del acto más vulgar de la existencia, acto que Don Juan jamás se cuida de ornamentar con arrequives y sutilezas estéticas ni espirituales; para él tanto monta la amorosa y pulida dama como la bronca y maloliente pescadora. Pero, en este copioso acarreo de vulgaridad, Tirso acertó a desentrañar un agente, un espíritu misterioso. Y así, Don Juan no sólo deja de ser vulgar, sino que representa una nueva interpretación de la vida humana y de las relaciones de los sexos. En otra parte *(Las máscaras.* Volumen I) hemos escrito: «La verdadera esencia del donjuanismo es el poder misterioso de fascinación, de embrujamiento por amor. El verdadero Don Juan es el de Tisbea, en Tirso de Molina, mujer brava y arisca con los hombres, pero que, apenas ve a Don Juan, se siente arder y pierde toda voluntad y freno; el Don Juan de Doña Inés en Zorrilla. Y en lo que aventaja Zorrilla a Tirso, es en haber exaltado poéticamente esta facultad *diabólica* de Don Juan. Don Juan no es Don Juan por haber ganado favores de infinitas mujeres con mentiras y promesas villanas, sino por haber arrebatado, aun cuando sea a una sola mujer, por seducción misteriosa, y empleo aquí la palabra seducción en su sentido propio, como enhechizo.»

En materias de amor, el arquetipo opuesto a Don Juan es Werther. Don Juan domina al amor. Werther es dominado por el amor. Mas no debe olvidarse que Werther no es un arquetipo creado por Goethe, ni representa una nueva interpretación de las relaciones de los sexos opuesta a otra preexistente: Don Juan, sí. El amor de Werther es el amor caballeresco y cristiano de la Edad Media europea, es el amor de Macías y Amadís, el amor sin carnaza, el amor puro, que mata al amador. Antes de Don Juan, era noción comúnmente recibida como evidente que el centro de la gravitación amorosa residía en la mujer; que el enhechizo o misterioso poder de fascinación y embrujamiento dimanaba de la mujer; que el varón iba a la hembra como van los ríos al mar (la Doña Inés, de Zorrilla, dice a Don Juan que se siente, arrastrada hacia él como va sorbido al mar un río), y por ende, que el primero en prendarse era el varón, y no aspiraba a ser correspondido sino después de acreditar altos merecimientos y fidelidad sin tacha. Don Juan viene a mudar los naturales términos de la mecánica del amor; el centro de gravitación y el flúido capcioso se oculta en él y de él dimana: Don Juan no ama, le aman. Y así resulta, curiosa paradoja, que el más varonil galán, galán de innumerables damas, pudiera asimismo decirse que es la dama indiferente de innumerables galanes, ya que ellas son quienes le buscan y

siguen y se enamoran de él, que no él de ellas.
Ninguna hace mella en su corazón ni en su recuerdo, y así a todas posee como esclavas (la
servidumbre y rendimiento que cumple a todo
fino amador, según el código amatorio caballeresco, los acoge para sí la dama frente a Don
Juan, habiéndose manumitido Don Juan de tales
preceptos; la amada pasa a ser amadora); pero
de ninguna es poseído. Don Juan es como rey
pródigo que va acuñando con su efigie monedas
en metales diversos —oro, plata, cobre—, para
luego despilfarrar el tesoro y olvidarse de cómo
lo ha ido desparramando.

La hermosura y la impiedad, así religiosa
como cordial, del Don Juan, de Tirso, se han
perpetuado en todos los sucesores, a excepción
del marqués de Bradomín, el cual, como se sabe,
fué un Don Juan admirable y único: feo, católico
y sentimental. Pero del marqués de Bradomín
no es lícito afirmar que fué una buena persona,
en el sentido corriente en que aplican este calificativo los señores Alvarez Quintero a su flamante Don Juan: *buena persona*, sinonimia de
infeliz En el marqués de Bradomín, a pesar de
su catolicismo, acaso por eso mismo, lo diabólico del carácter donjuanesco adquiere señalada
importancia y significación; porque, para ser
diabólico, lo primero creer en el diablo. El

marqués de Bradomín en cuanto católico cre-
yente, es mucho más diabólico que el Don Juan
de Zorrilla. Este último se mofa de las cosas
invisibles de ultratumba porque no cree en
ellas; luego su impiedad es fanfarronada gra-
tuita ante un enemigo imaginario. Por eso,
cuando a la postre ocurre que las cosas de ultratumba, abandonando el hermético reposo,
vienen hacia él, a Don Juan se le eriza el cabello, cae de rodillas y encomienda su alma a
Dios. Este Don Juan, de Zorrilla, con todas sus
fanfarronadas y canallerías, en el fondo es un
infeliz, una buena persona. Hasta en el *ars
amandi* se delata de no muy docto, pues al ha-
bérselas por vez primera frente a la feminidad
selecta y cándida adolescencia de Doña Inés
se entrega como un doctrino, abomina de su
mala vida pasada y quiere contraer matrimonio. Si en tal coyuntura el Don Juan, de Zorrilla, no ingresa en el apacible gremio de los casados, es por culpa del Comendador, que es un
bruto, y no achaque ni tibieza de Don Juan.
En lo que es sutilmente diabólico, aun sin él
mismo proponérselo, el carácter del Don Juan,
de Zorrilla, es en la facultad de seducción con
que enhechiza a Doña Inés, en el encanto irre-
sistible que de su persona se desprende y que,
atravesando de claro los recios muros del con-

vento, llega hasta la celda en donde vive, recoleta, la novicia, y la envuelve, penetra y
enamora, de suerte que ya, antes de
haberlo contemplado con ojos
mortales, Doña Inés se entrega a Don Juan en
pensamiento.

N SUS OJOS RE-
side el amor; por
lo cual, cuantas
mira le parecen
hermosas y ama-
bles. Por donde
él pasa todas las
hembras se vuel-
ven a contem-
plarle y pone miedo en el corazón de aquella a
quien saluda.» ¿Es esto una pintura de Don
Juan? No..., es la pintura de Beatriz por el Dante; claro está, con leves modificaciones, y trocados los géneros:

> *Negli occhi porta la mia donna amore;*
> *Per che si fa gentil ciò ch'ella mira:*
> *Ov'ella passa, ogni uom ver lei si gira,*
> *E cui saluta fa tremar lo core.*

Hay en la declinación de los siglos medios
europeos un menudo, soleado y florido trozo
de la tierra, en el cual la visión y conducta de
la vida alcanzaron sutilidad y pulcritud insupe-
radas. «Todas las cosas divinas de la existencia hanse propagado —escribe un poeta inglés
moderno, Ford Madox Hueffer — desde aquel
paraje en donde se alza el Castillo del Amor,
entre Arlés y Avignon. De allí remontaron el
curso del Ródano, cruzaron la Isla de Francia
y el Paso de Calais, arribaron al puerto de Lon-

dres, a Oxford, a Edimburgo, a Dublín, y pasaron también, aunque corto trecho, allende el Rhin.» Las cosas divinas de la existencia, a que alude el poeta, los adorables ornamentos de nuestros días mortales, la finura y delicada susceptibilidad, así del ánima como de los sentidos, todo eso, que todavía hoy perdura y hace hermandad de cuantos hombres—dondequiera que hayan nacido—en ello fían y hacia ello anhelan, ese ideal supremo en lo humano, se realizó por vez primera en Provenza, jardín dilecto de la sapiencia elegante, terruño de Francia empapado en sustancia italiana, grecolatina. Olvida el poeta inglés añadir — y no es como para que nos enojemos — que la sonrisa provenzal, cabalgando la barrera áspera de los Pirineos, divagó, a lo largo de las calzadas romanas de Cantabria, con derrota a Compostela; prendió en los labios líricos del alma galaico portuguesa, y de allí pasó a Castilla, donde mostrarse con un gesto huidero, acaso mentido, a flor de piel.

Y ¿qué fué la Provenza de los postreros años medioevales y los presuntos años renacentistas? Fué el connubio perfecto, largos siglos presentido y a la postre consumado. del cristianismo y del paganismo, del culto del espíritu y del culto de la forma. Cientos de años antes, en Alejandría, cristianismo y paganismo se habían buscado, en cópula frustrada. Mas Provenza fué como una maravillosa trasustanciación; paganización del cristianismo o cristianización del paganismo, tanto monta.

En Provenza, el hombre se coloca al fin en una posición ecuánime frente al Universo. El pagano no veía en el mundo sino las actitudes formales de la materia, su necesidad, su equilibrio, su belleza sensible — *mundus,* en latín, quiere decir limpio y hermoso —. El cristiano desdeñaba la aplaciente corporeidad del mundo, como apariencia engañosa; para él no existía la materia, sino el principio creador, el espíritu arcano, la realidad moral de la conciencia. Funde el provenzal entrambas emociones, y exclama: el mundo es bello, amable y sin tacha, por ser expresión patente del espíritu, de la belleza increada. La Verdad, el Bien y la Belleza son uno y lo mismo, como quería Platón. Pero Verdad, Bien y Belleza, los más altos, los primordiales, residen, como atributos, sólo en Dios; y las cosas perecederas de aquí abajo, todas ellas creación y reflejo gradual del espíritu y voluntad divinos, desde la materia inerte hasta la materia más embebida de conocimiento —o sea, la criatura humana —, se van ordenando en una jerarquía ascendente de mayor Verdad, Bien y Belleza, según se aproximan más a su origen eterno y espejan más de cerca el rostro de Dios, incógnito si no es a través de sus obras terrenales. El agente del universo, la energía que todo mueve, propaga y muda, es Amor. Amor de mejores quilates y más subida progenie cuanto más digno es su objeto y más sus actos se emancipan de la tutela y halago de los sentidos. Y aquel último estadio del amor ideal se ha de llamar, a la griega, amor platónico. La vida, en Provenza, se exalta en su sentido religioso y ritual. La religión es la del Amor. Se codifica el amor y se teologiza sobre el amor. En el Código del Amor (siglo XII) constan estos artículos: *Nemo duplici potest amore ligare*, no cabe entregarse a dos amores; *Verus amans nihil beatum credit, nisi quod cogitat amanti placere*, el verdadero amador nada halla agradable sino en lo que presume que ha de agradar a la amada; *Non solet amare quem nimia voluptatis abundanta vexat*, estorba al amor el hábito de la baja voluptuosidad. Y Dante, gran teólogo de Amor, como Petrarca, inicia su alada canción de «La Vita Nova»: *Donne, che avete intelletto d'amore*. ¿Por qué el Amor ha de cobijarse ante todo en el entendimiento? Porque el verdadero Amor se orienta hacia la hermosura ideal, la cual percibe el entendimiento. En el epistolario de Lope de Vega al duque de Sessa, leemos: «*Amor, definido de los filósofos, es deseo de hermosura; y de los que no lo somos es deleite añadido a la común naturaleza.*» Vemos cómo Lope, creador de la dramaturgia hispana, burla discretamente el sentido filosófico del Amor y no advierte en él sino el deleite que apetece la común naturaleza.

¿Y cuál era, según la doctrina provenzal, objeto más digno de amor, hermosura más acrisolada y eminente, forma mortal más pareja del inmortal arquetipo: la belleza masculina o la belleza femenina? La mujer. Y así, la mujer ocupaba el solio de la belleza visible; era la reina de las Cortes de Amor, y el hombre su rendido cortesano. Dante va más allá: encumbra a Beatriz hasta el Paraíso, para que desde allí declare el orden del Universo.

Tal fué el concepto del amor trovadoril y caballeresco. La almendra de este árbol benigno y perfumado hay que ir a buscarla, centurias hacia atrás, en el sombroso y contemplativo huerto de Academo. Este concepto es una prerrogativa occidental y grecolatina.

Frente al concepto caballeresco del amor se yergue alardoso Don Juan, y desenvainando su

espada de gavilanes, éntrase, hazañero y sin escrúpulo, por los dominios en donde la mujer
imperaba como soberana, la destrona, la somete y proclama al varón rey del sexo. Don Juan
es un revolucionario del amor tradicional, sin
duda; pero su concepto del amor, ¿es acaso invención personal suya?

Así como el amor caballeresco es de origen
occidental y grecolatino, el amor donjuanesco
es de oriundez oriental y semita. Ya en la Biblia constan las proposiciones precisamente
contrapuestas a los postulados amatorios de la
doctrina provenzal, griega y romana. Platón
llega hasta Dios por la vía intelectual y se lo
representa como idea pura, todo armonía y serenidad. El hebreo necesita ver con los ojos a
su Jehová, tremendo e iracundo, y a poco de
no haberlo visto se olvida de él por el becerro
de oro. El ser más vil y despreciado de la Biblia es la ramera—sacerdotisa del amor—; es,
dice el Eclesiastés, como el estiércol de los caminos, que pisan todos los viandantes. Pero la
ramera, en Atenas, es la hetaira, la cortesana
por antonomasia, la flor de la feminidad, cuerpo adorable y mente deliciosa, solicitada amiga de filósofos y estadistas. El griego decía a
la mujer, su esposa (Jenofonte, *Economia*):
«dulcísima felicidad la mía, pues que tú, más

perfecta que yo, me has hecho tu siervo». Para
el hebreo, la mujer era el vaso paciente de la
lujuria masculina. La Biblia, entre las cosas que
pasan sin dejar rastro ni mancharse, enumera
la sombra sobre el muro, la sierpe entre la
hierba, el hombre por la mujer, significando,
por analogía del último término con los otros
dos, no que en realidad la mujer permanezca
sin rastro (¡vaya si queda rastro!), sino que el
hombre ha de en ender que ha pasado sin
mancharse.

Dos religiones han derivado del judaísmo: la
cristiana y la mahometana; una occidental, otra
oriental. Con decir que el cristianismo es una
religión occidental va presupuesto que su esencia nada tiene de común con el judaísmo. Si en
el acto carnal la mujer. según el judaísmo, comete abominación, en tanto el hombre sale sin
mancharse, contrariamente el cristianismo comienza por hacer nacer a Dios hecho carne de
una mujer que concibe sin pecado y sin obra de
varón. El judaísmo, con su propensión sensual,
luctuosa y materialista, se reproduce en su hi-
juela, el mahometismo; y en cuanto a la manera
y usos del amor, el mahometismo exalta la pre-
cedencia del varón y exacerba el sometimiento
de la mujer. El varón es el núcleo de un sistema;
las hembras, innumerables, giran en torno, a lam-

padas por un donativo de amor despectivo o quizás premioso.

Es de protocolo que, cuando un escritor español diserta sobre el tipo de Don Juan, afirme en un ditirambo de patrio orgullo que Don Juan no pudo ser sino español. Y las razones que se aducen son su gallardía, su generosidad, su valor, su vanagloria. Si Don Juan, junto con estas cualidades, no hubiera acreditado ciertos defectos peculiares suyos, cierto que no sería Don Juan. Revilla—un crítico olvidado— escribió: «Como carácter individual, es exclusivamente propio de España. Es la personificación acabada del carácter andaluz.» Concedido; lo es, no por alabancioso y alborotado; lo es por su concepto mahometano, semítico, del amor. En efecto: Don Juan no pudo ser sino español, porque de las comarcas occidentales sólo en España dominaron siglos los moros. Es seguro que por las venas de Don Juan corría sangre mora y judía. Como antecedentes literarios del tipo del Don Juan, de Tirso, se indican otros dos atropellados galanes: el Leónido, en *Fianza satisfecha*, de Lope; y el Lencino, en *El Infamador*, de Juan de la Cueva. En cuanto al Lencino, juzgo evidente la opinión de Hazañas la Rúa (*Génesis y desarrollo de la leyenda de Don Juan Tenorio*), y de Icaza (edición de

Juan de la Cueva), los cuales niegan todo parentesco artístico entre ambos personajes, Lencino y Don Juan. Tampoco se echa de ver que
Don Juan venga, literariamente, de Leónido.
Pero, aunque no literariamente, es notorio que
Don Juan se asemeja a casi todos los galanes
del teatro de Lope en profesar y cumplir aquella noción semítica del amor, que el propio
Lope profesaba y cumplía, y que con tan paladina sobriedad formula en su carta al duque de
Sessa: amor, antes que deseo de hermosura, es
deleite añadido a la común naturaleza. Ese
amador medio·cristiano y medio mahometano
—así como el amador provenzal era medio
cristiano y medio pagano—, frecuente e inde-
terminado antes de Tirso, cuájase, al cabo, con
vida propia y rasgos definidos en el Don Juan
Tenorio. Y acaso al hecho de ser Don Juan tan
distinto y encontrado con todos los demás
galanes de las literaturas europeas
(Don Juan es, como Beatriz, el que
declara un orden del universo) debió su buena for-
tuna por el mundo
el drama de
Tirso.

ECÍAMOS QUE Don Juan, en Tirso, aparece ya con todas sus cualidades características, o, si se nos permite la expresión, con todas sus cualidades biológicas. Y añadíamos que cada Don Juan posterior nada añade al Don Juan originario, sino que se distingue y define por la mayor notoriedad o simplificación de alguna de aquellas cualidades con que ya se nos había mostrado en Tirso.

En este veloz y esquemático análisis que venimos haciendo del carácter de Don Juan, hemos prescindido hasta ahora de sus cualidades llamativas y sobresalientes, entre tanto que parábamos cierta atención en aquella otra cualidad más peculiar y recóndita, de la cual, a nuestro entender, todas las demás se derivan. Buffon explica la extraña apariencia de la tortuga a causa de poseer un corazón de hechura extraña. En zoología, la gran división fundamental —por estribar en el hecho más recóndito y permanente — en animales vertebrados e invertebrados, es la última que aparece en el orden del tiempo. Antes de llegar a descubrirla, eran clasificados los animales conforme a ciertos rasgos externos y circunstanciales, que en rigor no denotaban ningún parentesco genealógico ni afinidad de caracteres. Fué menester prescindir de lo más obvio y superficial, de lo que ante todo se echaba de ver, y profundizar hasta descubrir lo que estaba encubierto, lo que no se veía, el esqueleto, lo que realmente diferencia a unos géneros de otros.

Hasta ahora nos hemos detenido a subrayar la cualidad intrínseca de Don Juan, o sea su obsesión carnal y procedimiento con que la satisface. El Don Juan, de Tirso, carece de todos los sentidos superiores: el sentido religioso, el sentido moral, el sentido social, el sentido estético. Los griegos querían que los sentidos estéticos fuesen el de la vista, que percibe la hermosura de las formas y colores, y el del oído, por donde penetra la armonía y el ritmo. Don Juan, huérfano de sensibilidad estética, no cuida si la mujer deseada es hermosa o fea; le basta que sea novia o mujer de un amigo. Es más: Don Juan procura el logro de sus ansias torpes haciéndose pasar por el amado de la mujer, para lo cual busca que al engaño le venga en ayuda la complicidad de la tiniebla, celadora de toda hermosura visible. Si del senti-

do de la audición se trata, a Don Juan no le
hieren los trágicos gemidos de las víctimas ni
las imprecaciones de los vengadores. Toda la
susceptibilidad musical del Don Juan, de Zorrilla, por ejemplo, se contiene y agota en aquella
estrofa inicial del drama:

Cuál gritan esos malditos;
pero, mal rayo me parta,
si en concluyendo esta carta
no pagan caros sus gritos.

Y en cuanto al sentido del olfato, es de presumir
que Tisbea, zahareña pescadora, no olía a nardos
y jazmines. Don Juan, desamparado o desdeñoso
de los tres más finos sentidos, compensa la
falta con el ejercicio infatigable de los dos que
le restan: el del gusto y el del contacto, minis-
triles acreditados del amor sensual. Don Juan
vive para el amor. Pero Don Juan no es encar-
nación representativa del Amor, tirano de la
naturaleza. Cierto que el espíritu que impele al
mundo en su fluir perdurable es el amor, puesto que todo tiende a reproducirse. Pero hay
jerarquías de amor. En el mundo inorgánico,
la formación de los cristales es una manera de
reproducción; amor purísimo y asexual. En el
reino de los seres organizados, de la cándida
cópula de estambres y pistilos en el cáliz de la
azucena, o de la contingencia sexual de la pal-

mera macho y de la hembra, por delegación en el viento, al amor y voluptuosas bizarrías de Don Juan, hay notable diferencia. En el amor de los seres naturales privados de conciencia el acto es inocente y la finalidad notoria: la perpetuación. Don Juan es—enorme paradoja—el garañón estéril. No se sabe que Don Juan haya tenido hijos. Si Don Juan fuese todo esto, pero únicamente todo esto, que es lo externo y derivado, no pasaría de vulgar libertino. Pero Don Juan, esencialmente, es el enhechizo por amor, es una idea absoluta en la relación de los sexos, es la transferencia del centro de la gravitación amorosa desde la hembra al varón. En la idea occidental, la dinámica humana se sustenta en equilibrio alrededor del sol de la hermosura, figurado en la mujer. Pero Don Juan se nos presenta desde su nacimiento como la realización estética de aquel concepto oriental que Heliogábalo quiso importar a Roma desde Oriente con el culto de la sagrada piedra lunar, de cónico perfil, ruda simulación del falo, el cual los semitas imaginaron como eje donde rueda el Universo.

Trasladada la gravitación amorosa sobre el centro masculino, la iniciativa pasa automáticamente a la mujer. Ya no son los hombres quienes buscan la hembra, sino las mujeres quienes persiguen al varón. Sutilizando un poco más en esta interpretación de las relaciones sexuales, se advierte que ya no es la mujer juguete o víctima del hombre, sino viceversa. Dijérase, a lo primero, que Don Juan domeña y hace víctimas a las mujeres; mas, si bien se mira, él es la víctima y el domeñado. Por donde ya el Don Juan, de Tirso, es, sin darse cuenta, una buena persona, en el sentido de infeliz, que piensa estar obrando libremente y burlando mujeres, como un terrible y desatentado libertino, cuando el burlado es él y sus acciones le son dictadas por la fatalidad que consigo lleva.

Después del de Tirso se multiplican los Don Juanes. Pero estos primeros y numerosos Don Juanes de los siglos XVII y XVIII no reproducen del Don Juan auténtico sino las cualidades superficiales y derivadas. Son, ante todo, libertinos sin nobleza ni sensibilidad artística. En el Don Juan, de Molière, se manifiestan ya ciertas dotes elevadas: es un filósofo, un hombre refinado, psicólogo penetrante, buen discernidor de belleza.

Pero es menester llegar hasta el don Juan, de Byron, para hallar la esencia germinal del donjuanismo desarrollada con amplitud y en

Véase 'Man and superman' de Shaw.

abundancia florecida. Comienza Byron por afirmar:

His father's name was Jose—Don, of course—.
A true hidalgo, free from every stain
Of moor or hebrew blood.

(El nombre del padre de Don Juan era José— Don, naturalmente—. Un hidalgo cabal, sin veta alguna de sangre mora ni judía.) En este particular Byron se equivoca. No cabe duda que Don Juan estaba infeccionado de morería y judaísmo. Mozalbillo, Don Juan es iniciado en los turbios misterios del amor carnal por una amiga de su madre. La primera amante del Don Juan, de Byron, llamada doña Julia, era de oriundez árabe; su tatarabuela, granadina de los tiempos de Boabdil. Como se supone, entre una dama ardiente y ducha en ardides de amor y un mancebo virgen e inexperto, el hombre es el sometido. Don Juan, en creciendo, conoce—*in sensu bíblico*—copioso repertorio de mujeres; pero ya para siempre permanece, respecto de ellas, en aquella situación de inferioridad con que fué iniciado. Los antecesores del Don Juan, de Byron, eran áridos para el amor cordial, no amaban nunca. El Don Juan, de Byron, ama siempre, se entrega todas las veces, adora como un niño, sin por eso dejar de gozarse como un adulto. Muda de amores, no por saciedad de lascivia y concupiscencia de diversidad, sino porque las mujeres se lo van arrebatando unas a otras.

Byron expone en su poema del Don Juan una filosofía amorosa cuyos extremos más simples son éstos: la Eva es eternamente débil; su fuerza estriba en su misma debilidad; es sacerdotisa del amor, y nada más; inferior al hombre en todo, le domina por la estratagema amorosa; Don Juan no es ave de rapiña, sino presa ignorante; no conquista; es conquistado; hombre y mujer son adversarios, a ver quién vence a quien; vence la mujer, porque el hombre procede más abiertamente, y, por tanto, con desventaja.

«¡Oh amor!—exclama Byron—, ¿por qué conviertes caso funesto el hecho de ser amado? ¿Por qué ciñes con guirnalda de ciprés las sienes de tus devotos, y has elegido el suspiro como tu mejor intérprete?» Y más adelante: «En su primera pasión, la mujer ama al amador; en todas las demás, ya no ama sino el amor. El amor se convierte para ella en una rutina, y va ajustándose los amores sucesivos con frágil indiferencia, como un guante holgado. Sólo un hombre agitó su corazón en un principio; luego prefiere del hombre el número plural. ¡Oh melancólico y temeroso signo de la fragilidad humana, de la humana locura, también del humano crimen! Amor y matrimonio, rara vez van de concierto, aunque uno y otro descienden del mismo origen; pero el matrimonio sale del amor, como el vinagre del vino.» He aquí la razón de que Don Juan no se case. Don Juan ama; más aún: Don Juan ama a todas las mujeres con quienes ha tropezado. Don Juan, en la pérfida liza del amor, se conduce como una buena persona.

El Don Juan, de los Quintero, es, en el conjunto de todos los Don Juanes, el más próximo al Don Juan, de Byron; así como la Amalia, de *Don Juan, buena persona*, se ajusta al tipo sintético de la Eva byroniana. En el poema de Byron consta—para que nada se eche de menos en el mujeril repertorio—el amor que Don Juan provoca en la mujer intelectual, en la bachillera. También en la comedia de los Quintero, una bachillera (a lo español, claro 'está) traza su órbita propia entre los satélites de Don Juan. Estas coincidencias, que nada tienen de baja imitación literaria, pueden ser obra, bien de un lícito propósito deliberado, o bien de la intuición artística de los Quintero. Si lo primero, demuestran maduro talento; si lo segundo,

revelan rara sagacidad humana. En uno y otro
caso, merecen admiración.

    Otro día proseguiremos examinando más
Don Juanes célebres, y su reflejo o
correspondencia en la última comedia de los
Quintero.

EMOS DICHO que la idea verte-bral de Don Juan, la fuerza interior que le sustenta tan arrogante y ergui-do frente al mun-do, recóndita la medula que se al-berga en sus duros huesos, es aquella noción semítica de que el centro de gravedad sexual reside en el varón y no en la hembra. Presen-tábamos, como noción exactamente contra-puesta, el devoto culto grecolatino y occidental por la mujer, cuya liturgia más rica y poética se canonizó en la doctrina amatoria provenzal. ✗ Y atribuíamos la boga y pronto suceso de nuestro sevillano burlador al contraste insolen-te que ofrecía junto a los acostumbrados don-celes caballerescos.

Hasta ahora nos hemos estrechado a descri-bir la línea genealógica de aquellos Don Juanes que muestran, sobre todo, acusada la cualidad hereditaria más característica, o sea la de atraer el amor, en lugar de sentirse atraídos por el amor. Y de esta línea genealógica seña-lábamos como vástago conspicuo el Don Juan, de Byron. Pero en Byron, inglés y romántico, la medula de los huesos era caballeresca, que no

✗ Véase Balzac, "*La Psychologie* *ma*..." Cap. IX.

semítica, y así, el Don Juan que engendró, aunque más Don Juan que casi todos los anteriores, siente bullir en sus entrañas el atavismo occidental y cae, no pocas veces, en flaquezas sentimentales a lo Amadís. El Don Juan, de Byron, aspira hacia el amor puro, platónico; se pasma, dolorido, de que amor y matrimonio no se compadezcan, porque el matrimonio se origina del amor, como el vinagre del vino. Así pensaban los exégetas y teólogos de amor en Provenza. Los testimonios que permanecen de las cortes de amor provenzales, compuestas y presididas por damas donosas y honestas, como la condesa de Champaña, hija de Leonor de Aquitania, y la vizcondesa Ermengarda de Narbona, determinan que el amor verdadero no cabe entre casados, y así, se recuerda que un tal Perdigón rehusó tomar en matrimonio a Isoarda de Roquefeuille, por temor a dejar de amarla, caso extraordinario de amorosa determinación, aunque no tanto como lo acaecido a Pons de Capdeuil, que perseveró en amar a Blanca de Flassens a pesar de haberse casado con ella.

El Don Juan byroniano, mestizo de inglés y andaluz, se purga de tóda reliquia occidental y caballeresca, y aunque del todo inglés en lo episódico, es al propio tiempo del todo semítico en lo sustancial al rebrotar en uno de los más nuevos retoños del donjuanismo, el Don Juan, de Bernard Shaw..

El Don Juan, de Bernard Shaw, lleva por nombre *Tanner*, reminiscencia deliberada del Tenorio español; sólo se llama Don Juan en una expedición soñada que hace al infierno. La comedia en que figuran Tanner y Don Juan se titula *Man and Superman*.

Analizar esta obra dentro de la dramaturgia de Bernard Shaw nos alargaría demasiado lejos. Pero no será inoportuno insinuar lo más preciso acerca de su dramaturgia.

La originalidad de Bernard Shaw en la historia del arte dramático no consiste en una diferencia de manera o estilo, ni en la invención de un nuevo procedimiento, ni en la mayor intensidad de sus creaciones, ni en la asimilación de asuntos y temas que antes de él se reputasen irrepresentables. Es la suya una originalidad de concepto. Expliquemos este distingo. Todas las maneras, procedimientos y asuntos del arte dramático hasta Bernard Shaw, aun los más dispares y contrapuestos, tenían esto de común; el concepto de que la materia estética del arte dramático abarca únicamente la vida emocional de los individuos — sentimientos, afectos y pasiones—. El autor dramático se propone una empresa sobremanera dificultosa: amalgamar lo disperso, infundir homogeneidad en lo heterogéneo, fundir una muchedumbre de personas en una sola persona colectiva, unificar lo vario y discrepante. Para eso, el autor dramático lo primero que procura es despertar el interés, atraer la atención. Pero el autor dramático sabe, o debe saber, que la atención, en cuanto operación intelectual provocada por estímulos intelectuales, es aptitud rarísima, de que son capaces, por excepción, las inteligencias superiores y cultivadas. ¿Cuántos oyentes consiguen escuchar atentamente el curso de una conferencia, aunque no dure más de media hora? Escasísimos. Por eso, el interés intelectual no puede ser el agente de cohesión de un público. El público de una conferencia no está unificado, como lo está el público de una obra dramática. Si la atención intelectual es rara, la atención emocional es el más espontáneo raudo y general movimiento de la humana psicología. Trece mil espectadores hay en una plaza de toros—lo mismo da si fuesen ciento treinta mil—; están viendo siempre las mismas cosas, siempre con la misma atención. En una casa de vecindad se oye un grito lamentoso. Al instante, ventanas y corredores se pueblan de rostros expectantes. Se ha suscitado, al proviso, el

interés emocional. «Algo grave ha pasado»,
piensan los curiosos. Justamente, la atención
emocional se designa en el uso común como
curiosidad. La curiosidad apetece acontecimientos graves e insólitos. Los sucesos graves
e insólitos se engendran, o bien por casualidad,
y es una desgracia que apenas sostiene unos
instantes la atención de los curiosos, o bien por
conflagración y choque de sentimientos y pasiones, como en un crimen, y entonces sirve
de pábulo inagotable a la curiosidad. De aquí
que el arte dramático, cuya finalidad inmediata
siempre será unificar a las muchedumbres mediante el interés emocional, si bien con diversas fórmulas, procedimientos y asuntos, según
cada autor, se ha ceñido constantemente a presentar en escena seres humanos muy individualizados que hubieran podido vivir en la vida
real tales cuales son en la vida escénica, de
suerte que el espectador asiste, como desde
dentro de las almas, ya a los acontecimientos
sucesivos por cuya virtud e influencia se van
desarrollando en algunos de aquellos seres humanos de clara individualidad un sentimiento,
un afecto o una pasión, en suma, un carácter,
o ya a los acontecimientos insólitos, por lo cómicos o por lo graves, que sobrevienen a causa
del choque de los afectos, sentimientos y pa-

siones con que aquellos mismos individuos se
nos dan a conocer desde luego en el principio
de la obra dramática como caracteres. La materia estética del arte dramático, hasta Bernard
Shaw, encerraba exclusivamente la vida emocional de los individuos. ¿Y el teatro de ideas?,
se nos objetará. El mal llamado teatro de ideas
es asimismo teatro de emociones, teatro de acción. Recordemos la obra más conocida de
Ibsen, *Casa de Muñecas*. Sus personajes cen-
trales son un marido y una mujer, Torvaldo y
Nora, fuertemente individualizados en su fisonomía y en sus sentimientos. Torvaldo no es el
marido en abstracto, entelequia ideal de aquello en que son semejantes todos los maridos,
ni es Nora la esposa en abstracto, uno y otro
tales como los imaginaría el moralista y el le-
gislador, a fin de persuadir y obligar a las normas y leyes por que ha de regirse la unión ma-
trimonial, en abstracto. Nada de eso. Torvaldo
es Torvaldo; Nora es Nora; él es él, y ella es
ella; individuos concretos, diferentes de todos
los maridos y mujeres habidos y por haber,
aunque, como todos ellos, ligados por la atadura connubial, y sólo en este extremo semejantes a los demás matrimonios. Y sin embargo—quizás alguno prosiga objetando—, *Casa
de Muñecas* es un drama de ideas, encierra una

tesis y pretende demostrar un principio de conducta. Es un drama de ideas, sí. Pero ¿cómo? ¿Acaso porque su materia estética son las ideas en lugar de los afectos? No. La protagonista sostiene el derecho de la mujer a emanciparse. Cierto. Pero lo sostiene al final de la obra. En el resto de la obra hemos presenciado una serie de acontecimientos, motivados en la vida afectiva, por cuya virtud e influencia se han ido modificando los afectos de Nora, hasta alcanzar un climax tan intenso dentro de la conciencia, que exigen perentoriamente ser traducidos en una expresión precisa y absoluta, esto es, en una idea o sistema de ideas, y es lógico que en este punto concluya la obra. Así, es obra de ideas, dramáticamente, aquella en que el autor nos inicia en la misteriosa transformación de lo concreto en abstracto de lo emocional en intelectual; pero la materia estética no por eso deja de ser lo concreto y lo emocional, aunque su finalidad sea de linaje intelectual o ético, como una estatua no deja de perseverar en su naturaleza escultórica, esté destinada a un jardín, a un templo o a decorar un edificio. Dicho en otras palabras, el drama de ideas legitima las ideas haciéndonos asistir al acto de su nacimiento. El teatro de Shakespeare es, sin duda, un vasto almacén de ideas; pero las ideas aquí no son madres, como en un tratado de filosofía, sino hijas de una poderosa emoción o pasión, y su doloroso alumbramiento nos es visible y sensible porque participamos de aquella misma emoción o pasión. Esto en cuanto a las ideas. ¿Y en cuánto a que una obra dramática demuestra una tesis? Si la materia estética es lo concreto y emocional, el drama no puede demostrar una tesis, porque una tesis se demuestra, o por vía lógica, o por vía experimental: lo lógico contradice lo emocional; y en lo atañedero a lo experimental, la demostración procede por la acumulación de casos idénticos, y la obra dramática se halla circunscrita a uno solo. Cuando el autor dramático es, además, un pensador, y se inclina hacia una misión apostólica, entonces *muestra* una tesis, pero no la *demuestra*. La tesis es, o de orden moral, o de orden jurídico. La ética no se aviene con la demostración. La demostración viene a decir: «esto tiene que ser así, fatalmente». La ética se conforma con aconsejar: «esto debiera ser así». La tesis jurídica es tesis por estar en oposición con una ley establecida, pues, de estar en conformidad, nada habría ya que mostrar ni demostrar. La ley sólo es ley exacta y justa en tanto previene y comprende todos los casos, todas las posibilidades que le conciernen. El pensador—sea autor dramático, sea tratadista—*muestra* aquellos casos, quizás aquel caso único, en que la ley, por deficiente, causa quebranto y desdicha. No entra en el ánimo del pensador *demostrar* que aquel único caso se convierta necesariamente en ley general, sino *mostrar* que la ley, en un caso único, es injusta, y, por lo tanto, *debe* sufrir enmienda. Muy profundamente advierte Stuart Mill que en un país en donde todos los habitantes profesan la misma religión basta que uno solo comulgue en otra distinta para que se deba promulgar la ley de la libertad de cultos.

Pasemos ahora a examinar por lo somero el concepto dramático de Bernard Shaw. Este autor, lejos de entender que el dramaturgo persigue la unificación del público por la simpatía emocional, piensa que, por el contrario, la obra teatral cumple mejor sus fines cuanto más acremente diversifica, escinde y opone en varias y litigiosas partes al auditorio, y esto, mediante ásperos estímulos intelectuales. Si las pasiones, sentimientos y afectos engendran ideas, no es menos evidente que la ideas engendran afectos, sentimientos y pasiones. Luego es hacedero, a veces, despertar y mantener el interés de un público por motivos intelectuales, a condición que las ideas sean de linaje tan exaltado que provoquen reacciones apasionadas, ya de adhesión, ya de reprobación. Prueba de que esto es verdad nos la ofrece la vida cotidiana con sus infatigables disputas por cuestión de ideas. Pero no basta una idea cualquiera para ser materia dramática. Han de ser aquellas que Ganivet denominó «ideas picudas», ideas agresivas; las ideas ya desgajadas de la matriz emocional, viviendo por sí mismas y luchando por la vida y el imperio; las ideas en su período de belicosidad, y huelga agregar que serán ideas mozas y robustas. Así como en los demás autores dramáticos la cantera de donde se extraen los materiales artísticos es el corazón, en Bernard Shaw es el cerebro. Cada obra shawiana es una polémica. Los personajes son entes desencarnados de su individualidad, son criaturas genéricas. Si a Bernard Shaw se le hubiera ocurrido escribir *Casa de Muñecas*, Torvaldo sería la síntesis de todos los maridos, y Nora la síntesis de todas las mujeres casadas, y ya desde la primera escena comenzarían a discutir el problema del matrimonio: el uno, con ideología masculina; la otra, con ideología femenina. También los personajes de la comedia clásica son criaturas genéricas; Harpagón no es *un* avaro, sino *el* avaro, como Tartufo no es *un* hipócrita, sino *el* hipócrita. De aquí que las obras que produce Bernard Shaw son casi todas comedias, y de ahí la comicidad de su estilo. Pero repárese que los personajes de la comedia clásica simbolizan un vicio del ánimo, o perversión de afectos, sentimientos y pasiones, en tanto los de Bernard Shaw representan una manera de pensar, más que de obrar, o si se quiere, un vicio o defecto de la inteligencia; el de medir el mundo con escaso rasero. El de Bernard Shaw sí es teatro de ideas.

Quizás en lo venidero dediquemos a Bernard Shaw un estudio más circunstanciado. Por ahora excuse el lector este inciso.

AN AND SUPER-man, la obra de Bernard Shaw, es una obra de ideas. Son ideas dramáticas, polémicas, activas; ideas sobre la relación de los sexos. No ya sobre la posible armonía o legal convivencia de varón y mujer, que esto sería ya la idea del matrimonio, sino sobre la posición originaria, biológica y fatal del hombre con respecto a la hembra y de la hembra frente al hombre. Y dado el concepto intrínseco de la dramaturgia shawiana, claro está que los dos protagonistas *Tanner* y *Ann*, esto es, Tenorio y Doña Ana, no son dos personajes individualizados, sino dos ideas genéricas; el eterno masculino y el eterno femenino. La acción de la comedia se simplifica así, de suerte que toda ella pudiera condensarse, como corolario de teorema, en términos no diferentes de éstos; el eterno femenino sigue, persigue, atosiga y acorrala al eterno masculino. No es Tenorio quien corteja y engaña a Doña Ana, sino al revés.

Los prefacios, a veces muy latos, con que Bernard Shaw acompaña sus obras dramáticas, suelen ser tan interesantes como la obra misma, y desde luego más inteligibles. Se explica. Las ideas que en la comedia se revisten de cuerpo y actúan como personas son ideas fragmentarias, visiones unilaterales del mundo. Pugnan entre sí, acaso una triunfa sobre las otras; mas no por eso triunfa con ellas la verdad absoluta, porque las ideas no son por sí la verdad, antes bien, eslabones de la verdad; no está todo el firmamento en una sola constelación. Y en los prefacios, Bernard Shaw nos ofrece un epítome concertado de aquellas ideas entre sí hostiles.

Hojearemos con brevedad el prefacio de *Man and Superman*.

Comienza por indicar que acaso «produzca desilusión una comedia de Don Juan en la cual no sale ninguna de las *mille e tre* aventuras del héroe». Y ya con esto queda dilucidado que para Bernard Shaw la sustancia o idea del donjuanismo no es cuestión del número de aventuras, sino del carácter de una sola de las aventuras.

Señala, a seguida, el autor que «el teatro inglés contemporáneo—y el de todas partes, añadiremos—parece como si estuviera constreñido a emplearse casi exclusivamente en casos de atracción sexual y amorosas intrigas, y al propio tiempo le fuera vedado descubrir los incidentes de dicha atracción o discutir su naturaleza». Por donde se adivina que, según Shaw, un drama sobre Don Juan debe ante todo descubrir los incidentes y revelar la naturaleza de la atracción de los sexos.

«Me he preguntado ¿qué es Don Juan? Vulgarmente, un libertino.» Pero, prosigue Shaw, ese es el lado vulgar de Don Juan, pues no hay carácter humano que adquiera universalidad si no se le compagina y anuncia con cierta dosis y algún aspecto de vulgaridad. El verdadero, el que Shaw busca, es el Don Juan «en su sentido filosófico».

Consagra Shaw un recuerdo al Don Juan de la tradición, tal como quisieron verlo ojos inquietos y superficiales. Comenzó Tirso con una pieza religiosa, cuya intención era mover espanto en los pecadores y persuadirles a arrepentirse con tiempo. El mundo no quiso escuchar el sabio consejo del fraile mercenario, ni acertó a convencerse de la urgencia inmediata del arrepentimiento, escarmentando en la cabeza del Burlador de Sevilla. Por el contrario, la osadía de Don Juan, declarándose poco menos que enemigo personal de Dios, cayó simpática y le granjeó la admiración de los hombres, al modo de un nuevo Prometeo.

Sea en uno o en otro sentido, este Don Juan de la tradición lleva consigo una valuación moral y religiosa. Shaw considera el de Mozart como el último de estos Don Juanes tradicionales. Al cabo, en el siglo XIX, Don Juan se define «ha cambiado de sexo, se ha convertido en Doña Juana». Resultado: «el hombre ya no es, como lo fué Don Juan, el vencedor en el duelo del sexo. La enorme superioridad de la mujer a causa de su posición natural en asuntos de amor se robustece cada día con redoblada fuerza... Así, Don Juan nace ahora a la escena como figuración tragicómica de la caza amorosa que del hombre hace la mujer: Don Juan es la pieza, en lugar de ser el cazador. He aquí el verdadero Don Juan. La mujer necesita de él, no estando por sí sola capacitada para llevar a cabo la obra más apremiante de la naturaleza».

La misma idea del Don Juan perseguido por sus enamoradas reside en la última concepción de los hermanos Quintero. Al final del acto segundo, el propio Don Juan murmura: «¡Mísero Don Juan de la Vega! ¡Cuántas veces Doña Inés es Don Juan!»

Reparemos en dos frases del prefacio de Bernard Shaw. Una, tan ingenua en su misma petulancia: «Don Juan, en su sentido filosófico.» Otra: «La mujer necesita de él, no estando por sí sola capacitada para llevar a cabo la obra más apremiante de la naturaleza.»

Estas dos frases se avienen malamente una con otra. Veamos.

Como el lector habrá comprendido, lo que Shaw significa con el sonoro y alto calificativo de «la obra más apremiante de la naturaleza», es la perduración de sí misma, a través de la reproducción de las especies. Parece, según el contexto shawiano, como si la naturaleza poseyese una voluntad, enderezada con acuciamiento e impaciencia hacia ese fin imperioso: que seres y cosas se reproduzcan y perpetúen. No ya que la reproducción de las especies sea la obra más importante o necesaria en la economía natural, ni siquiera la más permanente, sino la más apremiante: como si dijéramos, empleando una locución del Don Juan, de Zorrilla, una obra a «plazo breve y perenterio». ¿Por qué la más apremiante? Este adjetivo nos induce a perplejidad. El apremio que Natura fija a los seres para reproducirse, o sea, el período de incubación y concepción, es tan relativo y elástico, que no hay tal apremio, a menos de incurrir en abuso de vocablo. Puesto que tratamos de asunto tan aventurado y propenso a generalizaciones capciosas o antojadizas, no han de holgar del todo algunas cifras que he leído en un almanaque.

Períodos de incubación: Gallinas, de veinte a veintidós días. Gansos, veintiocho a treinta y cuatro días. Patos, treinta y ocho días. Pavo común, veintisiete a veintinueve días. Gallinas guineas, veintiocho días. Faisanes, veinticinco días. Avestruces, cuarenta a cuarenta y dos días.

Períodos de gestación: Conejo, treinta días. Conejillo de Indias, sesenta y cinco días. Gato, ocho semanas. Perro, nueve semanas. Cerdo, tres y medio meses. Cabra, cinco meses. Oveja, cinco meses. Vaca, nueve meses. Yegua, once meses. Jumenta, doce meses. Camella, de once a doce meses. Elefante, dos años.

Evidentemente, la reproducción de las especies no es la obra más apremiante de la naturaleza, ni es breve y perentorio el plazo que para cumplir en este menester se toman las criaturas, sobre todo la hembra del elefante.

Volvamos a la ninguna avenencia entre las dos frases apuntadas de Bernard Shaw. «La mujer necesita de él (de Don Juan), no estando por sí sola capacitada para llevar a cabo la obra más apremiante de la naturaleza.» Llanamente: la mujer por sí sola no puede tener un hijo, claro está que no. Pero como la mujer se siente constreñida por la naturaleza a ejecutar esa obra apremiante, busca... a Don Juan. Peregrina consecuencia. Para eso no es menester precisamente Don Juan; basta un hombre cualquiera, en el pleno uso de sus facultades. Y aun iremos más lejos: es menester precisamente que no sea Don Juan, porque ya hubimos de observar en Don Juan la idiosincrasia contradictoria del garañón estéril. Ni Don Juan se sabe que haya tenido hijos de la carne, ni es de presumir que los llegue a tener. ¿Cómo puede, pues, consistir la esencia filosófica de Don Juan en su fecundidad, en ser instrumento de reproducción, subordinado a la concupiscencia femenina?

A Bernard Shaw se le ha echado a veces en cara haberse inspirado demasiadamente en ideas y principios de otros autores famosos: uno de ellos, Schopenhauer. Bernard Shaw ha sabido defenderse y justificarse con agudeza, desparpajo y buen sentido. ¿Por qué no se ha de inspirar un artista en ideas ajenas, señaladamente ideas de filosófico nutrimento?

Sí, el Tenorio y la Doña Ana, de Bernard Shaw; el eterno femenino y el eterno masculino, tales como se nos descubren en *Man* y *Superman*, buscándose, atrayéndose, persiguiéndose con incidentes varios, son encarnaciones teatrales, vivificaciones palmarias de ciertas

ideas y principios que anteriormente conocía-
mos en un fragmento de Schopenhauer sobre la *Metafísica del amor* y relación de
los sexos. Sin duda por eso Bernard Shaw considera que
es el suyo un Don
Juan, en sentido
filosófico.

 O POR NOCIÓN repetida y casi lugar común es excusado volver a las teorías de Schopenhauer sobre el amor, siquiera sea con la intención de desglosar de ellas aquello que ajusta con nuestro propósito.

Trató Schopenhauer de la relación y jerarquía de los sexos en dos pasajes: uno en las observaciones complementarias al cuarto libro de su gran obra *Die Welt als Wille und Vorstellung*, el mundo como voluntad y representación, y el dicho capítulo se titula: «Metaphysik der Geschlechtsliebe», o sea, Metafísica del amor sexual; el otro, en uno de los ensayos de «Parerga und Paraliponena», acerca de las mujeres, «Ueber die Weiber».

Hojeemos someramente la Metafísica del amor.

Por lo pronto, para Schopenhauer no existe sino el amor sexual: «El amor, por muy etéreas que sean sus trazas, alimenta sus raíces en el instinto sexual. Imaginad, por un instante, que el objeto que hoy os inspira sonetos y madrigales hubiera nacido diez y ocho años antes, y de seguro no merecería.de vosotros una sola mirada.» La razón no es muy concluyente. Pero nos abstendremos de señalar reparos. Prestemos atención a la doctrina solamente.

Vaya una definición escueta del amor: «Se trata, en rigor, de que cada Hans encuentre su Gretche.» Como si dijésemos: de que cada Juan tropiece con su Juana. Y por si la definición no es bastante expresiva, Schopenhauer añade en una nota: «No he podido explicarme más abiertamente. Puede el lector, si así le place, traducir esta frase en términos aristofanescos.»

El amor no es sino «una estratagema de que la naturaleza se sirve para lograr sus fines», o sea la continuidad de la vida, la propagación de la especie.

«El amor del hombre disminuye sensiblemente luego de satisfecho. La mujer, por el contrario, ama más desde el punto de entregarse a un hombre. Resulta esto de los fines de la naturaleza, dirigidos de continuo hacia la conservación, y, de consiguiente, hacia la mayor multiplicación posible de la especie. Por lo tanto, la fidelidad conyugal es natural en la mujer y artificial en el hombre.»

«La mujer prefiere el hombre de treinta a treinta y cinco años sobre el adolescente, no obstante representar éste la perfecta belleza humana; y no es que la mujer se determine por su gusto, sino por instinto, adivinando plenitud de virilidad en el hombre que ha franqueado la adolescencia.» Esta observación es valiosa para nuestro asunto. En todas sus personificaciones literarias Don Juan representa un hombre hecho, acaso maduro: jamás un mancebo. A no ser transitoriamente en Byron, que refiere la vida de su Don Juan desde el momento de nacer.

En la Metafísica del amor, Schopenhauer inquiere menudamente en el porqué de la preferencia amorosa. «Estudiando el amor en sus grados diferentes, desde la más pasajera inclinación hasta la pasión más violenta, hallaremos que la diversidad resulta del grado de individualización que concurre en la preferencia.» Este teorema, un tanto equívoco, recibe más adelante cumplida aclaración. «Para que sobrevenga un amor apasionado, es necesario que se produzca cierto fenómeno, semejante a la combinación de algunos elementos químicos; las dos individualidades de los amantes deben neutralizarse recíprocamente como un ácido y un álcali se combinan para formar un neutro. Toda individualidad implica especialización del sexo. Esta especialización es más o menos acentuada y perfecta, según las personas; por donde cada cual se completará y neutralizará con un individuo determinado del otro sexo. Los fisiólogos saben que así la masculinidad como la feminidad se manifiestan a través de innumerables gradaciones. La neutralización recíproca de dos individualidades exige que el grado de masculinidad en el uno corresponde al grado preciso de feminidad en la otra, y de esta suerte las dos naturalezas unilaterales se anulan exactamente. Conforme a este principio, el hombre más viril busca la mujer más femenina, y viceversa, y todo individuo se afana en hallar aquel otro cuyo grado de potencia sexual corresponde al suyo propio.»

Esta sutil y sagaz teoría de la especialización individual nos trae a la memoria un recuerdo clásico, en que las mismas hipótesis se revisten de aparato metafórico y mítico. Aludimos al diálogo platónico conocido por el Symposion o Banquete. He aquí su asunto. A fin de celebrar el primer éxito escénico del joven poeta Agathon (año 416 antes de J. C.), un núcleo escogido de amigos, entre ellos Sócrates y Aristófanes, se reunen en casa del poeta. Dedícanse durante un día a los deleites de la mesa; al día siguiente resuelven, estando congregados todavía, usar con templanza las libaciones y platicar de materias elevadas. Despiden a la flautista, y ya a solas eligen el amor como tema del coloquio. Cada uno pronuncia una breve plática sobre lo que él entiende por amor, y cuál sea el origen de este sentimiento. Tócale la mano a Aristófanes, el cual habla con vena abundante, grotesca y desenfadada. En el principio el género humano se componía de tres sexos: hombres, mujeres y andróginos. Todos poseían cuerpos dobles, y así, por virtud de su forma redondeada, estando provistos de cuatro brazos y cuatro piernas, se movían en todas direcciones con extraordinaria rapidez. Estaban dotados de fuerza enorme y desenfrenado orgullo, a tal extremo, que amenazaron la soberanía de los mismos dioses. Juntáronse los dioses en conciliábulo, acerca de lo que habían de hacer. Hubo división de pareceres, porque aniquilar el género humano equivalía a perder para siempre el culto que se les rendía y las ofrendas con que se les brindaba. Entonces Zeus ideó un procedimiento saludable: «Partamos los hombres por la mitad, de modo que sean más débiles, y al propio tiempo recibiremos dobladas ofrendas y sacrificios propiciatorios.» Como se verificó. Los hombres fueron partidos por la mitad, «al modo como se cortan con un hilo los huevos cocidos». Desde entonces, cada persona anda hostigada por el deseo amoroso de volver a unirse, siquiera sea momentáneamente, con la que fué su mitad. Y como quiera que en un principio unos hombres tenían doble sexo masculino, otros doble femenino y otros masculino y femenino juntamente (los andróginos), así se comprende que haya en el mundo tres linajes de amor: el homosexual, de hombre a hombre, el lésbico y el de hombre a mujer y mujer a hombre. Tal es la plática de Aristófanes.

Habla, al cabo, Sócrates, que dice haber sido iniciado en la esencia misteriosa del amor por una profetisa: Diótima de Mantinea. Plutos (el Dinero) y Penia (la Penuria) se encontraron en las fiestas con que se celebraba el nacimiento de Afrodita; se unieron por designio e industria de Penia, hallándose Plutos ebrio de néctar, y aquel mismo día fué concebido Eros, el amor. Eros es un filósofo o perseguidor de la verdad, porque no siendo rico ni pobre se mantiene a igual distancia de la sapiencia como de la insensatez. Y como concebido el día del nacimiento de Afrodita, diosa de la Belleza, enseña a los hombres a desear la hermosura. A seguida se extiende Sócrates a presentar como en una escala ascendente los órdenes del amor, desde el amor físico hasta el amor genuino y celeste, el cual es amor, puro y desinteresado, al arque-

tipo o manadero original de toda Belleza. La
Belleza vive por sí; es un ser eterno que no
nace ni perece, no crece ni decrece, sino que
se sustenta sin mudanza; y las cosas y seres
perecederos son hermosos por participar en
algún reflejo nacido de la increada Hermosura,
a los cuales el fino amador aprende a amar, no
con bajos apetitos, antes por vislumbres e in-
dicios de la oculta e inmortal Belleza. Tal es lo
que de entonces acá se denominó «amor platónico», la más sublime poesía metafísica sobre el amor.

Estando en esto penetra en el recinto del
Symposion un tropel de alegres mozos, capita-
neados por Alcibiades, que conduce del brazo
a una flautista, coronado de hiedra y violetas
y el cabello sujeto con cintas. Comienza por
decorar las sienes de Agathon con las flores y
el follaje, y echando de ver que se halla Sócrates presente, traslada, no sin algún desconcier-
to, las cintas de su tocado a la cabeza de Sócrates. Crúzanse ciertas chanzas sospechosas,
referentes al amor y a los celos, entre Alcibiades y Sócrates. Acerca del amor de Sócrates
y Alcibiades hay otro pasaje en Platón, al principio del *Protágoras*, y dice: «¿De dónde vie-
nes, Sócrates? Mas, qué pregunta. ¿De dónde
has de venir, sino de perseguir la belleza de

Alcibiades?» De aquí, que ese tipo de amor sospechoso (sospechoso para nosotros, pero no para los griegos) se conozca con el nombre de «amor socrático».

Sobre este particular del amor socrático, escuchemos las prudentes indicaciones de Goëthe: «Semejante aberración proviene de que estéticamente el hombre es más hermoso y perfecto que la mujer, dígase lo que se quiera. Pero este sentimiento degenera fácilmente en grosero materialismo y animalidad. Está en la naturaleza, aunque es contra la naturaleza; pero el sentido moral del hombre se ha sobrepuesto a este instinto, y lo que la civilización ha salvado de la ceguedad natural, domeñando a la misma naturaleza, debe conservarse por todos los medios.»

REPASEMOS ahora algunas opiniones de Schopenhauer sobre la mujer.

«Al formar a las jovencitas, la naturaleza ha preparado lo que en términos teatrales se llama un *efectismo*, porque les acumula en muy breves, años, y con detrimento del resto de la vida, tan llamativa belleza y hechizo, que en este corto plazo fascinen la fantasía de un hombre al punto de hacerle afanarse en tomar a su cargo el mantenimiento de una esposa, ya para siempre; determinación que de seguro el hombre no tomaría si se parase a meditar acerca del trance.»

«La naturaleza ha destinado a las mujeres, como sexo débil, a valerse mediante la astucia. De aquí que el disimulo es innato en ellas, igual en las tontas que en las listas, y por eso desenmascaran tan rápidamente el disimulo ajeno.»

«En verdad, las mujeres existen solamente para la propagación de la especie, y con esto concluye su destino.»

«Únicamente el hombre, cuyo cerebro está enturbiado por el instinto sexual, puede llamar

bello sexo a una raza achaparrada, hombrian-
gosta, anquiboyuna y piernicorta. Más justo
sería llamarle el sexo antiestético.»

«Los antiguos y los orientales supieron co-
locar a la mujer en su puesto, mejor que nuestras viejas ideas francesas de galantería, caba-
llería y veneración, producto refinado de la
estupidez cristiano-teutónica.»

Basta ya de Schopenhauer, que, dicho sea de
paso, se pirraba por las hembras; lo cual en
nada menoscaba la sinceridad de sus teorías.
Claro está que el polígamo no estima espiritual-
mente a la mujer.

Gira, pues, la metafísica del amor de Schopenhauer en torno a unas pocas ideas cardina-
les: la naturaleza está animada de una voluntad
constante de perduración; esta voluntad se in-
filtra en las especies como instinto sexual, y
así, genio de la especie vale tanto como voluntad procreante; en la dualidad de los sexos, la
mujer es instinto sexual, y nada más que instinto sexual; el varón es instinto sexual y algo
más, y, en tanto la mujer sólo vive para pro-
crear, el hombre sólo procrea accidentalmente;
la naturaleza, para inducir al hombre a que
procree, le excita con cierto cebo o incentivo,
que es atracción carnal de la mujer (y así, «la
mujer persigue al hombre, no estando capaci-

tada ella por sí para llevar a cabo la obra más apremiante de la naturaleza», según las frases de Bernard Shaw); la mujer, como mero instrumento de la voluntad de la naturaleza, es un sexo inferior en todo al hombre, menos en las estratagemas del amor: como la naturaleza aspira a la perfección del tipo futuro, se esfuerza en juntar, por medio del genio de la especie, aquellos individuos que cabalmente se completan.

Surge una cuestión: si cada individuo masculino tiene acomodada especificación sexual o complemento en una mujer única, y viceversa; si no cabe que sea de otra suerte, ¿qué hombre es ese Don Juan a quien todas las mujeres desean y buscan? ¿Qué otra cosa será sino la especificación absoluta de la masculinidad y complemento teórico de todas las feminidades?

La filosofía de Schopenhauer nos induce a imaginar un mito del varón: el varón por excelencia. Mas ya antes el arte había creado este mito: el Don Juan. Y últimamente la ciencia tomó por su cuenta el mito, con propósito de convertirle en verdad demostrable.

El año de 1903 se suicidaba un joven doctor vienés, Otto Weininger, de edad de veintitrés años. Poco antes había publicado un libro voluminoso, *Geschlecht und Charakter*, sexo y carácter, acogido con extremada admiración y entusiasmo, en términos que hubo quien proclamó al autor como un nuevo Nietzsche.

En *Sexo y Carácter* parte Weininger de los dos principios amatorios de Shopenhauer: la especificación sexual y la neutralización recíproca, si bien asegura con ahinco que ignoraba las teorías del alemán hasta mucho después de haber descubierto por su cuenta y profundizado la ley de la atracción de los sexos.

Sostiene Weininger—con acopio de datos extraídos de los trabajos más recientes en las ciencias naturales, disciplina en que era muy docto—, que en ningún individuo (planta, animal, hombre) es completa la diferenciación sexual. «Todas las particularidades del sexo masculino se encuentran en cierta medida, aun cuando débilmente desenvueltas, en el sexo femenino; y asimismo, los caracteres sexuales de la mujer yacen todos, más o menos atenuados, en el hombre. «No hay hombre que sea totalmente masculino, ni mujer totalmente femenina y entre el varón y la hembra de sexos más determinados se extiende una variedad indeterminable de formas intermedias. La atracción sexual (y para Weininger es atracción sexual hasta la amistad y la simpatía entre hombres) depende de la proporción correlativa con

que ambos sexos residen de consuno en dos individuos diferentes.» Pues si no existe en la vida
la especificación absoluta de la masculinidad,
¿cómo la ciencia le ha de prestar atención? Responde Weininger: «La física habla de gases
ideales, que siguen o deben seguir estrechamente las leyes de Gay Lussac (bien que en la
práctica ninguno la sigue) y se parte de esa ley
a fin de comprobar la divergencia del caso concreto. De la misma suerte, comenzamos por
figurar idealmente un hombre y una mujer
perfectos, aunque como tipos sexuales en verdad no existan. Tales tipos no ya pueden, sino
que deben ser construídos idealmente. El tipo,
la idea platónica, no sólo implica el objeto del
arte, mas también de la ciencia.» Y más adelante: «La manía estadística estorba el progreso
de la ciencia por querer llegar al *promedio*, en
lugar del *tipo*, sin alcanzar que en la ciencia
pura el *tipo* es lo que importa.»

La ley de la atracción sexual la formula
Weininger expeditivamente: «Tienden siempre
a la unión sexual un hombre completo (H) y
una mujer completa (M), teniendo en cuenta
que H y M se hallan repartidos en proporciones diferentes en cada uno de los dos individuos diversos.»

Es decir, que no hay hombre que lo sea en-

teramente, sino que encierra un tanto por ciento de sexo femenino; por ejemplo: $^3/_4$ de varón
y $^1/_4$ de mujer. El ideal para este hombre será
aquella mujer que enciere $^3/_4$ de mujer y $^1/_4$ de
varón; porque, sumados y neutralizados los dos,
producirán la unión perfecta del tipo puro H
(hombre) y el tipo puro M (mujer): $^3/_4$ de hombre, más $^1/_4$ hombre de la mujer, igual un hombre completo. Y lo mismo respecto a los elementos femeninos. Weininger se dilata en largas demostraciones matemáticas de esta ley,
y aun se apoya en la física y en la química.
«Nuestra regla guarda exacta analogía con los
fenómenos directos de *la ley de los efectos de la
masa*. Un ácido muy fuerte se mezcla especialmente con una base muy fuerte, como un ser
muy masculino con otro muy femenino.» Se
observará palmaria semejanza de las ideas y
aun de las expresiones de Weininger con las
de Shopenhauer.

Pasemos ahora a examinar cuál es la relación
de varón a hembra y cuáles son los tipos científicos del hombre y de la mujer, según Weininger.

«La función sexual representa para la mujer
la actividad máxima de su vitalidad, la cual es
siempre y únicamente sexual. La mujer se consume íntegramente en la vida sexual, en su

doble aspecto de esposa y madre, mientras él hombre es un ser sexual y algo más. En tanto la mujer está ocupada y absorbida por su misión sexual, el hombre se emplea en una muchedumbre de otras ocupaciones e intereses: la lucha, el juego, la sociedad, la mesa, la discusión, la ciencia, los negocios, la política, la religión y el arte. La mujer no se preocupa de asuntos extrasexuales como no sea por hacerse agradable y atraer al hombre de quien desea ser amada. Una afición intrínseca por tales asuntos la falta en absoluto. La mujer es sexual en todo momento; el hombre, con intermitencias. El hombre limita su sexualidad, y es, según su inclinación, un Don Juan o un asceta.»

Y ascendemos al peldaño culminante de la síntesis de Weininger: la construcción de los tipos abstractos de hombre y mujer, H y M. El hombre es el bien absoluto; la mujer, el mal absoluto. El hombre es Omuz y la mujer Arimán. El principio cordial de toda moral sana: «robustece en ti los movimientos nobles, finos y fraternos, extirpa los apetitos de la materia y las pasiones caóticas», se traduce para Weininger en estos términos: «exalta los gérmenes masculinos que haya en tu organismo y ahoga los elementos femeninos».

«El fenómeno lógico y ético, unidos finalmente en un valor supremo de concepto de la verdad, constriñen a admitir la existencia de un Yo inteligible, o sea de un alma, una esencia que posee suma realidad, realidad hiperempírica. Pero tratándose de un ser como la mujer, que carece del fenómeno lógico y del ético, faltan razones suficientes para atribuirle un alma. La mujer está desposeída de toda personalidad suprasexual.»

Y no conforme con lo antecedente, Weininger acarrea en su favor varias autoridades ajenas.

«Los chinos, desde tiempos remotísimos, han negado alma a la mujer. Aristóteles propugna que en el acto de la procreación el principio masculino es la forma, principio activo, *Koyos*, y el femenino representa la materia pasiva. Los padres de la iglesia, señaladamente Tertuliano y Orígenes, no disimulan la más baja opinión de las mujeres», etc., etc.

Conviene indicar que Weininger era judío, y que de su libro salen los judíos peor parados aún que las mujeres.

Yo, como perteneciente a la gran comunión de la estupidez ariocristiana, venero a la mujer y le envío sahumerios desde el ara de
mi corazón.

 Weininger la tipi-
ficación de la mas-
culinidad, no dice
que Don Juan sea
su canon perfecto;
por el contrario,
advierte en su obra
que rehuye afron-
tar el problema del donjuanismo. Esto no obstante, nosotros debemos extraer hasta los postreros corolarios de esa ley de atracción sexual
que Weininger pretende haber sentado cientí-
fica y definitivamente.

Cada hombre, según la antedicha ley, no
puede atraer sino a una mujer determinada, en
virtud de las proporciones recíprocas de masculinidad y feminidad que poseen él y ella.
Pues ¿cómo admitir, y de admitirlo, cómo inter-
pretar un hombre, Don Juan, que conviene con
todas las proporciones imaginables de feminidad
y a todas las mujeres atrae y enamora? Indudablemente este hombre es la masculinidad absoluta, y así como el alcohol absoluto encierra las
cualidades y gradaciones diversas de todas las
bebidas alcohólicas, así Don Juan resume en sí
todas aquellas proporciones de hombredad que
engendran la afinidad y atracción de otras tantas proporciones de feminidad, porque, donde

hay lo más, hay lo menos. Todas las mujeres le buscan y persiguen fatalmente. Don Juan es el centro de gravitación amorosa para las mujeres. No así las mujeres para Don Juan, pues si bien él conviene en todas las proporciones de feminidad, con él no convendrá sino el tipo absoluto de mujer. De aquí que Don Juan pasa de una a otra, cada vez más desesperanzado y cada vez redobladamente enardecido, como jugador perdidoso, sin hallar su mujer tipo. Jugador perdidoso, sí, que siempre sale perdiendo en el juego del amor. De aquí, asimismo, que Don Juan esté condenado a no engendrar hijos; maldito garañón estéril. Y de aquí, en resolución, que en virtud del principio indefectible de la fusión de los contrarios, Don Juan, tan hombre aparentemente en los móviles e hitos de su conducta, es femenino. El doctor Marañón escribe en su reciente y admirable libro *La edad crítica*: «La misma atracción activa que el Don Juan ejerce sobre la mujer es un rasgo de sexualidad femenina, pues biológicamente el macho normal es el atraído por la hembra. El rasgo fundamental, la escasa varonilidad del tenorio, me parece muy importante para la comprensión del tipo. El examen objetivo, psicológico y patológico de dos o tres ejemplares muy caracterizados de tenorios me ha convencido de este hecho.»

En la tipificación masculina de Weininger es obligado distinguir dos haces: el psicológico y el orgánico.

Psicológicamente, el varón tipo es cifra de perfección espiritual. La masculinidad se manifiesta como la resultante del paralelógramo de todas las fuerzas ascendentes que laten en el alma humana: la inteligencia discursiva y creadora, el juicio ético y estético, el ansia de perfeccionamiento, el espíritu de justicia, el amor a la acción y a la especulación, la voluntad de poderío, la libertad, la rebeldía. Sólo el varón es susceptible de genialidad.

Y sucede que, en su evolución artística, el Don Juan se ha ido adornando y robusteciendo con todas esas fuerzas ascendentes del espíritu. ¿Y qué carácter teológico adscribiríamos a esas fuerzas incansables y soberbiosas? Permítaseme que cite un pasaje de uno de mis libros, *El sendero innumerable*, «Coloquio con Sant Agostino»:

   — Oh tú, diserto prelado,
doctor sapiente,
ardiente africano,
¿qué haces ahí de rodillas?
   — Penitencia por un pecado:
el pecado del intelecto,

que es el pecado satánico,
de querer comprenderlo todo
y abarcar los misterios más altos.
— Agostino, obispo de Hipona,
doctor diserto; a lo que alcanzo,
el querer comprenderlo todo
es un anhelo virtuoso y magnánimo.
— Es el pecado de Satanás.
— Y a Satanás, ¿quién lo ha creado?
— Adivinas mi torcedor.
El origen del mal, ¿en dónde hallarlo?
El mal no existe.

\- · · · · · · · · · · · · · · ·

Alabemos el acto satánico,
sed, nunca ahita, de saber;
anhelo por cambiar de estado;
ansia de medro, voluntad de conquista,
goce del cuerpo bello y sano,
vehemencia por penetrar del mundo
en los recovecos y arcanos,
concupiscencia sin medida,
ardor inexhausto.
Sin eso, el hombre estaría ahora
como hace dos mil años.
— Tus palabras me dejan suspenso.
Has hecho la apología del diablo.
— Fué Satanás la criatura dilecta
de Dios, según los libros sagrados.
Y entre Dios y sus hombres escogidos
Satanás sirvió de emisario.
Pues qué, ¿hubieras tú sido
de la iglesia el doctor más sabio,
sin la bárbara concupiscencia
con que tus padres te engendraron?
Pues eres escogido de Dios
porque Dios te hizo arrebatado.

Y el querer ser como Dios,
el acercársele en algo,
el amar su proximidad...
eso es espíritu satánico.

Por consecuencia de su espíritu satánico, Don Juan lleva una tara latente que, tarde o temprano, le consumirá: el sentimentalismo. Dios, en su serenidad infinita, es invulnerable al tormento y a la tristeza. Está la quejumbrosa y multitudinosa creación fraguándose perdurablemente dentro del seno de Dios, sin herirle ni lastimarle, como el agua que hierve en la vasija. Pero el corazón de Satanás es la sede del gozo atormentado y del dolor sabroso: gozo de anhelar y de hacer, tormento de no lograr, sino con mezquindad, lo anhelado. Y, a la postre, melancolía sentimental.

En el excelente libro de G. Gendarme de Bevotte, *La leyende de Don Juan*, cabe seguir paso a paso la evolución artística del personaje.

España, en el siglo XVII, adivina confusamente en Don Juan «la expansión violenta de la sensualidad, burlando las regulaciones impuestas por la moral y la religión a las pasiones humanas».

Italia ve en Don Juan «la protesta de los derechos del individuo contra el imperio de las leyes estipuladas por la iglesia y la sociedad».

En Francia, por influjo de ciertas doctrinas filosóficas y éticas, se yergue Don Juan como «reivindicación del instinto de naturaleza sobre las restricciones dogmáticas e insubordinación del espíritu humano frente a Dios».

Todos los anteriores son rasgos y actitudes satánicas, si bien el satanismo no está del todo definido. El Don Juan propiamente y deliberadamente satánico es el de los románticos. Las concepciones del *Sturm und Dranger*, precursoras del romanticismo alemán, influyen sobre todas las interpretaciones posteriores de Don Juan. Comienza Don Juan esta fase de su evolución el mismo instante que por primera vez se le parangonó con Fausto. Ambos son hombres condenados por haber solicitado de la vida goces imposibles, por haberse obstinado en traspasar, así en la esfera de los sentidos como de la inteligencia, las lindes con que la naturaleza limitó y cercó la penetración humana. Doble rebeldía de la carne y del espíritu.

Gendarme de Bevotte opina que Hoffmann es el primero que infunde en Don Juan carácter diabólico. En este autor, Don Juan incorpora un doble ideal de belleza física y moral consumiéndose en una llamarada recóndita, de cuyo ardor no sospecha el hombre vulgar, y solicitando, acezado, con qué ahitar la inmensidad de sus deseos, hasta conocer a Doña Ana, imagen de pulcritud y pureza, destinada por el cielo a realizar el ideal de Don Juan, descucubriéndole a flor de alma lo que oscuramente hay de divino en él. Tardío encuentro. Don Juan ya no se satisface sino en el goce diabólico de perder a Doña Ana.

Y el Don Juan sentimental por antonomía, un Don Juan sensitivo y femenino, es el de Musset.

Para Stendhal, Don Juan es «una víctima de la imaginación y de los deseos burlados por la vulgaridad de la vida. Egoísta orgulloso que cree haber hallado en su juventud el gran arte de vivir, y a lo mejor de su triunfo ilusorio se le escapa la vida».

Pedro Leroux (*Primera carta sobre el furrierismo*): «Don Juan, alma fuerte que desprecia las supersticiones y rompe con los impedimentos. Lo interesante no es el objeto hacia el cual endereza su carácter, o sea el amor, sino su mismo carácter, mezcla de grandeza y tenebrosidad, de arrojo y cobardía, de virtud y crimen.»

Peladan, en *La decadencia latina*, denomina a Don Juan «alquimista de la sensación, caballero de la pasión; consagrado a un gran empeño anímico, busca el crisol en donde depurar su deseo prodigioso».

Gautier (*Historia del arte dramático en Francia*) presenta así a Don Juan: «Pobre inocente que tiene el candor de creer en la duración del deleite; Titán que en vano procura apagar la sed de amor que abrasa sus anchas venas.»

Barrière, en *El arte de las pasiones*, exalta a Don Juan: «Admirable producto de la naturaleza, hombre tipo agraciado con las más felices cualidades físicas e intelectuales de la especie: guapo, fuerte, elegante, psicólogo sin par, artista exquisito, maravilloso evocador, *summus artifex*.»

Y Coleridge, en el prólogo al *Don Juan de Byron*, destila el vino embriagador del donjuanismo en un extracto quintaesenciado. Don Juan es, en última síntesis, egoísmo. Sagaz alquimia psicológica. Egoísmo, radical levadura de la materia y del espíritu, sal incorruptible, agente de conservación, sin el cual el orbe caería de pronto convertido en ceniza letárgica.

ON JUAN TENO-
rio, como Palas de
la sien flamígera
de Zeus, brota de
la testa tonsurada
de un frailecico
de la Merced, con
ciertos rasgos pe-
culiares e indele-
bles que le imprimen carácter. En la vasta
dinastía de los Don Juanes, se distinguirá el
Don Juan auténtico y de pura sangre del
Don Juan bastardo y genízaro, según que en
el individuo perseveren aquellos rasgos na-
tivos.

La confusión más frecuente es entre el Tenorio y el libertino. Pero donjuanismo no es
sinónimo de libertinaje. Don Juan fué sin duda
un libertino, pero un libertino *sui generis*. Por
otra parte, la mayor parte de los libertinos no
son ni siquiera aspiran a ser Don Juanes. La
diferencia es notoria. El donjuanismo está con
respecto al libertinaje en la misma relación de
la especie y el género. El género es la unidad
común; la especie es la variedad y oposición
dentro de aquella unidad común. Perro, verbi
gracia, es el género; perro pachón, perdiguero,
galgo, mastín, etc., etc., son las especies. Hay,
pues, el género canino, y luego la especie de

los pachones, la de los mastines, y así sucesivamente, todas las cuales se diversifican y aun
oponen entre sí.

Libertinaje es desenfreno, falta de respeto a
las leyes y a las costumbres, y sobre todo deseo inmoderado de goces para los sentidos.
Pero hay infinitas especies de libertinaje: el
crapuloso o borracho, el jugador, el tragón, el
tronera, el danzante, todos ellos son libertinos.
Los son asimismo, el charlatán o libertino de
la oratoria; el poeta hebén, o libertino de la
rima; el sofista, o libertino del pensamiento. El
mujeriego es también una especie de libertino.
Pero no basta ser mujeriego para ser tenorio.
El mujeriego se conforma con la posesión de
la mujer. Don Juan Tenorio es bastante más
exigente y no se satisface sino con que la mujer se enamore de él. Sin embargo, esta comezón de enamorar mujeres no es sólo por sí uno
de los rasgos peculiares del auténtico Don Juan,
pura sangre, si bien es suficiente para consti-
tuir un Don Juan mestizo y bastardo, de esos
en quienes destaca más la nota genérica del
libertinaje que la específica del donjuanismo.

El Don Juan, pura sangre (pura sangre frai-
luna, en cuanto hijo espiritual de Tirso de Molina), cierto que no se satisface sino con que la

mujer se enamore de él; pero él no hace nada
por enamorarla. La mujer ha de enamorarse de
él a la vista, como ciertas letras de cambio,
de sopetón, porque sí, de flechazo, como si
dijéramos, por obra y gracia del Espíritu Santo;
y perdónese la irreverencia, que no es nuestra,
sino del propio Don Juan, el hombre más irre-
verente y sacrílego que ha parido madre. Porque esta es la pura verdad y aquí reside la
esencia del donjuanismo genuino; las mujeres
se enamoran de él como por obra y gracia del
Espíritu y Santo, sólo que es por obra y gracia
del diablo. En Don Juan se encierra un agente
diabólico, un enhechizo de amor, el diablo es
seductor por excelencia, y a la máxima, primie-
va y sempiterna seducción del diablo se le
llama pecado contra el espíritu santo. Por eso,
los que más se parecen a los sucedidos por
obra y gracia del Espíritu Santo son los sucedidos por obra y gracia del diablo. En el *Flos
sanctorum* rara será la vida del santo que no
haya padecido el torcedor de la duda ante ciertas inspiraciones que recibía, las cuales no acertaba a discriminar si provenía del Espíritu
Santo o del diablo. ¿Y cuál es la máxima, pri-
mieva y sempiterna seducción del diablo? No
es, no, el «¿qué importa comer esta manzana?»;
esto es el pecado de flaqueza, el cual nunca

afligió mayormente con remordimiento a los santos. El pecado contra el Espíritu Santo es el «seréis como dioses», la apetencia deliberada y voluntad engañosa de poseer el sumo bien. El hecho de comerse la manzana, por gusto, por capricho, por ligereza, sin conceder gravedad a la desobediencia, es un pecadillo. El pecado contra el Espíritu Santo es el del pensamiento, me han prohibido comer esta manzana porque en su caspia se esconde el sumo bien; precisamente por eso me la como. ¿Quién resistirá a semejante seducción? ¿Quien, teniendo la absoluta felicidad al alcance de la mano retraerá el brazo? El hecho de entregarse una o muchas mujeres a un hombre, por gusto, por capricho, por ligereza (y no digamos por vanidad), es mero pecadillo y no eleva al hombre a la categoría de Don Juan, de Don Juan auténtico y pura sangre. Pero si una sola mujer piensa: «yo no sé si es cosa de Dios o del diablo, mas ese hombre me arrebata; de sus labios manará mi elíxir de vida o mi sentencia de muerte; todo mi ser, a despecho de la voluntad, siento que cae y se precipita en el cerco de sus brazos»; entonces sí, se trata del Don Juan pristino e imperecedero, del Don Juan diabólico, que no pudo nacer sino de la cabeza de un fraile español del siglo XVII.

Junto a este Don Juan legítimo y español, el Don Juan francés, de Molière, descubre ciertos signos manifiestos de bastardía. En él, lo genérico del libertinaje, si bien libertinaje sutil y estético, aventaja y esfuma lo específico del donjuanismo. El Don Juan, de Molière, persigue que la mujer se enamore de él. Es cumplidísimo psicólogo, y hasta sospechamos que antes se complace en la propedéutica y táctica de la conquista femenina que en su consumación. Es casi un *flirteador*.

En rigor, el arte de este tipo de Don Juan, a lo Molière, no es muy exquisito ni muy dificultoso, siempre que no tercie un marido bravo. Más que el empeño del seductor coopera en el resultado feliz la vanidad de la dama, tanto la vanidad de saberse amada y requerida por un galán afamado o infamado de seductor de infinitas beldades, cuanto la vanidad de confiar demasiadamente en la propia fortaleza y honestidad.

En un libro raro (*Dictionnaire historique des anecdotes de L'Amour contenant un grand nombre de faits curieux et interesants occassionés par la force, les caprices, les fureurs, les emportements de cette passion*, etc., etc.) hallo un pasaje sobremanera instructivo y revelador, que viene muy al caso:

«El marqués de Anceny tenía una esposa que, por su mocedad y hermosura, bien podía ocasionarle alguna inquietud, y más en aquel tiempo en que la fidelidad de las casadas se consideraba infinitamente inverosímil. Pero fuese que él tenía el talento de agradar a su esposa, o bien que esta era lo bastante virtuosa para resistir al contagio general, llegó a consolidarse la reputación de la marquesa, de manera que se la mencionaba como modelo de esposas honradas. Era en ocasión que el duque de Richelieu, adorado por las mujeres más jóvenes y lindas, festejado y requerido de continuo, no tenía sino presentarse para triunfar. A pesar de su reconocida inconstancia, las señoras de la más alta prosapia y hasta princesas de la sangre se desvivían por agradarle. La marquesa de Anceny, que sabía todo esto, decía dondequiera, vanagloriosa de su virtud, que aquel hombre de tan brillante nombradía no le inspiraba ningún recelo, pues le conocía sobradamente para saber guardarse contra sus artes y que le desafiaba a que la obligase a sucumbir. Habiendo alcanzado esta fanfarronada los oídos del duque de Richelieu, le indujo a buscar a la dama que tan segura de sus fuerzas se mostraba. La encontró en casa de la mariscala de Villars, y al verla tan guapa se afirmó más en sus proyectos. Muy pronto la marquesa, que se creía tan cierta de humillarle, comenzó sin darse cuenta a tender sus brazos a que se los aherrojase. El duque había adoptado un tono tan persuasivo que él mismo llegó a figurarse que la marquesa podría ser su última y definitiva amante. La marquesa dudó mucho antes de otorgarle crédito. Por fin, el amor propio y la confianza en su belleza fueron la causa de que cayese. Lisonjeábase pensando llegar a ser la primera mujer que hiciese conocer la constancia a un hombre que, hasta entonces, sólo había gustado el cambio, y procuraba no enterarse de que otras muchas, antes que ella, habían acariciado la misma esperanza quimérica. En efecto: a poco, y ante sus propios ojos, Richelieu reanudó de pasada unas viejas relaciones íntimas con la mariscala, la cual le había jurado ser siempre su amiga y confidente; pero, de vez en cuando, quería representar el papel de protagonista.» Ante el don Juan bastardo, lo que principalmente pierde a las mujeres no es el amor, antes la ilusión vanidosa, la infatuación de ser la última y definitiva amante.

La virtualidad diabólica de enhechizo, que es la esencia íntima del donjuanismo, la posee evidentemente el Tenorio de Tirso, y donde por

modo terrible y patético se pone de manifiesto
es en el episodio con Tisbea. Asimismo, en la
obra de Zorrilla, doña Inés recibe la diabólica
contaminación amorosa de Don Juan, filtrándo-
se a través de las paredes de la celda en donde está recoleta. Pero el autor que más delica-
damente y en un pomo más gentil y transparente ha encerrado esta íntima esencia del
donjuanismo, ha sido un francés: Barbey d'Au-
revilly. Cierto que Barbey fué un magnífico deleitante del satanismo. Aludo a una novelita de
la serie de *Las diabólicas*, cuyo título es *El
más bello amor de don Juan*. Don Juan está en
amores con una casada que tiene una hija
apenas púber. La niña, que en su candor no
acierta a sospechar aquellos amores, se acerca cierto día a su madre y a vuelta de infinitos balbuceos, rubores y angustias, le con-
fiesa que se halla encinta de Don Juan. La
madre, que reputa a Don Juan como hombre capaz de todas las infamias, escucha so-
brecogida la confesión. Pero luego va descu-
briendo poco a poco, según habla la niña, que
se trata de ilusiones peregrinas, engendradas
por una imaginación inocente y pueril. La
niña, ignorante de los turbios secretos sexuales, resumidos para ella en la milagrosa noción,
aprendida en sus oraciones y en los libros pia-

dosos, de que María Santísima había concebido por obra y gracia del Espíritu Santo, y viviendo conturbada por la emanación amorosa
de Don Juan, refiere así el lance a su madre:
«un día que me senté en una butaca, tibia aun
del calor de Don Juan, que acababa de levantarse, me transió una emoción angustiosa, un
hondo escalofrío, y comprendí que en aquel
instante había concebido por obra y gracia
de Don Juan». La madre contiene la risa
a duras penas, sin penetrar aquel oscuro
misterio del donjuanismo, tan cristalinamen-
te revelado por la candorosa niña. (Hace
muchos años que leí esta novelita. No res-
pondo de los pormenores con que desarrollo mi referencia; de su sentido y sustancia, sí.)

Los Quintero, en su *Don Juan, buena persona*, no han preterido dotar a su personaje con
el satánico don del enhechizo subitáneo. Al
final del primer acto llega a casa de Don Juan,
para alojarse en ella, Amalia, una protegida
suya, hija de un antiguo amigo, ausente hace
años. Don Juan y Amalia no se conocían. Amalia, apenas entra y a causa, según ella dice, del
cansancio y mareo del viaje, cae sin sentido.
Hállase presente a todo aquello Ricardita, una
solterona bachillera que tiene puesto románti-

co asedio al corazón de Don Juan. Ricardita,
con perspicacia y clarividencia de enamorada celosa, interpretando en
solas dos palabras la causa del soponcio, ex-
clama: «La
flechó.»

 TRO DE LOS rasgos nativos del Don Juan es el cosmopolitismo. Tanto vale decir cosmopolitismo como universalidad; sólo que el cosmopolitismo

atenúa y restringe la universalidad a ciertos accidentes frívolos y pasajeros. Lo universal es perdurable; en cambio, lo cosmopolita evoluciona conforme a la mudanza de los tiempos, de las costumbres y de los usos.

No juzgo improcedente cotejar por lo explícito el cosmopolitismo con lo universal. Ya lo hemos esbozado más arriba. Universalidad y cosmopolitismo están en la relación de la sustáncia y el accidente. En todo momento de la cultura humana hay un algo esencial que es común a todos los hombres en todos los países; esto es la universalidad. Y hay, asimismo, en cualquiera época, ciertos pormenores fútiles, caprichosos, arbitrarios, comúnmente recibidos y aceptados por los habitantes de todas las comarcas civilizadas; esto es el cosmopolitismo. El cosmopolitismo atrae mediante el incentivo de la novedad. En cuanto un fenómeno de cosmopolitismo pierde el lustre de novedad, deja de existir. La universalidad, por el contrario, lejos de afirmarse a causa de nuevos visos y apariencias, con su misma novedad provoca el principal obstáculo donde tropieza antes de que los hombres se le rindan, bien que una vez afirmada, y en ocasiones se afirma con insólita prontitud, parece que ha existido de siempre y ha de perdurar ya para siempre. Así como el cosmopolitismo se cifra en la novedad, la universalidad se cifra en la tradición y gravita con pesadumbre de siglos.

Cosmopolitismo es voz de origen griego; viene de *Kosmos*, que es el mundo físico. Se refiere, pues, a ese fluir caprichoso, incansable en la diversidad de sus apariencias, continuamente distinto, de la materia, tal como la comprendieron algunos filósofos helénicos. Heráclito decía: «no podrás bañarte dos veces en el mismo río», porque, en efecto, las aguas huyen, brotan y discurren otras aguas, y en cada instante y en cada lugar son ríos distintos.

Universalidad viene de universo, y esta palabra de *unus* y *verto*, que significa volver, tornarse, convertirse en unidad. Esconde, por lo tanto, un concepto intelectual, espiritual. Será, pues, cosmopolita un hombre cuando se someta a la ley de la necesidad del cambio, for-

mulada en normas generales o internaciona-
les. Será universal cuando se someta a una
ley constante de unidad del espíritu humano.

Depositemos la atención imaginariamente
en una época determinada; por ejemplo: el
final de la Edad Media Había, por lo pronto,
tres cosas heterogéneas comúnmente acepta-
das en el viejo mundo: la filosofía de Santo
Tomás de Aquino, la poesía del Dante y las
calzas prietas a la italiana. Desde luego se advierte considerable diferencia entre las dos primeras cosas y la última. Las dos primeras eran
universales; la última, cosmopolita. La misma
diferencia que hay entre el teatro de Ibsen y
el juego del diávolo.

Ahora bien: la aptitud de hombre moderno,
así para la universalidad como para el cosmopolitismo, es mucho mayor que la del hombre
medioeval o el antiguo. El estudiante en la
Edad Media, para aprender medianamente algo,
era fuerza que azotase muchas leguas de mal
camino, trashumando de Universidad en Universidad, desde Salamanca a Bolonia, de Oxford a París. Y el anheloso de leer a Dante,
debía también arriesgarse en aventurada peregrinación hasta topar con un manuscrito, pues
entonces no había libros impresos. Igualmente,

el deleitante del cosmopolitismo necesitaba estar animado de ansia migratoria y gran ánimo andariego, que es fundamental requisito en cuestiones de novedad ser los primeros en adoptarlas o en propagarlas, y si los hombres cosmopolitas de entonces aguardaban en su rincón a que las novedades acudiesen a ellos, jamás se hubieran salido con el gusto. Hoy, dichosamente, universalidad y cosmopolitismo se nos entran por las puertas sin que nos afanemos en perseguirlos. Todos somos un poco cosmopolitas, de grado o a regañadientes. Pero los hombres universales se cuentan por los dedos.

Don Juan es un hombre universal, por el carácter, en cuanto representa algo sustancial al sexo masculino, y que se halla más o menos desarrollado, acaso latente, tal vez activo, en todos los hombres. Además, es Don Juan un cosmopolita. Si Don Juan hubiese visto la primera luz en nuestros días, su cosmopolitismo no sería de notar mayormente. Pero, por los años en que Don Juan salió al mundo, cosmopolita era sinónimo de aventurero.

Fray Gabriel Téllez, en su *Burlador de Sevilla*, no nos presenta a Don Juan en la ciudad del Betis, sino en Nápoles, dándonos a entender, ante todo, que Don Juan es hombre inquieto y trotamundos, amigo de refrescar los ojos con visiones de gentes y lugares desacostumbrados y de gustar las rarezas y amenidades de lejanos parajes. Posteriormente al de Tirso, todos los Don Juanes han sido cosmopolitas y avezados viajeros.

El Don Juan de los Quintero, como hombre nacido en estos tiempos de cosmopolitismo inexcusable, suponemos—aunque los autores no nos lo dicen, y en puridad huelga que nos lo digan—que será ni más ni menos cosmopolita que la mayor parte de los caballeretes de la clase media madrileña. Irá de cuando en vez a ingurgitar té al Ritz; conocerá algún paso de tango argentino o de fox-trot; usará impermeable inglés; jugará al bridge; comerá macarrones .. Pero la nota cosmopolita acusada no puede faltar en una obra dramática sobre Don Juan. Los Quintero se han dado cuenta de esta circunstancia. En *Don Juan, buena persona,* hay un episodio en el cual los autores rinden tributo al obligado cosmopolitismo de Don Juan. Se reduce a una escena, y es bastante, ya que dicha escena no peca de sobriedad excesiva, antes al contrario. Ello es que inopinadamente se presenta en el bufete de Don Juan una dama griega, nada menos, nacida en Creta, y por ende coterránea del gran pintor Theo-

tocópuli, según se dice en la obra ¡ahí es nada!
Se llama Helia, nombre con que tal vez los
autores han querido denotar o sugerir la especie sutilísima y casi etérea de la dama, femini-
zando ese gas novísimo que en opinión de los
técnicos resolverá la navegación aérea, el helio.
En las acotaciones de su comedia los Quintero
escriben: «Aunque griega, se expresa bien en
castellano», observación que nos trae a la memoria el celebérrimo dístico de la zarzuela
Marina:

> Mi madre, aunque está impedida,
> la pobre te quiere tanto...

No sabemos por qué los griegos no han de
expresarse tan bien, si no es por excepción, en
castellano, como los ukranios o los esquimales,
por ejemplo. Y añaden: «pero conserva en su
pronunciación un dejo extranjero». Vea usted
qué rarezas le suceden a esta señora, sólo por
ser griega. Nosotros creíamos que esto mismo
les sucedía a todos los extranjeros. Pero ¿se
negará que todo ello contribuye a insinuarnos
una exquisita emoción de exotismo? Don Juan
había tropezado casualmente con esta dama
semigaseosa («toda luz y espíritu, como si no
fuera de carne humana», al decir de Don Juan)
algunos años antes, en el Monasterio de Piedra.

A pesar de ser luz y espíritu, había elegido
para consorte a un «hotentote» (el calificativo
es del propio Don Juan) y todo porque era
muy rico. Don Juan, acechando un momento
en que estaba sin su marido, se coló en el aposento de la dama. Oigamos a Don Juan: «Tenía
yo veinticinco años en aquella fecha. Era un
poco caballero andante.» ¿Don Juan, caballero
andante? «Tembló al verme, se estremeció
como una luz.» Se ve que Don Juan entró bu-
fando. «Caí a sus plantas, y le dije: Señora, si
usted quiere la libertad, yo estoy pronto a dár-
sela. Palideció, lloró... se dejó caer en mis brazos. Sentimos entonces al hotentote que llega-
ba, salté por la ventana al jardín... y hasta ahora.» Pues vaya con las caballerías andantes de
Don Juan. Claro que la responsabilidad de esta
desairada evasión no les corresponde a los
Quintero, sino al fanfarrón de Don Juan, que
solía mostrarse valiente hasta lo descomunal
frente a los muertos; pero con los vivos, sobre
todo si eran esposos ofendidos, prefería rehuir
el encuentro. Años después, como acabamos
de indicar, la señora Helia acude al bufete de
Don Juan, con intención paladina de consumar
aquella aventura que se había quedado a media
miel. Por razones que no viene al caso puntualizar, la aventura se frustra nuevamente, y no

pasa de un prolijo coloquio platónico, con sus pujos poéticos.

Algunos censores severos motejan de ridícula y cursi esta escena, insistiendo sobre la vieja y generalizada opinión de que cuantas veces los Quintero se ponen líricos y sentimentales cometen pifia y dan que reír, más que conmover. Que las facultades poéticas de los Quintero son de cierto orden subalterno y poco a propósito para afectar a los espíritus adultos y exigentes, estoy conforme. En lo que discrepo es en lo atañedero o esta escena. Yo me figuro que los Quintero, a sabiendas, han insertado en su obra esta escena, un tanto cuanto cursi, volviendo irónicamente por pasiva aquello de Mahoma: «pues la montaña no viene hacia mí, yo voy a la montaña», y ya que el Don Juan contemporáneo, aburguesado y fondón, no va a Grecia, como lo hubiera hecho el arriscado Don Juan clásico, que Grecia venga hasta Don Juan, encarnada en una pobre señora, que, aunque griega, se expresa bastante bien en castellano, pero con cierto dejo extranjero, y todo lo que sabe de Grecia se reduce a conocer su paisanaje con el Greco; no obstante lo cual, el infeliz Don Juan, ebrio de exotismo y cosmopolitismo, imagina estar corriendo la más exquisita, romántica y extraor-

dinaria aventura. Y los espectadores, contem-
plándole con tierna conmiseración, adivina-
mos confusamente que todos los Don Juanes han sido unos infelices, unas buenas personas, a pesar de sus
diabluras, follonerías,
arrogancias y
desatinos.

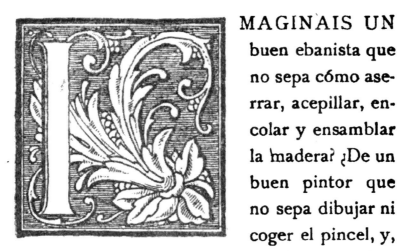MAGINAIS UN
buen ebanista que
no sepa cómo ase-
rrar, acepillar, en-
colar y ensamblar
la madera? ¿De un
buen pintor que
no sepa dibujar ni
coger el pincel, y,

además, que sea ciego? ¿De un buen escritor
que no sepa escribir, y, además, que no se en-
tere, no ya de lo que ante sí tiene en la vida,
sino tampoco de lo que formulado y expreso se
le ofrece en un libro? Pues en España corre
como moneda usual la noción de que no sólo
huelga dominar los rudimentos del arte para
ser un gran artista, sino que es necesario en
absoluto ignorarlos.

En España, entre las personas que se ufanan
de autorizadas en materias teatrales impera
como dogma que el talento dramático es independiente del talento literario. Aun más: que
es de cabo en cabo contradictorio.

Hace años, con ocasión que don Benito Pérez Galdós cometió la avilantez de profanar los
fueros escénicos, sin más títulos que el ser un
excelentísimo escritor, y algún tiempo después
la condesa de Pardo Bazán incurría en la propia osadía, se suscitó una controversia, un tan-

to acre, sobre este punto: «¿Pueden los escritores que no son escritores dramáticos, especialmente los novelistas, escribir para el teatro?» En conclusión, los autorizados en la materia decidieron que los novelistas, y en general los escritores que saben escribir, están incapacitados, física, metafísica y literariamente para hacer obras de teatro.

¿Razón? Luego de cavilar no poco en ello, yo sólo he dado con una razón; aquella que Lope de Vega, tímidamente y a modo de excusa, adelantó en su tiempo:

el vulgo es necio, y pues lo paga, es justo
hablarle en necio para darle gusto.

A un público iletrado los autores que le cuadran son los autores iletrados. Pero... primeramente, si los autores no aventajan en un ápice la inteligencia y mal gusto de un público iletrado, el público continuará siendo siempre iletrado. Segundo: si los autores fueran cultos y de buen gusto, asistiría al teatro con más frecuencia el público culto y de buen gusto (que lo hay), y, a la postre, el nivel medio de todo el público ascendería notablemente.

¿Se concibe que un autor dramático no acierte a escribir un buen artículo? La proposición contraria sí se explica: que el autor de un buen artículo no puede escribir una buena comedia. Pero en España se da el caso de autores dramáticos *insignes* que en su vida han escrito ni un artículo mediocre, a pesar de haber escrito innumerables artículos. ¿Hemos de inferir de este hecho que el talento literario y el talento dramático son dos formas contradictorias de actividad intelectual? De ninguna manera. Los grandes autores dramáticos de todos los tiempos y en todos los países han sido, en otros géneros, grandes escritores. Y los grandes escritores de otros géneros han sido, cuando ensayaron la literatura dramática, grandes autores dramáticos. Digo los grandes escritores, no los escritores medianos.

Si desapareciesen todas las obras dramáticas de Lope, de Shakespeare, de Corneille, de Racine, de Schiller, de Goethe, les bastaría la obra lírica para ser los más altos poetas de su patria y de su tiempo. Asimismo, si desapareciese la obra novelesca y lírica de nuestro Cervantes, le bastaría su obra dramática para figurar en la más alta jerarquía literaria. Juan Pablo Richter considera la *Numancia* como uno de los más puros arquetipos del teatro universal.

Modernamente, refiriéndonos a los autores vivos; en Inglaterra, Bernard Shaw no necesita de sus obras dramáticas para asegurarse la fama póstuma; tiene bastante con los prólogos que les ha puesto, muchas veces más importantes que la misma obra, y con sus ensayos de crítica, y Bennet y Galsworthy ocupan los lugares más honrosos, así en la novela como en el teatro; en Italia, D'Annunzio se cierne en triple excelencia, como lírico, como novelista y como dramático; en España, Galdós es tan perfecto autor dramático como novelista, y Valle-Inclán no es dramaturgo inferior a novelista.

Las anteriores consideraciones me las ha sugerido un artículo del señor Linares Rivas, publicado en «Los lunes de *El Imparcial*», El artículo se titula «Del oficio literario». Parece inspirado en el propósito de justificar cierta culpa reciente: la de haber plagiado torpemente a Tolstoi, con la necia ambición nada menos que de enmendarle la plana y mejorarlo teatralmente. Tolstoi era novelista, y ¿qué sabía el pobre de teatro?

En el artículo se dice: «En estos días leí yo *El niño Eyolf*, de Ibsen, una de las obras maestras de la literatura. La *idea* de la obra...»

El señor Linares Rivas ha oído algo del teatro de ideas, y de Ibsen como su más señalado representante, y ha pensado: tate, lo que llaman esos modernistas idea es lo que antes se

decía maraña, intriga, enredo, argumento. Así,
pues, una obra debe escribirse con una sola
idea. Prosigamos: «La idea de la obra es que
una vieja hechicera—la mujer de los ratones—
tiene el mágico poderío de atraer con sus can-
tos a esos bichejos. En cuanto la oyen, salen y
la siguen irresistiblemente. Entonces ella se
embarca, siempre cantando, y los ratones, si-
guiéndola por el mar, se ahogan... La hechicera, cruel, sugestiona también a *El niño Eyolf*...;
la va siguiendo, mientras ella canta y se embarca..., y el niño, un pobrecito cojo, se ahoga...» Y añade con infinito e inconsciente desparpajo el señor Linares Rivas: «Esta es la obra
mundial de Ibsen.»

Ante todo, ¡qué hermoso estilo! Advierto al
lector que los puntos suspensivos son del propio señor Linares Rivas, muy afecto a este signo ortográfico, que es el que corresponde con
un gesto insinuante de los actores cómicos. Y
el público, ante los puntos suspensivos, exclama: ¡qué ingenioso!, ¡qué fino!, ¡qué talento!

Quien haya leído la obra de Ibsen se quedará anonadado ante la descripción que de su
idea hace nuestro *insigne* dramaturgo. El que
no la haya leído, pensará: este Ibsen era un
majadero. ¿Cabe en cabeza humana que eso sea
la idea de una obra dramática? Como que no

lo es. Si yo ahora contase *la idea* de la obra, calcularía algún lector malicioso que yo la apañaba a mi modo. Prefiero utilizar un documento ajeno.

Una traducción de *El niño Eyolf* se representó en París, en el teatro de *l'Œuvre*. Julio Lemaître, con ocasión de su estreno, escribía: «En rigor, el drama se reduce a tres escenas, y nada más. — I. Estamos, naturalmente, en un *fjord*, en casa de Alfredo Allmers, propietario, escritor, antiguo profesor, enriquecido por el matrimonio. Su mujer, Rita, apasionada, enamorada del marido, nada maternal. Tienen un hijo de nueve años, *Eyolf*, cojo, por haberse caído de una mesa, de pequeñito. En el fondo no aman este niño. Les molesta verlo.»

«Al comenzar el drama, Allmers, que viene de la montaña, en donde ha vivido en aislamiento espiritual, dice a su mujer: He reflexionado allá arriba y he tomado buenas resoluciones. De aquí en adelante, seré un verdadero padre para Eyolf; le cuidaré, haré cuanto esté en mi mano para hacerle llevadera su deformidad, de suerte que llegue a ser un hombre distinguido, bueno y feliz. A lo cual Rita replica vehemente: ¿Y yo? Yo quiero que seas siempre todo mío, de mí sola. Dice Allmers: Mi deber es dividir mi amor entre los dos: tú y mi hijo.—¿Y si Eyolf no existiese?—Sería ya otra cosa. En tal caso, sólo te querría a ti.—Si es así, hubiera preferido no traerlo al mundo. Y algo más adelante, dice Rita: No puedes pronunciar el nombre de Eyolf, sin que tu voz tiemble. ¡Ah! Casi desearía que... Apenas pronuncia esta frase culpable se oyen gritos de la playa: un niño ahogado. Ha sido Eyolf, que cayó al agua. Los pilletes de la playa han visto su muleta flotando.—2. En la segunda escena, entre los dos esposos, desesperados y sombríos, y mediante una conversación dolorosa y casi odiosa, se plantea el balance de las responsabilidades recíprocas. El niño murió porque no sabía nadar; no sabía nadar porque estaba cojo; estaba cojo porque su padre, y sobre todo su madre, se amaban demasiado carnalmente. Todo, dice Allmers, es falta tuya, por haber dejado a la criatura sola sobre la mesa. Responde Rita: Dormía tranquilo en su edredón. Tú me habías prometido cuidar de él. Y Allmers: Sí, te lo había prometido. Pero volviste, me atrajiste, y lo olvidé todo... en tus brazos.»

Pero hay algo más (estoy resumiendo el resumen de Lemaître). Rita estaba entregada a su marido en cuerpo y alma. No así Allmers, el cual se había casado con Rita por su riqueza y para salvar de la miseria a Asta, hermanastra de Allmers, objeto el más puro y recóndito de su amor. El mismo nombre Eyolf era diminutivo que Allmers aplicaba a Asta, de pequeña. Sí, dice Rita celosa; llamabas Eyolf a tu Asta. Me acuerdo. Tú mismo me lo confesaste en un instante furtivo y ardoroso, en el instante en que tu hijo caía y quedaba deforme. En resumen: la muerte del niño es el castigo y, en cierto modo, la consecuencia del amor impuro y desordenado de Rita y de los sentimientos turbios y anormales del complejo Allmers, cuyo cuerpo está poseído por su mujer y el alma por su hermana. Ellos, los padres, son los que han matado al niño Eyolf, por haberse amado demasiado y mal. Y ahora le aman y ya no pueden amarse entre sí, porque se les interpone la imagen del cadáver del niño y de su flotante muleta.—3. La tercera escena es la de la expiación...», etc., etc. ¿A qué seguir copiando? Basta con lo precedente para que los lectores reciban una ligera impresión de lo que es *El niño Eyolf.* ¿Y lo de la vieja de los ratones? ¿Es que el señor Linares Rivas ha visto visiones? No, en efecto; la vieja de los ratones (tema frecuente en las literaturas populares del norte) sale en la obra, pero no tiene nada que ver con *su idea.*

Se encuentran dos gallegos. Uno ha estado la noche anterior en el teatro. «¿Qué función has visto?», le pregunta el otro. El primero procura explicarse bien. «Verás. Subían una cortina colorada. Luego salía gente... Luego, bajaban otra vez la cortina.» Y el segundo, satisfecho, afirma: «Entonces es la misma obra que he visto yo.» ¿Quién no ha oído alguna vez este chascarrillo?

Pues, indudablemente, uno
de estos gallegos era
el señor Linares
Rivas.

ÍNDICE

355

36

CPSIA information can be obtained at www.ICGtesting.com
Printed in the USA
BVOW060141040213

312293BV00003B/63/P

9 781272 774769

HOW TO
UNDERSTAND AND USE
COMPANY ACCOUNTS

HOW TO UNDERSTAND AND USE COMPANY ACCOUNTS

Roy Warren

Partner, Robson Rhodes Chartered Accountants

BUSINESS BOOKS
London   Melbourne   Sydney   Auckland   Johannesburg

Business Books Ltd
An imprint of the Hutchinson Publishing Group
17-21 Conway Street, London W1P 6JD

Hutchinson Group (Australia) Pty Ltd
30-32 Cremorne Street, Richmond South, Victoria 3121
PO Box 151, Broadway, New South Wales 2007

Hutchinson Group (NZ) Ltd
32-34 View Road, PO Box 40-086, Glenfield, Auckland 10

Hutchinson Group (SA) (Pty) Ltd
PO Box 337, Bergvlei 2012, South Africa

First published 1983
Reprinted 1983

Set in Times

Printed and bound in Great Britain by
Anchor Brendon Ltd, Tiptree, Essex

British Library Cataloguing in Publication Data
Warren, Roy
    How to understand and use company accounts.
    1. Corporations – Great Britain – Accounting
    I. Title
    657′.95′0941   HF5686.C7

ISBN 0 09 145890 0 (Cased)
        0 09 145891 9 (Limp)

Contents

Introduction: purpose of the book

This book is written for you. Its purpose is to provide the businessman with an understanding of his accounts, an insight into what they can tell him and how they can help him to plan for a more profitable business.

To do this we shall be looking at Dovetails Limited, a well established, medium-sized company which is in the business of making furniture.

Although a manufacturer and although medium sized, Dovetails is used as no more than a convenient vehicle for illustrating the themes of the book. The objective is to provide an explanation of accounts and the uses to which they can be put: the description in these pages applies equally to the largest of companies and the smallest of traders, and it will be as relevant to service companies as it is to those engaged in the manufacture of a tangible product.

Dovetails' 1982 accounts are set out on the pages that immediately follow. At first sight they may make daunting reading; many businessmen may well have experienced the same sense of bewilderment – and possibly frustration – when presented with their own accounts. Before we go any further, therefore, we would do well to answer the charge 'Why bother?'. Books are rarely seen on subjects such as bridge building for the non-engineer, or pension valuations for the non-actuary – so why accounts for the non-accountant businessman? Why does a businessman *need* to understand his accounts? There are at least three compelling reasons.

● The first is that he simply cannot do without them. More than anything else, of course, a successful business depends on the flair of the businessman – and that flair in turn requires a knowledge of the product, an eye for a market, and a range of managerial skills. But no matter how good the product, or how well it is packaged, or how committed the workforce, or caring the management, a businessman only *stays* in business if he makes a profit – and the only way he knows whether he is making a profit is by drawing up a set of accounts.

● Second, accounts can do much more than that. With careful examination, they are potentially very informative documents; and by careful analysis, they can show a businessman not only whether he has made a profit but why that profit was not as good as it might have been, and how he might make it better in the future. A good businessman will not only want to make a profit, he will want to control his business, monitor its performance, and lead it to greater profitability. The surest way in which a businessman can control the performance of his business is by watching his accounts, and by listening to what they are telling him.

● Third, an understanding of accounts will lead to better business decisions. If he wants to decide whether to borrow more money from the bank, or whether to invest in new machinery, or whether to tender for a new contract, the first thing a businessman needs is a full appreciation of the business's current financial state of affairs – what its present resources are and how its existing funds are presently deployed. That can only come from an assessment of his accounts. He can be sure that his bank, or suppliers, or competitors, will themselves be looking at his accounts and making their own assessment, and the businessman is at a clear disadvantage if they understand more about the present state of his business than he does himself.

Of course, by being able to understand his own accounts the businessman will also be able to understand the accounts of other people: he can make his own assessment of whether his competitors are really as strong as they make out to be, or whether a new customer is as creditworthy as he claims, or whether a potential supplier is likely to be in business long enough to ensure a continuous source of essential materials. A proper understanding of accounts will therefore not only help a businessman to plan and control his own business but will also give him an insight into the operations of other businesses.

A final reason – and perhaps the most compelling of all – is that the understanding he needs is really not that difficult to acquire – as the following pages will hopefully show.

Outline: how to use the book

The book assumes no accounting knowledge but the layout, in six separate parts, is constructed in a way which will hopefully take those who wish to read the whole of it to a well advanced level of understanding.

As far as possible, the intention has been to avoid technical jargon and to explain the meaning and interpretation of accounts in straightforward language. That is not to say that matters of accounting concept or principle have been totally avoided: coverage is given to them in so far as they are necessary for a full understanding of the sort of information that accounts are intended to convey. Indeed, in this respect an awareness of certain of the fundamental principles on which accounts are drawn up is essential, for in many respects they act as limiting factors on the alternative uses to which accounts can be put.

This should not, therefore, be taken as a technical textbook on accounting theory, but it may nevertheless serve as a guide to a practical understanding of what accounts are all about.

Part One prepares the ground. Accounts such as Dovetails' are prepared in the first instance from underlying accounting records. In order to understand accounts we need first to understand the procedures by which business transactions are recorded. Of the two chapters in Part One, the first provides an introduction to the accounting process and explains how, for example, the technique of double entry produces a 'balance' sheet that has two equal sides.

The second chapter in Part One describes the transition from accounting records to the preparation of a set of accounts. Accounts tell a story about a business and, if the story is to be as fair and complete as possible, the raw data provided by the accounting records may need to be amended and adjusted. The way in which these amendments and adjustments are made is governed by a small number of fundamental accounting concepts. Chapter 2 describes them and underlines the degree of judgement and estimation involved in applying them. These concepts set the parameters for the story accounts are designed to tell. Anyone who really wants to understand accounts needs to understand where these parameters are drawn.

With this background, Part Two takes the reader *line by line* through Dovetails' accounts. The general purpose is to explain what the words mean and how each of the figures is arrived at. For ease of reference, the relevant extracts from the body of Dovetails' accounts are reproduced beside the paragraphs that describe and explain them. Separate chapters are devoted to the contents of the balance sheet, the profit and loss account and the funds statement.

By the end of Part Two the reader should have an appreciation of how accounts are made, what they mean, and the manner in which they describe the financial position and performance of a business. All of that is offered as the necessary precursor to the practical core of the book contained in Part Three, which explains how the businessman can use his accounts – and his understanding of them – to the practical benefit of his business. The techniques of ratio analysis are explained and the calculation and interpretation of key ratios are illustrated by applying them to a full analysis of Dovetails' accounts. Considerable emphasis is placed on the assessment of trends as well as the sources of comparison by which the businessman might evaluate his own performance. By this means Part Three explains how the intelligent and informed use of accounting information can help business managers chart the route to greater profitability. A separate chapter is devoted to the equally important question of business liquidity, and on the means of avoiding cash crises. A further chapter deals with the needs of proprietory and other shareholders and describes how they can use the information provided in the accounts to assess the value of their investment, its growth, and the level of risk attaching to it.

Using Dovetails as the vehicle, Parts One to Three are concerned with accounts drawn up on the traditional basis (historic cost) and in the sort of traditional format with which most businessmen will be familiar. Parts Four to Six widen the focus. Part Four tackles the question of inflation and analyses the shortcomings of historic cost accounts when prices are rising. It includes a description of some straightforward methods by which businessmen can adjust their historic cost figures to account for the effect on their business of changing price levels. By way of illustration Dovetails' accounts are restated in current cost terms; the step-by-step workings are set out in an Appendix for those who wish to follow the calculations in detail.

Part Five covers the new accounting law introduced in *The Companies Act 1981,* which will in future affect the accounts of all companies. Dovetails' accounts are represented in their future, required format, and in a manner which highlights the new disclosure requirements and other areas of significant change. The Appendix to Part Five provides, in the form of a checklist, a working document for those directors who wish to ensure that their published accounts do include all the information they should. The checklist comprises a comprehensive statement of statutory and other disclosure requirements as they will stand once the new law has been brought into effect.

Part Six reverts to the question of accounting principles. Its particular relevance will be to businessmen and others who are concerned to read the accounts and assess the performance of other companies. It picks up some of the accounting themes developed in earlier sections and underlines the importance of the reader being aware, when assessing a set of accounts, of how alternative accounting treatments can lead to alternative measures of profit: being able to assess the reliability of the figures shown in a set of accounts depends on being able to assess the propriety of the accounting policies which have been adopted, and that in turn requires an awareness of the choices available and the degree of estimation inherent in each of them. Summaries are provided of those accounting principles which have been codified in Statements of Standard Accounting Practice and coverage is given to those – often highly significant – areas where no standard treatment has yet been developed.

There are two concluding appendices. The first offers a glossary of some of the more important accounting terms used in the book. The second provides notes on some of the possible sources of comparative business statistics against which a businessman can assess the relative performance of his own business. It includes a summary of the sort of information made available by a cross-section of trade associations.

Dovetails Ltd: accounts for year ended 31 December 1982

DOVETAILS LIMITED

Balance sheet
at 31 December 1982

	Note	1982	1982	1981
		£	£	£
Fixed assets	7		488,061	454,384
Investments	8		26,000	22,000
Current assets:				
Stock and work-in-progress	9	435,289		404,095
Debtors		584,537		416,756
Cash		26,333		29,745
		1,046,159		850,596
Current liabilities:				
Creditors		461,958		329,877
Taxation		46,061		16,831
Bank overdraft	10	111,966		85,599
Dividend		21,600		20,400
		641,585		452,707
Net current assets			404,574	397,889
			918,635	874,273
Represented by:				
Share capital	11		120,000	120,000
Reserves	12		559,528	519,373
			679,528	639,373
Long-term loan	13		140,000	140,000
Deferred taxation	14		99,107	94,900
			918,635	874,273

DOVETAILS LIMITED

**Profit and loss account
for the year ended 31 December 1982**

	Note	1982 £	1981 £
Turnover		2,424,900	1,993,400
Operating profit, before taxation	2	129,833	134,218
Taxation	4	49,736	71,408
Profit after taxation		80,097	62,810
Extraordinary item	5	18,342	–
Profit after tax and extraordinary item		61,755	62,810
Dividend	6	21,600	20,400
Retained profit transferred to reserves	12	40,155	42,410

DOVETAILS LIMITED

Statement of source and application of funds
for the year ended 31 December 1982

	1982 £	1981 £
Source of funds:		
Profit before taxation	129,833	134,218
Extraordinary item	(18,342)	–
Adjustments for items not involving the movement of funds:		
Depreciation	65,404	59,926
Profit on sale of fixed assets	(3,907)	(1,320)
	61,497	58,606
Funds generated from operations	172,988	192,824
Other sources:		
Sale of fixed assets	5,500	3,250
	178,488	196,074
Application of funds:		
Purchase of fixed assets	100,674	83,499
Taxation paid	16,299	12,101
Purchase of trade investment	4,000	–
Dividend paid	20,400	18,000
	141,373	133,600
Increase in working capital	37,115	82,474
Comprising changes in:		
Stock	31,194	28,967
Debtors	167,781	52,390
Creditors	(132,081)	(33,523)
Net liquid funds	(29,779)	34,640
	37,115	82,474

DOVETAILS LIMITED

Notes to the accounts
year ended 31 December 1982

1   *Accounting policies*
The principal accounting policies adopted by the company in the preparation of its accounts are as follows:

(a)   *Depreciation*
Depreciation is not charged in respect of freehold land. On other assets it is charged in equal annual instalments over their anticipated useful lives. The rates of depreciation used are as follows:

Freehold buildings	–	2 per cent per annum
Tools and equipment	–	15 per cent per annum
Motor vehicles	–	25 per cent per annum

(b)   *Stocks and work-in-progress*
Stocks and work-in-progress are stated at the lower of cost and net realisable value. Cost comprises materials, direct labour and attributable production overheads.

(c)   *Deferred taxation*
Provision is made for taxation deferred because of timing differences between the treatment of certain items for accounting and taxation purposes, but only where there is a reasonable probability of payment.

2   *Profit before taxation*

	1982	1981
	£	£
Profit before taxation is arrived at after charging:		
Directors' emoluments (Note 3)	43,500	42,000
Depreciation	65,404	59,926
Hire of plant and machinery	16,416	12,210
Auditors' remuneration	5,000	4,500
Bank interest	13,686	11,008
Interest on long-term loan	12,600	12,600
and after crediting:		
Income from trade investments	2,278	1,741

DOVETAILS LIMITED

**Notes to the accounts
year ended 31 December 1982
(Continued)**

		1982	1981
3	*Directors' emoluments*		
		£	£
	Fees	500	500
	Other remuneration including pension contributions	39,000	32,500
	Compensation for loss of office	–	5,000
	Pension paid to former director	4,000	4,000
		43,500	42,000
	Remuneration of chairman	9,500	8,500
	Remuneration of the highest paid director	13,000	10,000

		Number of directors	
	Scale of directors' remuneration:		
	Up to £5,000	1	1
	£ 5,001–£10,000	3	4
	£10,001–£15,000	1	–

		1982	1981
4	*Taxation*		
		£	£
	Corporation tax at 52%	45,015	15,538
	Transfer to deferred taxation	4,721	55,870
		49,736	71,408

		1982	1981
5	*Extraordinary item*		
		£	£
	Redundancy and other costs relating to the closure of the Scunthorpe factory (less related taxation of £19,012)	18,342	–

6	*Dividend*		
	Proposed Ordinary dividend of 18p (1981 – 17p) per share	21,600	20,400

DOVETAILS LIMITED

Notes to the accounts
year ended 31 December 1982
(Continued)

7 Fixed assets	Freehold property	Tools & equipment	Motor vehicles	Total
	£	£	£	£
Cost:				
At 1 Jan 1982	227,575	391,789	35,557	654,921
Additions	50,715	43,913	6,046	100,674
Disposals	–	(18,866)	–	(18,866)
At 31 Dec 1982	278,290	416,836	41,603	736,729
Depreciation:				
At 1 Jan 1982	27,309	159,161	14,067	200,537
Charge for the year	5,058	50,483	9,863	65,404
Disposals	–	(17,273)	–	(17,273)
At 31 Dec 1982	32,367	192,371	23,930	248,668
Net book values				
At 31 Dec 1982	245,923	224,465	17,673	488,061
At 31 Dec 1981	200,266	232,628	21,490	454,384

Capital commitments	1982	1981
	£	£
Contracted for but not provided for in the accounts	4,600	28,100
Authorised but not yet contracted for	8,900	1,900

8 Investments	1982	1981
	£	£
Listed investments, at cost	14,000	14,000
Unquoted trade investments, at directors' valuation	12,000	8,000
	26,000	22,000

The market value of listed investments at 31 Dec 1982 was £17,963 (1981: £15,236).

The trade investment comprises 12,000 Ordinary shares in Legato Limited, representing 15% of the issued share capital of that company.

DOVETAILS LIMITED

**Notes to the accounts
year ended 31 December 1982
(Continued)**

9	Stock and work-in-progress	1982	1981
		£	£
	Raw materials	211,579	195,026
	Work-in-progress	202,993	187,792
	Finished goods	20,717	21,277
		435,289	404,095

10   Bank overdraft
The bank overdraft is secured by a fixed charge on the freehold property of the company.

11	Share capital	1982	1981
		£	£
	Authorised:		
	150,000 Ordinary shares of £1 each	150,000	150,000
	Issued and fully paid:		
	120,000 Ordinary shares of £1 each	120,000	120,000

12	Reserves	1982	1981
		£	£
	Non-distributable: share premium account	243,336	243,336
	Distributable: Revenue reserves		
	At 1 Jan 1982	276,037	233,627
	Retained profit for the year	40,155	42,410
	At 31 Dec 1982	316,192	276,037
	Total reserves	559,528	519,373

13	Long-term loan	1982	1981
		£	£
	9% Unsecured loan stock 1990/95	140,000	140,000

The 9% Unsecured loan stock is repayable at the company's option between 1990 and 1995 with a final redemption date of 31 December 1995.

DOVETAILS LIMITED

Notes to the accounts
year ended 31 December 1982
(Continued)

14	*Deferred taxation*	*1982*	*1981*
		£	£
	Accelerated capital allowances	108,364	103,643
	Advance corporation tax	(9,257)	(8,743)
		99,107	94,900
	If full provision were made, the potential liability would be as follows:		
	Accelerated capital allowances	147,500	138,000

1 The accounting process: recording business transactions

Dovetails is an ordinary, medium-sized business. Nevertheless their accounts stretch out over eight pages. They are a formidable and rather uninviting set of documents, and the businessman may well be forgiven if he dismisses them as no more than a riddle, wrapped in a mystery of technical jargon.

In Chapter 2 we shall examine the figures, and begin to unravel some of the jargon. Before we can examine the accounts in detail, however, we need to understand where they come from, and why they take the shape that they do. In particular, we need to understand the difference between the accounts as they are set out and the accounting records from which they are derived and prepared. We also need to understand the small number of fundamental principles that are applied in preparing them, for these set the parameters to the quantity and quality of information that accounts can provide. This chapter provides the necessary background. It explains how accounts are made.

THE ACCOUNTING RECORDS

Dovetails provides the vehicle for this book, so for the background we might go back ten years to the week when John Dovetail first set up in business. What happened in that first week?

JOHN DOVETAIL – BUSINESS DIARY
Jan 1   Paid in £5,000 savings
Jan 2   Bought workshop £4,000
Jan 2   Bought tools £300
Jan 3   Borrowed £1,000 from FD
Jan 3   Bought timber £100
Jan 5   Sold table £130

An examination of John Dovetail's business diary shows that on the first day he opened a business bank account and paid in his savings of £5,000. Then he bought a small workshop for £4,000, spent £300 on the tools of his trade, and borrowed £1,000 from his father (FD). Next, because he was a carpenter, he bought £100 worth of timber and set to work to make it into a table. By the end of the week the table was finished and he sold it for £130.

How did John Dovetail's business stand at the end of its first week? Although he hadn't done very much, Dovetail may have found that question difficult to answer. He could probably confirm how much he had in the bank, or what he had spent his money on day by day, but he may have found it difficult to put the whole story together. He would have found it easier if he had kept proper accounting records, but he hadn't yet discovered the accounting process of double entry.

DOUBLE ENTRY

The technique of double entry is not as mysterious as it may sound. It can be observed in everyday transactions. If a man owns a car, for example, he knows – unless he was very lucky – that he had to pay cash for it. He acquired one thing – a car – in exchange for another – cash. Alternatively, he may have borrowed the money from the bank. In that case he acquired the car in exchange for a commitment to repay the bank. There are two aspects to be observed in any transaction; double entry merely records both of them.

By keeping financial records on this basis, e.g. by recording both the acquisition of a car and the payment of cash or the acquisition of the car and the amount borrowed from the bank, the accounting process enables us to record, for each transaction, the two equal and opposite effects that it has on the financial standing of the business. And it is because the accounting process is based on double entry that a 'balance' sheet can be prepared which has two equal sides.

ASSETS, LIABILITIES AND CAPITAL: THE BALANCE SHEET

When Dovetail first set up in business, there were only two places he could have obtained the money: used his own or borrowed someone else's. He did both, and then he used the money to buy the things he needed to run the business. These simple events describe the three main components of any balance sheet:

ASSETS = what the business owns
LIABILITIES = what the business owes
CAPITAL = the owner's interest in the business

The two sides of a balance sheet therefore arrange these components in a way which shows 'where the money came from' (on the one hand) and 'where it is now' (on the other) – see Frame 1.

Frame 1

The balance sheet equation

(Where the money came from)				(Where it is now)
CAPITAL	+	LIABILITIES	=	ASSETS

The balancing of the balance sheet results from the process of double entry. More particularly, it results from the fact that the two sides of any transaction can be recorded in terms of their effect on any one or more of these three main elements: assets, liabilities and capital.

Consider John Dovetail's first week of business. The payment of his savings into a bank account would have been recorded (from the point of view of the business) in terms of both John Dovetail's capital interest in it (£5,000) *and* the acquisition of an asset (cash £5,000). When he bought the workshop, the double entry would have been to record the acquisition of one asset (workshop £4,000) *and* the reduction in another asset (cash £4,000). Similarly when he bought tools for £300: the accounting process would have recorded both the acquisition of those tools *and* the reduction in cash he had to pay for them. The same when he borrowed money, increasing the business' cash holding by £1,000 *and* recording the liability to his father for the same amount. And again when he bought the timber: increase in one asset (timber); decrease in another (cash).

And then he worked on the timber, made it into a table and sold it for £130. The business received £130 cash, but the asset given in exchange was only in the records at £100. What has happened of course is that Dovetail has made a profit, and that is what he is in business for – to see his capital grow. Everytime he exchanges one asset for a bigger asset he makes a profit, and everytime he makes a profit his capital grows. Profits are increases in the owner's capital interest, and that is how the accounting entry for this transaction would be completed: an increase in one asset (cash £130), a decrease in another asset (timber £100), and the difference representing an increase in capital (£30).

With his records on a proper accounting basis, Dovetail can readily draw up a balance sheet to show where his business stands at the end of the first week (see Frame 2). Note that the balance sheet shows where Dovetail had

Frame 2

Dovetail's balance sheet end of first week			
Where the money came from		*Where it is now*	
	£		£
CAPITAL	5,000	ASSETS	
Profit	30	Workshop	4,000
LIABILITY	1,000	Tools	300
		Cash	1,730
	6,030		6,030

got to at the end of his first week, but not how he had got there. It shows that he had made a profit, but not how that profit was made. It says nothing about buying timber and selling furniture, but that's what his business is all about – he hopes to buy a great deal of timber and sell a great deal of furniture.

That is exactly what happened. The business flourished, and very quickly Dovetail found that he couldn't manage on his own. He employed another carpenter and as well as the wages he had to pay he was of course soon paying as well for power and light and rates for his workshop. Profit was no longer a simple comparison between the cost of timber and the price he obtained for a piece of furniture. Indeed he started buying timber in larger quantities, enough for several tables and of different qualities and length, and it became even more difficult to assess the cost of the timber that went into each piece of furniture that he sold. With all these costs to be accounted for, the calculation of profit on any one sale would be an extremely complicated exercise, and the accounting records would quickly be reduced to a state of almost indecipherable complexity.

REVENUE AND EXPENSES: THE PROFIT AND LOSS ACCOUNT

To avoid that, two further sections are introduced into the accounting records. Every time Dovetail sold a piece of furniture he recorded the increase in asset (cash) and maintained the double entry by noting that the cash came from 'sales'. And every time he incurred a cost connected with those sales, he recorded the reduction in asset (cash) and maintained the double entry by noting that the cash went on 'cost of sales'. These two further elements in the accounting process are usually described as:

REVENUE =   Money received from selling the product of the business

EXPENSES =   Costs incurred in making and selling that product

If from time to time total revenues are compared with total expenses, the difference will be the profit or loss which has been made not on any one

Frame 3

Dovetail's profit and loss account for first week	
	£
REVENUE	
Sale of furniture	130
Less: EXPENSES	
Cost of timber	100
PROFIT	30

Frame 4

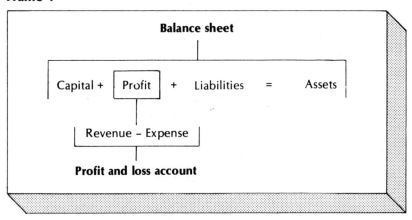

individual sale but on all the sales that have taken place since they were last summarised.

Extending the accounting records in this way provides the basis for preparing a profit and loss account. That for Dovetail's first week would look as in Frame 3. It summarises the results of trading during the week, and shows how the profit disclosed in the balance sheet arose.

There are now five main elements to the accounting records: assets, liabilities, capital, revenue and expense. It is important to remember, however, that profits accrue to capital; that revenue and expense are no more than sub-components of capital; and therefore that the profit and loss account is no more than a sub-analysis of the capital section of the balance sheet. This can be illustrated by extending the balance sheet equation as shown in Frame 4.

Alternatively, the equation can be rearranged in simplified form as follows:

Capital = Assets – Liabilities

The right-hand side of this equation (assets – liabilities) is often described as 'net assets', and this form of expression provides the basis for the accounting description of profit (an increase in capital) as representing an increase in net assets.

These five components provide the framework for keeping full and comprehensive accounting records. Any business transaction, no matter what its apparent complexity, can be described and recorded in terms of its effect on assets, liabilities, capital, revenue or expense; and the double-entry process keeps the equation constantly in balance by recording the dual aspects to any transaction in terms of their effect in increasing or decreasing any one or more of these five main elements.

Accounting records also provide the means by which day-by-day control can be exercised over the affairs of the business, and for this purpose the businessman will want his records in as much detail as possible. Dovetail

Frame 5

ASSETS	£	LIABILITIES	£	CAPITAL	£
Workshop	4,000	Loan from FD	1,000	J. Dovetail	5,000
Tools	300				
Cash	3,985				

REVENUE	£	EXPENSES	£
Sales of furniture	5,350	Materials	1,260
		Labour	970
		Overheads	835

Frame 6

Dovetail's profit and loss account for first year

	£	£
REVENUE		
Sale of furniture		5,350
Less: EXPENSES		
Materials	1,260	
Labour	970	
Overheads	835	
		3,065
Profit		2,285

Dovetail's balance sheet at the end of the first year

CAPITAL	5,000	ASSETS	
Profit	2,285	Workshop	4,000
	———	Tools	300
	7,285	Cash	3,985
LIABILITY			
Loan	1,000		
	———		———
	8,285		8,285

would want to know not just how much his expenses were in total, but how much he was spending on timber, or electricity, or wages. So he would keep not just one cost of sales account but several expense accounts – according to the nature of the expenses he incurred. Similarly, he will want separate records for each of the business' assets, and separate details, for example, of transactions with each person to whom he might owe money, or who might owe money to him. Accounting records will become detailed in their analysis, but no matter how extensive or sophisticated they might be they will always be organised under these five main categories – and it is because of this ordering of the accounting process that accounts take the shape that they do.

Frame 5 summarises Dovetail's accounting records as they stood at the end of his first year of business. Of course, these figures are not the records themselves but totals extracted from the records, representing in some cases the accumulation of several hundred entries made during the year to record the several hundred transactions that Dovetail entered into. It is these totals, however, which provide the basis from which we can prepare accounts. The profit and loss account set out in Frame 6 compares Dovetail's sales with his expenses to reveal that as a result of all of his trading activities during the year Dovetail had made a profit of £2,285; and the balance sheet which follows shows that at the end of the first year the business had assets totalling £8,285, owed liabilities totalling £1,000, and that Dovetail's capital interest had been increased from its original £5,000 by the profit of £2,285.

2 Preparing accounts: describing a business

MEASURING BUSINESS PERFORMANCE

The process of summarisation draws out the essential difference between keeping accounting records and preparing a set of accounts. The records are rather like a diary: look up any one page and you will find all the detail you need about each event and transaction that took place. But, like a diary, accounting records have the same limitations: they only provide the detail of each event; they don't draw the events together.

Accounts condense and summarise the information contained in the records into the form of a story. The story has two main chapters: the balance sheet, which assembles information in answer to the question 'Where are we?'; and the profit and loss account, which attempts to answer the question 'How did we get here?'. (Later on, we shall come to a further chapter – the statement of source and application of funds – which explains a little about 'What happened on the way?')

Unfortunately, the process – from accounting records to accounts – is not quite that straightforward. Anyone looking inside John Dovetail's workshop on the last day of the year would find a supply of unused timber – timber which Dovetail has had to pay money for, and which is included in the cost of materials in his profit and loss account. But that timber is not an expense of this year's sales – it will go into furniture that he hopes to sell next year. Similarly with the tables which are not quite finished – are they not as much an asset of the business at the end of the year as the workshop and tools are? And the bill outstanding for the latest supply of materials, or the amount due to carpenters for the last week's wages – are they not liabilities of the business at the year end?

The answer to all these questions is, of course, yes. The point is that the accounting records do not necessarily contain all the information needed to prepare accounts. If the story told in the accounts is to be as fair and complete as possible, the raw information provided by the accounting records may need to be amended and adjusted. The need arises because, whereas the activities of the business continue from day to day, the act of preparing accounts happens only occasionally: in order to prepare them, we have to 'freeze' the flow of the business – rather like taking a still frame from a moving picture. We split the life of a business into periods, usually of one year, and in this act we move from the exact science of noting transactions in the accounting records to the rather more imprecise art of describing the financial position of a business and measuring its profit to date.

This process will often involve a considerable degree of estimation and opinion. (If Dovetail's half-finished tables, for example, are to be regarded as an asset of the business at the end of the year, what cost should be attributed to them?) In order to provide some consistency in the estimates that are made, and to provide a framework within which to exercise their judgement, accountants have adopted a number of generally accepted principles and conventions. Some of these are specific and are concerned with particular types of asset, revenue or expense. Others are more wide-ranging in their effect and it is these we shall look at in the remainder of this chapter. Their importance is that they imply certain assumptions about what accounts are and are not intended to convey. If we want to understand accounts, we need to understand these conventions. And if we want to make use of the information contained in accounts, we need to understand the degree of estimation that goes into preparing them.

'REALISATION', OR HOW TO MEASURE REVENUE

There are only a small handful of broad rules that we need to be concerned with. The first is the principle of realisation. Its effect can be observed in the results that were reported for John Dovetail's first week in business.

We said then that he had made a profit because he had *sold* a table, but Dovetail might well claim (and most economists would agree with him) that he started to earn that profit as soon as he started to *make* the table, and that the earning process continued during the making of it. In terms of economic theory that is no doubt true; for accounting purposes, however, it would be impractical to attempt to calculate how much profit was earned on each of the three days it took to make the table – even if we could reasonably assume in advance what the total amount of the eventual profit was likely to be. Such a measure would be too subjective, and open to widely differing estimates and interpretations. For accounting purposes the measure of revenue needs to be objective, and so we adopt the principle of realisation: a profit isn't recognised until it is 'realised' in the form of a sale.

There are certain extreme circumstances in which this rule has to be bent. An engineering company, for example, might take four years to build a bridge, and it would clearly be a distortion to allocate all of its profit to the fourth year and none to the first three. For this reason there are exceptional rules which apply when accounting for long-term contracts; but they are the exception. The general rule remains: profit is not recognised until the earning process has been completed and a sale has been made.

'HISTORIC COST', OR HOW TO MEASURE ASSETS: 1

The convention by which accounts are based on historic (or original) costs is the mirror image of the realisation principle. The consequence of not recognising a profit until the point of sale is that, while they are still held, assets will always be shown in accounts at a figure based on their original cost.

Thus Dovetail's half-finished tables – his work-in-progress – will be shown at cost – even though the tables are very nearly complete. The supply of timber he bought a year ago will, if unused, be shown in his balance sheet at the end of the year at the same original cost – even if its price has doubled in the meantime. The saw bench he is still using will be shown in this year's accounts at a figure which is based on the amount it cost him many years ago – even though it might cost him three or four times as much if he wanted to buy it now.

It is therefore important to appreciate that the amount at which assets are shown in the balance sheet does not necessarily represent their current value, nor what it would cost to replace them, nor what we could sell them for. Under conventional accounting, assets are shown at the historic cost of acquiring or producing them.

The twin principles of historic cost and realisation have important consequences for an understanding of accounts. Consider two garage owners, Bill and Ben. Both start the week with 100 gallons of petrol in their tanks, and both have paid £1 a gallon for it. On Tuesday, the price of petrol doubles. Bill thinks it might go up further, and decides to hold on to his stock. Ben sells, and invests the whole of the proceeds in bicycles. On Wednesday the price of bicycles doubles, as does the price of petrol once again. Bill still decides to hold on. Ben sells his bicycles and invests the whole of the proceeds (£400) back into petrol – which now costs him £4 a gallon. On Friday they both draw up their accounts. Bill's show no profit, and assets of £100. Ben's reveal a profit of £300 and assets worth £400. Yet they both started and ended the week in identical positions – with 100 gallons of petrol in their tanks.

The difference is, of course, that Ben entered into two market transactions during the week: he made two sales, and he therefore realised an accounting profit. Nevertheless, his wealth in 'real' terms at the end of the week was identical to Bill's.

The example illustrates how the principles of realisation and historic cost act as limiting factors on the type of information that accounts are intended to convey. An appreciation of them will serve the businessman well when he comes to consider such questions as the value of his business and its profitability.

'MATCHING', OR HOW TO MEASURE EXPENSE

Profit is the difference between the total revenue of a business and its total expenses for a given period. The purpose of the 'matching' principle is to ensure that, in arriving at that profit, revenue is compared or matched with *all* of the costs that have been incurred in earning it.

The matching process is sometimes referred to as the 'accruals' basis of accounting. This is merely to differentiate it from a simple cash basis, and it means that expenses should be recognised in the period in which they are incurred, rather than that in which money happens to be paid for them.

It is quite clear, for example, that if it costs £1,000 a year to rent a warehouse, then there is an expense of £1,000 to be recognised each year, regardless of how and when the rent is paid. If it was paid in lump sums of three years, £2,000 should, at the end of the first year, be carried forward as an asset – ready to be matched against the revenues of Years 2 and 3. It would be quite wrong to charge the whole of that payment as an expense of Year 1. Similarly the power used in the last quarter of 1982 is an expense of 1982's trading – even though the electricity bill might not be paid until 1983.

The matching process does not create any difficulty when the expense is identifiable with a particular period of time. But that is not always the case. A large-scale advertising campaign, paid for this year, might be expected to boost sales over the next two or three years. How much of that cost to recognise as an expense of Year 1, and how much to carry forward and match against the revenues of Years 2 and 3 is a matter of judgement, involving a good degree of estimation.

Much the same principle applies to plant and machinery. John Dovetail might hope that his saw bench will last for many years, and its use will therefore contribute to several years' revenue. But it won't last for ever, and one way or the other its cost has to be allocated against the revenues it helps to earn. He might expect it to last eight years, in which case one eighth of its cost will be charged against the revenues of each of those years. This process is what is usually referred to as depreciation, but essentially it is no more than a further element in the matching process – the attempt to compare revenues with *all* the costs incurred in earning them.

'GOING CONCERN', OR HOW TO MEASURE ASSETS: 2

The idea of 'going concern' is not so much a principle of accounting as a general assumption which supports other, more specific, accounting procedures. The assumption made is that, in the absence of any evidence to the contrary, the business will continue to operate in the future and in the same trade. This may not of itself appear particularly startling, but the assumption of the going concern lends support, for example, to the historic cost basis of valuing assets. If we can assume that the business will continue to operate in future years, it will be appropriate to carry assets forward at their full cost; and it will therefore be unnecessary – indeed inappropriate – to state these assets at what might be a much lower disposal or break-up value.

Take for example the production of this book, and assume it to be in the course of production at the publishing company's year end. It started off life as sheets of clean and rather costly paper, which were then cut up into smaller pieces for printing. At the year-end it comprised a collection of half-printed pages, worth no more than scrap value – and certainly worth far less than the original clean sheets of paper. But by assuming a going concern, we assume that the company will continue in business next year, will finish printing and binding the book, and will sell it at a price which (in normal circumstances) would recover all the costs that have gone into it. So at the year end the going-concern assumption allows the half-processed paper to be carried forward not at its scrap value but at an amount based on the full costs incurred to date, including all the material and production costs that have so far gone into it.

Alternatively, take the table which John Dovetail had only half-finished on the last day of the year. The original length of timber from which he was making it had considerable value, but now he has sawn it, drilled it and chiselled it, although it hasn't yet taken the shape of a table. It lies around his workshop as a collection of odd bits of wood – suitable for the fire but, in their present shape, not much else. But we don't value it as firewood, we value it at the full costs that have so far been put into it – because we assume that he will finish making it, and sell it, and recover all of those costs next year.

ALLOCATING COSTS TO ACCOUNTING PERIODS

In other words the unfinished table is regarded as an asset. The costs that have gone into it will not be written off as an expense of past trading but will be reflected in the balance sheet, and carried forward to be written off next year and matched against the revenue to be derived from its sale.

This illustrates a theme which is central to the preparation of accounts: whether costs – regardless of how they are described in the records – are properly regarded, for the purpose of preparing accounts, as assets to be carried forward or expenses to be written off. If we could have waited a week or so before preparing Dovetail's accounts, there would have been no problem – the revenue from the sale of the table would automatically have fallen in the same period as the costs of making it. If we could have waited eight years, all the costs of the sawbench would have been used up and automatically matched against the total revenue generated during those eight years. But accounts have to be prepared at least annually, and the allocation of costs to the appropriate accounting periods is one of the finer arts involved in their preparation – and one which will often involve a good deal of estimation.

'PRUDENCE', OR HOW TO ESTIMATE

The last of the conventions we need to consider – prudence – is more an attitude than a principle of accounting. Prudence says that whenever you have to exercise judgement, or make an estimate, or assess an uncertain outcome, take the pessimistic view.

We can see prudence in the principle of realisation: don't take a profit until it is certain, until it is realised in the form of a sale. More particularly, we can see it in the converse, in the rule which says provide for all known losses – whether they are realised or not. So Bill the garage owner was not able to show any profit because he hadn't sold any petrol, even though he knew he could sell it for £4 per gallon. But if the price of petrol had halved instead of doubled twice, prudence would have required that Bill's stock be written down to 25p per gallon. He would have shown a loss for the week, even though he hadn't sold anything.

Prudence has its roots in the purpose that accounts have traditionally served in providing financial information about a business to creditors, shareholders and other interested parties who, of necessity, do not have day-by-day control over the credit they have given or the money they have invested. For these purposes there is some virtue in adopting conventions such as prudence in order to temper the terms of uninhibited optimism in which management might otherwise be inclined to report. But prudence does imply 'at least as good' rather than 'most likely' or 'at best'. It does tend, on balance, towards a relative understatement of both profits and asset values, and it adds a further dimension to our understanding of accounts.

SUMMARY

To understand accounts we need to understand their derivation. Accounts are derived from accounting records, and accounting records – the means by which a business keeps a record of the transactions it has engaged in – are maintained on the basis of double entry.

The process of double entry results in a balance sheet that has two equal sides, which describe and compare assets (what the business owns) with liabilities (what the business owes) and capital (the owners' interest in the business). The balance sheet is a statement of financial position: it describes where the business stands at any given time.

The process of double entry also leads to the profit and loss account, which compares the revenues and expenses of a business for a given period. Profit is represented by an increase in net assets, and the making of a profit results in an increase in the owner's capital interest. The profit and loss account summarises how that increase arose; it analyses the movement in the capital part of the balance sheet equation. A balance sheet shows where a business stands; the profit and loss account shows how it came to stand there.

In order to make use of accounts we also need to understand the bases on which they are drawn up. A summary of the accounting records provides the starting point but, because the act of preparing accounts requires the flow of business transactions to be frozen, figures extracted from the records will need amendment and adjustment if the balance sheet is to provide a fair picture of the financial position of the business and if the profit and loss account is to provide a fair measure of its performance to date.

The process of transformation – from accounting records to a set of accounts – is one that involves accountants in a good deal of estimation and opinion. The rules that govern the estimates which are made are dominated by a sense of prudence: the principle of realisation gives a prudent measure of profit; the convention of historic cost normally results in a prudent measure of assets.

These rules serve their purpose in providing a framework in which accounts can be drawn up on a reasonably objective basis; but they also serve as limiting factors on the type of information that accounts are intended to convey. An appreciation of them is essential for an understanding of the uses to which accounts can be put.

Part Two

CONTENT OF ACCOUNTS: WHAT DO THEY MEAN?

3 Introduction

In Part Two the accounts of Dovetails Limited will be examined in detail. Since its modest beginnings, John Dovetail's furniture business has expanded considerably. Others have joined him in forming a company, which has been trading successfully for a number of years.

The company's accounts for 1982 are set out on pages xv to xxii. They comprise two things – words and figures. Our purpose in this chapter will be to look at what the words mean, and how the figures are arrived at.

First, however, it should be emphasised that the accounts reproduced are extracts from the company's published annual accounts. Because they are extracted from the published accounts, they are drawn up in a manner that complies both with the Companies Acts and with Statements of Standard Accounting Practice (SSAPs) issued by the accounting profession.

For the most part, the accounting requirements of the Companies Acts seek to establish the minimum amount of information that should be included in accounts, and the manner in which it should be presented: until very recently (see Part Five), company law has not been concerned with how the figures are arrived at. SSAPs also regulate disclosure, but their main purpose is to establish the principles by which certain of the figures are calculated. Although, for the most part, there will be no need here to refer to the detailed requirements of either the Companies Acts or SSAPs, the reader should be aware of their governing influence on the accounts to be examined.

It should also be noted that in addition to the statements that are reproduced here, Dovetails' full set of published accounts would include two further reports: one by the directors and one by the auditors. The first provides a narrative commentary by the directors on the company's activities during the year (usually in highly cryptic form), but is otherwise concerned to disclose details to the outside world about the directors themselves and their interests in the company. The second report contains confirmation from the auditors that they have carried out an independent examination of the company's accounts, and includes their opinion as to whether the accounts provide a 'true and fair view' of both the company's financial position and its reported profit or loss for the year.

The accounts are in four parts: a balance sheet, a profit and loss account, a statement of source and application of funds, and supporting notes. Earlier sections described how the balance sheet and profit and loss account are derived from the accounting records. Later, we shall examine how the statement of source and application of funds provides a re-analysis of this information in different terms.

The fourth part to the accounts – the notes – serves two purposes. First they are the traditional means of disclosing more detailed information can reasonably be included on the face of the balance sheet or the profit and loss account. The notes can be very useful in the explanation and supporting information they provide; indeed they will often contain information which is critical for a full understanding of the main accounts. Secondly, the notes will disclose the accounting treatments adopted by the company in areas where alternative treatments would have a significant effect on the figures. For our purposes in 'walking through' the accounts of Dovetails Limited, we shall be looking at each item in the accounts in conjunction with any notes which support it.

4 The balance sheet

DATE AND FORMAT

The balance sheet is a statement of position. It attempts to provide the financial answer to the question 'Where does the business stand?'. The first point to be noticed about a balance sheet, therefore, is that it is drawn up as at a particular moment in time – in Dovetails' case, at the close of business on 31 December 1982.

We have already noted that the business itself does not of course 'stop' on 31 December. Its trading activities are continuous. If the preparation of a balance sheet is to be compared to the taking of a still frame from a moving picture, we should also note that if we take the frame a moment earlier or a moment later, the picture will be different. In the case of the financial picture in a balance sheet, any difference will depend on the extent to which the business has engaged in any transactions of unusual significance during the days and weeks immediately surrounding the date of the balance sheet. In normal circumstances, assuming a steady pattern to the flow and terms of trading, the difference may only be marginal, and we can usually regard the balance sheet not only as a summary of affairs 'as at the balance sheet date', but also as a reasonable representation of the company's affairs on or around that date.

The second general point to note about Dovetails' balance sheet is that it is really two balance sheets, presented under the columns 1982 and 1981. The amounts appearing under the 1981 column are referred to as 'comparative figures' or 'corresponding amounts' and they summarise the position as it stood on the same date last year. Their inclusion is a legal requirement, but they also provide a very useful basis for comparison: it is one thing to know where the business stands on 31 December 1982, but it is much more useful to be able to assess that position in the context of where the business has come from. The comparative figures show where the business was twelve months ago.

Thirdly, it will be noted that Dovetails' balance sheet is presented in a vertical format. This presentation differs only in shape from the simple examples of horizontal balance sheets that were illustrated in Part One. The substance of the two formats is the same: the totals of Dovetails' vertical presentation (£918,635) retain the same, essential balance sheet equation.

FIXED ASSETS

The first line of Dovetails' balance sheet shows fixed assets of £488,061 (and £454,384 for the previous year). The one characteristic that distinguishes a 'fixed' asset is that it is held because the business intends to use it rather than sell it.

Frame 7

6 Fixed Assets	Freehold property	Tools & equipment	Motor vehicles	Total
	£	£	£	£
Cost:				
At 1 Jan 1982	227,575	391,789	35,557	654,921
Additions	50,715	43,913	6,046	100,674
Disposals	–	(18,866)	–	(18,866)
At 31 Dec 1982	278,290	416,836	41,603	736,729
Depreciation:				
At 1 Jan 1982	27,309	159,161	14,067	200,537
Charge for the year	5,058	50,483	9,863	65,404
Disposals	–	(17,273)	–	(17,273)
At 31 Dec 1982	32,367	192,371	23,930	248,668
Net book value:				
At 31 Dec 1982	245,923	224,465	17,673	488,061
At 31 Dec 1981	200,266	232,628	21,490	454,384

'Fixed' assets are those which a business intends to retain for a number of years, and put to use repeatedly in the production and distribution of its products. They will normally comprise buildings in which to make and store the product, plant and machinery to make it with, and vehicles to deliver it in.

A breakdown of Dovetails' fixed assets is given in Note 7 to the accounts and reproduced in Frame 7. It shows that Dovetails have three main categories of fixed assets and (in the penultimate line) that the balance sheet figure of £488,061 is made up of freehold property (£245,923), tools and equipment (£224,465) and motor vehicles (£17,673). These amounts are described in the note as being the 'net book value' of the respective assets, and it can be seen that net book value comes from a comparison of cost and depreciation. Depreciation has been touched on in Part One where it was described as the means by which the cost of a fixed asset is allocated over the various accounting periods that benefit from its use. In so doing the attempt is to match the revenues for a period with the proportion of the cost of fixed assets which is used up in earning them. The amount described as net book value represents the proportion of cost which has not yet been charged against the revenues of past periods, and which is therefore carried forward at the end of 1982 to be allocated against the revenues of future periods.

A closer examination of the note shows that at the beginning of the year Dovetails has tools and equipment, for example, which had cost a total of £391,789. During the year the company bought further tools and equipment at a cost of £43,913, and it disposed of items which had originally cost £18,866. That left £416,836 as the total, accumulated, historic cost of the tools and equipment that Dovetails owned at the end of the year.

The next line reveals that, of the total cost of £391,789 at 1 January 1982, £159,161 (approximately 40 per cent) had already been allocated to previous accounting periods. Of that amount, £17,273 was in respect of assets which had been disposed of during the year, and this amount is eliminated from the depreciation column in the same way as the cost of £18,866 was eliminated from the cost column. (The difference of £1,593 represents the net book value of the tools and equipment disposed of, and would be compared with the proceeds to establish whether a profit or loss was made on disposal.)

The amount of depreciation charged for 1982 is £50,483. This represents Dovetails' estimate of the proportion of the cost of these assets which has been used up in the course of 1982's production. As a result, the total accumulated depreciation at 31 December 1982 amounts to £192,371. In summary, the tools and equipment that Dovetails owned at the end of 1982 originally cost them £416,836, of which £192,371 has been written off and charged as expenses in the years up to and including 1982, leaving unexpired costs, or net book value, to be carried forward at 31 December 1982 of £224,465.

Note 7 provides similar information in respect of Dovetails' two other categories of fixed asset – property and vehicles – and each of these columns can be read in the same way. The relationship between cost and accumulated depreciation can give an indication as to the relative age of the assets in question: the greater the proportion that accumulated depreciation bears to original cost, the older the assets are likely to be (and the sooner they might need replacing). That assessment, however, will also require a reading of the company's depreciation policy.

DEPRECIATION

There are a number of alternative methods by which annual depreciation can be estimated, and a company can choose whichever method it believes most appropriate for allocating the cost of a fixed asset against the revenues derived from using it.

Ideally, depreciation would be charged on a usage basis. The cost of a lorry which had an expected life of 100,000 miles would be allocated to accounting periods proportionately to the number of miles travelled each year. Similarly, the cost of a machine which is expected to produce 40,000 units would be charged according to the number of units produced each year. More usually, the assumption is made that from year to year the level of business activity will be reasonably consistent, and depreciation is therefore more often charged on a straightforward time basis.

The simplest and most widely adopted method is to spread the cost of an asset in equal instalments over its expected useful life (the 'straight-line' method of depreciation). Dovetails might expect a wood-turning machine to last 8 years. If it cost £16,000, annual depreciation on a straight-line basis would be £2,000 (1/8th × £16,000) each year. At the end of year one, the machine would be shown in the balance sheet as follows:

Cost	£16,000
Less: Accumulated depreciation	2,000
	£14,000

At the end of five years, £2,000 having been written off each year, the machine would be shown in the balance sheet at a net book value of £6,000, as follows:

Cost	£16,000
Less: Accumulated depreciation	10,000
	£6,000

Whatever method of depreciation is adopted, it will be based on estimates and expectations, and circumstances can of course change in a way which makes previous estimates and expectations no longer appropriate. For example, heavily carved table legs can go out of fashion, and the wood-turning machine that is used to make them will fall idle. In that case the depreciation policy would have to be revised. The full costs of that machine can no longer be expected to be recovered, and prudence would require that its net book value should immediately be written down – either to its scrap value or to the small proportion of its cost which can reasonably be expected to be recovered from its limited future use.

Depreciation is an expense – often a highly significant one – and, because of the degree of estimation it involves, the method of calculation will usually be found in the notes to the accounts. In Dovetails' case this explanation is given in Note 1(a) – see Frame 8. This note explains that Dovetails do not charge depreciation on freehold land. That is quite usual: land does not depreciate however much it is used – it lasts for ever. On other fixed assets Dovetails charge depreciation on the straight-line basis, i.e. they allocate the cost in equal amounts over the number of years the respective assets are expected to last. The remainder of the note reveals that Dovetails expect their buildings to last 50 years (2 per cent per annum), that they expect their tools and equipment to last, on average, between 6 and 7 years (15 per cent per annum) and that they expect their vehicles to last four years (25 per cent per annum).

We might attempt to confirm this information by referring back to the line in the fixed asset note which shows the depreciation charge for the year.

Frame 8

1 (a)   *Depreciation*

Depreciation is not charged in respect of freehold land. On other assets it is charged in equal annual instalments over their anticipated useful lives. The rates of depreciation used are as follows:

Freehold buildings	– 2 per cent per annum
Tools and equipment	– 15 per cent per annum
Motor vehicles	– 25 per cent per annum

The charge for freehold property (£5,058) represents approximately 1.8 per cent of the total cost at 31 December 1981 of £278,290. The shortfall is due to the element of land included in the cost but which is not depreciated. The charge for tools and equipment (£50,483) represents approximately 12 per cent of the cost of £416,836. This is less than the quoted 15 per cent, and there could be a number of reasons. It may be that Dovetails calculate depreciation on a monthly basis, in which case the additions during the year of £43,913 would have suffered less than a full year's depreciation charge. Or it could be that included in the cost of tools and equipment are items that are more than seven years old, the cost of which would have been wholly written off in previous years and for which there will therefore be no depreciation to charge for the current year. Without knowing this detail we cannot reconcile the depreciation charge exactly, but the fixed asset note will often provide a broad indication of the age of the assets in question. If the charge for the year is considerably less than the quoted rate, the indication is that the assets are relatively old, and have lasted longer than was originally expected.

Depreciation is sometimes referred to, rather misleadingly, as a means of providing for the replacement of the assets in question. It is true that charging depreciation annually against profits will, over the years, ensure that funds are retained in the business equivalent to the original cost of the asset. But a fixed asset can be replaced only if there is sufficient cash – or borrowing power – available to meet the replacement cost. Depreciation can only be said to 'provide' for replacement if the funds that have been retained are kept in liquid form.

More importantly, depreciation only ensures the retention of funds amounting to the *original* cost of the asset and, even if the cash is available, it will often not be enough to buy a replacement. Referring to Dovetails' fixed asset note, it might reasonably – although not necessarily – be presumed that this year's additions to tools and equipment, which cost £43,913, were replacements for the items disposed of during the year which originally cost only £18,866. Even if that cost has been fully written off (which it has not) the accumulated annual depreciation would clearly have fallen very far short of the amount now needed for replacement. For these reasons, the annual depreciation charge is best regarded as no more than one aspect of the general principle of matching – the allocation of the cost of an asset over appropriate accounting periods. Planning for replacement is a matter of quite separate financial policy.

FIXED ASSET VALUATION

Dovetails have followed normal practice in showing their fixed assets at historic cost, less the proportion of that cost so far written off. However, because fixed assets will usually be several years old, the historic costs will usually be several years out of date. We have seen that this can have important consequences when Dovetails come to make internal plans for plant replacement. It could also have important consequences for any external assessment that might be made of the company's fixed asset position.

Dovetails' buildings, for example, will probably be worth far more – in terms of what they would fetch on the property market – than their book value of £245,923. Buildings usually last a long time; they will often have been acquired many years ago; and their book value, based on original cost, will usually be a considerable understatement of their current worth. Although it is an established principle that accounts do not purport to show disposal values, the inclusion of buildings at original cost can cause a particularly acute distortion in the balance sheet's attempt to describe the current financial position of the business. For this reason it has become a common practice for companies to include property at its current market value.

Although this represents an exception to the general principle of historic cost, it should be noted that there is no corresponding exception to the principle of realisation. If a property is revalued, the surplus that arises is unrealised, and cannot therefore be regarded as a profit. It only becomes realised – and therefore recognisable in the profit and loss account – when it is sold. The surplus does nevertheless represent an increase in asset value and, as such, is properly regarded as an increase – albeit an unrealised increase – in the proprietors' or shareholders' interest in the business. The usual practice is to identify it as a separate element in the reserves section of the balance sheet.

INVESTMENTS

The next line in Dovetails' balance sheet shows investments of £26,000. There can be any number of reasons why a business might want to hold investments. They may represent money that has been put to one side, ready for when the time comes to replace some fixed assets. Or they may represent no more than a temporary investment of surplus cash. Their purpose will usually dictate the way in which they are disclosed in the balance sheet. In Dovetails' case, they are not shown under the general

Frame 9

8 Investments	1982	1981
	£	£
Listed investments, at cost	14,000	14,000
Unquoted trade investment, at directors' valuation	12,000	8,000
	26,000	22,000

The market value of listed investments at 31 December 1982 was £17,963 (1981 – £15,236).

The trade investment comprises Ordinary shares in Legato Limited, representing 15 per cent of the issued share capital of that company.

heading of current assets – which implies that there is no intention to sell them in the near future.

Investments can also take a variety of forms. In the examples cited, they would usually take the form of marketable securities which could be sold as soon as the funds were needed for the required purpose. Alternatively the investment might be made for purposes connected with the trade. Further details about Dovetails' investments are given in Note 8 – see Frame 9.

Dovetails have two types of investment. Listed investments are investments in companies which have a listing on the Stock Exchange. They cost Dovetails £14,000 but, because they are readily marketable, the note also shows their market value, i.e. the amount that could have been obtained for them if they had been sold on 31 December 1982.

Dovetails also have an unquoted trade investment, which is shown at directors' valuation of £12,000. The note goes on to say that Dovetails have acquired a 15 per cent interest in the business of Legato Limited. There can be a variety of reasons for such trade investments. It might have been to secure benefits for Dovetails' own business operations, e.g. to secure preferential delivery from an important supplier. Or it may be simply an investment in the potential of an unrelated business.

Trade investments should be assessed quite separately from listed securities, for they usually involve a quite different degree of risk. As in Dovetails' case, they are generally shown at directors' valuation for, if the directors do not provide a valuation, there is a legal requirement to disclose somewhat detailed information about the profits and losses of the company in which the investment is held. In any event the valuation is usually based on cost, unless the directors have reason to believe that there has been a permanent diminution in the value of the investment, in which case it would be written down to the lower amount.

CURRENT ASSETS

Dovetails have three types of current asset: stock and work-in-progress; debtors; and cash. In Dovetails' case, stock will represent a supply of timber ready to be turned into furniture (raw materials), furniture which is in the course of production at the balance sheet date (work-in-progress), and furniture that is awaiting delivery to customers (finished goods). Debtors represent amounts due from customers in respect of past sales. The distinguishing feature of any asset listed as 'current' is that it is either already in the form of cash or can be expected to be turned into cash in the near future, usually one year.

The transformation into cash may take a number of months – according to the type of current asset in question. Dovetails might expect most of their debtors, for example, to pay within the next month. They might expect to deliver a good proportion of their finished goods stock, and collect payment from customers, over the next two or three months. It will take somewhat longer to process the raw materials, turn them into finished goods, sell them and collect the money. But by grouping these assets all under the heading of 'current', the implication is that, one way or the other, they can all be turned into cash within the next twelve months.

Note that the distinction between fixed and current assets depends not on the type of asset but on the type of business that is buying or selling it. Furniture is Dovetails' trading stock, but the company that buys it might expect to use it as office equipment for several years, and in its own accounts will therefore describe it as a fixed asset. Dovetails describe their delivery trucks as fixed assets, but they would have been a current asset of British Leyland (whose business it is to make and sell lorries) before they sold them to Dovetails. Similarly Dovetails' sawbench – which they hope to use for many years – would have been the trading stock of the manufacturer, Black & Decker.

Note also that the grouping of assets under the general headings of 'fixed' or 'current' is no more than a technique adopted in the preparation of a balance sheet, a technique that provides a helpful means of describing the financial position on a given date. In the days and weeks and months which follow 31 December, Dovetails will continue to make furniture, sell it, and collect money from customers. The debtors at 31 December which are turned into cash will be replaced by other debtors, and the stock which is sold will be replaced by other stock as it is produced. The business cycle continues, and phrases such as 'fixed' and 'current' only arise because of the freeze that is put on a business in order to prepare accounts.

CASH

Almost alone amongst the items appearing in a balance sheet, cash is what it appears to be: the amount of cash on the premises or in the bank at 31 December 1982 (see Frame 10). Even here, however, the incidence of uncleared cheques (those which have been issued, and recorded in the company's own records, but which have not yet been cleared through the bank statement) leaves room for some debate as to which is the correct figure to use – the one according to the cash book or the one according to

Frame 10

	1982	1981
	£	£
Current assets:		
. . .		
Cash	26,333	29,745

the bank statement. Usual practice in the UK is to take the former – and to deduct uncleared cheque payments before disclosing both the bank balance and the amount of outstanding creditors.

Dovetails have some £3,000 less cash than they held a year ago, but that is not a figure that should be read in isolation, for as we shall see lower down in the balance sheet they also have a bank overdraft.

DEBTORS

Debtors represent the amounts due to Dovetails from customers to whom they have sold goods on credit terms. Dovetails' debtors have increased substantially over the previous year (see Frame 11). That could mean that customers are taking much longer to pay, or it could mean that the volume of sales and number of customers has increased. Once again the figure is not to be read in isolation.

Frame 11

	1982	1981
	£	£
Current assets:		
. . .		
Debtors	584,537	416,756

For the most part, the debtors figure in a balance sheet emerges directly from the accounting records, and is one which is therefore capable of precise calculation. From their supporting records, Dovetails could identify how much of the total of £584,537 was due from each individual customer. The only degree of estimation involved concerns an assessment of whether any debtors will not be able to pay. Where there is evidence of bad or doubtful debts – and this will usually come from knowledge of the financial circumstances of the customers, and depending on how long the debts have been outstanding – prudence requires that they should be written down or provided for.

A provision for such debts (writing down the value of the asset debtors, and recognising an expense or loss in the profit and loss account) can be either 'specific' to the debts in question, or 'general' – in which case it is usually expressed as a percentage of sales or of outstanding debtors, and is based on previous years' experience of the proportion that ultimately are irrecoverable. Either way there are clearly elements of uncertainty and estimation involved in the calculation of the provision, and therefore in the amount at which debtors are stated in the balance sheet.

PREPAYMENTS

Conventionally, the amount shown for debtors will include any 'prepayments' made by the company. Prepayments represent the amounts of any expenses which have been paid for this year but which are attributable to succeeding years. Although these payments are already reflected in the accounting records, the matching principle requires that, on the preparation of accounts, adjustments should be made to carry forward as an asset that amount which should properly be recognised as an expense of the following year.

The degree of estimation involved in calculating the amount to be carried forward will depend on the type of expense in question. Where it is clearly identifiable with time periods, e.g. rent, the calculation is straightforward. Where it is not, e.g. advertising expenditure or costs in connection with the development of a new product, the estimate may involve a considerable degree of uncertainty. Where the amounts involved are significant, prepayments should usually be identified separately in the balance sheet. Where they are not shown separately it can usually be taken that they will represent only a small proportion of the figure appearing against debtors.

STOCK AND WORK-IN-PROGRESS

Trading stock is the lifeblood of any business, and it is frequently one of the most significant figures in a balance sheet. It is significant in terms of its size, in the degree of estimation that is often involved in its calculation, and in the critical impact it can have on the story told by the accounts. It is also the figure which is most susceptible to error – or manipulation.

In normal circumstances, the costs of materials, wages and overheads incurred in the course of production during the year will be recorded as expenses. The calculation of stock is no more than an application of the matching principle, requiring an assessment of the proportion of those costs which should properly be regarded as an asset to be carried forward to the following year and matched against the revenues which will be generated when those goods are sold. The significance of stock in accounting terms results primarily from the estimates and assumptions that are involved in these calculations. It becomes doubly important because – as we shall see later – an increase or decrease in the value of closing stock and work-in-progress results in a corresponding increase or decrease in the profit for the year.

Because of its significance, many companies will keep subsidiary records to control the amounts and movement of stock. These records will usually be in terms of both quantities and values: entries will be made whenever raw materials are acquired, whenever they are moved to the production line, and whenever they are issued back to the shelves as finished goods. In their more sophisticated forms, such stock records will also record the labour and overhead costs that go into stock at each stage of the production process. Although they do not play a part in the double entry on which the main financial records are based, stock records do provide a good means of control and, where they exist, they will clearly provide the basis for calculating the amount of stock and work-in-progress on hand at any one time.

Where they do not exist – and Dovetails is a case in point – some other means has to be found of calculating stock and work-in-progress at the balance sheet date, and this is usually done by going into the factory or warehouse and counting what's there. That will give quantities, but the accounts, of course, are based on values, and it is the valuing of stock – the allocation of costs between items sold and items still on hand – that gives rise to the main area of estimation.

Frame 12

	Note	1982	1981
Current assets:		£	£
. . .			
Stock and work-in-progress	9	435,289	404,095
Note 9		1982	1981
		£	£
Stock and work-in-progress:			
Raw materials		211,579	195,026
Work-in-progress		202,993	187,792
Finished goods		20,717	21,277
		435,289	404,095

Accounting policies
(b) Stocks and work-in-progress
Stocks and work-in-progress are stated at the lower of cost and net realisable value. Cost comprises materials, direct labour and attributable overheads.

Note 9 to the accounts (see Frame 12) shows Dovetails' total stocks of £435,289 to be made up of raw materials £211,579, work-in-progress £202,993 and finished goods £20,717. Because of the principle of historic cost, the stated value of these assets will be based on the costs incurred in acquiring them or, in the case of work-in-progress and finished goods, on the costs that have been incurred into bringing them to their present state. The problem remains of establishing exactly what the 'cost' was.

Suppose that Dovetails had bought 10,000 metres of a certain type of timber evenly during the year. In the first half of the year the timber had cost 95p per metre. By the second half of the year the price had increased to £1.25 per metre. Of the 10,000 metres purchased, Dovetails still had 2,000 metres in stock unused at the end of the year. How should the 2,000 metres be valued?

Dovetails might reasonably proceed on the basis that it will carry its earlier costs forward. In that case, the stock of unused timber at the end of the year would be valued at 95p per metre and would be included in the balance sheet at a value of £1,900. As a result, the profit and loss account would be charged with £9,100 (total cost of timber purchased £11,000, less value of stock carried forward £1,900).

Alternatively, Dovetails might choose to attach the earlier costs to the goods sold during the year and to carry forward the later costs. In that case, the year-end stock of timber would be valued at £1.25 per metre and would be included in the balance sheet at a value of £2,500, and £8,500 would be charged against the current year's sales. The effect of the two alternative bases of valuation is to produce a cost of sales (and therefore a profit) figure which is different by £600 and a stock figure which is different by the same amount – a difference which in this example amounts to 30 per cent of the balance sheet carrying value.

Frame 13 summarises the effect. The difference produced by the alternative bases (£600) arises from only one small element in Dovetails' total stocks of £435,289. If costs had changed similarly during the year on all Dovetails' categories of stock, the magnified effect on the total balance sheet value

Frame 13

		Balance sheet	Profit and loss account
Bases of stock valuation			
		Asset	Cost of sales
		£	£
A	2,000 metres at 95p	1,900	
	3,000 metres at 95p + 5,000 metres at £1.25		9,100
B	2,000 metres at £1.25	2,500	
	5,000 metres at 95p + 3,000 metres at £1.25		8,500

Basis B produces profits and stock values which are both £600 greater than those resulting from basis A.

could be as much as plus or minus £150,000 – more than Dovetails' total profit for the year!

It should be noted that the attempt to allocate costs between materials that have been consumed and those that remain on hand at the end of the year is not necessarily related to the physical flow of those materials through the business: the alternative assumptions which might be made – and the alternative methods of valuation they lead to – arise only as a result of the need to prepare accounts, and the consequent requirement to allocate costs between different accounting periods.

The allocation of material costs is only one of the problems associated with stock valuations. Dovetails' accounting policy on stocks – which purports to describe the bases adopted in valuing it – states that 'cost' comprises not only the cost of materials but also 'direct labour and attributable production overheads'. This means that the costs at which work-in-progress and finished goods are shown include an allocation of the wages and other expenses that have been incurred in bringing that stock to its present state. Establishing precisely which expenses – and what proportion of them – are directly attributable to stock on hand is a matter requiring judgement and estimation.

For example, it is reasonably clear that the wages of a saw-bench operator for a year could with justification be allocated over the number of lengths of timber sawn up during the year or the number of pieces of furniture produced; and it would be a reasonable allocation of his wages if the amount that was deemed to be attributable to stock on hand at the end of the year was in the same proportion as the quantity of that stock to the total amount produced during the year. However, not all wages are that easily identified directly with production: the factory could not run if it were not supervised or maintained, but it is a matter for debate whether a proportion of the wages of the foremen or cleaners can be said to be directly attributable to the production of closing stock, or whether the whole amount of those costs should be written off on a time basis, as soon as they are incurred. Similar decisions have to be made in respect of the myriad other costs that fall under the heading of 'overheads'. Those decisions will have an immediate effect on both the amount at which stock is stated in the balance sheet and on the amount of profit that is reported for the year.

A third matter to be considered in the valuation of stocks is concerned with the occasions on which it is necessary to show them at a value which is less than cost. This point is also alluded to in Dovetails' accounting policy note, where it is disclosed that stocks and work-in-progress are stated 'at the lower of cost and net realisable value'. This is the prudence concept at work. There will be a number of reasons why the full costs included in stock may not be recoverable on eventual sale. Materials may have been damaged, or finished goods may have proven faulty, or the items in stock may comprise a line which has now gone totally out of fashion. For any of these reasons, stocks will be reduced to the amount, if any, which might reasonably be expected to be recovered from their eventual sale. That amount will be uncertain, and can often only be estimated within wide margins. These matters provide further cause for reflecting that the amount appearing against stock in a balance sheet is very much less than a precisely calculated figure.

In view of the potential variables in the methods of establishing a stock valuation, it is a matter for some regret that the notes which purport to describe the bases which have been adopted are often less than helpful. Dovetails is typical. It should be said, however, that whatever assumptions are made, and whatever methods are adopted, there is a general requirement that they should be applied consistently from year to year.

Unless a change of treatment is announced prominently in the accounts, it can be assumed that if Dovetails, for example, based their stock valuation on latest raw material costs and exclude indirect factory overheads, then those are the procedures which they have followed and will follow from year to year. Despite a variety of possible valuation methods, the requirement for consistency ensures that, after the first year, the adopted treatment should have no significant effect on reported profits. Over the life of a business, profits will always be the same: it is only by virtue of preparing annual accounts, and the need to value stocks at the end of each period, that the accounting policies adopted in that valuation can, if not applied consistently, have the effect of shifting profits from one year to another.

CURRENT LIABILITIES

In the same way as assets are distinguished in a balance sheet between fixed and current, the liabilities of a business are also grouped together according to whether they are payable in the short term or long term. Current liabilities are those amounts owed by the business which, in general, will fall due for payment within twelve months of the balance sheet date.

Dovetails show four types of current liability: creditors, taxation, bank overdraft and dividend. Some of these will have to be paid in a matter of weeks; others may not fall due for several months. Nevertheless, grouping these various liabilities together under the one heading provides a neat and useful means of presenting an important part of the financial position of a business at a given date.

CREDITORS

Creditors represent amounts owing to suppliers for goods and services provided to the company which have not yet been paid for. Dovetails owes amounts totalling £461,958 at 31 December 1982, and owed a total of £329,877 at 31 December 1981 (see Frame 14). Of these totals, the largest component will usually be amounts owing to trade creditors, the suppliers who provide Dovetails with their raw materials. In their accounting records, Dovetails will carry details of the amount it owes to each individual supplier and, as was the case with debtors, the amount of trade creditors is a liability which can be calculated quite accurately.

Frame 14

	1982	1981
Current liabilities:	£	£
. . .		
Creditors	461,958	329,877

Although no breakdown is given, creditors will also usually include any 'accrued' expenses. Accrued expenses arise from services that have been provided in the current year – the benefit of which has been used in earning the current year's revenue – but which have not been paid for until the following year. Thus at any given time – including the balance sheet date – money will usually be owing for the recent week's wages, in respect of interest due to the bank, or for the last quarter's electricity or telephone bill. In some cases the amounts owing will have to be estimated in advance of knowing their precise amount although, where the expenses in question are of a recurring nature, that estimate can be made with reasonable accuracy based on past experience of the annual, quarterly or monthly charge.

Creditors may also include provisions for costs which although not yet paid, and even though no benefit may yet have been derived from them, are nevertheless 'provided for' this year on the basis of prudence. This will often be the case, for example, where – either through damage or negligence – machinery breaks down, or buildings fall into disrepair, and it is known that the assets in question can only be restored to their operating level at significant cost. Prudence requires provision for all known losses, even though these provisions can often only be made in round-sum amounts. Thus the pursuit of prudence adds another layer of estimation to the measurements included in accounts.

TAXATION

The next in Dovetails' list of current liabilities is taxation (see Frame 15), which amounted to £46,061 at 31 December 1982 and £16,831 at 31 December 1981. Companies pay corporation tax on their taxable profits, currently (1982/83) at a standard rate of 52 per cent (although for smaller companies with lower levels of profit the standard rate is reduced to 40 per cent). For most companies tax is usually payable nine months after the year end, and the amount of £46,061 is the estimated tax that Dovetails will have to pay for 1982.

Frame 15

	1982	1981
Current liabilities:	£	£
. . .		
Taxation	46,061	16,831

BANK OVERDRAFT

It was noted under current assets that Dovetails had cash and bank balances totalling £26,333. The balance sheet now shows (see Frame 16) that they also have an overdraft – money owing to the bank – which at 31 December 1982 amounts to £111,966.

Frame 16

	Note	1982	1981
Current liabilities:		£	£
. . .			
Bank overdraft	10	111,966	85,599

Note 10
The bank overdraft is secured by a fixed charge on the freehold property of the company.

When a bank grants an overdraft facility, it will usually be made available for a given period of time – often one year and, in normal circumstances, on the understanding that it will be available on a recurring basis thereafter. However, the terms under which it is lent will usually stipulate that an overdraft is repayable on demand; for this reason it is properly regarded as a current liability, even though there is an element of permanence to its recurring availability.

Note 10 reveals that the bank has taken a charge on the company's freehold property as security against the overdraft. If Dovetails defaults in repayment, the charge gives the bank the legal right to sell the property and recover the amount due to them out of the proceeds.

DIVIDENDS

Dovetails' remaining current liability (see Frame 17) is described as a dividend of £21,600. A dividend is an amount paid out to the shareholders (the owners) of the company as a return on the funds they have invested by way of share capital.

It was established in Part One that profits accrue to capital. If a business makes profits, the shareholders' capital grows. They will be happy with

Frame 17

	1982	1981
Current liabilities	£	£
. . .		
Dividend	21,600	20,400

that growth for it increases the paper value of their shares but, from time to time, they will also want a more tangible return on their investment. The only way that can normally be provided is by paying them a cash dividend.

The amount of dividend the directors of a company decide to pay is a critical factor in their overall financial policy: as much as profit is distributed to shareholders, that much less profit is retained within the business to finance future growth. For companies listed on the Stock Exchange the pressure to 'maintain (or increase) the dividend' from year to year can be severe; indeed the amount of dividend can act as the primary influence on the price at which shares are quoted, and directors may often feel obliged to maintain dividend payments simply in the – sometimes erroneous – belief that that will keep up the share price, even though the company cannot really withstand the outflow of cash (which might then have to be borrowed elsewhere at high interest rates).

For some family companies the dividend decision will often be less critical. The shareholders are likely to be related, and some of them will usually have a direct interest in the day-by-day running of the company. They will therefore be just as concerned with the long-term growth of the business as they are with any short-term return on their investment.

Note that of the total amount of dividend that the directors of Dovetails have declared during the year the amount shown in the balance sheet represents only that part which remains unpaid at the end of the year. The full dividend story can only be obtained from the profit and loss account.

When a company makes a distribution, it is required to pay tax at the basic income tax rate (presently 30 per cent) on the gross, i.e. before tax, amount distributed. This amount is treated as a payment on account of the company's corporation tax liability for the year in which the dividend is paid. It is described as Advance Corporation Tax (ACT) and, in so far as it is recoverable, is treated as an asset in the balance sheet, usually by way of deduction from the deferred tax liability.

Dovetails' dividend liability of £21,600 represents the net amount payable to shareholders after deducting tax (at 30 per cent) of £9,257; ACT of £9,257 is shown in Note 14 which describes the make-up of the deferred tax balance.

NET CURRENT ASSETS

We have now walked through the first half of Dovetails' balance sheet. Only one figure remains and that is the amount of £404,574 which is described as 'net current assets'. It is arrived at by deducting total current liabilities of £641,585 from total current assets of £1,046,159.

The amount of net current assets is a critical figure in any balance sheet. It comprises one measure of the 'working capital' of the business and it is in order to be able to highlight this figure that current liabilities are presented as a deduction from current assets. Current liabilities have been described as amounts which, in general, will fall due for payment within one year.

Current assets have been described as those amounts which are either already in the form of cash or will be turned into cash within one year. It is clear, therefore, that current assets will hopefully provide the funds from which current liabilities will be paid: the comparison of the two provides a useful indication of the short-term financial stability of the business.

Careful control of working capital lies at the heart of efficient business performance. It will form an important part of the analysis of Dovetails' financial strength and profitability, as described in Part Three.

SHARE CAPITAL

In the case of a company, capital is divided into shares, each representing a stake in the ownership. Company law permits shares to be issued in various types, and in unlimited amount. The type and amount of shares issued by any one company, however, will be governed by its constituting documents (its Memorandum and Articles of Association). As well as representing an interest in the capital of the business, a share will usually carry with it the right to vote – on those occasions when shareholders are asked to decide on some important aspect of the company's affairs – as well as an entitlement to dividends and a share in the proceeds in the event of the company being liquidated.

Dovetails' balance sheet shows share capital of £120,000 (see Frame 18). Note 11 explains that this is made up of Ordinary shares of £1 each. The amount of £1 is the nominal or par value of each share, and it represents the minimum amount that would have been paid in when the shares were first issued. Ordinary shares are the type most commonly issued. Each will usually carry an equal right to vote, an equal right to any profits that are distributed and equal rights in the winding up of the company. The 'authorised' share capital is the maximum amount which the company is presently permitted to issue, although by altering its Memorandum, and on application to the Registrar of Companies, this amount can be

Frame 18

	Note	1982	1981
		£	£
Share capital	11	120,000	120,000
Note 11			
Share capital			
Authorised:			
150,000 Ordinary shares of £1 each		150,000	150,000
Issued and fully paid:			
120,000 Ordinary shares of £1 each		120,000	120,000

increased. Of the 150,000 shares Dovetails has been authorised to issue, Note 11 confirms that it has in fact issued only 120,000.

The holders of Ordinary shares are not guaranteed any dividend. When profits are low they may get no return at all. When profits are high, however, they can usually expect a correspondingly high return on their investment. The strength of entitlement to dividends is the characteristic which distinguishes them from 'preference' shares. Dovetails do not have any preference shares in issue but, where they exist, they carry – as their name implies – preferred rights to any dividends that might be payable and any distributions that might be made on liquidation. Preference shares usually attract a fixed percentage return, which has to be satisfied before any dividend can be paid to the Ordinary shareholders. They therefore carry less risk than Ordinary shares and as a result will often be issued without voting rights. It is the Ordinary shareholders who provide the risk capital of the company and it is they who will reap the rewards if the company is successful.

RESERVES

Where reserves are shown as one figure in a balance sheet they will often comprise the aggregate of a number of quite separate balances. Note 12 to Dovetails' accounts (see Frame 19) shows that their reserves contain two distinct elements: a share premium account amounting to £243,336 and revenue reserves which, at 31 December 1982, totalled £316,192. These two amounts are quite different in their characteristics.

The share premium account represents money paid in by shareholders over and above the nominal value of the shares that they hold. The existence of a

Frame 19

	Note	1982 £	1981 £
Reserves	12	559,528	519,373
Note 12 Reserves Non-distributable: share premium account		243,336	243,336
Distributable: revenue reserves			
At 1 Jan 1982		212,037	233,627
Retained profit for the year		40,155	42,410
At 31 Dec 1982		316,192	276,037
Total reserves		559,528	519,373

share premium account indicates that at some stage in the company's past a block of shares has been issued at a price in excess of their nominal value.

One of the primary functions of company law is to provide protection for the interests of creditors and other third parties who might enter into financial dealings with the company. One of the ways in which the law can do this is to provide safeguards to ensure that the capital subscribed by the shareholders is not subsequently and wilfully reduced, impaired or otherwise repaid to them – by way of dividend or otherwise – except in specified circumstances. Because it represents money subscribed by the shareholders, the same legal safeguards apply to the share premium account. The essential characteristic of a share premium account is, therefore, that it is non-distributable.

In that respect it is totally different from revenue reserves, which are fully distributable. Revenue reserves are sometimes alternatively described as retained profits. They represent the accumulation of profits made by a company during its lifetime, subject to the extent to which in the past those profits have been distributed by way of dividend. Thus a company which in its first year makes profits of £10,000, and pays a dividend of £2,000, will have revenue reserves or retained profits at the end of that year amounting to £8,000. If in the second year it makes profits of £12,000, and pays a dividend of £3,000, its revenue reserves at the end of Year 2 will amount to £17,000.

Dovetails' revenue reserves at the beginning of 1982 amounted to £276,037. Of the profit made during 1982, £40,155 was retained, leaving accumulated retained profits at 31 December 1982 of £316,192.

It is important to recognise that the full amount of retained profits shown in a balance sheet is not necessarily immediately available for distribution to shareholders. A dividend can only be paid out of profits, but the dividend decision will depend just as much on whether there is sufficient cash available to pay it. It is rare that the full amount of a company's retained profits will be available in the form of cash. The purpose of retaining profits will usually have been to finance the further growth of the company, and those profits will usually have been re-invested or 'ploughed back' into other assets. Past profitability does not necessarily go hand in hand with present liquidity. To assess the amount of retained profits that are potentially available for distribution, we need to look also at the assets side of the balance sheet to see how much cash the company has available.

Although it does not figure in Dovetails' accounts, a third source of reserves will often arise as the result of a revaluation of assets. By way of exception to the general principle of historic cost, it is increasingly becoming the case that companies will obtain independent professional revaluations of certain of their assets (particularly property) which will then be included in their accounts at the higher revalued amount. In so far as profit, in its broadest sense, results from increases in net asset values, the surplus that arises on the revaluation of property can be regarded as a profit, and can therefore properly be regarded as part of the company's reserves. The essential difference, of course, is that as long as the company continues to use the property and does not sell it, that profit remains unrealised. Where it appears, therefore, it should usually be described as non-distributable.

LONG-TERM LOANS

Given the earlier definition of current liabilities, long-term liabilities will comprise amounts owed by the company which are repayable in more than a year's time.

Note 13 to Dovetails' accounts (see Frame 20) states that the long-term loan of £140,000 comprises 9 per cent unsecured loan stock 1990/95. This means that the company has borrowed money on which it has to pay a fixed rate of interest at 9 per cent per annum. The lenders have not been provided with any security for their loan. The note goes on to say that the loan is repayable at the company's discretion sometime between 1990 and 1995, but not later than 31 December 1995.

Frame 20

	Note	1982 £	1981 £
Long-term loan	13	140,000	140,000
Note 13			
Long-term loan			
9% Unsecured loan stock 1990/95		140,000	140,000

The 9% unsecured loan stock is repayable at the company's option between 1990 and 1995 with a final redemption date of 31 December 1995.

Long-term loans of this sort can take a variety of forms. In Dovetails' case, each separate part of the loan will be supported by a certificate issued to the lender in acknowledgement of the debt due to him. Alternatively, these loans can take the form of debentures, which is really no more than a different way of describing the piece of paper that acknowledges the debt. They can be secured (implying that the lenders have taken a charge over some of the company's assets as security for their debt), or unsecured. They are sometimes described as convertible, which means that at some time in the future the lender has the right to convert them into Ordinary shares in the company. They can be either redeemable, as with Dovetails, or irredeemable – in which case the company has no obligation to repay them (except in liquidation). There may even be a premium payable on final redemption, i.e. repayment, by the company. Their one essential characteristic is that they will always carry a fixed rate of interest.

There are similarities here with preference shares. Preference shares will also carry a fixed return and they can be issued under terms which describe them as convertible or non-convertible, redeemable (at par or at a premium) or irredeemable. The critical difference is that interest on borrowings is an annual commitment which has to be met each year, regardless of whether the company has made any profits and before any of the shareholders – preference or otherwise – become entitled to any dividends. Interest is an expense which has to be paid and accounted for before calculating profit. Dividends to shareholders are dependent upon profitability.

The distinction between debt and equity capital is an important one. Each can provide a source of long-term finance for the company. From the point of view of the lender or the investor, the choice between a fixed rate of return or a return linked to profitability will depend very largely on the degree of risk inherent in the company's operations.

The same assessment of risk will also affect the choice from the company's point of view. Any preference for debt as a source of finance will depend very much on the required rate of interest. But it will also depend on the expected pattern of profitability. If profits are consistent from year to year, debt can provide an attractive source of long-term funds. If profits are volatile, the annual interest burden of debt could, in unprofitable years, prove terminal. For these reasons most companies will seek to achieve a careful balance between the two and it is this balance which is referred to as a company's 'gearing'. The choice between debt and equity lies at the heart of a company's long-term financing policy and an assessment of its gearing plays an important part in any examination of a company's financial stability. This matter is re-examined as a feature of the analysis in Part Three.

DEFERRED TAXATION

During the review of Dovetails' current liabilities it was observed that the amount appearing against taxation represented corporation tax payable at 52 per cent on the taxable profit for the year. A glance at Dovetails' profit and loss account will show that the tax liability of £46,061 is very much less than 52 per cent on Dovetails' profit for 1982. The difference arises because the rules by which the Inland Revenue calculate 'taxable profit' differ in certain respects from the principles that apply in the measurement of accounting profit.

The first – and major – difference concerns the capital allowances which are granted in respect of fixed assets. The accounting treatment of fixed assets is to depreciate them over their useful lives, resulting in an annual charge for depreciation in the profit and loss account. For tax purposes, however, the full cost of plant and machinery acquired during the year is allowed as a deduction against profits: the depreciation charge is consequently disallowed. Thus in computing the amount of profits on which tax is payable, the amount of any depreciation has to be added back to the profit shown in the accounts and the full cost of any plant and machinery acquired during the year has to be deducted. For this reason taxable profits will often be significantly less than accounting profit.

Note, however, that the capital allowance is granted only once – in the year of acquisition – and the tax advantage therefore arises only in that first year. In all subsequent years for which the plant is depreciated in the accounts, the disallowance of the depreciation charge will result in taxable profits which are higher than accounting profits.

Consider a machine which costs £1,000 and which is depreciated over 10 years. In Year 1, the depreciation charge in the accounts would be £100, whereas the deduction allowed for tax purposes will be the full cost of £1,000. As a result, the tax bill for the year will be less than it would otherwise have been by an amount of 52% × £900. In each of the nine subsequent years, the tax bill will be more (by an amount of 52% × £100) than a straight 52 per cent on the profit for the year. The incidence of capital allowances, therefore, is not to reduce the amount of tax payable in the long run but merely to defer its payment to later years. It is in order to retain the relationship between profits shown in the accounts and the full amount of tax payable in respect of those profits that it has become standard practice to provide not only for the amount of tax immediately payable but also for any tax in respect of those profits the payment of which has been deferred.

The second respect in which tax rules differ from accounting rules is in the relief that is granted in respect of appreciating stock values. In recognition of the potentially distorting effect of inflation on a company's profits, the Inland Revenue has in recent years allowed a deduction from profit to the extent that any increase in the carrying value of stock has arisen solely as the result of changing price levels.

Until November 1980, stock appreciation relief was available only as long as a company's stock and work-in-progress levels continued to increase in value; as soon as they started to decrease, the relief granted in past years was liable to be 'clawed-back' by the Revenue. The effect of stock appreciation relief was therefore similar to that of capital allowances: it postponed tax, but did not reduce the amount payable in the long term. The Government introduced new rules for stock relief in the 1981 Finance Act, by which the relief is related to the rate of inflation rather than the actual increase (or decrease) in stocks and work-in-progress. Under the new rules stock appreciation relief, once granted, will only be liable to claw-back in extreme circumstances and will therefore comprise not merely a postponement of tax but a permanent reduction in the amount of tax payable. For the future, therefore, stock relief will result in a continuing difference between taxable profit and accounting profit. Future provisions for deferred tax will usually only be necessary in respect of capital allowances.

The need to provide for deferred tax in respect of capital allowances is clear if we consider it only in terms of a single allowance on a single piece of plant or machinery. It is the habit of most companies, however, to replace their fixed assets from year to year as part of a continuous programme. In the earlier example we assumed that the company did not buy any further fixed assets after Year 1. If it had bought more plant in Year 2, further capital allowances would then have been available, and that year would therefore have been one of tax advantage rather than disadvantage. The same would apply to any plant that was acquired – and any allowance that were thereby obtained – in Years 3 and 4 and 5, and onwards. In each year there would be a tax advantage as long as the amount of capital allowances available exceeded the total amount of depreciation that was disallowed. To this extent an element of tax is deferred not temporarily but permanently. The permanence of the deferral will depend on the company's future capital investment programme: if the plans are for a steady, annual re-investment in fixed assets, there is the prospect of the attributable taxation not merely being deferred but never becoming payable at all. And this raises the question of whether it really needs to be provided for in the first place.

The assessment of future tax liabilities is a matter of some concern for accountants. In recent years there have been a number of different attempts at establishing standard accounting practice in this area. The latest version requires that provision should be made for all deferred taxation, except where it is unlikely that any liability will arise in the

Frame 21

	1982	1981
	£	£
Deferred taxation	99,107	94,900

Note 1(c)
Deferred taxation
Provision is made for taxation deferred because of timing differences in the treatment of certain items for accounting and taxation purposes, but only where there is reasonable probability of payment.

Note 14	1982	1981
	£	£
Accelerated capital allowances	108,364	103,643
Advance corporation tax	(9,257)	(8,743)
	99,107	94,900
If full provision were made, the potential liability would be as follows:		
Accelerated capital allowances	147,500	138,000

'foreseeable future'. We might well ponder how much of the future is foreseeable and therefore question the practicalities of this standard treatment. Nevertheless, it is the one adopted by Dovetails, as described in their accounting policy.

Dovetails have estimated that in addition to the amount of tax that will be payable within nine months of the year end (and shown under current liabilities), there will be a probable further liability to taxation amounting to £99,107 (see Frame 21). [The net amount of £99,107 is made up of future estimated liabilities (arising from accelerated capital allowances) of £108,364, less recoverable ACT of £9,257.] That is really no more than the best guess that can be made at the end of December 1982 of the proportion of the full potential liability (£147,500) which is likely to crystallise. The amount that will eventually prove to be payable over the next few years will depend on Dovetails' future capital expenditure programme; and it really cannot be said whether any amount that might fall due will be payable in two years' or in ten years' time.

Companies vary widely in their attitudes to deferred tax, and the uncertainty that surrounds any future liability – whether or not it is

Frame 22

Dovetails Limited

> *Where does the business stand at the end of 1982?*

> *Where is the money now?*

	£	£
Fixed assets		488,061
Investments:		26,000
Current assets	1,046,159	
Current liabilities	641,585	
Working capital		404,574
		918,635

> *Where did it come from?*

	£
Capital and reserves	679,528
Long-term liabilities	239,107
	918,635

provided for in the accounts – is a matter which can cause some difficulty when it comes to assessing a particular company's financial position. The policy on deferred tax will also have a profound effect on the profit and loss account, where the extent to which it is or is not provided will have a direct and immediate impact on the amount of profits that are reported to be available for distribution to shareholders.

SUMMARY

We have now completed our 'walk through' Dovetails' balance sheet at 31 December 1982. Before concluding, we might revert to the description of the balance sheet that was used in Part One and summarise where Dovetails now stands (see Frame 22).

At the end of 1982 Dovetails has funds totalling £918,635. Of that amount, £679,528 came from capital introduced by the shareholders and from profits retained within the business; £239,107 has been borrowed long term.

Of the total funds available, £488,061 is invested in fixed assets and £26,000 in investments; £404,574 has been used to finance the company's working capital.

Dovetails' gross current assets have been financed as to £641,585 by short-term liabilities. To support the level of stock, debtors and cash they need to carry, totalling £1,046,159, Dovetails have 'borrowed' money from trade creditors, from the bank, from the tax authorities and, to the extent that they have not yet paid the dividend due to them, from shareholders.

5 The profit and loss account

If the balance sheet attempts to answer the financial question 'Where does the business stand?', the profit and loss account seeks to explain 'How well has the business done?'. Its function is to compare all the revenues earned by selling goods with all the expenses that have been incurred in earning them. This comparison will show whether the company has made a profit or a loss on trading. Note that whereas the balance sheet describes the financial position on a particular day, the profit and loss account summarises the results of trading over a given period, usually one year.

It has been established that all costs have to be described either as assets in the balance sheet or as expenses in the profit and loss account. Their inclusion in the balance sheet as an asset will depend on whether there is any benefit to be derived from them in future periods. It has also been established that the amount at which certain assets are stated in the balance sheet will often be a matter requiring a good deal of estimation, and it will now be clear that the converse effect of those estimates is reflected in the amount of expense that is recorded in the profit and loss account. It is also clear that the expenses that have to be incurred in the earning of revenue are great in their number and variety, including all the costs of converting raw materials into finished goods, as well as the costs of selling them, and the whole range of administration expenses that arise in the general course of running a business.

In view of all this, the relatively simple format of Dovetails' profit and loss account may come as something of a surprise. In its published form, the profit and loss account is a highly condensed and summarised statement, giving the briefest possible answer to the question 'How well did the business do?'. A limited amount of supporting information is given in the notes – particularly notes 2 and 3 to the accounts – but it is highly selective. By its nature (How much did the directors pay themselves? How much did the audit cost?) it can be seen to be the sort of information that is required to be disclosed by law. For the most part, it arises from the function which accounts serve in reporting to shareholders on how the directors have conducted their stewardship of the company's affairs.

As far as the businessman is concerned, the published form of profit and loss account tells him very little about how well he did and even less about why he did not do better. If the businessman wants to use his accounts to plan and control his business, he will need more detailed information than is given here. Part Five provides a description of how changes in company law will in future require greater disclosure from companies as to their costs and profit margins. For the time being, however, we can examine the limited story as it is told by Dovetails' profit and loss account in its presently published form.

TURNOVER

The first line in Dovetails' profit and loss account shows turnover for 1982 of £2,424,900 (see Frame 23). Turnover represents the total amount of revenue earned during the year from the company's normal trading

Frame 23

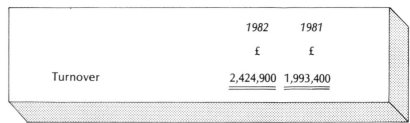

	1982	1981
	£	£
Turnover	2,424,900	1,993,400

operations. In Dovetails' case, it would be made up of the total sales value (excluding VAT) of furniture delivered and invoiced to customers during 1982. Note that Dovetails' turnover is greater this year than it was last. That could mean that the volume of their sales has increased; or it could mean that they have sold the same amount of furniture at higher prices.

OPERATING PROFIT

The figure for turnover does not form part of the addition within the profit and loss account; it stands on its own as a piece of separate disclosure. The arithmetic of the profit and loss account begins with the figure for operating profit (see Frame 24).

Frame 24

	Note	1982	1981
		£	£
Operating profit, before taxation	2	129,833	134,218

Operating profit is the key figure in the profit and loss account. It represents the net result of trading for the year and is arrived at by comparing total sales revenue with total expenses incurred in earning that revenue. Note that the profit and loss account only reveals the net result: it says nothing about the make-up of the various expenses that have been incurred. All we can deduce is that if sales have totalled £2,424,900 and have resulted in a profit of £129,833, then expenses must, in total, have amounted to the difference, £2,295,067.

It will be noted that Dovetails' trading profit has fallen compared with the previous year, despite the increase in turnover. Without further information about expenses we cannot analyse why that has happened. It may be that the increased level of sales has only been achieved by reducing selling prices. Or it may be that increased costs have eroded Dovetails' trading margin. The additional information we need, and which the businessman needs in order to monitor his trading performance properly, is more typically found in the sort of management accounts which are included and analysed in Part Three.

TAXATION

Most of what needs to be said about taxation has been covered in the discussion of the taxation amounts appearing in the balance sheet. As far as the profit and loss account is concerned (see Frame 25), it is notable that,

Frame 25

	Note	1982	1981
		£	£
Taxation	4	49,736	71,408
Note 4			
Taxation			
Corporation tax at 52%		45,015	15,538
Transfer to deferred taxation		4,721	55,870
		49,736	71,408

on a trading profit of £129,833, Dovetails estimate that the corporation tax payable will amount to £49,736. Note 4 shows how this figure is broken down into the amount that is payable in the near future (and which will therefore be shown as a current liability) and the amount by which the liability is expected to be deferred.

EXTRAORDINARY ITEMS

The next line in Dovetails' profit and loss account (see Frame 26) describes an extraordinary item of £18,342. 'Extraordinary' items are costs or revenues which are so unusual in the context of the business that they require separate disclosure.

Three conditions will normally have to be met for an item to be described

Frame 26

	Note	1982	1981
		£	£
Extraordinary item	5	18,342	–

Note 5
Redundancy and other costs relating to the closure of the Scunthorpe factory (less related taxation of £19,012).

as extraordinary: it has to be large in amount; it has to arise from an event or transaction which is not expected to recur frequently or regularly; and it has to result from an activity which is outside the normal routine of business operations.

Current accounting practice attempts to distinguish between items which are extraordinary (as defined) and those which are merely 'exceptional' by way of their abnormal size or incidence. The difference is that while an amount or transaction may be regarded as exceptional because it is unusually large, or because it doesn't happen very often, it should only be described as extraordinary if it arises from an event or activity which the business would not normally be expected to engage in. For example a large customer might go bankrupt, and the business might incur a very large bad debt. The amount involved will be significant, and the business might hope that it is something which won't arise very often, but it should not be regarded as extraordinary because it is in the nature of most businesses that from time to time debts do go bad. On the other hand, a factory might be destroyed by fire, and the company suffer heavy loss. This loss might reasonably be regarded as extraordinary, on the basis that it is not one of the normal expectations of business life that property should be burned down.

The line between exceptional and extraordinary items is sometimes thinly drawn, and what is extraordinary to one business may not be extraordinary to another. If a business moves premises, for example, and makes a windfall profit on the sale of the old building, it will be a matter for careful consideration whether that profit is extraordinary or merely exceptional.

This distinction is more than a matter of mere terminology; it can have a critical impact on the story told in the profit and loss account. Standard accounting practice is to treat exceptional items 'above the line', i.e. to account for them *before* arriving at the amount disclosed as operating profit for the year. Extraordinary items, on the other hand, are added or deducted 'below the line' and, as we can see in Dovetails' case, have their impact lower in the body of the profit and loss account. In so far as the top line operating profit is used as an important indicator of business performance, the distinction between extraordinary and exceptional items, and their alternative treatment, will often be critical.

Note 5 explains that Dovetails' extraordinary item is in respect of redundancy and other costs connected with the closure of one of their factories. These costs relate to the discontinuance of a part of the business and are not associated with continuing business operations. It is therefore appropriate to disclose them below the line and thereby exclude them from the calculation of operating profit.

DIVIDENDS

After accounting for taxation and extraordinary items, £61,755 of the profits Dovetails have made in 1982 remain available for distribution to shareholders. Of this amount, Dovetails' directors have decided to distribute £21,600 and to retain £40,155 in the business. The 1982 dividend amounts to a return of 18p on each of the 120,000 Ordinary shares of £1 each (see Frame 27): Note that Dovetails' dividend is bigger this year than it was last, even though last year's profits were higher.

Frame 27

	Note	1982 £	1981 £
Dividend	6	21,600	20,400
Note 6 Dividend Proposed Ordinary dividend of 18p (1981 – 17p) per share		21,600	20,400

It is preferable – although not necessary – that the amount of dividend declared should be seen to be covered by the current year's profit. However dividends can also be paid out of profits which have been retained in earlier years, even if the current year has resulted in a trading loss. Dovetails' directors would be legally entitled to declare a dividend of up to £316,192 (the full amount of their retained revenue reserves at December 1982 – see Note 12). But this would be impossible in the short term (because the cash is not available) and would be a dubious policy even in the long term (because the company's net assets would be reduced by about half).

Dividend policy is therefore something which needs to be assessed in terms of both current and past profits, as well as in terms of current liquid resources and the requirements for the future. Of their profit for 1982, Dovetails' directors are retaining £40,155 in the business. From their point of view, that retention will provide a further basis for the company's continuing growth. From the shareholders' point of view, that retention represents a growth of capital, an increase in the value of their interest in the business. The balance sheet shows the shareholders' interest to have increased from £639,373 to £679,528. The profit and loss account shows how that increase came about.

6   The funds statement

The purpose of the funds statement – the third and concluding chapter in the story told by the accounts – is to explain how far the business has managed to generate additional funds during the year, where they have come from, and how they have been used.

It should be noted that the information contained in the funds statement does not emerge directly from the accounting process in the same way as do the figures which appear in the balance sheet and profit and loss account. Indeed the function of the funds statement is to provide no more than further analysis and re-presentation of information which, for the most part, is already contained in those other two main statements.

That is not to say that the funds statement does not provide a further valuable insight into the operation of a business. Thus, a balance sheet will describe, at a given date, where the total funds presently available to a business have come from and how they are presently deployed; and a profit and loss account will show whether funds have been increased (a profit) or decreased (a loss) by the results of trading. The funds statement, however, explains the changes in the financial strength and standing of the business that have arisen as the result not only of trading but also of any other major business transactions which have taken place during the year.

The particular value of the funds statement is that it focuses on the cash flow generated by a business, on the extent to which working capital has grown or contracted, and on the consequent improvement or deterioration in business liquidity.

THE PARTS OF A FUNDS STATEMENT

There are three parts to a funds statement: a statement of sources (where the new funds have come from); a statement of applications (what the funds have been used for); and an analysis of how the net inflow or outflow of funds is reflected in the change in the net liquid position of the business and other elements of its working capital.

SOURCES

Looking at Dovetails' statement for the year ended 31 December 1982 (see Frame 28), the first source of funds is described as the operating profit before tax of £129,833 (£134,218 for the previous year) less the costs associated with the factory closure (£18,342) which have been treated as an extraordinary item. These figures are drawn directly from the profit and loss account. They are followed by two amounts which are described as 'items not involving the movement of funds'.

Frame 28

Where they came from		
	1982	*1981*
	£	£
Source of funds:		
Operating profit before taxation	129,833	134,218
Extraordinary item	(18,342)	–
Adjustment for items not involving the movement of funds:		
Depreciation	65,404	59,926
Profit on sale of fixed assets	(3,907)	1,320
	61,497	58,606
Funds generated from operations	172,988	192,824
Other sources:		
Sale of fixed assets	5,500	3,250
	178,488	196,074

The first of these is in respect of depreciation of £65,404. The point here is that the annual charge for depreciation is an accounting adjustment: it did not give rise to an outflow of £65,404 during 1982. The outflows occured when the related fixed assets were variously acquired, and amounted to the full costs of acquisition. For the purpose of assessing the flow of funds in 1982 the amount of depreciation expense can be ingnored: as a source of funds the trading operations for the year generated more than is shown in the profit and loss account – and depreciation is 'added back' in recognition of this fact.

The same reasoning applies to the adjustment which is made in Dovetails' statement for the profit on sale of fixed assets (£3,907)*. The inflow of funds that results from those disposals amounts not just to the profit but to the full amount of the proceeds. For the purposes of the funds statement, therefore, the profit on disposal is eliminated and the proceeds of £5,500* are included in full lower down in the statement as a source.

*The profit of £3,907 arises from a comparison of the net book value of the assets sold with the proceeds of selling them. Note 7, which describes movements on Dovetails' fixed assets, shows that during the year Dovetails dispose of assets which had originally cost £18,866 and on which the accumulated depreciation amounted to £17,273. Their net book value at the time of disposal was therefore £1,593 and, if the proceeds obtained from selling them resulted in a profit of £3,907, we can deduce that those proceeds must have amounted to £5,500.

In Dovetails' case, that concludes the company's only two sources of funds during the year – the amount of profit generated from its trading activities (before charging depreciation or tax) and the inflow resulting from the sale of fixed assets. There are of course other sources from which funds can arise: for example, if the company had borrowed money, or asked the shareholders to inject more capital during the year. In Dovetails' case, however, no new money came from either of these two sources during 1982.

APPLICATIONS

Having summarised the sources from which funds have been increased during the year the next part of the statement describes how they have been used – see Frame 29.

Frame 29

Where they went to		
	1982	*1981*
	£	£
Application of funds:		
Purchase of fixed assets	100,674	83,499
Taxation paid	16,299	12,101
Purchase of trade investments	4,000	–
Dividend paid	20,400	18,000
	141,373	113,600
Increase in working capital	37,115	82,474

This section of the statement shows that Dovetails spent £100,674 on fixed assets during the year (whereas it had only spent £83,499 during the previous year). During 1982, the company also paid tax amounting to £16,299, put a further £4,000 into its trade investment, and paid a dividend of £20,400. Note that the dividend paid during 1982 was in respect of the dividend declared on the 1981 profits, and is the amount which appears in the comparative column of the profit and loss account. [The dividend proposed for 1982 (£21,600) remains unpaid at the end of the year and is therefore not shown in the statement. It would presumably have been paid in the early months of 1983.]

CHANGE IN WORKING CAPITAL

Comparing Dovetails' sources with its application of funds during 1982 shows that the company has generated a surplus of £37,115 during the year, which has served to increase working capital by that amount – see Frame 30.

Frame 30

	1982 £	1981 £
Increase in working capital	37,155	82,474
Comprising changes in:		
Stock	31,194	28,967
Debtors	167,781	52,390
Creditors	(132,081)	(33,523)
Net liquid funds	(29,779)	34,640
	37,115	82,474

This final section shows how the various component parts of Dovetails' working capital have increased or decreased during the year. Probably as a result of their increased level of business, Dovetails have had to invest more money in stocks (£31,194) and they now have more money tied up in debtors (£167,781). However, part of this increased investment has been financed by creditors: Dovetails now owes £132,081 more to its suppliers.

The final, key figure in the statement shows whether the net liquid position of the business has improved or worsened as a result of the year's operations. Liquid funds represent the net aggregate of cash balances and bank overdraft. In Dovetails' case, net liquid resources have decreased by £29,779 during the year. (Sometimes this movement is shown separately from the other working capital items because of its significance and because it is often truly the 'remainder' when all the transactions of the year are completed.)

The funds statement therefore provides a convenient way of showing whether the working capital of the business is growing or shrinking. We should note, however, that the change in the working capital position is something which can also be assessed from the face of the balance sheet. Indeed we can check the derivation of the figures appearing in the funds statement by comparing Dovetails' current assets and liabilities at 31 December 1981 and 31 December 1982 – see Frame 31.

For the most part, therefore, the funds statement provides little that is new: it merely re-analyses information which is already contained in the balance sheet and the profit and loss account. But in re-presenting the information in this way, the statement does provide a useful description of the ways in which the business generated funds during the year, and how they were used. If the balance sheet shows where a business stands and the profit and loss account provides a brief statement as to how it got there, the funds statement reveals something about what happened on the way.

The story in Dovetails' statement is that working capital has grown by £37,115. That will usually reflect well on the company, but we should be

Frame 31

	1982	1981	Change
	£	£	£
Current assets:			
Stock	435,289	404,095	+ 31,194
Debtors	584,537	416,756	+167,781
Cash	26,333	29,745	− 3,412
Increase in current assets			195,563
Current liabilities:			
Creditors	461,958	329,877	+132,081
Bank overdraft	111,966	85,599	+ 26,367
Increase in current liabilities			158,448
Net increase in working capital			37,115

In the funds statement, the decrease in cash is added to the increase in bank overdraft to reveal the total change in net liquid resources of £29,779.

careful not to draw any firm conclusions from this fact alone. When assessing working capital the businessman should consider not only how much it has grown by but also the amount to which it has now increased. In other words, he should also have regard for the working capital position as disclosed in the balance sheet. A healthy surplus of working capital is desirable, but too much of it can become a leadstone. It is too easy to have too much money tied up in stock, or debtors, and too little readily available in the form of cash. The control of working capital will form a major section of Part Three.

Part Three

ANALYSIS OF ACCOUNTS: HOW TO USE THEM

7 Outline

The first two parts of this book have examined the content of accounts in terms of how they are made, i.e. the principles that are adopted in preparing them, and what they say, i.e. what the words mean and how the figures are arrived at. Part Three describes how accounts can be analysed and how careful analysis can provide valuable insights into the state of a business. In particular, we shall be concerned to examine how a businessman can use his accounts to:

Control the current performance of his business

Plan for improved performance in the future.

For the most part, the tools of analysis take the form of ratios and comparisons. There are of course a great number of ratios that can be extracted from a set of accounts. The following chapters concentrate only on the most important ones. Most are designed to help the businessman in managing his business, and can be conveniently grouped under the general heading of management ratios. Each is designed to address one of the two basic questions which lie at the heart of business performance:

Profitability – how well has the business done, and how might it do better?

Liquidity – what is its financial state of health, and how can it be made stronger?

In the case of medium-sized companies such as Dovetails, the businessman will often have an interest in his business not only as a manager but also as an investor. Under the general heading of proprietary ratios, later chapters therefore describe some of the ways in which business proprietors and shareholders generally can use their accounts to assess the value and security of their private investment.

8   Methods of analysis

USEABLE INFORMATION

Accounts provide a great deal of information. We can learn very quickly from reading Dovetails' accounts, for example, that the company made a profit of £129,833 in 1982, or that it spent £100,674 on fixed assets, or that it had stocks of £435,289 at the end of the year . . . and so on. All that is informative, but it is not necessarily useful. Before we put the question 'How can that information be used?' we might first consider some of the factors which cause us to regard information in general as being useful or otherwise.

Consider the statement: 'A young man weighs 14 stone'. Of itself, it is difficult to know what to make of that piece of information. We might conclude differently according to whether we were told that he was 18 or 8 years old; and our assessment would vary according to whether he was 6 feet or 4 feet tall. We might take a more favourable view if we knew that twelve months ago he weighed 19 stone, whereas the same information would cause concern if his weight last year was 10 stone. And if we are to make any judgement of his condition, it would also be useful to know the average weight for men of his height and age.

So it is with accounts. Taken line by line, or item by item, individual pieces of information taken from accounts will be of limited value if they are read in isolation. If we are to make use of that information, we need to assess it against other pieces of related information. Identifying relationships between items in accounts and expressing that relationship in a useable form is the first step in unlocking the full potential value of accounting information.

RATIOS

Consider the statement included in a balance sheet that debtors at the end of the year amounted to, say, £1,000. Of itself, that is not a statement which can be used to any great purpose. We know, however, that debtors arise from sales. If sales for the year were also £1,000, the amount of outstanding debtors would be viewed with concern: the inference would be that no money had been collected from any customers throughout the year. If sales were £10,000, our view of debtors would be more favourable. Debtors would then represent only 10 per cent of sales for the year. The other 90 per cent would have been realised in cash, and that statistic clearly reflects better on the ability of the company to collect money from its customers.

COMPARISONS

We cannot say, however, whether that debtor/sales ratio is good or bad, better or worse than it might have been. To do that we need a point of reference by which to compare and assess it. There are three primary sources of comparison for accounting information.

If accounts show what has happened this year, the first useful point of comparison is with what happened last year. If, last year, debtors represented 12 per cent of sales then 10 per cent this year would indicate an improvement; if the debtors/sales ratio last year was 6 per cent, the position has worsened, indicating that the company's collection performance has deteriorated.

The assessment of trends is one of the most important uses which a businessman can make of his accounts. The accounts themselves provide comparative information for the previous year, but there is no reason why the assessment should be limited to two years. The longer the period over which a trend can be observed, the better the basis from which to predict its course in the future. Five years would certainly not be too long a period. If the pattern is improving, those features of business performance are to be developed and encouraged. If the trend is deteriorating, corrective action is needed. Either way, an assessment of the trend of past and present performance is a most valuable tool in charting the path to better performance in the future.

The second potential source of comparison is with budgets: to compare what has happened with what was expected to happen. A full discussion of standard-setting and the techniques of variance analysis falls outside the scope of this book. It should be noted, however, that the preparation of budgets is an important feature of business planning; and regularly monitoring actual against budgeted or expected performance is one of the most useful means by which management can exercise day-to-day control over the affairs of the business.

The third potential source of comparison is with similar businesses in the same industry. There are a number of publications that summarise and compare business performance in various sectors of industry. They do, however, derive the bulk of their information from larger public companies and the private businessman should take care not to compare his own performance too closely with others who might be operating in different conditions and under different circumstances. A better source of comparative statistics might be those available from the appropriate trade association. Appendix 2 provides a summary of the sort of information that trade assosications – and other sources – make available.

A direct source of comparison – for companies – is from the accounts that are required to be put on public record. In the same way as the businessman uses his accounts to assess his own business performance, one of the best ways for him to evaluate that performance is by analysing the published accounts of his immediate competitors.

A final source – and one which is probably not tapped as much as it should be – is the use the businessman can make of his accountant who, in his professional capacity, will often act for a number of clients in the same trade. While his dealings with each will of course be confidential to the particular client, the professional accountant does, in the nature of his work, obtain a global view of trends within particular trades and his knowledge of average performance between a number of similar clients could provide a useful benchmark against which he can measure each result.

EVALUATION

Whatever the ratios, and whatever the means of comparison, a third and critical element in the use of accounts is the interpretation that is placed on the results of the analysis. Accounts can reveal what has happened, but not why. Ratios provide the tools, but to use them effectively the businessman needs to evaluate the movements and changes in them against his knowledge of the business and its trading circumstances.

If it was known that the young man, who had reduced his weight from 19 to 14 stone, had been dieting for the past 12 months, we would say that it was to be expected that he would lose weight. Similarly with business performance. If, for example, the price of timber has increased dramatically during the year, that factor would, on the face of it, be expected to affect the profitability of a furniture manufacturer. Similarly, a 5 per cent increase in sales might be interpreted as a creditable achievement in a declining market; less so in a buoyant one. Or if recent policy has been to offer substantial discounts to customers for prompt payment, an improvement in the ratio of debtors to sales would be expected, and would be a cause for investigation if it did not arise. It is against this sort of background knowledge of his business, the factors that have affected it and the circumstances in which it has had to trade, that the businessman should interpret the information which comes out of his accounts and evaluate his relative business performance.

One final point on the matter of interpretation: care should be taken not to place too much emphasis on any one ratio or percentage in isolation. A healthy increase in sales, for example, will usually be a good sign – but not if those increased sales have only been achieved at a price which offers little or no profit. Similarly, the offer of discounts for prompt payment might work to the advantage of cashflow, but it might also work to the disadvantage of business profitability.

SUMMARY

In summary, accounts can be used to plan and control business performance by:

● Identifying inter-relationships between individual items within the accounts, and expressing those relationships in the useable form of ratios or percentages.

● Comparing amounts or ratios for the current year
  a with those for previous years, so as to establish trends;
  b with budgets or expectations, to identify unusual or unexpected variations (or expected or anticipated variations which fail to occur);
  c similar businesses, to assess relative performance.

- Evaluating the results of this analysis against a background knowledge of the business, its recent policy, and the circumstances of trading .

- Taking appropriate action – to encourage favourable trends and correct unfavourable ones.

In this last respect, the action that is taken will of course depend to some extent on the wider business plan – whether, for example, the present objective is growth or survival; whether the present strategy is expansion or containment; whether the immediate need is for more profits, or a greater share of the market, or more ready cash. Whatever the policy, a careful analysis of accounts will reveal its success or failure, and will indicate those parts of the business or areas of activity to which management needs to direct its attention if the objectives are to be achieved.

These principles of analysis will now be applied to the accounts of Dovetails. Of necessity, the focus of comparison in these pages will be to assess the current year's performance against that for the previous year (rather than against budget, or that of other businesses). The purpose throughout, however, will be to address the two basic themes which lie at the heart of business performance: profitability and liquidity.

9 Analysis for business managers – profitability

PROFIT

How much profit did Dovetails make in 1982? Their profit and loss account for the year shows four levels of profit:

	£
Operating *profit* before tax	129,833
Profit after tax	80,097
Profit after tax and extraordinary item	61,755
Retained *profit*	40,155

Each of these measures of profit will have their uses – according to the particular aspect of the business that is being assessed. The level of retained profit, for example, will indicate the extent to which management has sought to retain funds within the business to support its future growth. The figure for profit after tax and extraordinary items will be of particular interest to shareholders: it shows the amount of profit earned in the year which is available for dividends. For the purposes of assessing overall business performance, however, and particularly for the purpose of assessing relative performance year by year, the most appropriate indicator will be the amount of operating profit before tax.

PROFITABILITY

Dovetails' operating profit for 1982 was £129,833 but, of itself, that does not provide a sufficient basis from which to assess the company's performance. It is the same with any form of income: if an investor had earned £1,000 in a year, we could not say whether he had done well or badly without knowing the amount he had invested; £1,000 earned on investments of £5,000 would be a better achievement than earning the same income from £50,000 of investments. Similarly with income generated by a business: two companies earning the same profit are not equally profitable if one has to use twice as much capital. In order to measure business performance, profits have to be related to the resources that are used in earning them: the information contained in the profit and loss account has to be related to that contained in the balance sheet.

CAPITAL EMPLOYED

In the same way as the profit and loss account gives several different levels of profit, so the balance sheet can give several readings for capital. For the purposes of assessing profitability, however, the measure of capital employed should reflect the full value of resources available to management during the year. All sources of capital should be included, whether loan or equity, and including the funds which are available as the result of retaining profits within the business.

Dovetails' balance sheet shows that the funds available at the start of the year totalled £874,273, and came from:

	£
Share capital	120,000
Retained profits and reserves	519,373
Long-term loan	140,000
Deferred taxation	94,900
	874,273

Viewed from the other side of the balance sheet, these funds were represented by:

		£
Fixed assets		454,384
Investments		22,000
Current assets	850,596	
Less: current liabilities	452,707	
		397,889
		874,273

Note that current liabilities are excluded from the calculation of capital employed. Although representing a source of finance, they are by definition only available on a short-term basis and they are, for the most part, closely identifiable with the current assets which they support. The amount of capital employed is therefore represented by the aggregate of fixed assets, investments, and the net investment in working capital (current assets less current liabilities).

These definitions should not be regarded as inviolable. The reference here for example has been to resources available at the *start* of the year: if Dovetails had received a substantial injection of new capital during 1982, that fact should be taken into account (by averaging) when calculating the amount of capital employed. Similarly, there may be circumstances in which a bank overdraft is better regarded as a permanent source of long-term funds – and therefore as part of capital employed – rather than as a deduction from net working capital. The important point is that the figures for profit and capital employed should be extracted on a consistent basis. In Dovetails' case, this leads to one further refinement: operating profit of £129,833 is stated after deducting interest but, in terms of management performance, the purpose is to assess the full amount of profits earned from capital employed *before* accounting for any return on that capital (whether that return be in the form of dividends on shares or interest on loans). Interest payable on the long-term loan (given in Note 2 to the accounts as £12,600) should therefore be added back in order to arrive at a full measure of the profit generated by operating the business.

RETURN ON CAPITAL EMPLOYED

Expressed in the form of a percentage, this relationship is usually referred to as the return on capital employed. It is the primary indicator of business performance. For Dovetails, the figures are as shown in Frame 32.

Frame 32

	1982	1981
Operating profit*	142,433	146,818
Capital employed	874,273	757,651†
Return on capital employed	16.3%	19.4%

*Operating profit per the accounts, plus interest added back of £12,600 for both years.

†Representing the amount of capital employed at the start of 1981. This figure is taken from Dovetails' previous balance sheet and is not readily available from the accounts reproduced in this book.

Dovetails' achieved a return of 16.3 per cent in 1982. It should be noted, however, before too much is read into that single statistic, that it is only as good as the figures on which it is based. Earlier discussion in this book has underlined the degree of estimation and judgement involved in preparing accounts. Thus a different method of stock valuation, or a different depreciation policy, would have produced different figures in both the profit and loss account and the balance sheet. They would have produced a different amount of profit and a different amount of capital employed – and would therefore have given the appearance of different profitability.

In particular, the principle of historic cost serves in times of inflation to understate the value of assets employed. A return of 16.3 per cent would show a dramatic decline if Dovetails had, for example, to replace their old plant and machinery (stated at old historic cost) with new equipment (stated at much higher replacement cost). The possible disparity between the age (and therefore the cost) of their fixed assets is one reason why comparisons between the returns on capital employed of two apparently similar businesses should only be made with care. For any one business, however, the principle of consistency ensures that accounts will be drawn up on a comparable basis from year to year, and the percentage return on capital employed will therefore provide a reliable basis for comparing relative profitability from one year to the next.

Dovetails have been less profitable in 1982 (a return of 16.3 per cent) than they were in 1981 (19.4 per cent). A first answer to the question 'How well did they do? is therefore 'Not as well as last year'. Comparing these returns with those for the previous, say, five years would reveal whether the fall in 1982 was exceptional or whether it represented a continuation of a steadily declining trend.

A second answer to the question 'How well did they do?' might come from comparing Dovetails' profitability with that of other similar businesses. That comparison would show whether Dovetails' experience was unusual or whether it was typical of the general decline in the industry.

Whatever the case, further analysis can indicate why the company has been less profitable, and where corrective action is needed.

ELEMENTS OF PROFITABILITY

Profits come from sales. Sales arise from the productive use of assets. The key to profitability is to recognise that it arises not only from the profit margin on sales, but also from the effective use of capital.

The principle can be simplified by analogy. Jack and Jill both have identical capital of £20,000, represented by a villa in Spain. Each time they let their property, the rental income less the costs involved provides each of them with the same profit margin of £350 per month. Jack manages to let his for three months in the summer, and therefore makes a profit of £1,050 for the year – which represents a return of approximately 5 per cent. Jill lets hers for six months. Her return of 11 per cent is better not because she charges a higher rent but because she puts her villa to better use – she makes her capital work harder.

In the case of a business, profitability results from both

- The ability to generate profit from a given volume of sales; and

- The ability to generate sales from a given volume of capital.

The formula for return on capital employed can therefore be expressed as:

$$\frac{\text{Profit}}{\text{Capital employed}} = \frac{\text{Profit}}{\text{Sales}} \times \frac{\text{Sales}}{\text{Capital employed}}$$

Thus a 16 per cent overall return on capital employed might alternatively result, for example, from a profit margin on sales of 8 per cent multiplied by a ratio of sales to capital employed (referred to as turnover of capital employed) of 2, or from a profit to sales percentage of 1 multiplied by a capital turnover rate of 16. The first example would be more appropriate to heavy manufacturing industry. The second might be typical of supermarkets, who traditionally operate on low margins and high turnover. The figures which result from applying this analysis to Dovetails are summarised in Frame 33.

They show that the company's return on capital employed has fallen (from 19.4 to 16.3 per cent) despite a more efficient use of capital (the ratio of sales to capital employed has increased from 2.6 to 2.8). The main

Frame 33

	Return on capital employed	=	$\dfrac{\text{Profit}}{\text{Sales}}$	×	$\dfrac{\text{Sales}}{\text{Capital}}$
	£000s		£000s		£000s
1982	$\dfrac{142}{874}$		$\dfrac{142}{2,424}$	×	$\dfrac{2,424}{874}$
	16.3		5.9	×	2.8
1981	$\dfrac{147}{758}$		$\dfrac{147}{1,993}$	×	$\dfrac{1,993}{758}$
	19.4		7.4	×	2.6

problem appears to be that increased sales have not resulted in a proportionate increase in profit: the net profit percentage has fallen from 7.4 to 5.9 per cent. In other words, the company generated £2.8 worth of sales for every £1 of capital employed in 1982 (whereas it only generated £2.6 in 1981), but each £1 of sales generated only 5.9p of profit – compared with 7.4p in 1981.

The sections that follow illustrate how the analysis of Dovetails' performance can be extended in more detail. It should be clearly established, however, that each step in the analysis flows from one or other of the twin roots of profitability: the margin on sales on the one hand and the efficient use of capital on the other.

PROFIT: SALES

There are two ways in which the ratio of profit to sales can be improved: increase selling prices or reduce costs. The first is a marketing decision and accounts cannot help – except by indicating how far past selling prices have or have not been sufficient to recover past costs. In the second respect – the control of costs – accounts provide not only a useful but an essential management tool.

CONTROLLING COSTS: GROSS PROFIT MARGINS

Costs can of course be analysed in a variety of different ways – by product, by department, by month – and costing records can be introduced into the accounting system according to the particular requirements of management.

So far in this book we have been concerned only with annual, financial accounts, and the point has already been made that in its published form the annual profit and loss account is a document of very limited usefulness:

Frame 34

DOVETAILS LIMITED

**Detailed profit and loss account
for the year ended 31 December 1982**

	1982		1981	
	£	%	£	%
Sales	2,424,900	100	1,993,400	100
Cost of sales:				
Materials	1,335,217	55.1	1,105,190	55.4
Wages	451,257	18.6	330,666	16.6
	1,786,474	73.7	1,435,856	72.0
Gross profit	638,426	26.3	557,544	28.0
Overhead expenses:				
Production	290,819	11.9	232,643	11.7
Distribution	98,637	4.1	72,005	3.6
Administrative	106,537	4.4	106,078	5.3
	495,993	20.4	410,726	20.6
Net operating profit, before interest and taxation	142,433	5.9	146,818	7.4

to pursue the analysis of profitability we need more information than it presently contains.

Frame 34 therefore reproduces Dovetails' profit and loss account in more detail. The additional information does not imply the existence of any detailed costing system. It should all be readily available to the businessman from his primary accounting records. It is, anyway, similar in many aspects to the sort of profit and loss account which most companies will soon have to produce (see Part Five).

The more detailed statement shows how the various broad categories of costs have reduced sales of £2,424,900 in 1982 to a profit of £142,433*. The first half of the statement compares the revenue from goods sold during the year with the direct costs of producing those goods – in Dovetails' case the

*The difference with the profit shown in Dovetails' profit and loss account on page xvi is £12,600, which is, of course, the interest on the long-term loan. The total shown for administration and finance expenses in the more detailed statement has been adjusted for this amount in order to arrive at the same operating profit as was used in the earlier calculation of return on capital employed.

costs of timber and labour that go into the making of furniture. The second half of the statement summarises, by type of expenditure, the various overhead expenses that are incurred in running the business.

Comparisons with the previous year are made much easier if the figures are expressed in the form of percentages – in this case as a percentage of sales. Immediately the picture becomes clearer: the key percentages in Frame 34 show that for every £1 generated from sales, Dovetails spent:

	1982, p	1981, p
On materials	55.1	55.4
On wages	18.6	16.6
On overheads	20.4	20.6
Leaving, as profit	5.9	7.4
	100.00	100.00

Increased wage costs (from 16.6 to 18.6 per cent of sales) can now be seen to be the main cause of Dovetails' declining profitability. Management can investigate (if they do not already know) how far those increased costs are due to wage rate increases, or how far they are attributable to lower productivity. Whatever the cause, Dovetails have been unable to pass the full impact of the increased costs on to their customers: they have instead eroded profit margins, and action will be needed to correct the trend of wage costs if they are not to erode those margins still further.

Increased wage costs have caused Dovetails' gross profit margin to fall from 28 to 26.3 per cent. In other respects, Dovetails have done well to restrict the fall in profits to this level. The average price of timber increased during 1982 by some 4 per cent over the previous year. All other things being equal, a 4 per cent increase in material costs would, based on their 1981 results, have wiped out 30 per cent of Dovetails' profit (4 per cent of £1,105,190 equals 30 per cent of £146,818). Clearly, the company has managed to pass on the bulk of this price increase to its customers. Alternatively they may have improved production methods, or reduced wastage. Their success may in part have been due to astute buying in anticipation of sharp price increases. One way or the other Dovetails have, against this sort of background, done well to limit their fall in profitability to the extent that they have.

CONTROLLING COSTS: OVERHEADS

The use of accounts to identify cost changes (and then to investigate and control them) can, of course, be extended in greater detail. Dovetails' overheads have increased over the year from £410,726 to £495,993. Expressed as a percentage of sales, however, these amounts represent a reduction from 20.6 to 20.4 per cent.

To a certain extent, that is to be expected – according to how far the overheads in question are fixed (in the sense that they would not normally be expected to vary with the level of sales or production) or variable (in so far as they would be expected so to vary). Material and direct wage costs will vary directly with the level of production. (Strictly, therefore, these costs should be expressed as percentages of the value of production, not sales. However if it can be assumed that the pattern of sales and production levels are similar – which it often can – sales figures will usually provide an acceptable and more readily available surrogate). Production and distribution overheads will similarly contain variable cost elements. Some administrative overheads on the other hand – such as office rent – would be expected to remain unchanged regardless of the level of production – at least in the short term and until such time as a threshold is reached at which the increased level of business activity demands, for example, more office space.

An understanding of the nature of overheads – how far they are fixed and how far they are variable – will help in the interpretation of any changes in them which are revealed in the accounts. Frame 35 shows Dovetails' production overheads broken down in more detail. Most of these cost

Frame 35

Production overheads

	1982 £	1981 £	Percentage increase	1982, % of sales	1981, % of sales
Consumable tools and stores	49,636	36,697	35.3	2.0	1.9
Hire of plant	16,416	12,210	34.4	0.7	0.6
Depreciation: factory buildings and equipment	41,632	36,092	15.3	1.7	1.8
Repairs and maintenance	25,001	7,464	234.9	1.0	0.4
Supervisory wages	136,021	125,923	8.0	5.6	6.3
Sundry works expenses	22,113	14,257	55.0	0.9	0.7
	290,819	232,643		11.9	11.7

headings will contain both fixed and variable elements and the comparisons are therefore expressed in two ways: first (column 3) as an increase over the same costs for the previous year and second (columns 4 and 5) as percentages of sales for each of the two years.

The two largest increases in Dovetails' production overheads have been in repairs and maintenance (234.9 per cent) and sundry works expenses (55 per cent). While both these costs might to some extent be expected to vary with the level of activity, the increases are wholly disproportionate to the increase in sales (which was 21.6 per cent). As a result, for every £1 generated from sales in 1982, 1.0p went on repairs and maintenance, whereas only 0.4p was absorbed by these costs in 1981.

In their attempt to control costs, management should focus not only on percentage increases but also on the size of the overhead in question. Profits are highly sensitive to even a relatively small increase in a large cost: a 1 per cent increase on an overhead of £500,000 will be more damaging to profit than a 20 per cent increase on an overhead of £20,000.

The biggest cost amongst Dovetails' production overheads is supervisory wages. Here management have done well to restrict the increase to 8 per cent. As sales have increased by 26.1 per cent the proportion of the supervisory wage costs to sales has dropped from 6.3 to 5.6 per cent. The figures imply that more or less the same level of supervisory staff have been deployed to oversee an increased level of activity. If Dovetails had allowed their supervisory costs to increase proportionately with sales, the 1982 operating profit would have been some £17,000, or 13 per cent, less than it was.

By this sort of analysis, management can use their accounts to identify cost changes, assess the causes, evaluate the consequences, and seek to control them in the interests of greater future profitability. For a given level of sales, each £1 of cost saved is £1 extra profit.

Effective cost control needs to be timely. The discussion here is based on Dovetails' annual accounts, but by the time the year-end accounts are ready it may be too late to correct unfavourable cost trends that should beneficially have been recognised much earlier. Astute management will therefore seek to examine their costs regularly and will design their accounting records to provide them with cost information in as much detail as they require. They may arrange that their recording methods provide them with information about the costs and profitability not only of the business as a whole but also of each product or activity that the business is engaged in. Most importantly, management will ask for reports or accounts on a regular – probably monthly – basis. The quicker the information is available, the quicker management can respond.

SALES: CAPITAL EMPLOYED

The attempt to generate more profit from a given volume of sales is one of the two routes to improved profitability. The second route lies in the attempt to generate more sales from a given volume of capital resources.

The discussion here assumes that the *potential* for increasing sales does in fact exist. That potential will depend upon the demand for the product, the company's marketing ability, its sales drive, advertising techniques and all those other aspects of business acumen which would enable Dovetails, for example, to take a greater share of the market for furniture. All of that is outside the province of accounts. What accounts can do is indicate how effectively management are using the resources available to them; they can point to the areas where a more efficient use of capital would lead to greater profitability. In the general attempt to improve the ratio of sales to capital employed, the use of accounts is to focus not so on increasing the level of sales but on the means of minimising the amount of capital that is tied up in generating those sales.

Dovetails' ratio of sales to capital employed was 2.8 for 1982 and 2.6 for 1981 (see Frame 33). Each £1 of capital produced £2.6 of sales in 1981 and £2.8 of sales in 1982. Expressed alternatively, Dovetails have had to invest less capital in order to generate the same amount of sales revenue. How has this been achieved, and how can Dovetails encourage the trend? A careful analysis of accounts will help steer management's attention in the right direction. In the same way as sales have been expressed as a ratio of total capital employed, so the various components of that total capital – that is, the various classes of Dovetails' operating assets – can be expressed and compared in the same terms.

Of the total capital employed by Dovetails during 1981 and 1982, the bulk of the money was tied up in fixed assets, stocks and debtors. To assess the efficiency with which the company has used its resources we should, therefore, focus on these three major asset categories. The relevant figures from Dovetails' accounts are summarised in Frame 36.

Frame 36

	1982	1981
	£000	£000
Fixed assets	488	454
Stocks:		
Raw materials	212	195
Work-in-progress	203	188
Finished goods	20	21
	435	404
Debtors	585	417
Sales	2,425	1,993

FIXED ASSET PRODUCTIVITY

The aim of every business should be to make the fullest use of its fixed assets, and particularly to maximise the proportion of time that plant and machinery is in productive use, rather than lying idle. The ratio of sales to fixed assets provides an indication of how effectively fixed assets have been utilised during the year. Dovetails have achieved an improvement (Frame 37): each £1 invested in fixed assets produced £5.0 of sales revenue in 1982, compared with £4.4 for the previous year.

Frame 37

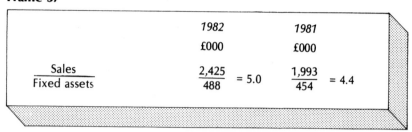

	1982		1981	
	£000		£000	
$\dfrac{\text{Sales}}{\text{Fixed assets}}$	$\dfrac{2,425}{488}$	$= 5.0$	$\dfrac{1,993}{454}$	$= 4.4$

The aim should be to push this ratio as high as possible (without of course exceeding the operating capacity of the machinery in question). It should also be remembered that this statistic is based on the historic cost of fixed assets: a ratio based on *current* costs will usually reveal a much less satisfactory return. On the other hand, new machinery would normally be expected to have greater productive capacity, and would therefore generate more output – as long as the demand existed to translate output into sales.

When management make a decision to increase the company's investment in productive fixed assets, they may not expect that investment to show an immediate payoff: the benefits might only be expected to flow after a number of years. In this circumstance the ratio of sales: fixed assets should be assessed over a run of years, rather than merely from one year to the next. More immediately controllable in the short term, and an area which should attract management's continuous attention, is the amount of their investment in working capital.

STOCK TURNOVER

The ratio of sales to stock, sometimes referred to as the rate of stock turnover, is a primary measure of the company's operating efficiency. It also provides a good guide to the liquidity of the company's stock.

The optimum level of stockholding is a matter that requires very careful assessment which can only be decided in the light of the trading circumstances of each individual company. Nevertheless, the *general* aim should be to minimise the amount of money tied up in stocks at any one time, and thereby maximise the rate of stock turnover. A low rate of stock-turn hints at slow-moving stocks, over-buying, or possible obsolesence. On the other hand, an extremely high stock-turn may indicate that the production floor is over stretched, continually flat out, unable to meet demand. The general message bears repetition: ratios or analysis drawn from accounts can indicate changes or trends; it is then up to management to interpret that information, investigate the causes, and evaluate the position in the light of their knowledge of the trading circumstances of the business.

Dovetails' rate of stock turnover has increased from 4.9 to 5.6 (Frame 38): they turned their stock round 4.9 times in 1981, and 5.6 times in 1982 – a healthy improvement. This ratio can be adapted to give an indication of the

Frame 38

	1982		1981	
	£000		£000	
$\dfrac{\text{Sales}}{\text{Total stocks}}$	$\dfrac{2,425}{435}$	= 5.6	$\dfrac{1,993}{404}$	= 4.9

Frame 39

	1982	1981
	£000	£000
$\dfrac{\text{Stock}}{\text{Average daily sales}}$	$\dfrac{435}{2,425/365}$	$\dfrac{404}{1,993/365}$
	= 65 days	= 74 days

length of time stocks are held on the shelves – see Frame 39. Here it is easier to see that Dovetails are moving their stocks more quickly.

There are two approximations which should be mentioned in this form of stock-turn analysis. First, it is assumed that the level of the stocks held at the year end (and included in the balance sheet) are reasonably reflective of the average value of stock that the company carries day by day during the year. If the level of year-end stock is unrepresentative, management will know the reasons and should take those factors into account in their analysis. The second approximation is that stocks are compared with the revenue from sales: a truer rate of stock-turn will emerge from comparing stocks with the *cost* of sales for the year.

The analysis can be developed – and management can exercise their control with greater precision – by examining the raw material, work-in-progress, and finished goods components of Dovetails' total stock.

RAW MATERIAL STOCKS

Frame 40 compares raw material stocks with the total costs of raw materials consumed in sales during the year (for which see Frame 34).

The result of this comparison shows that Dovetails turned their raw material stock round approximately 5.7 times in 1981 and 6.3 times in 1982. Dividing the rate of stock-turn into 365 gives an indication of the number of days' supply of raw material stock that is available on the shelves. At the

Frame 40

	1982	1981
	£000	£000
$\dfrac{\text{Raw materials consumed in sales}}{\text{Stock of raw materials}} =$	$\dfrac{1,335}{212}$	$\dfrac{1,105}{195}$
Rate of turnover	= 6.3	5.7
Into 365	= 58 days	64 days

end of 1981 Dovetails had raw material stock sufficient for 64 days' usage. At the end of 1982, they had the equivalent of 58 days' usage in stock.

It is of course possible to use alternative bases for these calculations. Dovetails could, for example, use the number of working days in the year instead of the full 365 in the calendar. They could compare stocks with the cost of goods produced (rather than sold) during the year. Each basis would produce different statistics. Whatever basis is used, the important point is that it will give a genuine indication of the *trend* of stockholding from year to year (or month to month) and it is the improvement or otherwise in the trend that is of first importance to management.

In general terms, it can be said that the trend of Dovetails' raw material stockholding policy is improving: the rate of stock turn is increasing. It is less easy to generalise about what is the 'right' amount of raw material for a business to hold. Management will want to hold sufficient at all times to feed an uninterrupted production line. Most importantly, therefore, they will have regard for the expected levels of activity. They will also have regard for the time it takes suppliers to deliver, as well as the possible cash advantages of bulk orders. Good management will usually establish different holding policies for different lines of stock and set minimum reorder levels (and maximum holding levels) for each. Different and sometimes conflicting factors will have to be weighed. The general aim, however, should be quite clear: to minimise the amount of money tied up in raw material stocks at any one time.

WORK-IN-PROGRESS

In Frame 41 the same form of analysis is applied to Dovetails' work-in-progress. Here again the rate of turnover is increasing (from 7.6 times to 8.8 times) and Dovetails are therefore showing an improvement. Under normal conditions (where the pattern of production and sales are consistent over the year) this statistic can give a broad indication of the efficiency of production: the number of days that the average level of work-in-progress takes to pass through the factory. The aim should be to maximise the efficiency of the production process, to minimise production

Frame 41

		1982	1981
		£000	£000
Cost of sales		1,786	1,436
Work-in-progress		203	188
Rate of turnover	=	8.8	7.6
Into 365	=	41 days	48 days

time and thereby minimise the amount of money tied up at any one time in work-in-progress.

FINISHED GOODS

Frame 42 shows that at the end of 1982 Dovetails had finished goods in stock which were only sufficient to meet just over four days' sales. Goods are being delivered to customers almost as soon as they come off the production line. Generally, that is an ideal position for a business to be in, although one might harbour some reservations. Dovetails' management

Frame 42

		1982	1981
		£000	£000
Cost of sales	=	1,786	1,436
Stock of finished goods		20	21
Rate of turnover	=	89.3	68.4
Into 365	=	4.1 days	5.4 days

will, for example, have presumably assessed the risk of being unable to meet a sudden, unforeseen demand for their furniture. They should also be aware that any future labour or production difficulties – amounting to no more than a few days' lost production – would very quickly put them out of stock, unable to deliver, with the potential loss of customer goodwill.

DEBTORS: SALES

A comparison between sales and stock gives an insight into a company's operating efficiency. The comparison between sales (strictly, credit sales)

Frame 43

		1982	1981
		£000	£000
$\dfrac{\text{Debtors}}{\text{Average daily sales}}$	=	$\dfrac{585}{2{,}425/365}$	$\dfrac{417}{1{,}993/365}$
Collection period	=	88 days	76 days

and debtors provides an indication of the efficiency of a company's credit-control procedures.

Frame 43 illustrates how the amount of debtors carried by a company can be expressed as a number of days' sales. The statistic can be interpreted as the average number of days' credit allowed to customers, or the length of time it takes the company to collect its debts. Dovetails' performance in this respect has deteriorated: by the end of 1982 the company was, on average, taking 12 days longer to collect its money than it was a year earlier.

Taking, £6,643 (£2,425,000/365) as an average day's sales, that is a further £79,700 (£6,643 × 12) of additional and presumably free credit that the company is providing for its customers; and Dovetails are of course having to finance it – by increasing their investment in working capital, for no return.

The company should review its collection procedures, and the terms of credit it presently offers. Management should review the procedures by which debts are reported as soon as they become overdue, so that they can take quick and appropriate action. The aim should be to reverse the recent trend in collection periods, to minimise the average number of days that debts remain outstanding, and thereby minimise the amount of money tied up in debtors.

CONTROL OF WORKING CAPITAL

In analysing Dovetails' profitability, and in using their accounts to pinpoint trends that need to be encouraged or corrected, the emphasis has been on the need to minimise the amount of capital employed, particularly the amount of working capital employed. Control of working capital lies at the heart of profitable performance. It is an area which any businessman ignores at his peril.

In order to illustrate this point, suppose Dovetails have a local competitor, Mortise and Tenon Limited. A year ago, Dovetails looked at the accounts published by M&T and found them to be identical in every respect: the same line of business, the same sales, the same fixed assets, the same amounts of working capital, the same profits and the same profitability.

Frame 44

	Dovetails	Mortise & Tenon
	£000	£000
Sales	2,424	2,424
Cost of sales	1,786	1,786
Cost of raw materials for year	1,335	1,335
Stock, 31 December:		
Raw materials	212	105
Work-in-progress	203	102
Finished goods	20	10
	435	217
Debtors	584	292
Gross working capital	1,019	509
Rate of stockturn:		
Cost of RM for year: raw materials	6.3 (58 days)	12.7 (29 days)
Cost of sales: work-in-progress	8.8 (41 days)	17.5 (21 days)
Cost of sales: finished goods	89.3 (4 days)	178.6 (2 days)
Collection period:		
Debtors ÷ sales/365	88 days	44 days

A year later Dovetails take a further look at M&T's accounts. They extract information which is summarised in Frame 44 and set against Dovetails' own figures. Once again the two companies are found to be identical in most respects. They have achieved the same level of sales in 1982 and the same profit margins. The one essential difference is that M&T now have only half the working capital that Dovetails are carrying. Dovetails may think that makes them twice as strong as their competitor. The truth is quite the opposite: they have been only half as efficient.

Dovetails pursue their analysis. They assume the absence of seasonal factors, so that the year end can be taken as being representative of the position at any time during the year. At any one time M&T are carrying half the amount of timber stocks that Dovetails carry. But they are achieving the same level of production and sales, so the timber they do buy they must be using twice as quickly.

Dovetails' calculations support that conclusion: their own timber lies on the shelves, on average, for 58 days before it is used; on the same basis, however, they calculate that M&T's stock waits only 29 days before it is put into production. Similarly with work-in-progress: both companies

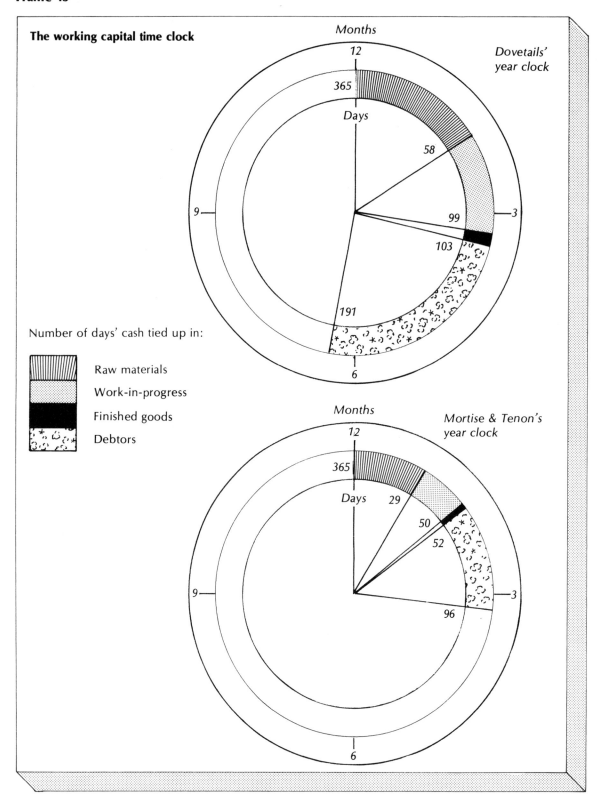

The working capital time clock

Dovetails' year clock

Mortise & Tenon's year clock

Number of days' cash tied up in:

Raw materials
Work-in-progress
Finished goods
Debtors

produce the same amount each year, but at any one time Dovetails have twice as much furniture in the factory awaiting completion; it takes them twice as long to complete the manufacturing process (41 days compared with 21 for M&T). And once it is finished, M&T deliver and sell it twice as quickly – so they only have half the amount tied up in finished goods in the warehouse. M&T also only have half the amount of debtors, because it takes them half the time to collect their money (M&T 44 days; Dovetails 88 days).

To outward appearances the two companies may well look the same. Both will take in the same amount of timber each month and each month both will produce and sell the same amount of furniture. They will have the same level of monthly cash outgoings and both will collect the same amount of money each month from their customers. The difference is simply one of timing.

Frame 45 illustrates the difference diagrammatically. Based on the analysis of their accounts, the money Dovetails pay out for timber remains tied up as raw materials on the shelves for about 58 days. It is then tied up in work-in-progress for the further 41 days it takes to turn it into furniture. It spends four days in the warehouse as finished goods, and a further 88 days locked up in the amounts due from customers. Only then – 191 days later – does it come back to Dovetails in the form of cash.

In contrast, it takes M&T only 96 days to convert cash outflow into cash inflow. M&T can use the cash that flows in on day 96 to buy their next supply of timber; and because it takes them half the time to put the timber into production, and half the time to make the furniture, sell it and collect from their customers, they can go through the whole cycle twice in the time it takes Dovetails to go through it once.

The essence of working capital is that it should be made to work: the harder it is made to work the better for the business. M&T make theirs work twice as hard as Dovetails, and they therefore only need to use half as much of it. There is no better illustration of the saying that time is money.

The extra time they are taking, and their unnecessarily large working capital, is indeed costing Dovetails money – in at least three ways. First, they are having to devote time and resources to the extra paperwork that is needed to control the movements on twice as much stock, and to chase up twice the number of outstanding debtors.

Second, their inefficiency is costing the company money in terms of lost income. Every £1 unlocked from working capital is an extra £1 of cash available for other purposes. Dovetails started the year with a gross working capital base (stock and debtors) of some £800,000. If it had made the same effort as M&T to reduce that by 50 per cent, the benefit would have been reflected in their balance sheet at the end of the year – in the shape of some £400,000 additional cash. With interest rates upwards of 15 per cent, that money in a full year could earn the company £60,000 additional income.

Third, and most important, the cash that is released can alternatively be used to finance expansion. By the same token, as half the amount of working capital might be used to support a given volume of sales, so the same amount of working capital might be used to support double the amount of sales. With tighter control of working capital, and by halving the time they take to convert cash outflow into cash inflow, Dovetails have the potential for doubling their level of business and doubling their level of profits.

As they presently stand, therefore, M&T's efforts to reduce working capital have put them in a much stronger position than Dovetails. If fashions change, M&T can respond much more quickly: they only have half as much work to clear in the production pipeline and they can get their new styles on the market twice as fast as Dovetails. M&T are therefore more adaptable. They are also less vulnerable: if fashions do change, M&T will be carrying only half the amount of old stock and are therefore exposed to only half the amount of stock write-offs and losses that Dovetails could suffer.

If demand increases, M&T can statisfy it more quickly, and with less strain. At present levels, M&T support sales of £2,424 from a working capital base of £509. If demand goes up by 50 per cent, M&T will need to increase their investment in working capital by some £250 in order to finance their share of the new market. They could probably do that from their own resources.

Dovetails currently need £1,019 working capital to support the same level of sales. They will need to find another £500 – twice as much as M&T – if they are to expand output and take their share of the new business. Because they already have so much money tied up in working capital, they will probably have to borrow the extra they need. That may prove difficult: banks may be reluctant to lend to a business which has already let its working capital run to such high levels. It will certainly be costly in terms of interest, and costs reduce profits.

All that goes to underline one message: tight control of working capital is essential to business profitability. The aim of every business should be to minimise the amount of working capital needed to support a given level of activity. There is no better example, in current political terms, of what is meant by the merits of a leaner and fitter industry. The best way of keeping constant control of working capital is for the businessman to analyse his accounts – and to listen to what they are telling him.

EMPLOYEE RATIOS

One of the most valuable resources available to a business, but one which is given no value at all in the balance sheet, is its employees. Business performance depends very much on staff performance, particularly on the performance of those involved in production on the shop floor and those engaged in selling to the market.

The behavioural aspects of management are, of course, a very significant element in labour relations, and an increasingly large body of theory is now devoted to the effectiveness of different forms of incentive, the motivating influence (or otherwise) of budgeted targets, and the benefits of employee participation. The purpose here is not to discuss the general question of motivation, but to suggest some of the ways in which accounts might be used to assess how effectively management are using the employee resources at their disposal.

The ratio of value of production to direct factory wages, for example, offers a measure of the value produced for each £1 wage cost, and will provide an indicator of whether shop floor productivity is improving or declining. Caution is needed when interpreting the figures. A falling trend does not necessarily imply an inefficient workforce; a decline in productivity might equally result from poor-quality materials, or from machinery break-downs. Nevertheless, with proper evaluation, the productivity ratio is a useful measure, and one which could be of potential interest, for example, to the parties on both sides of a wage negotiation.

Similarly, the ratio of sales to salesmen's wages gives a measure of the amount of sales generated by each £1 spent on the wages of those employed to sell. Here again, the trend in the ratio reflects not only on the efficiency of salesmen but also on the effectiveness of management in motivating salesmen to higher levels of performance, thereby generating higher levels of sales from a given wage bill.

Employee ratios can of course be expressed in terms of numbers of employees rather than wage costs. In either case, comparison of the ratios with those for other businesses should only be made with great care. Productivity ratios will fluctuate significantly according to whether the business is capital- or labour-intensive. For comparable businesses the statistics will be influenced by the conditions in which the workforce are expected to work, and the quality of the plant and machinery they are expected to work with. For businesses in the same trade, the ratio of total payroll to number of employees can, however, provide a useful comparison of average wage levels. Carefully and sensibly used, employee ratios have an important part to play in the control of business performance.

SUMMARY

The profitability of a business depends on both the amount of profit derived from a given volume of sales and the amount of sales generated from a given volume of capital. To improve profitability management's objectives should be to maximise profit (and sales) and to minimise capital employed. Analysis of accounting information provides indicators by which management can assess how far their objectives are being achieved – see Frame 46.

Frame 46

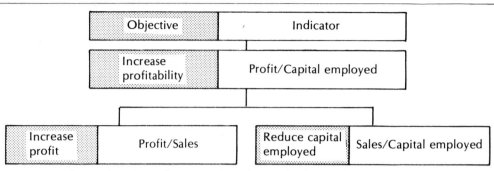

Objective	Indicator
Increase profitability	Profit/Capital employed

Increase profit	Profit/Sales	Reduce capital employed	Sales/Capital employed

The profit achieved on a given volume of sales can be improved by increasing selling prices (subject to competition and elasticity of demand) or by reducing costs:

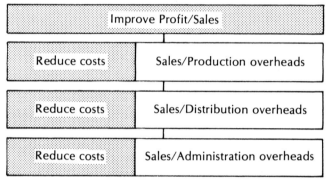

Improve Profit/Sales	
Reduce costs	Sales/Production overheads
Reduce costs	Sales/Distribution overheads
Reduce costs	Sales/Administration overheads

The relationship between sales and capital employed can be improved by increasing sales (if demand and productive capacity exists, and profit margins can be maintained) or by reducing capital employed:

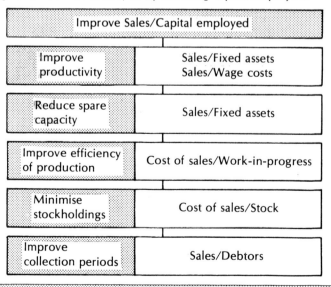

Improve Sales/Capital employed	
Improve productivity	Sales/Fixed assets Sales/Wage costs
Reduce spare capacity	Sales/Fixed assets
Improve efficiency of production	Cost of sales/Work-in-progress
Minimise stockholdings	Cost of sales/Stock
Improve collection periods	Sales/Debtors

The calculation and interpretation of these and other indicators has been explained in the preceding text. The final two objectives listed – to minimise stockholding levels and to improve collection performance – will also be relevant to an assessment of business liquidity, as described in the following chapters.

10 Analysis for business managers – liquidity

TRADE CREDIT

For most businesses, the amount locked up in working capital can be reduced by taking credit from suppliers. Ideally a business would work off zero working capital – by taking extended credit from suppliers and using the cash collected from customers to pay for the materials.

The investment in working capital can also be reduced by working off a bank overdraft, but whereas credit from a supplier is usually free, money borrowed from a bank is costly in terms of interest.

Once a business starts taking credit, the need to monitor and control working capital becomes even more acute. The use of trade creditors and even bank overdrafts to support working capital may be sound business strategy but it does of course also create liabilities. Liabilities have to be paid, and for the business manager they bring the further task of ensuring at all times that the business has sufficient liquid funds to meet its debts as they fall due.

The potential conflict between minimising working capital and maintaining sufficient liquidity is illustrated in Frame 47.

Assuming an even pattern of buying, throughput and selling, a comparison between trade creditors and average daily raw material usage will give a bearing on the degree to which a business is extending or reducing the period of credit it takes from suppliers. On this basis, Dovetails are now taking some two weeks' additional credit: they presently wait 126 days before making payment, whereas a year ago they were paying within 109 days. That may be good in terms of minimising working capital: as Dovetails take more credit from suppliers, so less of its own money is needed to finance a given level of stock. But with the company now taking upwards of four months to settle its accounts, suppliers themselves will be concerned to assess Dovetails' liquidity position, and management will have to be vigilant in ensuring that there is always sufficient cash to satisfy those creditors who are pressing for payment. The higher the level of creditors, the greater the risk of the company over-extending itself, defaulting on payment, and losing its credit rating. Once suppliers start to lose confidence a business can very quickly find itself in severe difficulties – with creditors all pressing for payment at the same time and not enough money to satisfy them.

It is important to recognise that a profitable business will not necessarily be a liquid one: profits can be represented by, or be invested in, assets other than cash. Profitability is important, but liquidity is critical. In the long

Frame 47

		1982	1981
		£000	£000
$\dfrac{\text{Trade creditors}}{\text{Cost of raw materials/365}}$	=	$\dfrac{462}{1{,}335/365}$	$\dfrac{330}{1{,}105/365}$
Credit taken	=	126 days	109 days

term, a business cannot survive if it is unprofitable; but problems of liquidity do not have a long term – they are usually immediate. A great number of businesses may have the potential for making large profits, but only the liquid ones survive to make them.

A number of the ratios and analyses described in earlier sections have a bearing on liquidity and will help the businessman in his control of it. The average collection period for debtors and the rate of stock turnover tell as much about the relative liquidity of stocks and debts as they do about the efficient use of resources. The emphasis in preceding pages, however, has been on minimising the amount of funds tied up in working capital – converting cash outflow into cash inflow as quickly as possible – and constantly reinvesting it in the working capital cycle. In terms of liquidity, the emphasis is on the sufficiency of liquid funds *at any one point in time,* and for that purpose the main indicators will come from the balance sheet.

CURRENT RATIO

The current ratio results from a simple comparison between current assets and current liabilities. On the basis that the cash to pay current liabilities (by definition payable within one year) will come from the funds generated by current assets (by definition convertible into cash within one year), the ratio provides a broad measure of the ability of a business to meet its short-term obligations.

The ratios for Dovetails are shown in Frame 48. The trend is worsening: at

Frame 48

		End of 1982	End of 1981
		£000	£000
$\dfrac{\text{Current assets}}{\text{Current liabilities}}$	=	$\dfrac{1{,}046}{641}$	$\dfrac{850}{452}$
Current ratio	=	1.63	1.88

31 December 1981, Dovetails had £1.84 of current assets to cover each £1 of current liabilities; at the end of 1982 they had £1.63 to cover each £1 owed.

The current ratio is, however, only a very arbitrary measure of liquidity. It does not take into account the different degrees of liquidity of the various types of current asset. The cash tied up in Dovetails' raw material stocks, for example, may not be available for another six months, but that may not be soon enough if suppliers are pressing for payment.

Neither is it the case that a high current ratio is necessarily a sign of good business health. A surplus of current assets is a good and necessary thing, but an excessive surplus – particularly if it is represented by old stock and ageing debtors – merely suggests that the control of working capital has been neglected.

QUICK RATIO

A better measure of current liquidity is the quick ratio, which excludes stock from the comparison of current assets and liabilities. By expressing the cover for current liabilities only in terms of cash or near-cash (debtors), the quick ratio provides a more immediate indication of short-term liquidity.

The figures for Dovetails are shown in Frame 49. In these terms the company is almost as liquid as it was a year ago. Traditional benchmarks

Frame 49

		End of 1982 £000	End of 1981 £000
$\dfrac{\text{Current assets, less stocks}}{\text{Current liabilities}}$	=	$\dfrac{611}{642}$	$\dfrac{446}{453}$
Quick ratio	=	0.95	0.98

were that a company should seek to maintain a current ratio of 2.0 and a quick ratio of 1.0. By that standard, Dovetails' quick ratio of 0.95 compares very reasonably.

Here again, however, the business manager should beware of placing too much reliance on a single statistic. A quick ratio of even 10.0 will give no indication of continuing liquidity if all available cash is needed urgently to replace plant, or if large long-term borrowings are known to fall due for repayment in a year's time. The quick and current ratios calculated from accounts give a first indication of financial health, but good management will assess these statistics in the round of information they can glean from other parts of the balance sheet, in their knowledge of the forthcoming transactions and requirements of the business, and in terms of their ability or otherwise to turn stock and debtors into cash as quickly as possible.

At best, therefore, ratios extracted from annual accounts provide no more than a broad indication of the general trend of liquidity. Unfortunately, the liquidity sickness – when it strikes – strikes very quickly, and the business manager who looks to no more than his year-end accounts will usually find that they tell him too little too late. The cure is to inject more cash, but sufficient cash cannot always be found in time. Even if it can be found, it will usually prove to be very costly medicine. The best form of cure is prevention, and the best way of preventing a liquidity crisis is to prepare cash-flow forecasts.

CASH-FLOW FORECASTS

A cash-flow forecast is the most effective means by which a businessman can plan to ensure that his business will always have sufficient funds to meet its debts. It is a technique which no businessman can ignore. Cash-flow problems are not unique to unprofitable businesses; indeed the very danger of the liquidity crisis is that it can strike at the most successful businesses, particularly those which are expanding.

At their 1982 levels of operation, Dovetails presently incur the following amounts of monthly cash payments (the figures are based on their 1982 accounts and are rounded for simplicity): £110,000 to suppliers for materials; £40,000 on direct wages; £42,000 on overheads. Each month they collect approximately £202,000 from customers. The company is generating a healthy cash surplus each month of £10,000.

They have a good order book, so that they plan to operate at the same levels for at least the first six months of 1983. They start the year with £26,000 in cash and, because they are overdrawn £112,000 against a bank facility of £200,000, further funds of £88,000 are available from the bank should they be needed. The company is profitable and financially sound.

On 1 January 1983, a new customer makes a large order. The first delivery – for goods worth £60,000 – is for the end of June. The customer will pay cash on delivery, and the price will give a better than average profit margin. It will mean increasing their monthly output by 25 per cent from February onwards, but management assess that they can rearrange the shifts and keep the factory running for 10 hours a day instead of 8. The order is accepted: 25 per cent more business means 25 per cent more profit. The directors are delighted. The truth is that by accepting the order they run a great risk of going out of business before the end of May.

Frame 50 shows the cash-flow forecast that Dovetails should have prepared at the beginning of the year. If they had done so, they would have seen that they would use up their bank overdraft facility in less than five months' time.

Increasing production by 25 per cent will mean spending 25 per cent more

Frame 50

Dovetails' cash-flow forecast 1983

£000	Jan	Feb	Mar	Apr	May	Jun	Jul
Opening balance	– 86*	– 76	–110	–144	–178	–212	–186
Cash receipts	+202	+202	+202	+202	+202	+262†	+262
Cash payments	–192	–236	–236	–236	–236	–236	–236
Closing balance	– 76	–110	– 144	–178	–212	–186	–160

* Overdraft £112 less cash £26
† Including £60,000 from first delivery of new order

Frame 51

Monthly cash outgoings

	On existing level of business	On increasing production by 25%
	£	£
Materials	110,000	137,500
Wages	40,000	50,000
Overheads	42,000	48,500
Total	192,000	236,000

on materials each month (suppliers demanded COD for the additional deliveries) and 25 per cent more on wages. Because some overheads are fixed, total overheads should not increase proportionally (the new work is therefore even more profitable). In fact, Dovetails expect overheads to increase by £6,500. In total, accepting the new order will cause the company's monthly cash outgoings from February onwards to increase from £192,000 to £236,000 (Frame 51). However the higher level of receipts will only start to flow in from the end of June. In the meantime, the old level of business is only generating a monthly surplus of £10,000, and existing resources soon expire. The company will exceed its overdraft limit in May. Unless it acts quickly there will be no money to pay creditors, or to pay the wages.

As a result of accepting the new order Dovetails have had to increase their investment in working capital by £176,000 (£44,000 for each of the four months February–May) before any of the extra cash begins to flow back in June. Dovetails then start to reap the benefits, and from then onwards the liquidity position becomes increasingly better. The problem is that the company may not survive until June.

With proper planning, Dovetails would have no difficulty in arranging for a temporary increase in their bank overdraft, or for a payment on account from their new customer. Alternatively, they could seek ways of generating the needed funds internally – by improving their stock turn-round or the collection performance from their debtors – in order to be able to finance the increased level of business from their own resources. With no planning, and no cash forecast, the shortfall in May remains hidden. The irony then is that the company should not take on the new order: they simply cannot afford to be so successful.

SUMMARY

See Frame 52.

Frame 52

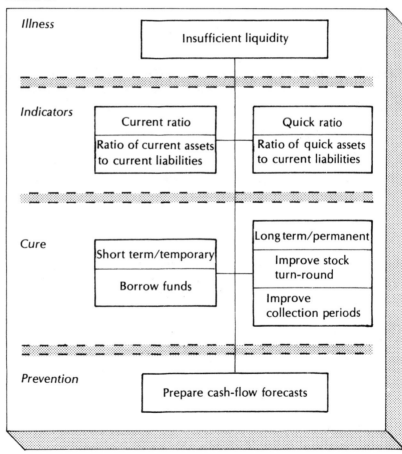

11 Analysis for business proprietors

For the sort of company of which Dovetails is typical, the directors will usually be shareholders in the business as well as managers of it. As well as using accounting information for management purposes, they will also want to use accounts as a basis for examining the worth of their personal investment. The following sections describe methods by which proprietors can analyse their accounts in order to assess the relative profitability of their investment and the degree of risk that attaches to it.

RETURN ON EQUITY

In the same way as the return on capital employed has been used as the primary measure of overall business performance, so the return on their equity provides the first basis from which proprietors can assess the relative profitability of their investment.

When calculating the overall return on capital employed, the comparison was between the full amount of resources available to management (from whatever source they were provided) and the full amount earned from the use of those resources (before accounting for any return on them – whether by way of dividends to shareholders or interest on debt).

For present purposes, however, the definition of capital is limited to the funds provided by Ordinary shareholders and excludes those provided from long-term borrowing. The relevant measure of profit is the amount available for Ordinary shareholders, after interest on borrowings and any other prior claims have been satisfied.

At the beginning of 1982, the shareholders' funds (share capital plus reserves) included in Dovetails' balance sheet amounted to £639,373. The return earned on those funds during the year – represented by profit after tax and interest, and after extraordinary items – was £61,755. Dovetails return on equity for 1982 is therefore:

$$(\pounds 61{,}755/\pounds 639{,}373) \times 100 = 9.7\%$$

On every £1 of equity, Dovetails have earned 9.7p. By comparing that return with market interest rates, or with the returns available from other forms of investment, proprietory shareholders can assess how effectively the company has used the equity funds available to it, which itself provides a measure of the relative profitability of their investment.

EARNINGS PER SHARE

A further measure of equity investors' earning potential is provided by the amount of earnings per share. The calculation is based on profit after tax and interest, but before extraordinary items, divided by the number of Ordinary shares in issue. Extraordinary items are excluded because of the distorting effect they have on year-by-year comparisons. The figures for Dovetails are shown in Frame 53. The 1982 earnings are a considerable improvement on those for 1981.

Frame 53

		1982	1981
		£	£
Profit after tax and interest, and before extraordinary items	=	80,097	62,810
Number of Ordinary shares in issue		120,000	120,000
Earnings per share	=	67p	52p

For companies listed on the Stock Exchange, earnings per share serve as a major indicator of performance, and have a direct bearing on the market's assessment of those shares. Dividing the earnings per share into the quoted market price provides what is known as the price/earnings or P/E ratio. If Dovetails were listed and their shares were quoted, say, at £5, their 1982 earnings per share of 67p would indicate a P/E ratio of 7.5 (£5 divided by 67p). If the share price went up to £8 the P/E ratio would be 11.9: the shares would be said to be selling at 11.9 times earnings. Market prices are of course influenced by a great many different factors, some of them totally unrelated to the company's performance. Nevertheless the P/E ratio provides the primary indicator of the level of risk which the market attaches to the investment in question.

DIVIDEND COVER

In many respects, therefore, the trend of a company's earnings per share over a number of years – and the estimates which might then be made from that trend as to its likely earning power in the future – act as a major influence on the current price of the shares, and therefore on the value of an investor's shareholding.

A second influence, and one which is regarded by many analysts as being equally important, is the company's dividend record. Regardless of the level of profits that have been generated for equity shareholders, an investor will be concerned also to receive some form of immediate distribution of those earnings as a tangible return on his investment. In particular, he will want to assess the likely level of dividends to come in the future. The relationship between the amount of the company's earnings

Frame 54

		1982	1981
		£	£
Earnings available for Ordinary			
shareholders		61,755	62,810
Dividend paid	=	21,600	20,400
Dividend cover	=	2.9 times	3.0 times

and the amount distributed is usually expressed as the level of dividend cover.

Frame 54 shows the calculations for Dovetails. The 1982 dividend is covered almost three times, as was the dividend for 1981.

The extent of the cover provides an indication to shareholders both of the company's ability to pay out a dividend from current earnings and their willingness to do so. A high level of cover implies that the company can maintain its present dividend with comfort and at the same time provide a supporting cushion from which dividends might be more comfortably maintained in the future. Low cover suggests the company is straining to provide a tangible return to investors and casts greater doubt on the ability to maintain dividend levels in the future. The likely future level of dividends should not, of course, be assessed simply on the basis of one year's payout ratio. Profits accumulated and retained from previous years remain available for subsequent distribution and the amount of reserves shown in the balance sheet will be very relevant to any assessment of future dividend streams. A company's dividend policy will usually be evident from the pattern of dividends over a number of years, and particularly from the relationship between the dividends paid and the earnings available each year. It is notable, for example, that in the last two years Dovetails have paid out only about one-third of their available earnings – implying that they were not concerned to maximise the immediate return to shareholders but preferred to retain a substantial proportion of profits within the business to finance its future expansion. That of course is also to the advantage of shareholders, who may sacrifice income in the present but who then have the prospect of income in the future which is enhanced by the growth of the business.

INTEREST COVER

A matter of major concern to the investor is the degree of risk that attaches to his investment. That risk comes from two main sources: business risk and financial risk. Businesses within the same trade may vary in the general volatility of their profits but that element of risk – the predictability or otherwise of the future flow of profits – will apply to some extent to all businesses which operate in the same sector.

The degree of financial risk, on the other hand, is something which is specific to a particular company. It arises from management's financing policy: the choice between equity and debt as a source of funds.

One measure of the degree of financial risk is given by the calculation of interest cover: a comparison between the interest charges payable on debt and the level of profit from which that interest is funded. In Frame 55, Dovetails' profit before interest and tax is divided by the £12,600 interest paid on long-term borrowings (which is 9 per cent on the unsecured loan stock of £140,000). The interest charge is covered 11.3 times. In 1981 it was covered 11.7 times. That indicates a very low level of risk to the equity investor: at its present levels of profit, the company is easily able to meet the prior charges on debt and still have a very healthy surplus available for retention or for distribution to shareholders.

Frame 55

		1982 £	1981 £
$\dfrac{\text{Profits before interest and tax}}{\text{Interest on long-term borrowings}}$	=	$\dfrac{142{,}433}{12{,}600}$	$\dfrac{146{,}818}{12{,}600}$
Interest cover	=	11.3 times	11.7 times

The number of times interest is covered is a statistic which is also very relevant to business managers. As the level of profits becomes low in comparison with fixed interest charges, so proportionately less profits are available from which to provide a return on equity. In the longer run, a low and deteriorating level of interest cover implies that the company is increasingly exposed to the risk of defaulting on interest payment – with the consequent threat of foreclosure.

For these reasons the level of interest cover will also be a matter of first importance to existing lenders – whether they be banks, debenture holders or, as in Dovetails' case, unsecured loan stock holders. Just as importantly, it will be the first point of reference for potential lenders. A company with already low levels of interest cover will find it increasingly difficult to borrow more money; if they do succeed in attracting funds, they will certainly have to pay higher rates of interest on them – in order to compensate lenders for the higher level of risk that attaches to their loan.

GEARING

The comparison between interest costs and the available return on equity is one measure of a company's gearing. Gearing is more usually expressed as the ratio of debt to equity, as measured by the amounts of long-term borrowings and shareholders' funds in the company's balance sheet. It provides an indicator of the company's financing policy: the extent to which management have preferred to finance their long-term requirements from borrowings rather than shareholders' funds.

Dovetails' gearing is calculated in Frame 56. The ratio has fallen from 37 per cent in 1981 to 35 per cent in 1982. Note, however, that the figures used for borrowings include amounts representing deferred taxation (£99,107 for 1982 and £94,900 for 1981) in addition to the £140,000 unsecured loan stock. Dovetails have not in fact increased their fixed-interest borrowing during the year, and for a profitable company (with growing reserves) that should result in a declining gearing ratio.

Frame 56

		1982	1981
		£	£
Long-term borrowings / Shareholders' funds	=	239,107 / 679,528	234,900 / 639,373
Gearing	=	35%	37%

The inclusion of deferred tax may not rest easily in this context: there is at least some doubt that it will ever have to be paid, and it is certainly a liability which is very different in nature from loan stock. Nevertheless, it is included in the sense that it represents medium-term borrowing from the Inland Revenue, albeit interest-free.

Other bases, apart from the quirk of deferred tax, are sometimes used to define gearing: for example the ratio can alternatively be expressed as the proportion of borrowings to the total of shareholders' funds *plus* borrowings (which will of course give lower percentages); and overdrafts can, if appropriate, be included in the amount of borrowings (which will increase the percentages). The important point, whatever basis is used, is the trend which emerges from year to year.

Once again the key word is risk. High gearing means high risk – for both lenders and equity investors. Potential lenders will demand a relatively higher rate of interest from a company which is already highly geared. As the gearing and the interest burden increases, so the risk attached to equity earnings also increases: with a higher interest burden, a company will have to make larger profits before any money is available to pay dividends to investors. In return for the higher risk they carry, equity investors will expect a higher than average return when the profits start to flow.

The question of gearing is therefore a matter of the greatest importance to management. Their aim should be to achieve the best mix of capital at the minimum cost. That in turn will require a careful assessment of the expected rates of return on both debt and equity and an awareness of how, for example, an increase in the cost of debt can cause corresponding increases in the expected return on equity.

Nevertheless, any difficulty there might be in establishing the optimum capital mix for a company should not be allowed to blur the basic advantage of gearing. If a business can earn a better return than the rate it has to pay, then every £1 borrowed will increase profitability.

Suppose Dovetails can earn a return of 16 per cent on the capital they employ in the business, and that they presently have equity totalling, say, £5 million, and borrowings of £1 million on which they pay 15 per cent interest. On a total capital employed of £6 million, 16 per cent gives an overall return of £960,000; £150,000 goes on interest, leaving £810,000 for ordinary shareholders – a return on equity of 16.2 per cent. The 1 per cent turn on borrowed money serves to 'gear up' (the North American phrase is 'leverage') the return on equity.

In that example Dovetails have only a modest level of borrowing, and are therefore only moderately geared. Nevertheless a 4 per cent increase in overall return (20 per cent on £6 million = £1,200,000) would result in a 30 per cent increase in earnings for equity (a return of £1,050,000, instead of £810,000, on £5 million). That is the benefit of gearing.

The effect is even more dramatic as the gearing increases. Suppose Dovetails restructure their capital to a gearing ratio of 5:1, £1 million equity and £5 million debt. The overall return of 16 per cent is the same, but a far higher proportion – £750,000 – now goes on interest. That still leaves £210,000 for shareholders on an investment of £1 million – a return of 21 per cent. If overall profitability now goes up by 4 per cent, profits available to shareholders increase to £450,000 – a 115 per cent increase in return on equity! High gearing means high risk, and high risk sometimes brings high reward.

Of course it can also bring disaster. If profits had fallen instead of increasing by as little as 4 per cent (to £720,000), the company would be unable to meet its interest payments out of current earnings. They may be able to draw on reserves for one year, but if the lower rate of profitability continues for any time the company will soon be insolvent. A highly geared company is highly sensitive to even relatively small fluctuations in profit. It is also highly vulnerable to changes in interest rates. A 4 per cent increase in the borrowing rate would wipe out Dovetails' profit.

Gearing is therefore critically important to the businessman – both as a business manager in his search for the most appropriate sources of finance, and as a proprietory shareholder who is concerned with the security of his investment.

VALUE OF A BUSINESS

Gearing also has an immediate and direct bearing on the question of how much a business is worth. An immediate response to that question might be to go to the latest set of accounts. Dovetails' balance sheet at the end of 1982 shows total assets of £918,635, financed by £679,528 shareholders' funds and £239,107 borrowings.

The first question that arises is therefore whether we are concerned with the total value of the business or only the value of its equity. An assessment of the total worth of the business might start from £918,635 total assets. An assessment of equity value starts from £679,528, i.e. the amount of assets that remain after all borrowings have been repaid. Dividing the amount of shareholders' funds by the number of shares in issue (120,000) gives a figure of £5.65, which could be described as the net asset value per share.

It must be said, however, that for the purposes of valuing a business a set of accounts is not very helpful. Total value or equity value is one question; the next is whether the business is to be valued as a going concern, or whether its worth is to be based on **break-up** values. The book value of Dovetails' work-in-progress, for example, is based on costs incurred to date. It may well be appropriate to use that figure in a sale as a going concern but, if the business is to be broken up, the half-finished furniture represented by work-in-progress would probably be worthless.

Even in terms of a sale as a going concern, it is very doubtful whether balance sheet values will add up to a reasonable assessment of the worth of the business. The purpose in Part One of this book was to emphasise the fact that although accounting principles provide a useful and valuable framework in which to draw up a set of accounts, they do also act as limiting factors on the type of information that accounts are intended to convey, and they do therefore impose limitations on the alternative uses to which accounts can be put – including the question of the worth of a business. Dovetails' property, for example, is included in the balance sheet at a value of £245,923. That value is based on original cost. The value of the property now could be several times that figure. Similarly with plant, which is included at a residual cost based on an annual depreciation rate of 15 per cent. On the occasion of sale, there may be good cause for reassessing the remaining useful life of plant and machinery, which in turn would lead to revised assessments of their present worth to a potential buyer.

The valuation of a business is therefore fraught with uncertainty. It is even more fraught if we begin to consider the range of intangible factors that can have a bearing on the price at which a buyer and a seller might agree. They include the reputation of the product, the state of the order book and the share of the market the business commands. Those sort of considerations will help build up a picture of the likely future flow of profits – just as much as will the figures reported in any past sets of accounts. And all of that will go to support any figure for goodwill – over and above the values recorded in a balance sheet – which a seller might want to ask and for which a buyer might be willing to pay.

Other influences on the value of a business will include the quality of management, the level of their expertise, the industrial relations record of the business, and the extent to which any development programmes have laid the ground for future commercial growth. And of course there is the question of gearing: a highly geared business is more risky, and will be a less favourable proposition for a potential buyer.

For these sorts of reasons the valuation of the business is one of the more creative financial arts. For companies listed on the Stock Exchange, an alternative method of valuation – but one which is no less influenced by the whole range of imponderables – is through the quoted market price. 200,000 shares in issue, for example, at a current market price of £3 per share gives a market capitalisation for the company of £600,000. But of course this only represents the summation of numerous small holdings: the value of control of the whole business may be worth 50 to 100 per cent more than that figure, as 'takeover' bids have so often demonstrated.

Frame 57

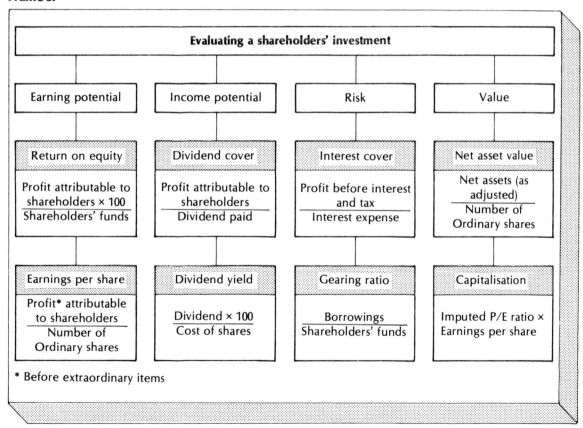

A variation on this method of valuation is frequently used to value the equity in a company like Dovetails. Dovetails' earnings per share in 1982 were 67p. Reference to the P/E ratios of listed companies in the same business sector might produce an average P/E ratio of say 10. That average would then be (somewhat arbitrarily) adjusted to reflect the lesser marketability of shares in a non-listed company. Further adjustments would be made according to the size of the holding that is being acquired: substantial mark-downs for small, minority holdings; less so as the percentage acquired increases towards a controlling interest, i.e. more than 50 per cent. Whatever the case, applying an adjusted P/E of, say, 7.5 to Dovetails' current earnings per share would give a value for each share of £5.02. That compares with a net asset value per share of £5.65. (In times of high interest rates and yields it is not unusual for a business to sell at less than its so-called 'net asset value'.) The point around those two figures at which a deal might be struck is then a matter for informed guesswork, and clever bargaining.

SUMMARY
See Frame 57 (page 101).

Part Four

ACCOUNTS AND INFLATION: HOW TO ADJUST FOR IT

12 Inflation and current cost accounting

THE EFFECTS OF INFLATION

Prices change. Usually they go upwards. In recent years the rate at which prices have increased has had a major impact on the profitability and performance of all types of business. Some, unable to pass cost increases on to customers, have suffered more than others. None have been immune, and businessmen have become increasingly used to the idea of having to retain increasingly large amounts of their apparent profits in order to 'provide for the effects of inflation'.

How much they need to retain, and why they need to retain it, is not always apparent. Conventional accounts offer no guidance: built on the principle of historic cost, they are not designed to measure the effects of inflation. Instead, businessmen have to rely heavily on their instinct and general business acumen when assessing how much they can really afford to pay out as dividends and how much they need to keep in order to finance their existing level of business at increased levels of cost. In fact the effects of price changes on a business can be measured quite easily. This chapter will show how.

THE HISTORIC COST ILLUSION

Historic cost accounting records the amount of money that was exchanged in business transactions, whenever they took place (see Chapter 1). Assets shown in a balance sheet at a cost of £100 might therefore be made up of £40 of 1982 cost, £50 of 1975 cost and £10 of 1950 cost. The aggregate of £100 in the historic cost balance sheet is deceptive: it does not account for the fact that the 1950 pound was worth several times more than the 1982 pound.

The deception is greater in the profit and loss account: 1982 revenues are matched against costs of 1981 and earlier years, which are expressed in 1980 and earlier pounds. Because like is not matched with like, historic cost accounting produces misleadingly high profits in times of inflation. (In times of deflation it would produce misleadingly low profits.)

The main purpose of inflation-adjusted accounting systems is therefore to restore the principle of matching to the profit and loss account, and thereby to remove the inflationary element from historic cost profit.

INFLATION AND PRICE CHANGES

Before attempting to dispel the illusion we should establish precisely what it is that we are trying to adjust for. In this respect a clear distinction needs to be drawn between general inflation and specific price changes. General inflation arises from an increase in the general level of prices, usually expressed and measured by changes in the Retail Price Index (RPI). The consequence of general inflation is a fall in the general purchasing power of money.

In times of inflation the price of most things will go up, but it will only be by coincidence that the prices of particular types of assets, goods or services increase exactly in line with the RPI. In the last decade the price of oil-based products, for example, has increased faster than the general rate of inflation; the price of some things (calculators, video equipment, airfares) has fallen. Very rarely will the change in a specific price exactly match the change in the RPI over the same period.

This distinction is central to the question of what is meant by 'accounting for inflation'. It leads to two alternative methods of adjustment: to account for changes in the value of money, referred to as current purchasing power accounting (CPP); or to account for changes in the prices of the particular types of asset that a particular business is concerned with, referred to as current cost accounting (CCA). Each method seeks to make different corrections to the historic cost figures. Each can provide the businessman with useful information – according to the viewpoint from which he may wish to assess the performance of his business.

Suppose a trader buys for £100 an item of stock that retails then for £140. Suppose he holds it during a period when the RPI increases by 5 per cent, but when prices in his particular trade increase by 10 per cent. When he sells the item for £154, historic cost accounting would match against revenue the original cost of £100. The historic cost profit would be £54. CPP accounting would update the original cost by the movement in the RPI: revenue would be matched against a cost (£100 × 1.05 = £105) expressed in pounds of equivalent purchasing power. The CPP profit would be £49. The CCA method would match revenue with the current cost of the stock sold (£110): the CCA profit would be £44.

CAPITAL MAINTENANCE

These different measurements of 'profit' derive from the general relationship between profit and capital, and from alternative perceptions of what capital itself represents. An economic view of profit is the maximum amount which an individual can consume during a period and still remain as well off at the end of it as he was at the beginning. The equivalent accounting view is of profit as the maximum amount which a business can distribute during a period and still maintain its capital intact. Different measures of profit will arise according to the different views of what it is that needs to be maintained.

Historic cost accounting is a system that seeks to maintain no more than the original money amount of the capital invested by the shareholders. Any surplus realised over and above that amount is profit. The trader makes an historic cost profit of £54 because that is the amount which can be distributed without reducing his original money investment below £100.

CPP accounting seeks to preserve the original purchasing power of the capital invested. Because of 5 per cent inflation it now takes £105 to achieve the same level of purchasing power as was originally acquired from £100; the trader needs to attain a 5 per cent growth in his original investment merely in order to stand still. Of his historic cost profit, £5 must be retained in order to maintain his capital in these terms. His CPP profit is only £49 because any distribution above that amount would erode the purchasing power of his capital.

CURRENT PURCHASING POWER ACCOUNTING

The CPP system operates by adjusting all accounting figures for changes in the RPI between the date of the original transaction and the accounting date. By this means it provides a comprehensive method of adjusting accounts for the effects of inflation. It assumes a 'proprietary' view of the capital to be maintained, and its interest to businessmen will therefore rest primarily in their capacity as proprietors who are concerned to preserve the value of their investment and who look to accounts to assess its growth. Part of the historic cost illusion is that, over a number of years, a business (and the value of the equity interest in it) may appear to have grown in size, whereas the 'growth' in figures is attributable to no more than the fall in the value of money. CPP adjustments correct that illusion.

The main shortcoming of the CPP system is that by adjusting all figures for changes in the RPI it fails to account for the very different ways in which inflation affects different businesses. In the earlier example, the price of the particular item of stock increased faster than the RPI. If the trader wants to stay in business he will need to replace his stock: the critical figure is not the historic cost of stock adjusted by the change in the RPI, but its replacement cost of £110. It is not sufficient for the trader to maintain his equity by retaining £105 in the business: he will want to maintain the business itself, and that needs £110.

CURRENT COST ACCOUNTING

This is the principle of current cost accounting. In this system the focus is on the assets side of the balance sheet: the capital to be maintained is not the value of the proprietary investment but the physical resources of the business itself. In this respect CCA merely extends the principle of the going concern: it assumes that a business will not only continue in the foreseeable future but that it will continue at the same level of operations.

The CCA objective is achieved by matching revenues with the current cost of resources which are consumed in earning it. Historic cost figures are adjusted for changes in those prices which are specific to the particular business. The trader's current cost profit of £44 is freely distributable because the funds retained (£110) are sufficient to enable the replacement of stock and the continuation of business at the same level.

Because it seeks to preserve the operating capacity of the firm, the CCA method of adjusting for changing price levels will be of particular relevance to business managers. For this reason it is the method of 'adjusting for inflation' which is developed further in the rest of this chapter. It is also the method which has found most recent favour with the accounting bodies, as promulgated in their Statement of Standard Accounting Practice No. 16 (issued March 1980).

CCA TECHNIQUES

Techniques for adjusting historic cost to current cost can feasibly be built into the accounting system, in which case the periodic accounts which are produced from the accounting records will already be adjusted for the impact of price changes. Many large companies use CCA for internal reporting purposes, both to establish pricing policies and, because it provides a more reliable measure of the return on capital employed, to assess the comparative performance of different divisions within a diversified group.

There are, of course, costs involved: the price information fed into the system needs to be constantly updated. These systems costs may be prohibitive for companies without computerised records (although the increasing availability of relatively cheap micro facilities will bring the potential for in-built CCA systems within the reach of more and more firms).

Prohibitive or otherwise, these costs need not deprive other companies of the benefits of CCA. At present, most companies who wish to prepare current cost figures still do so by making annual adjustments to their year-end historic cost accounts. The calculations are straightforward and the insight they offer into the performance of a business can be revealing. The result of applying them to Dovetails' accounts are set out in Frame 58 which displays that company's current cost profit and loss account and balance sheet for 1982. For those who wish to follow the calculations in detail the step by step workings are set out in Chapter 13.

CURRENT COST PROFIT

The current cost (CC) profit and loss account starts with the profit figure reported in the historic cost (HC) accounts. CC profit is arrived at by adjusting this figure for the difference between the historic and current cost of resources consumed during the year. The adjustments fall into three categories:

- *Depreciation* – to account for the difference between the historic and current cost of fixed asset resources used up during the year.

- *Cost of sales* – to account for the difference between the historic and current cost of stock consumed during the year.

- *Monetary working capital* – to account for the impact of price changes on the amount of net trade credit given or received by the business.

Frame 58

DOVETAILS LIMITED

Current cost profit and loss account
for the year ended 31 December 1982

		£000
Operating profit, as reported in historic cost accounts		129
CURRENT COST OPERATING ADJUSTMENTS:		
Depreciation	33	
Cost of sales	15	
Monetary working capital	5	
		53
CURRENT COST OPERATING PROFIT		76
Gearing adjustment		13
		89
Taxation		49
		40
Extraordinary item		18
CURRENT COST PROFIT ATTRIBUTABLE TO SHAREHOLDERS		22
Dividend		21
Current cost profit		1

Current cost balance sheet
at 31 December 1982

	£000
Fixed assets	953
Investments	30
Stocks	436
Monetary working capital	123
NET OPERATING ASSETS	1,542
Share capital and reserves	1,171
NET BORROWINGS	371
	1,542

DEPRECIATION ADJUSTMENT

Suppose a manufacturer acquired an item of plant in 1970 for £100, and expects it to last for 10 years. His annual charge for depreciation would be £10. When he scraps the plant in 1980, the accumulated depreciation will be £100, which we may assume (but only for the purposes of this example) is represented by a separate cash balance, £10 having been set aside in each of the last ten years. To stay in business he must buy a replacement item of plant, but at 1980 prices it may now cost £200. Historic cost depreciation has provided him with only half this amount; the other half he must find out of his apparent 'profits' – assuming they have not already been distributed.

On a current cost basis the manufacturer would adjust his annual depreciation charge as soon as the replacement price of the plant in question was seen to increase. In this example, the depreciation adjustment would be £10 – the difference between the £10 already charged for depreciation in the HC accounts and the CC depreciation of £20. CC depreciation represents the consumption of one year out of a 10-year life for an asset whose current cost is £200.

In practice the calculation of the depreciation adjustment involves a calculation of the current replacement cost of the fixed assets in question (the £200 in the manufacturer example). The businessman may have current replacement prices readily to hand, in which case he has all the information he needs. Alternatively, and this is more usually the case in practice, current costs can be calculated by reference to price indices published by the Department of Industry. Their booklet, *Price Index Numbers for Current Cost Accounting,* is compiled specifically for this purpose. It includes price indices for a large range of plant, machinery and vehicles used by specified industries and for most businesses it will provide a sufficiently reliable basis from which to calculate approximate replacement costs. The application of the indices, and the detailed workings that lead up to the current cost of Dovetails' fixed assets at 31 December 1982, are set out in Chapter 13, pages 117-120.

Dovetails' total depreciation adjustment for 1982 is £33,000 which is the amount by which the company's apparent HC profits are reduced as the result of charging depreciation on the basis of 1982 costs, rather than on the basis of the costs which applied when the fixed assets were variously acquired.

The depreciation adjustment is a measure of the additional amount which Dovetails need to provide from their 1982 profits in order to maintain their fixed asset resources on a continuing basis at current price levels.

In Dovetails' case the bulk of the adjustment is in respect of tools and equipment. A lot of this equipment was bought over the last three years, and none of it is more than six years old (see page 118). Even so the incidence of price increases over that period has been such that the adjustment increases by some 60% the depreciation charge shown in the HC accounts (see page 120).

In so far as it reflects the difference between current and historic costs, the amount of a company's depreciation adjustment provides an indicator of the relative age of the fixed assets employed in the business. In times of rising prices the age of an asset will determine the relative amount of the 'uplift' required to restate it from historic to current cost: the older an asset the greater the uplift, and the greater will be the difference between HC and CC depreciation. Companies with old plant can expect to suffer bigger depreciation adjustments than companies with new plant.

COST OF SALES ADJUSTMENT

The cost of sales adjustment is the additional amount that needs to be provided in order to match revenues with the current rather than the historic cost of stock consumed during the year. Referring back to the simple trader example, the cost of sales adjustment is £10 – the difference between the historic cost (£100) of the item of stock and the amount it costs to replace it once it has been sold.

In Dovetails' case the cost of sales adjustment for 1982 amounts to £15,000. In principle, this amount represents the aggregate of the differences between the historic and current cost of each item of stock sold during the year. If details of price changes are incorporated into the accounting system as they arise, that is how it would be calculated in practice: stock would automatically be charged at current cost as it was consumed. More often, the cost of sales adjustment is calculated as a one-off exercise based on the year-end accounts.

Chapter 13 illustrates the calculation of Dovetails' cost of sales adjustment by what is known as the 'averaging' method. Essentially, the averaging method converts the prices at which opening and closing stock are shown in the historic cost accounts to the average replacement prices that apply during the year. The method is more arbitrary than the specific 'item-by-item' basis and, to produce reasonably accurate results, it does require that purchases, any changes in stock levels, and the incidence of any price changes all occur evenly over the year.

Given these conditions, however, the averaging method effectively achieves a restatement of the whole of the cost of sales to average current cost for the year. The workings set out in the appendix can be confirmed by comparing Dovetails' historic and restated trading account for 1982 (see Frame 59).

The cost of sales adjustment of £15,000 appearing in Dovetails' current cost profit and loss account is the difference between the historic (£1,786,000) and current (£1,801,000) cost of stock consumed during the year. The company needs to retain the additional amount of £15,000 in the business in order to be able continually to replace stock from its own resources. Distributing the £15,000 would impair the capacity of the company to continue in the future at the same level of trading.

Frame 59

	Historic cost	Restated to average current cost
	£000	£000
Sales	2,425	2,425
Opening stock	404	410*
Purchases	1,817	1,817
	2,221	2,227
Closing stock	435	426*
Cost of sales	1,786	1,801
Gross profit	639	624

*See workings on page 121.

An alternative way of looking at the cost of sales adjustment is that it represents stock profits – the 'holding gains' which accrue from holding stock over a period during which its price increases. This perception of the effect of price changes on the results of trading provides, for those who want it, a rough and ready method of assessing the effect of price changes on their business: at the start of the year Dovetails carried stock of £404,000; during 1982 the price index for timber and furniture stocks rose from 189.1 to 197.7, an increase of approximately 4 per cent. A 4 per cent price increase on stock-carrying values of £404,000 means that the company has to find an additional £16,000 in order to finance the same volume of stock at the end of the year as it did at the beginning; £16,000 is an approximation to the cost of sales adjustment of £15,000 as it was calculated by the averaging method.

MONETARY WORKING CAPITAL ADJUSTMENT

In the simple trader example it was assumed that stock was bought and sold for cash. Immediately the item was sold, cash was available with which to replace it at the higher cost of £110; and charging sales with the current cost of stock consumed ensured that sufficient funds were retained for replacement.

If, however, the trader had given one month's credit to his customer, he would have had to wait that further month before receiving the cash with which to re-stock, and if its price had increased further during that month the £110 retained in the business would prove insufficient for replacement.

The converse applies to trade credit received: a trader who receives credit terms from his supplier may be able to replenish his stocks regardless of the incidence of any price increase.

The monetary working capital adjustment accounts for these timing differences in the receipt or payment of cash. It applies to trade credit in the same way as the cost of sales adjustment applies to stocks. It recognises that if a business is to be a going concern it must maintain not only its physical stock levels but also its net involvement in trade credit.

Most businesses offer credit terms to customers. Dovetails do: almost three months (see Frame 43). A price increase in the items in which Dovetails trade will increase the amount of money committed to a given volume of debtors just as surely as it increases the amount of money committed to financing a given volume of stock. The monetary working capital adjustment provides for the additional amount required to finance debtors at current price levels.

Most businesses also buy on credit. Some, like supermarkets, take credit terms from their suppliers but sell only for cash. They have no debtors to finance and they use suppliers' money to finance part, or sometimes all, of their physical stocks. In these cases the burden of replacing stock at increased price levels shifts from the trader to the supplier. How far it shifts will depend on the relation between the trader's stockholding period and the extent of credit received. If the trader can sell the goods before he has to pay for them the whole of the financing burden rests with the supplier. The monetary working capital adjustment takes this into account by reducing the cost of sales adjustment to the extent that stocks are financed by trade creditors.

Stock, creditors and debtors make up the net working capital of a business, and the cost of sales and monetary working capital adjustments belong together as part of an overall working capital adjustment. In practice the two adjustments are calculated by the same averaging method (see page 123) which, in the case of the monetary working capital adjustment, is usually based on the net amount of monetary working capital.

Dovetails is a net giver of trade credit (debtors exceed creditors). The result of price increases in the trade is that the amount of money needed to finance their involvement in trade credit has correspondingly increased. The monetary working capital adjustment of £5,000 quantifies the additional amount needed at current price levels.

For many companies the current cost adjustments in respect of working capital can be very substantial. In Dovetails' case the adjustments are relatively small. They reflect the fact that the price of furniture materials during 1982 increased (by approximately 4 per cent) at a much slower rate than the general level of inflation (approximately 12 per cent over the same period). The impact of price changes in other business sectors during 1982 will have been much more severe.

CURRENT COST OPERATING PROFIT

The amount which remains after the current cost adjustments (for depreciation, cost of sales and monetary working capital) have been deducted is described as current cost operating profit. It represents the surplus arising from ordinary trading operations after accounting for the impact of price changes on the funds needed to maintain the operating capability of the business. In Dovetails' case the additional funding requirements which result from price changes during 1982 absorb £53,000 of the company's apparent profit: operating profit on a current cost basis (£76,000) amounts to less than 60 per cent of the profit reported in the historic cost accounts.

GEARING ADJUSTMENT

Those CCA principles which have so far been described cover all except one of the adjustments propounded in SSAP16. The exception is the gearing adjustment. It is included here for the sake of completeness, and for those who may wish or need to prepare current cost accounts in accordance with standard accounting practice, but the business reader should beware that the gearing adjustment is of a very different order from the 'operating' adjustments which precede it.

It has been said that the capital to be maintained in CCA is represented by the operating resources of the business. The CC operating adjustments provide a measure of the additional amounts that need to be retained in order to maintain those resources. Because these adjustments are charged against profits the implication is that each year the additional funding requirements will be found wholly from that source: there is no regard thus far in the CCA methodology for the fact that business resources will usually also be financed, at least in part, by borrowings. The purpose of the gearing adjustment is to recognise this alternative financing arrangement.

The rationale for the gearing adjustment is based on a further extension of the going concern principle. It assumes that if in the past a business has used both debt and equity to finance its resources then it will continue to do so in the future – and in the same proportions. If the need for extra financing arises because of price increases, it is assumed that the additional resources required will be financed in part by increased borrowings.

The accounting effect is that the burden of the current cost adjustments is assumed to be shared, in the gearing proportion, between the providers of outside finance (debt) and the business shareholders (equity). The business can therefore account to its shareholders on the basis that not all of the extra money needed to maintain business resources needs to be found from shareholders' profit. The gearing adjustment accounts for this benefit by reducing the current cost adjustments in the gearing proportion. The gearing adjustment introduces a 'proprietary' view into the CC profit and loss account: it leads to a measure of profit which is described as 'profit attributable to shareholders'.

In Dovetails' case the gearing effect reduces the current cost adjustments by 24 per cent (see page 124), thereby adding £13,000 to the current cost profit attributable to shareholders. It should be said, however, that the gearing adjustment is one that does not rest easily on a concept of capital which seeks to preserve the operating assets of the business: if the amount of this 'benefit' is distributed, the operating capacity of the firm will be impaired unless borrowings are correspondingly increased.

CURRENT COST BALANCE SHEET

The workings which lead to the figures in Dovetails' CC balance sheet are described in Chapter 13. Most of them are implicit in the methods used to calculate the CC operating adjustments. The overall purpose in the balance sheet is to show Dovetails' existing operating resources at their net current replacement cost at December 1982. The layout of the balance sheet reflects the general principles on which CCA is based: the line drawn at 'net operating assets' (£1,542) represents the CCA capital to be maintained; the financing analysis between shareholders' funds (£1,171) and net borrowings' (£371) provides the proportion which forms the basis for the gearing adjustment (see page 124).

DOVETAILS: HC AND CC COMPARISON

Frame 60 compares Dovetails' performance in HC and CC terms. (For the purposes of this comparison the figures have been taken directly from the respective December 1982 HC and CC accounts.) Putting operating profit on a current cost basis reduces it substantially (HC £129; CC £76). Dovetails' management may wish to reflect on the implications of this comparison when they next come to assess their pricing policy.

Putting capital employed on a current cost basis casts further light on the 1982 performance. What seemed to be a healthy return of 14 per cent (HC operating profit £129; HC capital employed £918) becomes a far less

Frame 60

	1982	
	HC	CC
	£000	£000
Operating profit	129	76
Profit attributable to shareholders	61	22
Dividend	21	21
Retained profit	40	1
Capital employed	918	1,542
Return on capital employed	14%	5%

satisfactory return of 5 per cent when CC profit is assessed against the current cost of resources employed in earning it.

Most importantly, the CC figures restore the comparison between the amount the company can afford to distribute and the amount it has distributed. On the basis of its HC accounts, Dovetails' 1982 dividend is covered three times. On a current cost basis the company is shown to have paid to shareholders almost all it earned for them during the year.

13 Appendix: adjusting Dovetails' accounts to current cost basis

The following pages set out the workings which lead up to the restatement of Dovetails' 1982 accounts on a current cost basis. The resultant figures are explained and interpreted in the preceding text.

1 DEPRECIATION AND FIXED ASSETS

The purpose is to restate Dovetails' fixed assets to their current replacement cost as at December 1982, and to charge depreciation on that basis. The figures are restated by using price indices. All references are to the Government Statistical Services publication *Price Index Numbers for Current Cost Accounting*.

Index numbers update a cost from the date of acquisition to the accounting date. In order to use indices, the historic cost total for each category of fixed asset must be broken down according to the respective years of acquisition. Note, however, that this fully aged analysis and the volume of calculation it involves only arises in the first year for which current cost accounts are prepared: thereafter, the current costs calculated at the previous year end need only to be updated in total for each category by the rate of price increase during the current year.

1.1 Tools and equipment Details are given in Frame 61. The analysis in Column 3 totals to the gross historic cost (£416,836) for tools and equipment shown in Note 7 to Dovetails' 1982 accounts.

To ease the calculations, fixed assets are assumed to have been purchased in the middle of any year, and the indices shown in Column 2 are those which applied at the mid-point of each year of acquisition.

The gross current cost in Column 4 is found by dividing historic cost by the price index at the acquisition date and multiplying by the price index at the accounting date, December 1982. Thus the current cost of replacing plant acquired for £82,000 in 1977 would now be:

$$(£82,000 \times 203.9)/118.9 = £141,000$$

Dovetails depreciate tools and equipment at a rate of 15 per cent p.a., i.e. they expect them to last approximately seven years. Accumulated current cost depreciation in Column 5 is calculated pro rata according to the

Frame 61

Tools and equipment				
Price index reference: 11100				
Index at December 1982 = 203.9				
(1)	(2)	(3)	(4)	(5)
Year of purchase	Price Index	Gross HC, £000	Gross CC, £000	Acc. CC depreciation, £000
1977	118.9	82	141	127
1978	141.6	51	73	55
1979	155.3	35	46	28
1980	167.4	112	136	61
1981	189.0	93	100	30
1982	198.0	44	45	7
		417	541	308

proportion of expected life that has already been used up. By the end of 1982 plant acquired in 1977, for example, will have been in use for six years. The accumulated depreciation on that plant is therefore:

$$6 \times 15\% \times £141,000 = £127,000$$

The current cost depreciation charge for 1982 is found by applying the adopted rate of depreciation to the gross current cost at December 1982:

$$15\% \times £541,000 = £81,000$$

The depreciation adjustment in respect of tools and equipment is the difference between this amount and the amount of depreciation charged in the HC accounts – see Section 1.5.

For balance sheet purposes, the current cost net book value of tools and equipment at December 1982 is:

$$£541,000 - £308,000 = £233,000$$

1.2 Motor vehicles The workings (see Frame 62) are the same as for tools and equipment, and the ageing analysis is extracted in the same way from the company's records. Motor vehicles are depreciated over four years.

Current cost depreciation charge for 1982
$$= 25\% \times £48,000 = £12,000$$

Current cost net book value at December 1982
$$= £48,000 - £28,000 = £20,000$$

Frame 62

Motor vehicles Index at December 1982 = 236.4				
Price index reference: 17,600				
Year of purchase	Price Index	Gross HC, £000	Gross CC, £000	Acc. CC depreciation, £000
1980	187.3	15	19	14
1981	212.6	21	23	12
1982	226.8	6	6	2
		42	48	28

1.3 Property Indices are available for property (for example, the price index for the 'cost of new construction') but, because the costs and values of buildings will vary according to region and location, index numbers can produce estimates of replacement cost which are unreliable.

The more usual method is to obtain an up-to-date valuation of the property in question, based on its open market value for existing use. That will usually provide a better estimate of what it would cost to replace it. Alternatively, with a knowledge of the local property market, directors can make their own valuation. Dovetails estimate that the current existing use value of their property is £700,000. This figure is an estimate of net current replacement cost (the amount that would have to be paid out at December 1982 in order to acquire the property in its existing condition and location) and no analysis between gross cost and accumulated depreciation is therefore necessary.

In Dovetails' case, the bulk of the appreciation is attributable to an increase in land values. The current cost of the buildings themselves is assessed to be not materially different from their historic cost. Current cost and historic cost depreciation are equivalent, and no depreciation adjustment is therefore necessary in respect of buildings.

Current cost depreciation charge for 1982 (equivalent to HC) = £5,000

Current cost net book value at December 1982 = £700,000

1.4 Investments Note 8 to Dovetails' historic cost accounts contains all the information necessary to restate investments to a current cost basis. Listed investments have market value of £18,000. The directors estimate that their valuation of the trade investment has not changed. It therefore remains at £12,000. The current cost of investments at December 1982 is, therefore,

£18,000 + £12,000 = £30,000

Frame 63

	HC deprec- iation	CC deprec- iation	HC net book value	CC net book value
	£000	£000	£000	£000
Tools and equipment (1.1)	50	92	224	307
Motor vehicles (1.2)	10	12	18	20
Property (1.3)	5	5	246	700
	65	109	488	1,027
Investments (1.4)	–	–	26	30
	65	109	514	1,057
		65		514
		44		543

1.5 Summary Dovetails' total depreciation adjustment for 1982 is, therefore, £33,000 (see Frame 63). This is the amount shown in the CC profit and loss account. The £469,000 is the revaluation surplus which arises from restating fixed assets shown in the historic cost balance sheet at £514,000 to their net current cost (as shown in the current cost balance sheet) of £983,000. The credit entry for this surplus goes to the current cost reserve (see Section 6.1).

2 COST OF SALES AND STOCK

2.1 Cost of sales The purpose is to charge profits with the current cost of stock consumed. By converting opening and closing stock to average prices for the year, the 'averaging method' isolates the volume change and exposes the part of the change in stock values wholly attributable to price increases. Note that although the method is based on adjustments to the opening and closing values of stock on hand, the purpose is to calculate the current cost of stock consumed.

The usual rules apply for the use of indices: stock must be aged so that the price index numbers appropriate to those dates can be applied. The 'average' cost to be calculated is the average for the 12 months of the accounting period, which is the period over which stock was consumed. The calculation is shown in Frame 64.

For greater accuracy, stock should be broken down into its categories (raw materials, work-in-progress, finished goods) and a separate cost calculated for each category. Note that the costs for wages and overheads included in work-in-progress and finished goods, for example, may not increase in line with the cost of materials, and it may be necessary to calculate and apply a separate index for each category (weighted according to the

Frame 64

Cost of sales
Index number reference: 25400

Dovetails' stocks are assumed to represent four months' purchases at the start of the year, and three months' purchases at the end of it. The average age of stock is therefore two months and one and a half months, respectively. The relevant price indices are those applying at:

31 October 1981	190.8
Mid-November 1982	197.7
Average for year to December 1982	193.4

	£000
Historic cost of closing stock	435
Historic cost of opening stock	404
Total increase	31
Closing stock at average 1982 prices: £435,000 × (193.4/197.7) =	426
Opening stock at average 1982 prices: £404,000 × (193.4/190.8) =	410
Volume increase	16

The cost of sales adjustment (price increase) is £15,000 – the total increase (£31,000) less the volume increase (£16,000) – and this is the amount which appears in the current cost profit and loss account.

Frame 65

Balance sheet stock
Index number reference: 25400

The average age of closing stock is one and a half months. The appropriate price indices are therefore:

Mid November 1982	197.7
31 December 1982	198.1

HC closing stocks
= £435,000 × (198.1/197.7) = £436,000

The current replacement cost of stock at 31 December 1982 is £436,000. This amount appears in the current cost balance sheet. The revaluation surplus (£1,000) goes to current cost reserve.

material/wage/overhead content of that category). In addition, assuming that historic costs have been attributed on a FIFO basis, the ageing of raw materials, work-in-progress and finished goods will be different, and the price indices used in each calculation should be chosen according to these different dates.

2.2 Balance sheet stock   The purpose is to restate unconsumed stock shown in the balance sheet from historic costs to the current replacement cost at the accounting date. The calculations are shown in Frame 65 (page 121).

3   MONETARY WORKING CAPITAL

The purpose is to provide for the funds needed to finance the extra monetary working capital required as the result of increased prices. The same averaging method is used, and it will usually be appropriate to apply the same price index or indices as are used in the cost of sales adjustment. The calculations are shown in Frame 66.

The treatment of cash and overdraft balances in these calculations is a moot point. Where cash balances are used in the conduct of day-by-day trading operations it will be appropriate to include them as monetary working capital. Where overdraft balances fluctuate with the levels of stock, debtors and creditors (so that the overdraft would normally be extended, for example, where price increases necessitate additional borrowing to finance the same volume of trade), it may be appropriate to treat them as being analogous to trade credit received, and to include them also in the monetary working capital calculations.

Where some part or all of an overdraft balance does not fluctuate with the level of trading, so that it is more in the nature of permanent long-term finance, it should be excluded from monetary working capital and included instead in 'borrowings' for the purpose of the gearing adjustment (see Section 5).

In practice, this distinction may be difficult to draw. One way or the other, however, overdrafts will be brought into the current cost calculations and the alternative treatments – either through gearing or through monetary working capital – will often lead to adjustments which, in total, are not significantly different from one another.

Note that, for monetary amounts, no adjustment is needed to the balance sheet figures.

4   SUMMARY

4.1   Current cost operating adjustments   These are detailed in Frame 67. The sum of £53,000 is a measure of the total amount of additional funds the company needs to retain within the business in order to maintain its resources (its operating capacity) at current price levels.

4.2   Net operating assets   These are detailed in Frame 68 from which it

Frame 66

Monetary working capital

Dovetails' monetary working capital comprises:

	1982	1981
	£000	£000
Trade debtors	585	417
Less: Trade creditors	462	330
	123	87

Debtors and creditors are taken to represent three months' sales and purchases, respectively. (Where their average age is different, the monetary working capital adjustment should be calculated in the two separate parts.) The appropriate indices are therefore:

Mid-November 1981	189.1
Mid-November 1982	197.7
Average 1982	193.4

	£000
Closing monetary working capital	123
Opening monetary working capital	87
	36
Closing monetary working capital at average prices = 123 × (193.4/197.7)	120
Opening monetary working capital at average prices = 87 × (193.4/189.1)	89
Volume change	31

The effect of price changes during the year is therefore £5,000 (£36,000 less £31,000), which is the amount of the extra funds needed to finance monetary working capital at current price levels.

Frame 67

Current cost operating adjustments

	£
Depreciation adjustment (Section 1.5)	33,000
Cost of sales adjustment (Section 2.1)	15,000
Monetary working capital adjustment (Section 3)	5,000
	53,000

Frame 68

Net operating assets		
	HC	CC
	£000	£000
Fixed assets (Section 1.5)	488	953
Investments (Section 1.5)	26	30
Stock (Section 2.2)	435	436
Monetary working capital (Section 3)	123	123
	1,072	1,542
		1,072
Revaluation surplus		470

Frame 69

Gearing adjustment	
	£000
Net borrowings:	
Long-term loans	140
Deferred taxation	99
Bank overdraft	112
Taxation	46
	397
Less: Cash	26
	371
Shareholders' equity:	
Per HC balance sheet	680
Dividend	21
Revaluation surpluses (Section 4.2)	470
	1,171

Gearing proportion
= 371/1,171 + 371) = 0.24 or 24%

The gearing adjustment is found by applying the gearing proportion, 23%, to the total current cost operating adjustments of £53,000 (Section 4.1), i.e.

24% × 53,000 = £13,000

Which is the amount added back in the CC profit and loss account.

can be seen that the current replacement cost, at December 1982, of the company's unconsumed operating resources amounts to £1,542,000. If prices remained at their December 1982 level, these costs would flow through future years' current cost profit and loss accounts as the resources are used up.

The unrealised surplus of £470,000, which results from the restatement of operating assets from historic to net current cost, is included in the current cost reserve (see Section 6.1).

5 GEARING ADJUSTMENT

The purpose is to measure the benefit that accrues to shareholders from the assumption that part of the burden of increased prices will be financed from increased borrowings.

The rationale for this adjustment rests on the assumption that as the total amount of resources to be financed increases (because of price increases), the proportion that is financed from borrowings will remain constant, i.e. as resources increase, so borrowings increase pro rata. On this basis, not all of the additional financing requirement (represented by the total of the current cost operating adjustments) needs to be found from profits. The gearing adjustment accounts for this expectation by reducing the current cost adjustments in the gearing proportion.

For the purposes of this calculation (detailed in Frame 69), net borrowings is normally taken to include all liabilities except those included in monetary working capital; shareholders' equity is usually taken from the current cost balance sheet, i.e. including the current cost reserve.

6 SHARE CAPITAL AND RESERVES

6.1 *Current cost reserve* The current cost reserve houses the double entry for all the adjustments that have been made in order to prepare current cost accounts. It is made up as shown in Frame 70.

Frame 70

	£000	£000
Current cost reserve		
Revaluation surpluses on fixed assets, investments and stocks (Section 4.2)		470
Current cost operating adjustment (Section 4.1)	53	
Less: Gearing adjustment (Section 5)	13	
		40
As included in current cost balance sheet (see Frame 71)		510

6.2 Current cost balance sheet The amount for share capital and reserves included in the current cost balance sheet is made up as shown in Frame 71.

Frame 71

Share capital and reserves

	£000	£000
Share capital (per HC balance sheet)		120
Share premium account (per Note 12 to the HC accounts)		243
Revenue reserves brought forward (per Note 12)	276	
Current cost profit for the year (per CC profit and loss account)	1	
		277
Current cost reserve (Section 6.1)		510
Proposed dividend		21
		1,171

Part Five

ACCOUNTS IN THE FUTURE:
THE 1981 COMPANIES ACT

14 Legislation and accounts

EEC FOURTH DIRECTIVE

The United Kingdom has been a member of the European Economic Community since 1973. In 1978, as part of its general programme of 'harmonisation', the EEC Commission in Brussels issued its Fourth Directive on Company Law. The purpose of this Directive was to establish common standards for the preparation and presentation of company accounts within the Community, and thereby to achieve a level of comparability between the accounts of companies prepared in different member states. The Fourth Directive applies only to the accounts of individual companies: the harmonisation of group accounts is the subject of a further Directive, the Seventh, which is still in the course of drafting.

Work on the Fourth Directive started in 1967, and the 11 years it took to produce reflects the difficulties which confront any attempt to harmonise the widely discordant accounting practices of nine (now ten) different countries. In the event, the document that emerged from Brussels contained a good degree of compromise, particularly in the level of choice it provides from a permitted range of alternative accounting principles. The level of comparability achieved is therefore likely to be cosmetic rather than substantial. For the future, accounts prepared in different EEC countries may well have a similar appearance, but the bases on which they have been prepared are likely to be as diverse as they have been in the past.

Nevertheless the Fourth Directive will result in substantial changes in accounting practice throughout the Community. The terms of EEC membership require each member state to incorporate directives into their own national law. In the UK the provisions of the Fourth Directive have been implemented in the 1981 Companies Act.

1981 COMPANIES ACT

The 1981 Companies Act was enacted in November 1981. Those parts concerned with accounting matters cover more than 70 pages, and they replace large sections of the previous law on company accounts as it was contained in the 1948 and 1967 Acts. The major impact of the new law on UK accounting practice is likely to be felt in three main areas.

First, companies will have to present their accounts in accordance with prescribed formats, and new disclosure and presentation rules will require significantly greater disclosure than has been given in the past.

Second, companies will have to prepare their accounts on bases that are in accordance not only with professional standards but also with what are now statutory requirements as to how certain of the figures are to be arrived at. This is new ground: in the past, statutory accounting requirements in the UK have been concerned exclusively with matters of disclosure; the 1981 Companies Act extends the scope of accounting law over the boundaries of disclosure and into the field of accounting principle. As a result, the historic cost principle, for example, is now given legal backing as the general basis on which accounts should be prepared (although the Act does permit alternative bases, which allow for revaluations as well as for current cost accounting). In addition, new legal definitions are introduced for such things as 'turnover', 'related companies' and 'production cost', and there are now specific statutory rules dealing with fixed asset accounting and revaluation surpluses. The treatment of goodwill, stock, investments, research and development costs and formation expenses are other areas where accounting practice will now be subject to legal requirements.

The third major area of change introduced by the new Companies Act is in the distinction which it draws between the publicity and filing requirements of different companies according to their size. In the past, all companies have been subject to the same disclosure requirements and were under the same obligations regarding the filing of their accounts. For the future, small and medium-sized companies will have the option of omitting certain disclosures from the accounts they put on public record by filing with the Registrar.

The provisions of the new Act will have a major impact on the future shape of company accounts. The following paragraphs provide an outline of the main provisions, with particular reference to the areas of significant change. Marginal references to the appropriate section numbers are provided for those who wish to refer to the detail of the Act itself (S = Section number; 1/– = Schedule 1, Paragraph –).

EFFECTIVE DATES	S.17(2)

S.17(2)   The new accounting requirements come into effect for financial years beginning on or after 15 June 1982. (Accounts for periods beginning before that date may also be drawn up under the new rules, or they may be drawn up under the old rules – in which case they must include a statement of that fact.) The first accounts prepared under the new rules – whether voluntary or compulsory – will have to contain information on a comparable basis in respect of the preceding year.

TRUE AND FAIR VIEW

S1   The general requirements under the new law are that accounts should both comply with the provisions of the Act and give a true and fair view. Where these twin objectives are incompatible

S.1(3)   the requirement for a true and fair view overrides all other provisions. (Thus for example a company must depart from a detailed requirement of the Act if, due to the special circumstances of the business, compliance with that requirement would result in the accounts not showing a true and fair view. In this case details of the departure and the reasons for it must be disclosed.)

ACCOUNTING PRINCIPLES

For the most part the accounting principles now written into the law merely give statutory backing to matters which are already recognised to be professional best practice: most of the principles described below will already be well known to those who are familiar with Statements of Standard Accounting Practice: a good number of them have featured in the earlier parts of this book. Nevertheless it can be expected that the legal strength now given to certain of these principles will give companies greater cause to reflect on the accounting policies which they adopt in their own accounts: in the past, departures from certain principles have been in conflict with no more than professional best practice; in the future a departure from these principles will be illegal. The following paragraphs summarise the new statutory rules.

BASIC RULES

1/10-13   Accounts must be prepared in accordance with the fundamental principles of going concern, consistency, prudence and accruals (see Part One).

1/15   Departures are only permitted for special reasons, and those reasons and the effects of the departure must be disclosed. The
1/36   usual practice of disclosing accounting policies is also now a statutory requirement.

1/12   Only realised profits may be recognised. The Act does not define 'realised', but a late insertion makes it clear that for statutory purposes the recognition of profit should follow
1/90   generally accepted accounting principles. The inclusion of long-term contracts at cost plus attributable profit, for example, is an approved method of accounting and would therefore not be prohibited, even though it could strictly be regarded as a departure from the principle of realisation.

1/16   The primary method of valuation of assets is the historic cost of purchase or production. Purchase price is defined to include expenses incidental to the acquisition. Production cost is defined to include all costs directly attributable to the
1/26   production of the asset, and may also include a reasonable proportion of indirect costs as well as any interest paid on money borrowed to finance the asset in question. The inclusion of distribution costs is specifically prohibited.

ALTERNATIVE VALUATION METHODS

1/31   Alternative methods of valuation are permitted. Fixed assets and stocks may be included at current cost. Revaluations are

1/34

allowed for tangible fixed assets. Investments can be stated at market value. In any of these cases, however, disclosure must be made of:

1   The items affected, and the basis of valuation adopted; and

2   The comparable historic cost amount for each of the affected items (except stocks), or the difference between the historic cost amount and the amount shown.

REVALUATION RESERVE

1/34

Any profit or loss which arises from stating an asset on any basis other than historic cost must be taken to a revaluation reserve. This rule applies equally in respect of any revaluations (or other departure from historic cost) that have taken place before the Act comes into force. Detailed rules govern the circumstances in which transfers can be made from this reserve to the profit and loss account.

FIXED ASSETS

1/18

1/32

1/19

All fixed assets with a limited useful life must be depreciated. Where the assets are stated on an alternative basis (other than historic cost) depreciation must be charged on that same basis.

Long-term investments *may* be written down to reflect current market value. Any fixed asset *must* be written down where the diminution in value is thought to be permanent. Such provisions should be shown separately, and must be written back where there is evidence that they are no longer required.

DEVELOPMENT COSTS

1/20

Development costs can only be capitalised in 'special circumstances' (which are not described). Where they are included in the balance sheet, disclosure must include the reason for capitalising them and the period over which they are to be written off.

GOODWILL

1/66

1/21

Where goodwill acquired by the company is shown as an asset, it must be written off – over a period chosen by the directors but which must not exceed its useful economic life. The period chosen, and the reason for choosing it, must be disclosed. These requirements expressly do not apply to goodwill arising on consolidation. (It is notable that the provisions for depreciating goodwill through the profit and loss account only apply 'where goodwill is treated as an asset'. Where goodwill is not shown as an asset, i.e. where it is written off on acquisition, the write off can presumably be made direct to reserves.)

OTHER INTANGIBLES   1/3   Preliminary expenses, expenses in connection with a share or debenture issue, and costs of research (as opposed to development) must not be capitalised.

STOCKS   1/27   The purchase price or production cost of stock may be determined by the FIFO, LIFO, weighted average cost, or any other similar method. The method chosen must be that which in the directors' opinion is most appropriate in the circumstances of the company. Any material difference between the amount at which stock is stated and its current replacement cost must be disclosed.

RELATED COMPANIES   1/91   A 'related' company is defined in terms similar to those which define an associated company in SSAP1 (see page 194), with a similar reference to the exercise of control or influence and with the same presumption that the relationship exists once the holding reaches 20 per cent.

1/65   Disclosure is required of the related company's share capital and reserves, and of its latest reported profit or loss. There is a proviso that these details need not be given where the related company is accounted for on the equity basis, i.e. where the investing group includes in its own profit and loss account its full share of the profit or loss of the related company. This treatment is only permitted in the case of group accounts and is not permitted in the individual accounts of the investing company.

DIRECTORS' REPORT   S.13   The Act amplifies the previous and rather imprecise requirement for directors to include a comment in their report on the company's 'state of affairs'.

Directors' reports will now have to include a review of the development of the company's business during the year and of its position at the end of it. They are also required to include a comment on its likely development in the future, a description of any significant post-balance sheet events, and an indication of any activities in the field of research and development.

S.14   Detailed disclosure is required in the Directors' Report of any transactions whereby the company has acquired its own shares during the year or has provided financial assistance for a similar purpose. This requirement follows the major innovation in UK law (introduced elsewhere in the new Companies Act) whereby companies may now purchase their own shares.

S.16   Certain information which previously had to be given in the

Directors' Report is now required in equivalent form in the notes to the accounts:

analysis of turnover;

employee information;

details of share and debenture issues.

S.13(4) The previous requirement to disclose exports is repealed. So is the option (S.163, 1948 Companies Act) by which certain information required to be disclosed in the accounts could alternatively be presented in the Directors' Report. Details of directors' interests in shares may now alternatively be disclosed in the notes.

S.15 Auditors now have a duty to consider whether the information contained in the Directors' Report is consistent with the accounts on which they are reporting. If, in their opinion, it is not, they must report accordingly.

FORMATS: GENERAL RULES

1/1 Balance sheets and profit and loss accounts must be presented in accordance with one of the legally prescribed formats. Two alternative formats are provided for the balance sheet (allowing for vertical or horizontal presentation) and four alternatives for the profit and loss account (horizontal and vertical, and each analysing costs on either an operating basis – cost of sales, distribution costs, etc. – or by type of expenditure – raw materials, wages and salaries, etc.).

FORMATS: CONSISTENCY

1/2 Once a format has been chosen it must be adopted in all subsequent years unless there are 'special reasons' for not doing so – in which case the change and the reasons for it must be disclosed.

FORMATS: FLEXIBILITY

1/1 For any given format, the order in which the items are listed and the headings and the sub-headings which describe them must be strictly followed. A degree of flexibility is permitted, however, by the following provisos:

1 Items may be shown in greater detail then required.
2 New headings may be inserted.
3 Certain information may alternatively be presented in notes to the accounts.
4 Arrangements and headings may be adapted where the special nature of the company's business requires it.
5 Items may be combined where, individually, they are immaterial.
6 Headings may be omitted where the amounts for the current and preceding year are both nil.

ILLUSTRATION: DOVETAILS' ACCOUNTS

In order to illustrate the shape of accounts in the future, Dovetails' 1982 accounts are re-presented on the following pages in accordance with the requirements of the 1981 Companies Act. The illustration includes – in the form of summarised headings – an outline of the matters to be included in the Directors' Report.

The choice of format adopted in the example is one that represents least change from existing practice. This is the principle that a good number of companies can be expected to follow when assessing the various options and alternatives offered in the Act. Thus Dovetails' balance sheet and profit and loss account are both presented in vertical form, and detail is always relegated to the Notes where the law would alternatively permit it to be shown on the face of the two main statements.

The illustration provides a convenient summary of the impact of the new legislation on company accounting. To ease the comparison with Dovetails' existing accounts (see pages xv–xxii) the main areas of change in the new formats are shaded. It is emphasised that the shading is specifically in terms of new *statutory* requirement: it is not new to accounting practice that accounting policies, for example, should be disclosed, or that stock should be analysed into its major components, but it is new that these matters should be required to be disclosed by law.

The shading indicates that the main burden of additional disclosure falls in the area of the profit and loss account, most particularly in the detail which companies will now have to reveal regarding their cost of sales, gross profit and operating expenses. Turnover must be analysed by both geographical market and class of business (see Note 2), and the class of business analysis is also required in respect of operating profit (Note 4). Additional information and analysis is required in respect of staff costs (Note 6).

As far as the balance sheet is concerned, the only change in presentation is that the amounts for debenture loan and deferred taxation now have to be shown as deductions in the top half of the balance sheet. That apart, the main difference is one of terminology. Thus all balance sheets will in future have to include, for example, the caption 'total assets less current liabilities'. Otherwise, the main areas of additional disclosure in Dovetails' case are in respect of investments – which are classified in the statutory formats as fixed assets, and for which details of movements during the year will therefore be required – and bank overdrafts – where details must now be provided of any assets pledged as security.

It should be said, in the re-presentation of Dovetails' accounts, maximum advantage has been taken of the permission to aggregate and combine any amounts which can be deemed individually to be immaterial. In circumstances other than Dovetails, the additional balance sheet disclosure required under the new law could be substantial. The combined amount for debtors, for example, might have to be broken down into sub-headings for trade debtors, group companies, related companies, other debtors and prepayments if any of those sub-headings were individually material; and for each of the items shown under debtors in the balance sheet, separate disclosure is required for any amounts falling due after more than one year. Similar details and analyses are required in respect of creditors. For many companies, a further area of additional balance sheet disclosure will arise in respect of fixed assets – where details (including the amounts involved) are required of any deviation from the principle of historic cost.

DOVETAILS LIMITED

Directors' Report for 1982

Principal activities and any significant changes.

Review of the development of the business during the period and of its position at the end of it.

Recommended dividend.

Proposed transfers to reserves.

Particulars of any important events since the end of the year.

Indication of likely future developments in the business.

Indication of activities in field of research and development.

Details of own shares acquired.

Significant changes in fixed assets and differences between market and book value of property.

Directors' names.

Directors' interests in shares (may alternatively be presented in Notes).

Disabled persons employment policy.

Political and charitable donations.

DOVETAILS LIMITED

Profit and loss account
For the year ended 31 December 1982

	Note	1982 £	1982 £	1981 £
TURNOVER	2		2,424,900	1,993,400
Cost of sales			1,786,474	1,435,856
GROSS PROFIT			638,426	557,544
Distribution costs		98,637		72,005
Administrative expenses		95,129		96,811
Other operating charges (net)		314,827		254,510
			508,593	423,326
PROFIT ON ORDINARY ACTIVITIES BEFORE TAXATION	4		129,833	134,218
Tax on profit on ordinary activities	7		49,736	71,408
PROFIT ON ORDINARY ACTIVITIES AFTER TAXATION			80,097	62,810
Extraordinary charge	8		18,342	–
PROFIT FOR THE FINANCIAL YEAR			61,755	62,810
Dividend	9		21,600	20,400
Retained profit transferred to reserves	17		40,155	42,410

DOVETAILS LIMITED

**Balance sheet
at 31 December 1982**

	Note	1982	1982	1981
		£	£	£
FIXED ASSETS				
Tangible assets	10		488,061	454,384
Investments	11		26,000	22,000
			514,061	476,384
CURRENT ASSETS				
Stocks	12	435,289		404,095
Debtors		584,537		416,756
Cash		26,333		29,745
		1,046,159		850,596
CREDITORS: AMOUNTS FALLING DUE WITHIN ONE YEAR				
Bank overdraft	13	111,966		85,599
Trade creditors		461,958		329,877
Taxation		46,061		16,831
Dividend		21,600		20,400
		641,585		452,707
NET CURRENT ASSETS			404,574	397,889
TOTAL ASSETS LESS CURRENT LIABILITIES			918,635	874,273
CREDITORS: AMOUNTS FALLING DUE AFTER MORE THAN ONE YEAR				
Debenture loan	14		(140,000)	(140,000)
PROVISION FOR LIABILITIES AND CHARGES				
Deferred taxation	15		(99,107)	(94,900)
			679,528	639,373
CAPITAL AND RESERVES				
Called-up share capital	16		120,000	120,000
Share premium account			243,336	243,336
Profit and loss account	17		316,192	276,037
			679,528	639,373

DOVETAILS LIMITED

Statement of source and application of funds for the year ended 31 December 1982

	£	1982 £	1981 £
SOURCE OF FUNDS:			
Profit before taxation		129,833	134,218
Extraordinary charge		(18,342)	–
ADJUSTMENTS FOR ITEMS NOT INVOLVING THE MOVEMENT OF FUNDS:			
Depreciation	65,404		59,926
Profit on sale of fixed assets	(3,907)		(1,320)
		61,497	58,606
Funds generated from operations		172,988	192,824
OTHER SOURCES:			
Sale of fixed assets		5,500	3,250
		178,488	196,074
APPLICATION OF FUNDS:			
Purchase of fixed assets		100,674	83,499
Taxation paid		16,299	12,101
Purchase of trade investment		4,000	–
Dividend paid		20,400	18,000
		141,373	113,600
Increase in working capital		37,115	82,474
COMPRISING CHANGES IN:			
Stock		31,194	28,967
Debtors		167,781	52,390
Creditors		(132,081)	(33,523)
Net liquid funds		(29,779)	34,640
		37,115	82,474

DOVETAILS LIMITED

Notes to the accounts
year ended 31 December 1982

1 *Accounting policies*
The principal accounting policies adopted by the company in the preparation of its accounts are as follows:

(a) *Depreciation*
Depreciation is not charged in respect of freehold land. On other assets it is charged in equal annual instalments over their anticipated useful lives. The rates of depreciation used are as follows:

Freehold buildings	–	2 per cent per annum
Tools and equipment	–	15 per cent per annum
Motor vehicles	–	25 per cent per annum

(b) *Stocks and work-in-progress*
Stocks and work-in-progress are stated at the lower of cost and net realisable value. Cost comprises materials, direct labour and attributable production overheads, in respect of work-in-progress and finished goods.

(c) *Deferred taxation*
Provision is made for taxation deferred because of timing differences between the treatment of certain items for accounting and taxation purposes, but only where there is a reasonable probability of payment.

(e) *Foreign currencies*
Transactions denominated in foreign currencies are recorded at the rate of exchange ruling at the date of the transaction. Assets and liabilities denominated in foreign currencies are translated at the rate of exchange ruling at the balance sheet date.

2 *Turnover*
Turnover represents the invoiced value of goods supplied during the year, excluding value added tax. The analysis of turnover by class of business and by geographical market is as follows:

	1982	1981
	£	£
United Kingdom	2,308,567	1,872,867
European Community	116,333	120,533
	2,424,900	1,993,400
Domestic furniture	1,672,281	1,508,077
Office furniture	752,619	485,323
	2,424,900	1,993,400

		1982	1981
		£	£
3	*Other net operating charges*		
	Other operating charges include:		
	Directors' emoluments (Note 5)	43,500	42,000
	Depreciation	65,404	59,926
	Hire of plant and machinery	16,416	12,210
	Auditors' remuneration	5,000	4,500
	Staff costs (Note 6)	646,863	575,817
	Interest payable		
	Bank interest	13,686	11,008
	Interest on long-term loan	12,600	12,600
		26,286	23,608
	and are arrived at after crediting:		
	Income from investments		
	Listed	1,078	741
	Unlisted	1,200	1,000
		2,278	1,741

		1982	1981
4	*Profit on ordinary activities*		
	The analysis of profit before tax by class of business is as follows:		
		£	£
	Domestic furniture	88,426	103,396
	Office furniture	41,407	30,822
		129,833	134,218

		£	£
5	*Directors' emoluments*		
	Fees	500	500
	Other remuneration including pension		
	contributions	39,000	32,500
	Compensation for loss of office	–	5,000
	Pension paid to former director	4,000	4,000
		43,500	42,000
	Remuneration of Chairman	9,500	8,500
	Remuneration of the highest-paid director	13,000	10,000

	Number of directors	
Up to £5,000	1	1
£5,001 to £10,000	3	4
£10,001 to £15,000	1	–

(Continued)

6	Staff costs	1982	1981
		£	£
	Wages and salaries	596,062	531,952
	Social security costs	50,801	43,865
	Pension costs	–	–
		646,863	575,817

		Number of employees	
	The average weekly number of employees during the year, analysed by functions, was as follows:		
	Works	186	202
	Sales and administration	20	21
	Total	206	223

7	Tax on profit on ordinary activities		
	Based on the profit for the year		
	Corporation tax at 52% (1981 – 52%)	45,015	15,538
	Transfer to deferred taxation	4,721	55,870
		49,736	71,408

8	Extraordinary charge		
	Redundancy and other costs relating to the closure of Scunthorpe factory	37,354	–
	Corporation tax relief thereon	(19,012)	–
		18,342	–

9	Dividend		
	Proposed Ordinary dividend of 18p (1981 – 17p) per share	21,600	20,400

(Continued)

10 Tangible fixed assets	Freehold property	Tools & equipment	Motor vehicles	Total
	£	£	£	£
Cost:				
At 1 Jan 1982	227,575	391,789	35,557	654,921
Additions	50,715	43,913	6,046	100,674
Disposals	–	(18,866)	–	(18,866)
At 31 Dec 1982	278,290	416,836	41,603	736,729
Depreciation:				
At 1 Jan 1982	27,309	159,161	14,067	200,537
Charge for the year	5,058	50,483	9,863	65,404
Disposals	–	(17,273)	–	(17,273)
At 31 Dec 1982	32,367	192,371	23,930	248,668
Net book values				
At 31 Dec 1982	245,923	224,465	17,673	488,061
At 31 Dec 1981	200,266	232,628	21,490	454,384

Capital commitments	1982	1981
	£	£
Contracted for but not provided in the accounts	4,600	28,100
Authorised but not yet contracted for	8,900	1,900

11 Investments	£
Cost:	
At 1 Jan 1982	22,000
Additions	4,000
Disposals	–
At 31 Dec 1982	26,000

(Continued)

	1982	1981
	£	£
Listed investments	14,000	14,000
Unlisted investments	12,000	8,000
	26,000	22,000
Valuation		
Listed investments at market value	17,963	15,236

The unlisted investment comprises 12,000 Ordinary shares in Legato Limited, representing 15% of the issued share capital of that company.

12 *Stocks*

	1982	1981
Raw materials	211,579	195,026
Work-in-progress	202,993	187,792
Finished goods	20,717	21,277
	435,289	404,095

At 31 December 1982 there was no significant difference between the amount at which stock is stated and its current replacement cost. The replacement cost of stock at 31 December 1981 was approximately £55,000 greater than the amount at which stock is shown.

13 *Bank overdraft*
The bank overdraft is secured by a fixed charge on the freehold property of the company.

14 *Debenture loan*

	1982	1981
9% Unsecured loan stock 1990/95	140,000	140,000

The 9% unsecured loan stock is repayable at the company's option between 1990 and 1995 with a final redemption date of 31 December 1995.

15 *Deferred taxation*

	1982	1981
	£	£
Accelerated capital allowances	108,364	103,643
Advance corporation tax	(9,257)	(8,743)
	99,107	94,900

If full provision were made, the potential liability would be as follows:

Accelerated capital allowances	147,500	138,000

(Continued)

16 Share capital	1982	1981
	£	£
Authorised:		
150,000 Ordinary shares of £1 each	150,000	150,000
Issued and fully paid:		
120,000 Ordinary shares of £1 each	120,000	120,000
17 Profit and loss account		
At 1 Jan 1982	276,037	233,627
Retained profit for the year	40,155	42,410
At 31 Dec 1982	316,192	276,037

DISCLOSURE CHECKLIST

For those who wish to assess the overall impact, the full details of the new, prescribed formats for accounts are included at the end of Chapter 15 (pages 186-9). Chapter 15 itself may be useful to company directors who wish to ensure that their published accounts comply with statutory and other requirements. Its length is indicative of the disclosure burden which companies now have to bear. It does, however, provide a comprehensive working document for checking compliance with the disclosure requirements of the 1948-81 Companies Acts, Statements of Standard Accounting Practice and, for listed companies, the additional requirements of the Stock Exchange.

EXEMPTIONS

The formats and disclosure which have so far been described apply to the accounts which all companies prepare for their shareholders. A major innovation in the 1981 Act, however, is the distinction which is drawn between accounts prepared for shareholders and accounts which are filed with the Registrar of Companies. The exemptions described below apply only in respect of accounts which are prepared for filing purposes.

S.5(3)   The permitted exemptions are determined by the size of the company in question (see below). They are not, however, available to public companies, or to banking, shipping or insurance companies (as defined), or to companies belonging to a group which includes an ineligible company.

SMALL COMPANIES

S.6   Small companies may file a modified balance sheet (equivalent to the items marked with an X in the formats illustrated in the Appendix) and only limited information by way of notes. They need not file:

a profit and loss account;
a directors' report;
notes to the accounts, except for those dealing with
accounting policies
share capital
creditors due after more than one and five years
details of security given
debtors due after more than one year
basis of foreign currency translation
details of subsidiaries and associates
transactions with directors (but not emoluments)

MEDIUM-SIZED COMPANIES

S.6   Medium-sized companies need not disclose the amount (or any analysis) of their turnover. They may also file a modified form of profit and loss account which combines the amounts for turnover, cost of sales, and other operating income (or equivalent headings under alternative formats) into one figure under the caption 'gross profit or loss'.

In all other respects the accounts filed by medium-sized companies must conform to the accounts they prepare for shareholders.

QUALIFYING CONDITIONS

S.8(1)   To qualify for the filing exemptions, a company must satisfy at least two of the following three conditions for both the year in question and the preceding year:

	Small	*Medium*
Turnover not more than	£1.4 m	£5.75 m
Balance sheet total not more than	£0.7 m	£2.8 m
Average number of employees not more than	50	250

Balance sheet totals are taken as total assets – before deducting any creditors, current or otherwise. Average employees are to be calculated by dividing the aggregate of weekly numbers by 52. The turnover threshold is reduced proportionately for accounting periods of less than a year.

S.9(2)   A holding company can take advantage of the appropriate exemptions when filing its own accounts only if the qualifying conditions are met by the figures drawn from its group accounts.

S.10(2)   Where they are, the holding company may also file appropriately modified group accounts. Subsidiary companies qualify (or not) as of their own right – regardless of the qualifying status of the group.

Although the general rule is that the conditions have to be met for two successive years, there is a proviso wherby, once a company has qualified, it will not lose the exemptions in the

S.8(5)   first year in which it ceases to qualify. Thus a company which qualifies for two years, but which fails to do so in year three, can continue to file modified accounts for that third year. If it reverts to qualifying status in year four, it can also file modified accounts for that year – the one year failure to qualify is disregarded. Effectively, therefore, a company only loses the appropriate exemptions if it fails to meet the qualifying conditions for two consecutive years.

Conversely, for the first year – following two or more consecutive years of non-exemption – in which a company qualifies for exemption, it will still have to file full accounts; the exemptions only become available in the following year (assuming the conditions are met in that year).

S.8(8)   In respect of the first accounts to be prepared under the 1981

Act, there is a transitional provision whereby the exemptions will be available if the qualifying conditions are satisfied in either that or the preceding year. New companies will qualify for the appropriate exemptions in their first set of accounts if they meet the conditions in that year.

DIRECTORS' STATEMENT S.7(2) Where a company takes advantage of any filing exemptions, the modified accounts must include a statement by the directors, immediately above their signature, that they:

1 Have relied on the exemptions.
2 Have done so on the grounds that the company is entitled to the benefits of those exemptions as a small (or medium-sized) company.

SPECIAL AUDIT REPORT S.7(5) Where modified accounts are filed with the Registrar, they must include a special report by the auditors which:

1 Reproduces their report on the full accounts.
2 States that, in their opinion, the modified accounts have been properly prepared in the manner permitted for small (or medium-sized) companies, and that the company is entitled to the appropriate exemptions.

PUBLICATION The new Act also introduces new rules regarding the publication of accounts.

S.21(3) A company will be regarded as having 'published' a balance sheet or other account if it 'publishes, issues or circulates it or otherwise makes it available for public inspection in a manner calculated to invite members of the public generally, or any class of members of the public, to read it'. These provisions cover publication in newspapers, and may extend to accounts which are issued in simplified or abridged form, for example to employees.

S.11 Whenever a company or group publishes 'full individual accounts' it must also publish the relevant auditor's report. For the purpose of these provisions full individual accounts include both the full accounts prepared for shareholders and any

S.11(9) modified accounts that might be delivered by small or medium-sized companies for filing purposes. The 'relevant auditors' report' will therefore be either the normal report on the accounts for shareholders or the special form of report required on modified accounts.

S.11(8) Where a company or group publishes 'abridged' accounts (which will occur whenever a balance sheet or profit and loss

S.11(6) account is published otherwise than as part of full individual accounts), it must also publish a statement indicating:

1. That the accounts are not full accounts.
2. Whether full (or modified) accounts have been filed.
3. Whether the full accounts have been audited, and whether the audit report was unqualified.

S.11(9) A full audit report must not be published with abridged accounts.

SUMMARY: PLANNING POINTS

Amongst the matters arising out of the new Act company directors may need to give early thought to the following:

- The decision as to the first year for which accounts are to be prepared on the new basis; companies with December year ends, for example, will be required to present accounts in the new format for the first time in respect of the year ended December 1983. However they may wish to plan for that event at an earlier date – particularly bearing in mind the need to present corresponding amounts on a comparable basis.

- The choice of format for the accounts (particularly for the profit and loss account) including any adaptations which the company may wish to make, headings which it may be able to merge, and the information which might alternatively be presented in the notes.

- A review of the company's accounting policies, to ensure conformity with legal requirements.

- A review of any assets shown at valuation, in order to identify original cost and, where necessary, to establish the required revaluation reserve.

- An assessment of the new disclosure requirements: in some cases the information required may involve amendments to the accounting system, e.g. the analyses of turnover and profit before tax, staff costs broken down by 'appropriate category' and the comparable historic cost information required when items are stated on some other basis.

- For small and medium-sized companies, the decision as to whether they are to avoid certain disclosures, but perhaps incur additional cost, by filing modified accounts.

15 Appendix: disclosure checklist for accounts

This appendix provides a checklist of compliance with the disclosure requirements of the 1948–81 Companies Acts (as varied by Statutory Instrument), Statements of Standard Accounting Practice and, for listed companies, the Stock Exchange listing agreement.

The requirements are organised into sections, as far as possible according to the usual arrangement of a company's accounts:

Section		Paragraphs
A	Directors' Report	1–6
B	Profit and loss account	7–22
C	Balance sheet	23–41
D	Funds statement	42
E	General matters	43–51
F	Group accounts	52
G	Current cost accounts	53–58

Appendix

1 Listed companies (additional disclosure)
2 Profit and loss account (vertical format 1)
3 Profit and loss account (vertical format 2)
4 Balance sheet (vertical format)

In each section the information that is required to be disclosed is listed in abbreviated form: each entry is drafted in a style that assumes the unwritten preface: 'disclosure is required of . . .'. Explanatory notes are included where the need for disclosure is subject to particular conditions or definitions.

The checklist is believed to be comprehensive. For those who wish to use it as a working document it takes the form of an *aide-memoire* which provides a relatively quick means of ensuring that a company's published accounts include all the information that they should. To this end, boxes have been provided after each point for the user to complete with, for example, YES, NO or N/A (for not applicable). (For any one company, of course, a good deal of the information listed may not need to be given because the circumstances or transactions that are the subject of the particular disclosure requirement have not arisen during the year.)

Of necessity, the checklist is a summary. In cases of doubt reference should always be made to the specific wording of the provisions in the relevant Act or SSAP. For this purpose, references are included in the left-hand column of the checklist as follows:

C8	1948 Companies Act
C7	1967 Companies Act
C0	1980 Companies Act
C1	1981 Companies Act
S	Section
C1/1/	First Schedule, 1981 Companies Act
C1/3/	Third Schedule, 1981 Companies Act
SI	Statutory Instrument
P	Statement of Standard Accounting Practice –
SE2	Chapter 2 (listing agreement – companies) of the Stock Exchange 'Admission of securities to listing'
SE10	Chapter 10, ditto.
( )	Paragraph No.

Note: The checklist does not cover references in the Companies Acts to:

1   The authority given to the Department of Trade to grant certain exemptions where, in the opinion of the directors, disclosure would be harmful to the company;
2   The special provisions and exemptions relating to banking, shipping and insurance companies.

Section A: Directors' Report

ACTIVITIES

C7.S16(1)	1.1	The principal activities during the year and any significant changes.
C1.S13(1)	1.2	A review of the development of the business during the year and its position at the year-end.
C1.S13(3)	1.3	An indication of likely future developments in the business.
C1.S13(3)	1.4	An indication of R&D activities.
C1.S13(3)	1.5	Particulars of important events since the end of the year. (*See also* Section C.48)
C8.S157(1)	1.6	The amount of recommended dividend.
C.8.S157(1)	1.7	The amount proposed to be set aside to or withdrawn from reserves.

INTERESTS IN OWN SHARES

C1.S14   2.1   Where company purchases any of its own shares during the year:
- *(a)* number and nominal value of shares purchased;
- *(b)* aggregate consideration paid;
- *(c)* reasons for the purchase;
- *(d)* percentage of the called-up share capital which the shares represent.

C1.S14   2.2   Where a company has an interest in its own shares and such shares:
- are acquired by forfeiture or by surrender in lieu of forfeiture; or
- have been acquired otherwise than for valuable consideration or in a reduction of capital; or
- are acquired from a third party by a nominee without financial assistance from the company but in which the company has a beneficial interest; or
- are acquired by any person with financial assistance from the company; or
- where its own shares are made subject to a lien or charge taken by the company itself:
- *(a)* the number and nominal value of the shares so acquired or charged during the year;
- *(b)* the maximum number and nominal value of such shares held at any time during the year;
- *(c)* the number and nominal value of such shares disposed of or cancelled during the year and, where applicable, the amount or value of the consideration in each case;

(d) in relation to *(a)* to *(c)* above the percentage of the called-up share capital which such shares represent;

(e) where any of the shares have been charged, the amount of the charge in each case.

FIXED ASSETS

C7.S16(1)(a)   3.1   Any significant changes in fixed assets of the company or of any of its subsidiaries during the year.

C7.S16(1)(a)   3.2   Any significant difference between the market value and book value of land and buildings.

DIRECTORS

C7.S16(1)   4.1   The names of those who were directors at any time during the year.

C7.S16(1)(e)   4.2   For those who were directors at the end of the year, particulars of their interests, as recorded in the register, in shares or debentures of the company or any group company at the beginning (or date of appointment if later) and end of the year.

SI(1968)865
C7.S27(13)
SI(1968)1533
SI(1967)1594

Note: Excluding *(a)* nominee holdings in 100 per cent subsidiaries *(b)* directors of 100 per cent GB incorporated subsidiaries who are also holding company directors *(c)* holdings in parent company or other overseas group companies if 100% subsidiary or a parent company incorporated outside GB.

C7.S16(1)(e)   4.3   If any director has no interest in the shares or debentures of the company, a statement of that fact.

C1.S13(4)   *Note:* Information in 4.2 and 4.3 may alternatively be disclosed in the notes to the accounts.

EMPLOYEES

SI(1980)1160   5.1   A statement describing the policy adopted during the year in respect of the employment of disabled persons covering, *inter alia,* employment, training, career development and promotion.

Note: Required if the average number of employees over the financial year exceeds 250, excluding employees working wholly or mainly outside the UK.

POLITICAL AND CHARITABLE DONATIONS

C7.S19(1)
SI(1980)1055

6.1   The separate totals of *(a)* political and *(b)* charitable contributions made during the year (if together they exceed £200).

C7.S19(1)
SI(1980)1055

6.2   For individual political contributions exceeding £200, the amount and the name of the recipient.

C7.S19(2)

Note: 6.1 and 6.2 not required if the company is a wholly owned subsidiary of a company incorporated in GB. For companies with subsidiaries, disclosure required on a group basis.

Section B: Profit and Loss Account

Note 1 The profit and loss account must be presented in the order and under the headings required by either of the formats detailed in Appendices 2 or 3. (The information may alternatively be presented in horizontal form.)

Note 2 Profit (or loss) on ordinary activities before taxation, dividends and the amount set aside to reserves must be disclosed in the profit and loss account. Other information may alternatively be presented in the notes to the accounts and may be combined where individually they are not material.

Note 3 If a consolidated profit and loss account is prepared, a separate profit and loss account for the holding company is not required.

TURNOVER

7.1   Amount and method of computation.

C1/1/94
C1/1/94
P5(8)

Note: (1) Representing amount derived from ordinary activities; (2) to be stated exclusive of trade discounts, VAT and other sales taxes.

C1/1/55(1)

7.2   Where substantially different classes of business have been carried out, an analysis showing:
(a) the amount of turnover attributable to each class;
(b) the amount of profit or loss before taxation attributable to each class.

C1/1/55(2)

7.3   Where substantially different markets have been supplied, a geographical analysis of turnover attributable to each market.

Note: Disclosure of 7.2 and 7.3 above is not required if in the directors' opinion it would prejudice the company's interests, but the fact that information has not been disclosed must be stated.

INCOME FROM RELATED/ASSOCIATED COMPANIES

C1/1/F
P1(18)

8.1   In the investing company's profit and loss account the income from shares in related/associated companies: dividends received and receivable (where necessary separately disclosing income from listed investments, see 9.2 below).

P1(24)

8.2   Where consolidated accounts are not prepared by the investing company (except where it is itself a wholly owned subsidiary) the information required by 8.3 and 8.4 below should be disclosed either in supplementary form or by preparation of a separate profit and loss account.

8.3   In the investing group's consolidated profit and loss account:

P1(19)   (a)   the share of the associate's pre-tax profits (less losses);
P1(20)   (b)   the tax attributable to that share;

Note: To be disclosed separately within the tax charge.

P1(21)   (c)   the share, if material, of extraordinary items dealt with in the associated company accounts;
P1(22)   (d)   the share of net profits (less losses) retained by the associated company.

P1(23)

8.4   If the results of one or more associated companies are significant in relation to the true and fair view:
(a)   total turnover and depreciation;
(b)   total profits before tax.

P1(37)

8.5   If accounting periods of associated companies are not co-terminous, the facts and dates of year-ends.

P1(39)

8.6   In the investing group accounts, adjustments, where material should be made similar to those adopted for consolidation, e.g. the elimination of unrealised profits on assets transferred between the associate and the group and adjustments to achieve consistency with group accounting policies.

OTHER INCOME

C1/1/F   9.1   Income from shares in group companies.

C1/1/53(4)   9.2   Income from listed investments.

C1/1/F   9.3   Income from other fixed asset investments.

P8(25)   *Note:* Dividends from UK companies to be included gross, i.e. cash received/receivable plus tax credit.

C1/1/F   9.4   Other interest receivable and similar income.

C1/1/F   *Note:* In respect of 9.3 and 9.4 above, separate disclosure of any amounts received from group companies.

C1/1/53(5)	9.5	Rent receivable, less outgoings (if material).
C1/1/F	9.6	Other operating income.
C1/1/F	9.7	Where Format 2 is adopted (see Appendix 3):
		(a) increase in stocks of finished goods and work-in-progress;
		(b) credit for any expenses capitalised on own work.

DEPRECIATION

C1/1/19	10.1	Total charge for depreciation, or diminution in value of fixed assets (and amount of any provision for diminution written back).
	10.2	For each major class of depreciable asset:
P12(22)		*(a)* the depreciation methods used;
P12(22)		*(b)* the useful lives or the depreciation rates used.
P12(20)	10.3	Effect on depreciation charge of any changes in the methods of depreciation, if material.
P12(6)	10.4	Surplus or deficiency compared with book value on disposal of fixed assets, if material.

C1/1/(18)		*Notes:*
P12(12)(16)	1	Depreciation should be provided on all fixed assets – including buildings (but excluding investment properties) – which have a limited useful economic life.
P19(10)	2	With regard to investment properties, depreciation should only be provided on those which are leasehold and the term of the lease is less than 20 years.
P19(7)(8)	3	An investment property must be held for its investment potential, any rental income being negotiated at arms length, construction must be fully complete but excludes property occupied by any group company.
P19(17)	4	Where, in order to comply with SSAP19, no depreciation is provided on investment properties, this will represent a departure from Companies Act requirements and the information in 49.2 will have to be disclosed.
C1/1/(32)	5	To the extent that assets are revalued in the accounts,
P12(21)		depreciation should be based on the revalued amount. The effect of the revaluation, if material, should be disclosed in the year of change.

DIRECTORS' EMOLUMENTS

C8.S196	11.1	*(a)* Aggregate emoluments (including those receivable from subsidiaries), fees, benefits in kind, pension contributions paid on directors' behalf.

C8.S196   *(b)*   Aggregate directors' and past directors' pensions (excluding pensions from schemes maintained by contributions).

C8.S191
C8.S196   *(c)*   Aggregate compensation for loss of office (and other terminal payments) paid to directors or past directors, divided between the company, subsidiaries and others.

      (d)   Distinguishing *(a)–(c)* above, between:

         1   Amounts receivable in respect of services as directors.

         2   Amounts in respect of other offices.

11.2   With regard to emoluments as in *(a)* above, but excluding pension contributions:

C7.S6
SI(1979)1618   *(i)*   The number of directors whose emoluments fall in each bracket of a scale in £5,000 multiples.

      (ii)   The emoluments for each chairman during year.

      (iii)   The emoluments of highest-paid director, if above chairman.

C7.S7   *(iv)*   The number of directors who have waived rights to emoluments, and the aggregate amount waived in the year.

Note: (i)–(iii) do not apply to directors whose duties were wholly or mainly outside the UK.

SI(1979)1618   *(i)–(iv)* do not apply to a company which is neither a holding company nor a subsidiary and of which the aggregate directors' emoluments do not exceed £40,000.

EMPLOYEES

C1/1/56(1)   **12.1**   The average weekly number of employees.

C1/1/56(1)   **12.2**   An analysis between appropriate categories of the average weekly number of employees.

C1/1/56(4)   **12.3**   Aggregate remuneration during the year, detailing:

      (a)   wages and salaries;

      (b)   Social Security costs;

      (c)   pension costs.

C7.S8
SI(1979)1618   **12.4**   In respect of employees earning in excess of £20,000 (excluding pension contributions), the number of employees whose emoluments fall within each bracket of a scale in £5,000 multiples above £20,000.

Note: For 12.4 above, excluding *(a)* directors and *(b)* employees working wholly or mainly outside the UK.

OTHER EXPENSES

      13.1   Interest payable and similar charges:

C1/1/F   *(a)*   in respect of group companies;

C1/1/53(2)		(b) on bank loans and overdrafts and other loans repayable wholly or in part within five years;	☐
C1/1/1/53(2)		(c) on other loans, not so repayable.	☐
C1/1/53(6)	13.2	Charges for hire of plant and machinery.	☐
C1/1/53(7)	13.3	Auditors' remuneration, including expenses.	☐
C1/1/F	13.4	Amounts written off investments.	☐

C1/1/F 13.5 Where Format 1 (Appendix 2) has been adopted, the following expenses (including related depreciation):
(a) cost of sales;
(b) distribution costs;
(c) administration expenses.

☐
☐
☐

C1/1/32(3) *Note:* Where assets have been revalued, historic cost depreciation may be included in the above items, provided the additional charge is separately disclosed.

C1/1/F 13.6 Where Format 2 (Appendix 3) has been adopted:
(a) (i) raw materials and consumables;
    (ii) other external charges;
(b) exceptional amounts written off current assets;
(c) other operating charges.

☐
☐
☐

EXCEPTIONAL ITEMS

C1/1/57(3)
P6(14) 14.1 The size and nature of the items involved. ☐

P6(11) *Notes:*
C1/1/57(3) 1 Limited to items which derive from the ordinary activities of business but which require separate disclosure on account of their abnormal size or incidence.
P6(14) 2 To be included in arriving at profit for the year from ordinary activities before taxation.

TAXATION

C1/1/54(1)(3a)	15.1	Charge for and basis of computing UK corporation tax for the year.	☐
C1/1/54(3b) P8(22a)	15.2	Relief for overseas taxation	☐
C1/1/54(3c)	15.3	UK income tax and basis of computation.	☐
C1/1/54(3d)	15.4	Total overseas taxation on profits, income and, so far as charged to revenue, capital gains.	☐
P8(22a)	15.5	Tax attributable to franked investment income.	☐

P8(22a)	15.6	Irrecoverable ACT.	

P8(22a) 15.7 (a) Transfers to/from deferred taxation.
P15(34)

P15(36) (b) Adjustments to balance on deferred taxation resulting from a change in the rate of taxation.

P15(35) (c) An indication of the extent to which the tax charged has been reduced by accelerated capital allowances, other timing differences and stock relief.

C1/1/54 15.8 Tax on profit on ordinary activities.

P1(15) 15.9 Tax attributable to share of related/associated companies' results.

C1/1/54 15.10 Tax on extraordinary profit or loss.

P8(23) 15.11 Rate of corporation tax used.

C1/1/54 15.12 Other taxes.

C1/1/54(2) 15.13 Any special circumstances affecting the tax liability:
(a) for the year;
(b) for succeeding financial years.

C1/1/34(5) 15.14 The taxation treatment of amounts transferred to or from revaluation reserves.

EXTRAORDINARY ITEMS

C1/1/57(2) 16.1 The size and nature of the items in question (including the share of any such items dealt with in the accounts of related/associated companies) distinguishing separately between income and charges.

C1/1/F 16.2 The aggregate extraordinary profit or loss.

P6(11) *Notes:*
1 Limited to items which derive from transactions outside the ordinary activities of the business and which are material and not expected to recur.

P6(15) 2 Aggregated amount (less attributable taxation) distinguishing separately between income and charges, to be shown in the P&L account after results derived from ordinary activities.

P15(36) 3 Adjustments to deferred tax consequent upon a fundamental change in the basis of taxation should be treated as extraordinary.

PRIOR YEAR ADJUSTMENTS

C1/1/57(1) 17.1 The size and nature of the items involved.
C1/1/4(2)

| P6(16) | 17.2 | The consequent adjustment to the opening balance of retained profits. | |

| P6(16) | 17.3 | Where practicable, the effect on the prior year comparatives. | |

P6(12)

Notes:

1 Limited to adjustments arising from either
   (a) changes in accounting policies, or
   (b) correction of fundamental errors.

P6(16)

2 To be accounted for by restating prior years.

P6(17)

3 A statement of retained profits/reserves showing any prior year adjustments should immediately follow the profit and loss account.

APPROPRIATIONS

| P8(24) C1/1/3(7b) | 18.1 | The aggregate amount of dividends paid and proposed (excluding related ACT). | |

| C1/1/53(3) | 18.2 | The amount provided for the redemption of share capital and/or loans. | |

| C1/1/3(7a) | 18.3 | The amount set aside or proposed to be set aside to or withdrawn from reserves. | |

PROVISIONS

| C1/1/19 | 19.1 | The amount of any provision in respect of a diminution in value of intangible assets or investments (and the amount of any such provision written back). | |

C1/1/71(2)

Note: In the case of an investment company any such provision should be reflected in the revaluation reserve.

GENERAL

| C1/1/3(6) | 20.1 | Profit on ordinary activities before taxation. | |

| C1/1/F | 20.2 | Profit on ordinary activities after taxation. | |

| C1/1/F | 20.3 | Profit for the financial year. | |

| C1/1/F | 20.4 | In the case of Format 1 (Appendix 2), gross profit. | |

FORMAT

| C1/1/2(2) | 21.1 | Details of any change in format compared with the previous year, together with the reasons for the change. | |

C1/1/1(1)

Note: The format of the profit and loss account must accord with either of the formats detailed in Appendices 2 or 3. (Subject to alternative horizontal presentation.) Once a format has been adopted it should only be changed in subsequent years for 'special' reasons.

CONSOLIDATED PROFIT AND LOSS ACCOUNT ONLY

C1.S1(5)   22.1   The extent to which the consolidated profit or loss for the year is dealt with in the holding company accounts.

C1.S1(6)   22.2   The fact that no company profit and loss account has been prepared should be stated.

Section C: Balance Sheet

Note 1 The balance sheet must be presented in the order and under the headings required by the Format detailed in Appendix 4. (The information may alternatively be presented in horizontal form.)

Note 2 Items that must be disclosed on the face of the balance sheet are indicated by an asterisk. Other information may alternatively be presented in the notes to the accounts and may be combined where individually they are not material.

FIXED ASSETS

C1/1/16   *Note 1* The primary method of valuation should be the historic cost of purchase or production. Alternative methods of valuation are permitted for certain classes of asset: intangible assets other than goodwill may be included at current cost; tangible fixed assets may be included at valuation or at current cost; investments may be included at market value or at directors' valuation.

C1/1/25   *Note 2* Tangible assets may be carried at a fixed amount if they are constantly being replaced and the amount is not material or subject to material variation.

C1/1/33   23.1   Where fixed assets are not included at historic cost:
(a) the items affected and the basis of valuation;
(b) the comparable historic cost of each item or the difference between the historic cost amount and the amount shown.

C1/1/26(3)   23.2   The amount of any interest capitalised and included in production cost.

C1/1/F   23.3*   The aggregate amount of all classes of fixed assets.

INTANGIBLE FIXED ASSETS

C1/1/F   24.1   *(a)* The aggregate amount of development costs.

C1/1/20(2)   *(b)* The reason for capitalising development costs and the period over which they are being written off.

P13(27)

P13(28)   *(c)* Movements on deferred development expenditure and the amount carried forward at the beginning and end of the year.

P13(29)   *(d)* An explanation of the accounting policy.

P13(21)   *Note:* Development (but not research) expenditure should be deferred only to the extent that its recovery can, in the following circumstances, reasonably be regarded as assured:

1   There is a clearly defined project of which the commercial viability and technical feasibility have been reasonably assessed.

2   The related expenditure is separately identifiable and all costs, present and future, are expected to be recovered in full from future revenues.

3   Adequate resources exist, or are expected to be available, to complete the project.

C1/1/F   24.2   The aggregate amount of concessions, patents, licenses, trademarks and similar rights and assets.

C1/1/F   *Note:* Capitalise only if they were acquired for valuable consideration; or they were created by the company.

C1/1/F   24.3   *(a)* The aggregate amount of goodwill.

C1/1/21(4)   *(b)* The period over which it is being amortised, and the reasons for choosing that period.

C1/1/F   *Notes*

C1/1/21

1   Goodwill should only be capitalised to the extent that it was acquired for valuable consideration. Where capitalised, it must be amortised over a period not exceeding its useful economic life.

2   The above requirement does not apply to goodwill arising on consolidation.

         24.4   The aggregate amount of payments on account.

C1/1/42   24.5   Details of the movements in tangible assets during the year as in 25.1 below.

C1/1/43   24.6   For tangible assets included at valuation, the information in 25.2 below.

C1/1/F   24.7*   The aggregate amount of all classes of intangible assets.

C1/1/3(2)   *Note:* The following items must not be capitalised:

(a) preliminary expenses;

(b) expenses or commission in connection with a share or debenture issue;

(c) research costs.

TANGIBLE FIXED ASSETS

C1/1/F   25.1   In respect of each major class of asset (including land and buildings; plant and machinery; fixtures, fittings, tools and equipment; and payments on account and assets in the course of construction):

C1/1/42   *(a)* aggregate cost or valuation at year beginning and end;

P12(22)   *(b)* aggregate additions and disposals during the year;

                   (c) aggregate revaluations during the year;

                   (d) aggregate internal assets capitalised or disposed of during the year;

                   (e) aggregate accumulated depreciation at year beginning and end;

                   (f) total depreciation charge for the year;

                   (g) the amount released on disposal during the year;

                   (h) other adjustments to the provision during the year;

C1/1/43   25.2   Where fixed assets are included at a valuation:

                   (a) the years in which assets were valued;

                   (b) the amount of each valuation;

                   (c) for assets valued during the period:

                        (i) the names or qualifications of the valuers;

                        (ii) the bases of valuation used.

C1/1/44   25.3   For land and buildings, the separate amounts for freehold, long leasehold (over 50 years unexpired at balance sheet date) and short leasehold.

P19(11)   *Notes*

                   1   Include investment properties at open market value.

P19(12)   2   If investment properties are valued by an employee or officer of the company a note is required to that effect.

C1/1/F   25.4*   The aggregate amount of all classes of tangible assets.

INVESTMENTS IN GROUP COMPANIES (AND RELATED INDEBTEDNESS)

C1/1/F   26.1   Aggregate amount of shares in group companies.

C1/1/F   26.2   Aggregate amount of indebtedness *(a)* from and *(b)* to group companies analysed as appropriate between loans, current and deferred.

C1/1/59   26.3   Aggregate amounts of *(i)* investments in and *(ii)* indebtness with group companies analysed between the totals for:

                   (a) amounts attributable to any holding company and/or fellow subsidiary;

| | | *(b)* amounts attributable to any other subsidiaries. |

C7.S3(1-5)   26.4   In respect of each subsidiary owned at the end of the financial year:
(a) its name;
(b) its country of incorporation (if outside GB) or, if different from holding company, its country of registration;
(c) the identity and proportion of each class of shares held *(i)* directly by the company or its nominees and *(ii)* indirectly by subsidiaries or their nominees.

Note: Required only in respect of principal subsidiaries where particulars would otherwise be of excessive length.

C1/1/60   26.5   In the case of a holding company, the number, amount and description of any shares or debentures of the company held by its subsidiaries or their nominees.

Note: Disclosure is not required where the interest is that of a personal representative or non-beneficial trust.

C7S.5(1&2)   26.6   The name of the ultimate holding company and its country of incorporation.

C1/1/42   26.7   The movement in cost of fixed asset investments during the year as detailed in 25.1 above.

C1/1/43   26.8   For fixed asset investments other than listed investments included at valuation, the information in 25.2 above.

C1/1/45   26.9   In respect of listed investments the information in 28.1 below.

RELATED/ASSOCIATED COMPANIES (AND INDEBTEDNESS)

C1/1/91
P1(13)
Note 1 A company is associated/related where the interest is substantial, long term and the investing company participates in the commercial/financial decisions. An associate also applies where the interest forms part of a consortium or joint venture.

Note 2 SSAP1 permits the inclusion of the group's interest in determining the proportion held of the associated company's equity, whereas indirect holdings do not fall within Companies Acts definition of a related company.

P1(55)
Note 3 If all investments falling within the scope of related companies are dealt with as associated companies, the term related does not have to be used in the balance sheet or profit and loss account. The notes should state there are no other related companies other than those treated as associates.

P1(25)	27.1	In the investing company's balance sheet, the amount of the interest in associated companies should be stated at the cost of investments, less any amounts written-off (unless shown at valuation).
P1(35)	27.2	Where consolidated accounts are not prepared by the investing company (and except where it is itself a wholly owned subsidairy) the information required by 27.3 and 27.7 should be disclosed either in supplementary form or by preparation of a separate balance sheet.
P1(26)	27.3	In the investing group's balance sheet:

27.3 (cont.)
(a) the share of net assets, other than goodwill
(b) the share of goodwill
(c) the premium paid (or discount) on acquisition of the interest, to the extent that it has not been written off or amortised

Note: (a) above should be disclosed separately but *(b)* and *(c)* may be aggregated.

C1/1/F P1(27)(28)	27.4	Loans to/from related/associated companies.
C1/1/F P1(29)	27.5	Amounts owed to/by related/associated companies analysed as appropriate between current and deferred.
P1(30)	27.6	Information in respect of the associated company's tangible and intangible assets and liabilities if materially relevant for the members' appreciation of the investment.
P1(31)	27.7	The share of post acquisition accumulated reserves and any movement thereon.
P1(49)	27.8	For each principal associated company: (a) its name (b) the proportion of each class of shares held (c) an indication of its nature of business.
P1(40)	27.9	Extent of any restrictions on the ability of the associated company to distribute its profits (other than those designated non-distributable).
P1(38)	27.10	If the investing company or group holds in excess of 20 per cent of the equity voting rights of a company other than a subsidiary but does not account for the investment as an associated company, the treatment adopted and the reasons for doing so should be disclosed.

Notes
1 The directors may, after consultation with their auditors, omit this reason, if it would be harmful to the business.
2 The information in 52.8 below is also required where the investment is not treated as an associate.

P1(38)   27.11   If the investing company or group hold less than 20 per cent of the equity voting rights but accounts for its investment as an associate, the basis on which significant influence is exercised should be stated.

C1/1/42   27.12   The movement in cost of fixed asset investments during the year as detailed in 25.1 above.

C1/1/43   27.13   For fixed asset investments other than listed investments included at valuation, the information in 25.2 above.

C/1/45   27.14   In respect of listed investments the information in 28.1 below.

C1/1/31   27.15   For investments included at directors' valuation the information in 28.2 below.

INVESTMENTS (OTHER THAN GROUP OR RELATED/ASSOCIATED COMPANIES)

          28.1   In respect of listed investments:
C1/1/45(1)   (a)   the aggregate amount;
C1/1/45(2)   (b)   the aggregate market value (and, individually, the Stock Exchange value, if less);
C1/1/45(1)   (c)   separate aggregate amounts for those listed on a recognised Stock Exchange and other listed investments.

C1/1/31   28.2   Where investments are included at directors' valuation:
                   (a)   the method used;
                   (b)   the reason for adopting it.

C1.S3   28.3   If at the balance sheet date (i) the company holds more than 10 per cent of any class of the allotted shares of another company or (ii) holds more than 10 per cent of the nominal value of the allotted share capital of another company or (iii) the shareholdings in any one company exceed 10 per cent of the total assets of the investing company:
                   (a)   the name of the other company;
                   (b)   the country of incorporation (if outside GB) and of registration (if incorporated in GB but different from the investing company);
                   (c)   the description and proportion of the classes of shares held.

C7.S4(4)(5)   Note: Required only in respect of principal investment where particulars would otherwise be of excessive length.

C1/1/42   28.4   The movement in cost of fixed asset investments during the year as defined in 25.1 above.

C1/1/43   28.5   For fixed asset investments other than listed investments included at valuation, the information in 25.2 above.

STOCKS AND WORK-IN-PROGRESS

C1/1/F	29.1*	The aggregate amount of all classes of stock.

C1/1/F P9(29)	29.2	The amount of each category of stock and work-in-progress sub-classified as appropriate to the business, but to include: (a) raw materials and consumables; (b) work-in-progress; (c) finished goods and goods for resale; (d) payments on account.

	29.3	For long-term contracts:
P9(27)		(a) the amount of work-in-progress (stated at cost plus attributable profit, less foreseeable losses);
P9(30)		(b) cash received and receivable at the accounting date as progress payments.
P9(27)		*Note:* Where losses on individual contracts exceed costs to date less progress payments, such excesses to be shown separately as provisions.

C7/2/11(8b)	29.4	An explanation of the accounting policies used in calculating: (a) cost; (b) net realisable value; (c) attributable profit and foreseeable losses.

Notes

P9(26)	1	Stocks and work-in-progress (other than long-term contracts) to be stated at the lower of cost or net realisable value of the separate items or of groups of similar items.
C1/1/26	2	The purchase price or production cost at which stock is stated may include attributable overheads and interest to finance production.
C1/1/26(4)	3	Distribution costs must not be included in production cost.
C1/1/27 C1/1/31(5)	4	Cost should be determined by the method most appropriate to the business, but may be based on the FIFO;LIFO; weighted average price; or any other similar method. Stock may alternatively be stated at current cost.

C1/1/26(3)	29.5	The amount of any interest included in the stated value of stock.

C1/1/27(3-5)	29.6	Where the stated value of stock differs materially from its replacement cost at the balance sheet date (or, if more appropriate from its latest actual purchase price/production cost before that date) the amount of that difference should be stated.

OTHER ASSETS

C1/1/23(1)	30.1	Current assets should be included at net realisable value if this is less than purchase price or production cost.

C1/1/24(1)	30.2	Where an amount repayable on a liability of the company exceeds the value of consideration received at the time the liability arose, the aggregate amount of the difference.
C1/1/24(2)		*Note:* The amount should be subject to annual amortisation and be completely written-off prior to repayment.
C1/1/51(2)	30.3	The aggregate amount of loans to employees to acquire shares in the company or its holding company.
		Note: For transactions involving directors see 45 and 46 below.
C1/1/F	30.4	The aggregate amount in respect of:

    (a) loans (other than to group or related companies or employees);
    (b) the company's own shares acquired together with their nominal value;
    (c)* all classes of fixed asset investments;
    (d)* called-up share capital not paid;
    (e)* current assets;
    (f)* all classes of current asset debtors;
    (g) trade debtors;
    (h) other debtors;
    (i) prepayments and accrued income;
    (j)* all classes of current asset investments;
    (k)* cash at bank and in hand;
    (l)* prepayments and accrued income not treated as current assets;
    (m)* net current assets;
    (n)* total assets less current liabilities.

C1/1/F	30.5	For each class of asset included under current asset debtors the amounts falling due after more than one year should be shown separately.

DEBENTURES, LOANS AND BANK OVERDRAFTS

C1/1/48(1)	31.1	The aggregate amount of liabilities repayable wholly or in part more than five years after the balance sheet date, distinguishing between:

    (a) those repayable by instalments;
    (b) others not so repayable.

Note: The aggregate amount of instalments falling due for repayment after the five year period should be separately disclosed.

C1/1/48(2)	31.2	In respect of each liability included in 31.1 above:

    (a) the terms of repayment;
    (b) rate of interest;

Note: A general indication of repayment terms and interest rates is sufficient where the above details would be of excessive length.

C1/1/F   31.3   The aggregate amount of bank loans and overdrafts analysed as appropriate between those falling due within and those falling due after twelve months.

C1/1/41(2)   31.4   Particulars of any redeemed (but re-issuable) debentures.

C1/1/F   31.5   The aggregate amount of debentures in issue, disclosing convertible loans separately.

C1/1/41(1)   31.6   For any debentures issued during the year, the amount, class, consideration received and reason for the issue.

C1/1/41(3)   31.7   For any of the company's debentures held by nominees of, or trustees for, the company, the nominal amount and the book value of the holding.

C1/1/48(4)   31.8   The aggregate amount of secured liabilities and an indication of the security given,

PROVISIONS FOR LIABILITIES AND CHARGES

C1/1/F   32.1   The aggregate amount of provisions (other than for depreciation) analysed between:
(a) pensions and similar obligations;
(b) other provisions (separately disclosed if material).

C1/1/46(2)   32.2   For each sub-heading:
(a) the balance at the beginning and end of the year together with the amount transferred to or from the provision during the year;
(b) the source and application of any such movement.

GOVERNMENT GRANTS

P4(9)   33.1   Where grants relating to fixed assets are treated as deferred credits, the amount of the deferred credit (if material).

PROPOSED DIVIDENDS

C1/1/51(3)
P8(26)   34.1   The aggregate amount payable to shareholders (to be shown as a current liability).

TAXATION

C1/1/47   35.1   The amount of any taxation provisions.

Notes

P8(14)   1   If corporation tax liability is not disclosed as current liability, the due date for payment should be shown.

P8(26&27)   2   ACT on proposed dividends to be included as a current tax liability and, if recoverable, deducted from deferred tax account (or, in the absence of such an account, shown as a deferred asset).

<table>
<tr><td></td><td>35.2</td><td>Deferred taxation:</td><td></td></tr>
<tr><td>P15(37)
C1/1/F</td><td></td><td>(a) the amount of the deferred taxation account balance (to be shown in the specified place in the balance sheet).</td><td></td></tr>
<tr><td>P15(37)</td><td></td><td>(b) an indication (by way of note) of (i) the nature and (ii) the amount of the major elements of which the balance in (a) is composed;</td><td></td></tr>
<tr><td>P15(30)</td><td></td><td>(c) a description of the method of calculation adopted, including – where the full potential amount is not provided – an explanation of the assumptions on which the partial amount not provided is based;</td><td></td></tr>
<tr><td>P15(33)</td><td></td><td>(d) the potential amount (by way of note) of deferred tax for all timing differences, distinguishing the principal categories and showing, for each category, the amount provided in the accounts.</td><td></td></tr>
</table>

OTHER CREDITORS

<table>
<tr><td>C1/1/F</td><td>36.1</td><td>Aggregate amounts in respect of:
(a) payments received on account, in so far as not deducted from stock;
(b) trade creditors;
(c) bills of exchange payable;
(d) social security;
(e) other creditors;
(f)* all classes of creditors falling due within one year;
(g)* all classes of creditors falling due after one year;
(h)* accruals and deferred income [not included in (f) and (g) above];
(i)* all classes of provisions for liabilities and charges.</td></tr>
</table>

CAPITAL

<table>
<tr><td>C1/1/38(1)</td><td>37.1</td><td>(a)* The aggregate amount of the called-up share capital.
(b) The authorised share capital.</td></tr>
<tr><td>C1/1/38(1)</td><td>37.2</td><td>Where more than one class of shares have been allotted, the number and aggregate nominal value of each class.</td></tr>
<tr><td>C1/1/39</td><td>37.3</td><td>For any shares allotted during the year, the number, aggregate nominal value, class, consideration received and reason for the allotment.</td></tr>
<tr><td>C1/1/38(2)</td><td>37.4</td><td>For redeemable shares, the earliest and latest dates of redemption; whether mandatory or at company's option, and premium payable.</td></tr>
</table>

C1/1/40   37.5   For options on unallotted shares, the number, amount and description of shares under option, the price, and the year during which exercisable.

C1/1/49   37.6   For arrears of fixed cumulative dividends, the amount and period of arrears for each class of share.

P8(28)   *Note:* For preference shares issued before 6 April 1973, at a fixed rate of dividend, the new rate should be shown in the balance sheet description.

REVALUATION RESERVE

C1/1/F   38.1*   The aggregate amount of the revaluation reserve.

C1/1/34   38.2   If any asset is stated other than at historic cost the surplus or deficit must be transferred to a separate reserve.

                   Notes
P19(13)   1   In the case of investment properties, if a deficit is not covered by the balance on the revaluation reserve the excess should be reflected in the profit and loss account.
C1/1/34   2   38.2 above applies equally to revaluations incorporated in a company's accounts prior to the 1981 Companies Act becoming effective.
C1/1/71   3   Not required in the case of an investment company.

OTHER RESERVES

C1/1/F   39.1   The aggregate amounts in respect of:
                   *(a)** share premium account;
                   *(b)** all classes of other reserves;
                   (c) capital redemption reserve;
                   (d) reserves for own shares;
                   (e) any reserves provided for by the company's Articles;
                   *(f)** profit and loss account;
                   (g) other reserves.

C1/1/46(2) 39.2   For each class of reserve:
                   (a) the amount transferred to or from the reserve during the year;
                   (b) the source or application of any such movement.

INVESTMENT COMPANIES

C0/3/39(2) 40.1   Where an investment trust company [as defined in C1/1/73 and C041(3)] makes a distribution which reduces the value of its net assets below the total of its called-up share capital and undistributable reserves, a note to that effect.

FORMAT

C1/1/2(2)   41.1   Details of any change in format compared with the previous year, together with the reasons for the change.

C1/1/1(1)   *Note:* The format of the balance sheet must accord with the format detailed in Appendix 4 (subject to alternative horizontal presentation). Once a format has been adopted it should only be changed in subsequent years for 'special' reasons.

Section D: Funds Statement

P10(10)   42.1   A statement of source and application of funds for both the current and corresponding previous year, showing:

P10(11)   *(a)* the profit or loss for the year together with adjustment for items which did not use/provide funds, and if material:

(b) dividends paid;

(c) acquisitions and disposals of fixed and other non-current assets;

(d) funds raised by (or used in) increases (or decreases) in medium or long-term loans or share capital;

(e) increase or decrease in working capital (sub-divided into components);

(f) movements in net liquid funds.

Notes

P10(9)   1   Statement not required if turnover or gross income is less than £25,000 per annum

P10(12)   2   For group accounts, the statement should reflect the
P10(5)   operations of the group. The effect of acquisition or disposals of subsidiaries should be reflected either (1) as separate items or (2) by showing their effect on the individual assets and liabilities.

P10(4)   3   Amounts should be stated with a minimum of 'netting off'.

Section E: General Matters

ACCOUNTING POLICIES

C1/1/10-15   43.1   If accounts are prepared on the basis of assumptions which differ
P2(17)   materially from any of the generally accepted fundamental concepts ('going concern', 'accruals', 'consistency' and 'prudence'), a clear explanation of the facts.

C1/1/36   43.2   Explanations of all accounting policies followed for dealing with
P2(18)   items which are judged material or critical in determining the result for the year and in stating the financial position.

FOREIGN CURRENCIES

C1/1/58 44.1 The basis on which foreign currencies have been translated into sterling. ☐

TRANSACTIONS INVOLVING DIRECTORS AND CONNECTED PERSONS

C0.S54(1)(2) 45.1 In respect of any:

1 Transaction or arrangement (as defined – see Note 1 below) entered into by the company (or its subsidiary) for a person who, at any time during the year, was a director of the company or of its holding company, or was connected with such a director; or

C0.S54(1)(2) 2 Any agreement to enter into any such transaction or arrangement; or

C0.S54(1)(2) 3 Any other transaction or arrangement with the company or its subsidiary in which a person who, at any time during the year, was a director of the company or its holding company and had, directly or indirectly, a 'material interest' (see Note 2 below):

C0.S55 *(a)* the principal terms of the transaction, arrangement or agreement;

(b) a statement that the transaction, arrangement or agreement was either made or subsisted during the year;

(c) the name of the person for whom it was made;

(d) where that person is or was connected with a director of the company or its holding company, the name of the director;

(e) where 45.1.3 applies:

(i) the name of the director with the material interest;

(ii) the nature of that interest;

(f) in the case of a loan, an agreement for a loan, the assignment or assumption of a loan or a loan under a mutual arrangement:

(i) the amount of the liability of the person to whom the loan was (or was agreed to be) made, showing the amount of principal and interest at the beginning and end of the year;

(ii) the maximum amount of the liability during the year;

(iii) the amount of any interest due but unpaid;

(iv) the amount of provision made in respect of any known or anticipated repayment failure by the borrower.

(g) in the case of a guarantee or security, or assignment or assumption of a guarantee or security;

(i) the amount for which the company (or its subsidiary) was liable under the guarantee or in respect of the security at the beginning and end of the year;

(ii) the maximum amount for which the company (or its subsidiary) may become so liable;

(iii) any amount paid and any liability incurred by the company (or its subsidiary) for the purpose of fulfilling the guarantee, or discharging the security including any loss incurred by reason of the enforcement of the guarantee or security;

(h) in the case of any other transaction, arrangement or agreement, the value involved.

Notes

C0.S56(1)

1   The transactions or arrangements referred to include: loans; quasi-loans; credit transactions and guarantees or security in connection therewith, the assignment of any rights, obligations or liabilities under such transactions; and any arrangement by the company for another person to enter into such a transaction.

C0.S54(4b)

2   An interest in such a transaction is not material, if, in the opinion of the majority of the directors (other than the director concerned) it is not material.

C0.S54(6)

3   The disclosure requirements do not apply in relation to the following transactions, arrangements and agreements:

C0.S54(6a)

(a) one between one company and another in which a director of the first company, or its subsidiary or holding company, is interested only by virtue of his being a director of the other;

C0.S54(6b) C1/3/51(c)

(b) contracts of service;

C0.S58(1)(2)

(c) credit transactions, if the aggregate of the amounts involved for any one person did not, at any time during the year, exceed £5,000;

C1/3/(53)

(d) transactions under 45.1.3 if the aggregate values of each transaction or arrangement *(i)* did not at any time during the year exceed £1,000 or, if more; *(ii)* at the end of the year did not exceed the lesser of £5,000 or one per cent of the value of the net assets of the company.

TRANSACTIONS INVOLVING OFFICERS OF THE COMPANY

C0.S56(2)

46.1   In respect of any transactions, arrangement or agreement (as defined, see Note 1 below) made by the company or its subsidiary for a person who, at any time during the year, was an officer of the company (but not a director):

C0.S56(2)(8)

(a) the total at the year-end of the amounts outstanding (being the amount of the outstanding liability of the person for whom the transactions, etc., in question were made or, in the case of a guarantee or security, the amount guaranteed or secured).

(b) the number of officers for whom the transaction, etc. falling within each heading in Note 1 below was made.

Notes

1 The transactions, arrangements or agreements referred to include:
   (a) loans;
   (b) quasi loans;
   (c) credit transactions.

Each of these transactions should include related guarantees and securities, arrangements for assignment or assumption or mutual arrangements, and agreements to enter into any of the transactions and arrangements outlined.

C1/3/52
2 Disclosure not required where the amount outstanding at the year-end in respect of each officer, does not exceed £2,500.

CONTINGENCIES AND COMMITMENTS

C1/1/50(1) 47.1 Particulars (and amount if practicable) of any charge on the assets of the company to secure the liabilities of any other person.

C1/1/50(3) 47.2 The estimated amount, where practicable, of future capital expenditure:
(a) contracted for but not provided,
(b) authorised by the directors but not contracted for.

C1/1/50(4) 47.3 Particulars of pension commitments:
(a) provided for in the accounts,
(b) not provided for in the accounts,
(c) which relates to pensions payable to past directors.

C1/1/50(5) 47.4 Particulars of any other financial commitments which are not provided for in the accounts, but which are relevant to assessing the company's state of affairs.

C1/1/50(6) *Note:* Commitments in 47.2 to 47.4 above should be separately disclosed if undertaken on behalf of or for the benefit of *(a)* a holding company or fellow subsidiary, or *(b)* any subsidiary [and analysed between *(a)* and *(b)* above].

C1/1/50(2)
P18(16)(20)
47.5 In relation to any material contingent losses not provided for (and any material contingent gains where it is probable that the gain will be realised):
(a) the legal nature of the contingency;
(b) the uncertainties that are expected to affect the ultimate outcome;
(c) the amount or a prudent estimate of the financial effect before tax (or, in the case of a gain, a statement that it is not practicable to make such an estimate);

(d) an explanation of the taxation implications, where necessary for a proper understanding of the financial position;

(e) whether any valuation security has been given in respect of the liability, and if so the details of the security.

P18(15)(17)

Note: Material contingent losses should be provided for where it is probable that a future event will confirm a loss which can be estimated with reasonable accuracy at the date on which the accounts are approved by the board. Contingent gains should not be accrued.

POST-BALANCE SHEET EVENTS (See also Section A.1.5)

P17(23a)(24)
(25)

48.1 In respect of 'non-adjusting' events, i.e. those which concern conditions which did not exist at the balance sheet date:

(a) the nature of the event;

(b) an estimate of the financial effect, before taxation, or a statement that it is not practicable to make such an estimate;

(c) an explanation of the taxation implications, where necessary for a proper understanding of the financial position.

P17(21)(22)
C1/1/12(b)

Note: 'Adjusting' events, i.e. those which provide additional evidence of conditions existing at the balance sheet date, as well as going concern considerations, require changes in the amounts included in the accounts.

P17(23b)

48.2 Details, as in 48.1 above, of any transactions entered into before the year-end, the substance of which was primarily to alter the appearance of the company's balance sheet.

P17(26)

48.3 The date on which the accounts are approved by the board of directors.

ADDITIONAL INFORMATION

C1.S.1(3)

49.1 Any other information which is necessary in order that the accounts show a true and fair view.

C1.S.1(4)

49.2 Where any departure from Companies Act requirements is made in order that the accounts show a true and fair view, particulars of the departure, the reasons for it and the effect on the accounts must be disclosed.

PRIOR YEAR COMPARATIVES

C1/1/4

50.1 The corresponding amounts for the preceding financial year for all items shown in the balance sheet and profit and loss account and notes thereon.

C1/1/58(3)   *Note:* Not required in respect of proportion of share capital held in subsidiaries and related companies or transactions in 45 and 46 above.

DIRECTOR'S SIGNATURE

C8.S155&156   51.1   The signature, on the balance sheet, of two directors (or sole director).

Section F: Group Accounts

C.8.S150
P14(19)

Note 1   Group accounts are required where a company *(a)* has a subsidiary at the end of its financial year and *(b)* is not itself a wholly owned subsidiary of another company incorporated in GB.

C8.S150
C8.S152
C1.S2

Note 2   Group accounts should normally deal with the state of affairs and profit or loss of the holding company and all its subsidiaries. For subsidiaries excluded from group accounts, see 52.1.

C.8.S151(1)
P14(15)
C1/1/68

Note 3   Group accounts should normally be presented in the form of a single set of consolidated accounts. For subsidiaries excluded from consolidation, see 52.2–52.4.

52.1   Where a subsidiary is excluded totally from group accounts:

C1/1/69(2a)
P14(20)

(a)   the reasons for the exclusion;

C1/1/69(3)   *(b)*   the net aggregate amount of profits less losses of omitted subsidiaries *(i)* dealt with and *(ii)* not dealt with in the consolidated accounts for the current year and for the previous years since acquisition.

C1/1/69(4)   *Note:* Not required if the company is a wholly owned subsidiary and the directors state that in their opinion the value of the investment is not less than the amount at which it is stated in the holding company balance sheet.

C1/1/69(2b)   *(c)*   any material qualifications in the auditors' report.

Notes

C8.S150(2)   1   A subsidiary may be excluded totally from group accounts only on grounds of *(a)* impracticability, *(b)* insignificance, *(c)* disproportionate expense, *(d)* dissimilar activities, or if its inclusion would be *(e)* misleading or *(f)* harmful [but as to *(d)* see also 52.3].

2   If any of the information required in 52.1 *(a)* and *(b)* above is not obtainable a statement to that effect.

52.2   Where a subsidiary is excluded from consolidation:
(a)   the reasons for the exclusion;
(b)   the names of the principal subsidiaries excluded.

P14(23)   52.3   Where a subsidiary is excluded from consolidation because of dissimilar activities:
  (a) the separate accounts for that subsidiary, which should in in turn include:
  (b) a note of the holding company's interest;
  (c) particulars of intra-group balances;
  (d) the nature of transactions with the rest of the group;
  (e) a reconciliation with the amount included in the consolidated accounts for the group's investment in the subsidiary.

Note: The group's investment in the subsidiary should be stated in the consolidated accounts under the equity method of accounting.

P14(26)   52.4   Where a subsidiary is excluded from consolidation because of severe restrictions on control:
  (a) the net assets of the subsidiary;
  (b) its profits or losses for the year;
  (c) any amounts included in the consolidated profit and loss account in respect of *(i)* dividends received and *(ii)* writing down the investment.

P14(25)   *Note:* The group's investment in the subsidiary should be stated at the amount at which it would have been included under the equity method at the date the restrictions came into force, with no further accruals for subsequent profits or losses except in respect of any permanent impairment of value, where each investment should be considered separately.

P14(16)   52.5   Where uniform accounting policies are not adopted by group companies:
  (a) the different accounting policies used,
  (b) an indication of the amounts of assets and liabilities involved,
  (c) where practicable, an indication of the effect on results and net assets that arises from using different policies from those of the group,
  (d) the reasons for the different treatment.

P14(18)
C8.S152(4)
C1.S2
   52.6   Where the financial periods of any subsidiaries are not co-terminous with that of the holding company:

  (a) the names of the principal subsidiaries with different accounting dates,
C1/1/70(a)   (b) the reasons for their not being co-terminous,
C1/1/70(b)   (c) the accounting dates on which the relevant subsidiaries' financial years ended.

P14(30)   52.7   For subsidiaries acquired or sold during the year, sufficient information concerning their results to enable shareholders to appreciate the effect on the consolidated results.

C1.S4   52.8   Where a company holds in excess of 20 per cent of the allotted share capital of another company which is not consolidated or included under the equity method of valuation, if material *(a)* the aggregate amount of capital and reserves at the end of the year or latest available year-end before that date, *(b)* the profit or loss for the year in *(a)* above.

P14(33)   52.9   The names of principal subsidiaries and, for each:
- *(a)* the proportion of the nominal value of issued shares of each class held by the group;
- *(b)* an indication of the nature of the subsidiary's business;

P14(18)   *(c)* the length of the accounting period, if different from that of the holding company.

52.10   Minority interests:

P14(34)   *(a)* in the consolidated balance sheet: separately but not as part of shareholder's funds;

P14(35)   *(b)* in the consolidated P&L account: separately after group profit or loss on ordinary activities after tax but before extraordinary items.

P14(36)   52.11   Extent of restrictions on the holding company's ability to distribute group profits (other than those designated non-distributable).

C1/1/63   52.12   Disclosure is required only on a company (rather than a consolidated) basis in respect of:
- *(a)* directors' and employees' emoluments (11 and 12.4 above);
- *(b)* transactions involving directors, officers and connected persons (45 and 46 above);
- *(c)* interests in other companies (28.3 and 52.8 above).

Section G: Current Cost Accounts

PROFIT AND LOSS ACCOUNT

P16(55)   53.1   *(a)* the current cost operating profit or loss;
P1(46)   *(b)* the share of the associated companies' current cost profit or loss before taxation but after interest;
- *(c)* interest/income relating to net borrowing on which the gearing adjustment has been based;
- *(d)* the gearing adjustment; (stating separately the amount relating to associated companies)
- *(e)* taxation;
- *(f)* extraordinary items; and
- *(g)* current cost profit or loss (after tax) attributable to shareholders.

P1(47)   *Note:* Where associated companies do not prepare current cost accounts and the information is included based on directors' best estimate, this fact should be disclosed.

P16(56)   53.2   A reconciliation between the current cost operating profit and the profit or loss before charging interest and taxation, calculated on the historical cost basis, giving the respective amounts of the following:
(a) depreciation adjustment;
(b) cost of sales adjustment;
(c) monetary working capital adjustment;
(d) where appropriate, interest relating to monetary working capital.

Note: Adjustments *(b)* and *(c)* may be combined.

(e) other material adjustments made to profits calculated on the historical cost basis when determining current cost operating profit.

P16(59)   53.3   For listed companies, the current cost earnings per share based on the current cost profit attributable to equity shareholders before extraordinary items.

BALANCE SHEET

P16(57)   54.1   The totals of net operating assets and net borrowing and their main elements.

Note: The balance sheet may be in summarised form.

P1(45)   54.2   The investment in associated companies should be shown:
(a) as the share of current cost net assets, other than goodwill;
(b) provided fair values were attributed to the net assets on acquisition, goodwill and any premium paid should be shown at their historical cost.

NOTES TO THE ACCOUNTS

P16(58)   55.1   The bases and methods adopted in preparing the accounts, particularly in relation to:
(a) fixed assets valuation and depreciation;
(b) stock valuation and the cost of sales adjustment;
(c) the monetary working capital adjustment;
(d) the gearing adjustment;
(e) the translation of foreign currencies and treatment of differences arising;
(f) other material adjustments to the historical cost information; and
(g) the corresponding amounts.

P16(52)   55.2   Where it is not practicable to treat them in a manner consistent with the definition of profit set out in the SSAP16, the treatment within the current cost profit and loss account of the items set out below:

(a) gains and losses on asset disposals;
(b) extraordinary and exceptional items;
(c) prior year items;
(d) income from related/associated companies;
(e) group consolidation adjustments;
(f) minority interest; and
(g) translation of foreign currencies.

P16(53c)   55.3   Where the directors' valuation of a listed investment is materially different from mid-market value, the basis of valuation and the reasons for the difference.

P16(57)   55.4   A summary of fixed asset accounts.

P16(57)   55.5   Movements on reserves.

GROUP ACCOUNTS

P16(60)   56.1   In the case of a holding company, the current cost accounts should be prepared only on a group basis.

CORRESPONDING AMOUNTS

P16(61)   57.1   Corresponding amounts for the preceding year.

Note: Only required in the first year if they are readily available, unless the current cost accounts are the main accounts.

MAIN ACCOUNTS

P16(48c)   58.1   If current cost accounts are the main accounts:
(a) at least sufficient information to enable the user to ascertain the historical cost profit of the period under existing conventions;
(b) in the case of a group, the separate accounts of the holding company;
C1/1/33   (c) particulars required in 23.1 above.

Note: If current cost accounts are the main accounts, they should be reviewed for compliance with the other sections of this checklist.

Appendix 1: Listed Companies (Additional Disclosure)

AFFAIRS

SE2/10(b)	1.1	An explanation why trading results differ materially from any published forecast.
SE2/10(a)	1.2	The reasons for any significant departues from standard accounting practices.

ACTIVITIES

SE2(10)(d)	2.1	The principal country of operation of each significant subsidiary.
SE2(10)(e)	2.2	Principal country of operation of each company (not a subsidiary) in which the group interest is 20 per cent or more.
SE2(10)(c)	2.3	A geographical analysis of overseas turnover and trading results (see Section B.7.2).

Notes

SE2/Note 40

1 Analysis should be by continent unless 50 per cent or more of the overseas operations relate to one continent, in which case further analysis by country is required.
2 No further analysis of trading results is required unless the contribution from a specific area is abnormal.

DIRECTORS' INTERESTS

	3.1	In addition to the particulars regarding directors' interests in shares or debentures of the company required under C7.S16 (see Section A.4.2).
SE2(10)(h)		*(a)* a distinction between beneficial and non-beneficial interests, indicating any duplication;
SE2(10)(h)		*(b)* details, by way of note, of any changes in those interests occurring between the year-end and a date not more than one month prior to the date of the notice of meeting.
SE2(10)(1) SE2/Note 47	3.2	If, regarding the requirement to disclose details of significant contracts in which directors have an interest there have been no such contracts subsisting during the year, a statement to that effect.

Note: For Stock Exchange purposes, a 'significant' contract is one which represents not less than 1 per cent of the relevant account's amount.

SE2(11)(d)	3.3	In the Directors' Report, the period unexpired for any service contract of any director proposed for re-election at the forthcoming AGM.

WAIVERS

SE2(10)(m)   4.1   Particulars of any arrangement under which a director has agreed to waive any emoluments.

SE2(10)(n)   4.2   Particulars of any arrangement under which a shareholder has agreed to waive any dividends.

SE2/Note 49   *Note:* Waivers of a minor amount may be disregarded provided that some payment has been made on each share during the year.

SUBSTANTIAL SHAREHOLDINGS

SE2(10)(i)
SE2/Note 45   5.1   Particulars at a date not more than one month prior to the date of notice of meeting, of any shareholding (other than by a director) of 5 per cent or more in any class of voting share capital of the company, or, if there is no such holding, a statement of that fact.

STATUS

SE2(10)(j)   6.1   A statement as to whether the 'close' company provisions of the ICTA 1970 apply (and whether there has been any change in that respect since the year-end).

   6.2   For investment trust companies:

SE2(10)(k)   *(a)* The company's taxation status and any change since the year end.

SE9(2)(g)   *(b)* A statement confirming their approval under the provisions of Section 359 of the ICTA 1970;

     (c) stating the last accounting period in respect of which approval was given;

     (d) confirmation that the company has subseqently directed its affairs in order to continue approved status.

LOANS AND INTEREST

SE2(10)(f)   7.1   The aggregate amounts repayable at the end of each financial year in respect of both *(i)* bank loans and overdrafts and *(ii)* other borrowings:
     (a) in one year or less or on demand;
     (b) between one and two years;
     (c) between two and five years;
     (d) in five years or more.

SE2(10)(g)   7.2   The amount of interest capitalised during the year together with the amount and treatment of any related tax relief.

EARNINGS PER SHARE

P3(14)   8.1   The amount of earnings per share (with comparatives), calculated on the 'net basis'.

Note: To be shown on the face of the profit and loss account. If the tax charge includes either *(a)* irrecoverable ACT or *(b)* unrelieved overseas tax due to dividend payments, the amount of earnings per share, calculated on the nil distribution basis should also be shown, if materially different.

P3(15)   8.2   The basis of the calculation detailing the amount of earnings and the number of equity shares used.

P3(16)   8.3   Where the company has, at the balance sheet date, contracted to to issue further shares after the end of the year, or where it has already issued shares which will rank for dividend later (or where it has issued convertible loan stock or debentures, or granted options to subscribe for equity shares), and if the dilution is material (not less than 5%).
(a) the amount of fully diluted earnings per share;

Notes
1   Wherever both are disclosed, equal prominence should be given to basic and fully diluted earnings per share:
2   Comparative fully diluted earnings per share should not be shown unless assumptions on which it was based still apply.

(b) the basis of calculation.

INVESTMENT COMPANIES

SE9(4)(b)   9.1   The aggregate amount of realised and unrealised surpluses, analysing separately profits and losses on listed and unlisted investments.

SE9(6)   9.2   A list of investments whose value exceeds 5 per cent of the fund, and at least the ten largest investments.

SE9(6)   9.3   The following should be disclosed, together with the comparatives in respect of investments listed in 9.2 above:
(a) a brief description of the business;
(b) proportion of share capital owned;
(c) cost;
(d) directors' valuation;
(e) dividends received in the year (indicating any abnormal dividends);
(f) dividend cover or underlying earnings;
(g) extraordinary items;
(h) net assets attributable to the investments.

SE9(6)   9.4   An analysis of any provision for diminution in value of investment giving details of the name, cost, provision made and book value of each investment against which a provision has been made.

INVESTMENT TRUSTS

SE9(2)   10.1   A geographical analysis (based on country of incorporation) of the investment portfolio.

10.2   An analysis of the portfolio by industrial or commercial sectors.

10.3   A list of the largest investments by market value, stating their value.

10.4   An analysis of the portfolio between:
(a) equity share capital;
(b) capital with an equity element;
(c) fixed income securities.

10.5   An analysis of income between:
(a) dividends and interest;
(b) other income distinguishing, where material, underwriting income and the results of dealing by subsidiaries.

10.6   Where more than 15 per cent of the group's assets are invested in or lent in respect of (a) securities not listed on a recognised stock exchange or (b) holdings representing in excess of 20 per cent of the equity capital, excluding interests in approved investment trusts:
(a) an analysis, where material, of realised and unrealised profits or losses between listed and unlisted investments.

10.7   The name of the managing group or company and an indication of their terms of appointment.

Appendix 2: Profit and Loss Account (Vertical Format 1)

Note: All formats included in the appendices may alternatively be presented in horizontal form. In such cases items marked with an asterisk need not be disclosed.

X   Represents minimum headings which must be included on the face of the balance sheet or profit and loss account (as appropriate).

O   Represents items which may alternatively be presented in the notes to the accounts, and may be combined where individually they are not material.

	£	£
TURNOVER		0
Cost of sales		(0)
GROSS PROFIT (OR LOSS)*		0
Distribution cost		(0)
Administrative expenses		(0)
Other operating income		0
Income from shares in group companies		0
Income from shares in related companies		0
Income from other fixed asset investments		0
Other interest receivable and similar income		0
Amounts written off investments		(0)
Interest payable and similar charges		(0)
PROFIT (OR LOSS) ON ORDINARY ACTIVITIES BEFORE TAXATION		X
Tax on profit (or loss) on ordinary activities		(0)
Profit (or loss) on ordinary activities after taxation		0
Extraordinary income	0	
Extraordinary charges	(0)	
Extraordinary profit (or loss) *		0
Tax on extraordinary profit (or loss)		(0)
Other taxes not shown under the above items		(0)
PROFIT (OR LOSS) FOR THE FINANCIAL YEAR		0
Dividends paid and proposed		(X)
AMOUNT SET ASIDE TO RESERVES		X

Appendix 3: Profit and Loss Account (Vertical Format 2)

	£
TURNOVER	0
Change in stock of finished goods and work-in-progress	0
Own work capitalised	0
Other operating income	0
Raw materials and consumables	(0)
Other external charges	(0)
Staff costs:	
Wages and salaries	(0)
Social Security costs	(0)
Other pension costs	(0)
Depreciation and other amounts written-off tangible and intangible assets	(0)
Exceptional amounts written-off assets	(0)
Other operating charges	(0)
Income from shares in group companies	0
Income from shares in related companies	0
Income from other fixed asset investments	0
Other interest receivable and similar income	0
Amounts written-off investments	(0)
Interest payable and similar charges	(0)
PROFIT OR LOSS ON ORDINARY ACTIVITIES BEFORE TAXATION	X
Tax on profit (or loss) on ordinary activities	(0)
Profit (or loss) on ordinary activities after taxation	0
Extraordinary income	0
Extraordinary charges	(0)
Extraordinary profit (or loss)*	0
Tax on extraordinary profit (or loss)	(0)
Other taxes not shown under the above items	(0)
PROFIT (OR LOSS) FOR THE FINANCIAL YEAR	0
Dividends paid and proposed	(X)
AMOUNT SET ASIDE TO RESERVES	X

Appendix 4: Balance Sheet (Vertical Format)

	£	£	£
CALLED-UP SHARE CAPITAL NOT PAID			X
FIXED ASSETS			X
Intangible assets		X	
Development costs	0		
Patents, licences, trademarks, etc.	0		
Goodwill	0		
Payments on account	0		
Tangible assets		X	
Land and buildings	0		
Plant and machinery	0		
Fittings, tools and equipment	0		
Payments on account and assets in course of construction	0		
Investments		X	
Shares in group companies	0		
Loans to group companies	0		
Shares in related companies	0		
Loans to related companies	0		
Other investments other than loans	0		
Other loans	0		
Own shares	0		
CURRENT ASSETS			X
Stocks		X	
Raw materials and consumables	0		
Work-in-progress	0		
Finished goods and goods for resale	0		
Payments on account	0		
Debtors		X	
Trade debtors	0		
Amounts owed by group companies	0		
Amounts owed by related companies	0		
Other debtors	0		
Called-up share capital not paid	0		
Prepayments and accrued income	0		
Investments		X	
Shares in group companies	0		
Own shares	0		
Other investments	0		
Cash at bank and in hand		X	
PREPAYMENTS AND ACCRUED INCOME			X

(Continued)

	£	£	£
CREDITORS: AMOUNTS FALLING DUE WITHIN ONE YEAR			(X)
Debenture loans	0		
Bank loans and overdrafts	0		
Payments received on account	0		
Trade creditors	0		
Bills of Exchange payable	0		
Amounts owed to group companies	0		
Amounts owed to related companies	0		
Other creditors, taxation, and Social Security	0		
Accruals and deferred income	0		
*NET CURRENT ASSETS (LIABILITIES)			X
*TOTAL ASSETS LESS CURRENT LIABILITIES			X
CREDITORS: AMOUNTS FALLING DUE AFTER MORE THAN ONE YEAR			(X)
Debenture loans	0		
Bank loans and overdrafts	0		
Payments received on account	0		
Trade creditors	0		
Bills of Exchange payable	0		
Amounts owed to group companies	0		
Amounts owed to related companies	0		
Other creditors, taxation, and Social Security	0		
Accruals and deferred income	0		
PROVISIONS FOR LIABILITIES AND CHARGES			(X)
Pensions and similar obligations	0		
Taxation, including deferred taxation	0		
Other provisions	0		
ACCRUALS AND DEFERRED INCOME			(X)
			X
CAPITAL AND RESERVES			X
Called-up share capital		X	
Share premium account		X	
Revaluation reserve		X	
Other reserves		X	
Capital redemption reserve	0		
Reserve for own shares	0		
Reserves provided for by the Articles of Association	0		
Other reserves	0		
Profit and loss account		X	
			X

Part Six

ACCOUNTING POLICIES AND BUSINESS 'PERFORMANCE'

16 Policies and 'performance'

INTRODUCTION

One of the purposes of this book has been to underline the extent to which the preparation of a set of accounts – and the reading they give of a business's performance – is subject to a considerable degree of estimation and opinion. This chapter reverts to the general question of accounting principles and the alternative methods by which certain of the items appearing in a set of accounts might be arrived at. Its particular relevance will be for those who wish to use accounts in order to assess the strength and profitability of other companies – whether that be small, remote shareholders assessing the company in which they have invested their savings or a businessman who is looking at another company with a view to acquisition. The fairness of the story told in the accounts will depend very largely on the fairness of the accounting policies which have been adopted in preparing them. The ability to assess the fairness of the adopted policies requires both an awareness of 'standard practice' – in the areas where that has been established – and an awareness of the possible alternatives in those areas for which no one generally accepted method of accounting has yet been developed. This chapter points to some of the items in accounts to which anyone reading them should pay particular attention.

STATEMENTS OF STANDARD ACCOUNTING PRACTICE (SSAPs)

One of the consequences of a series of financial collapses during the 1960s was that the question of accounting principles – and particularly the multiplicity of alternative accounting treatments that appeared to be available – came under sharp criticism. As a result, in 1970, the accountancy bodies set up an Accounting Standards Committee with the purpose of developing and issuing approved methods of accounting so as to narrow the areas of difference between the methods adopted by different companies to account for similar items.

Nineteen SSAPs have been issued to date and references to the more important of them are included in the paragraphs that follow. There is no doubt that the issue of these statements has enhanced the level of comparability between different companies' accounts: not only are companies now required to disclose the accounting policies that they have adopted, but they are also required to disclose and explain any deviation from standard practice. In addition, the requirement for consistency ensures that the accounts of any one company will be readily comparable – in terms of the bases on which the figures are drawn up – from one year to the next. Nevertheless it would be spurious to suggest that a particular, uniform method of accounting can always be developed to meet the variety of different circumstances in which different types of businesses operate. The level of standardisation achieved by the issue of SSAPs is constrained by the need to accommodate different business circumstances: for this reason a number of SSAPs have been drafted in order to allow a degree of flexibility and choice; and there remain a number of difficult accounting areas for which it has not yet proved possible to issue a Statement of Standard Accounting Practice.

ASSOCIATED COMPANIES

An associated company is one in which the holding is less than 50 per cent (more than which would make it a subsidiary), but, which is sufficient to give the investing company 'significant influence' over the associate. Significant influence is measured by the extent to which the investing company participates in the policy decisions of the associate. The standard benchmark was that significant influence would automatically exist where the holding was 20 per cent or more (SSAP1) although a more recent revision proposes that the 20 per cent rule becomes less rigid, allowing for the possibility of significant influence arising from holdings of less than 20 per cent.

The assessment of whether or not the company is an associate is therefore a matter of some judgement. The accounting consequences are considerable. Whereas income from investments would normally be accounted for on the basis of dividends received, the standard treatment for associated companies has been for the investing group to include in its own profit and loss account its full share of the profits of the associate – regardless of whether or not those profits have been distributed. An amount equal to that share of profits is added to the value at which the investment is shown in the balance sheet.

The reader should therefore be aware of the extent to which the company's own performance has been enhanced by its participation in the profits of associated companies. Associated company profits only increase funds available to a company if they are paid up by way of dividend and, although the investing company may influence the distribution policy of the associate, it will not be able to control it. Those profits are therefore of a different order to the profits that the company has generated for itself and their degree of significance in the profit and loss account should be read in that context.

Equally important, the reader should attempt to assess by what basis the company has or has not decided that another company should be treated as an associate. Despite the existence of an SSAP, the Institute's 1981/82 *Survey of Published Accounts* revealed that of 238 companies which disclosed holdings of between 20 and 50 per cent in other companies, 72 did not treat them as associated. The reasons for not so treating were given as:

Not material	28
Not sufficient influence	14
Prudence	2
No reason	27
	72

Note that the majority of these reasons (materiality, sufficiency of influence, etc.) are matters of subjective opinion. There is a possibility that the figures might be regarded as material, and the influence significant, where the investing company wants to reflect a share of a profitable associate, but that it might wish to disclaim any influence (and therefore avoid taking any share of the loss) over an unprofitable associate.

EXTRAORDINARY AND EXCEPTIONAL ITEMS

The distinction between extraordinary and exceptional items – and the impact their alternative treatment can have in the profit and loss account – has been described in Part Two. This topic is the subject of SSAP6. The essential point as far as the reader of accounts is concerned is that exceptional items should be taken into account before arriving at operating profit from normal trading operations, whereas extraordinary items are excluded from that figure and disclosed 'below the line'. Once again, the point to be aware of is that what is exceptional and what is extraordinary in the particular circumstances of a given business will often resolve to a question of subjective opinion.

The following figures are extracted from the 1981/82 Survey. They illustrate the extent to which different companies will form different views as to how similar items should be accounted for. The third column indicates a treatment which avoids the profit and loss account altogether – the items in question being accounted for directly to reserves:

	Exceptional %	Extraordinary %	Reserve movements %
Foreign exchange differences	9	25	66
Goodwill, etc, written off	3	32	65
Profits and losses on closures	5	93	2
Reorganisation expenses	12	87	1
Profit and loss on sale of fixed assets	45	55	–
Redundancy costs	75	25	–
Surplus on redemption of debentures	29	54	17

LEASING

Largely because of favourable tax treatment, the incidence of leasing amongst companies as a means of financing their operations has grown tremendously in recent years. Because the lessee company had not had legal ownership of the assets in question, usual accounting practice has been to omit any mention of the assets in the balance sheet and to account only for the annual rentals in the profit and loss account.

This choice – between leasing and outright purchase – and their alternative accounting treatments has led to severe difficulties of comparison between companies. Two identical companies will appear to be quite differently profitable if the capital employed by one includes assets that it has purchased while the capital employed by the other excludes any amount for the cost of similar assets which it happens to have leased. Nevertheless the lessee company will by the terms of the lease often have committed itself to leasing commitments of significant amounts for a number of years.

No standard accounting practice presently exists in this area but a recent exposure draft by the ASC proposes that, where the terms of a lease substantially transfer all the risks and rewards of ownership of an asset to the lessee, the leased asset should be capitalised in the balance sheet and the corresponding liability included to reflect the future commitments. In the meantime, in the absence of any further and voluntary disclosure, the reader of any company's accounts might attempt to assess the incidence of any leasing by looking for the amount of the rentals paid during the year – which, where significant, are required to be disclosed by law.

PENSION COSTS

Pension costs are another area where at present there is no standard or generally accepted accounting treatment. They can nevertheless amount to a very significant element of a company's costs, and they are costs the measurement of which involve a very high degree of assumption, estimation and opinion. The central difficulty is in assessing what level of present costs will be sufficient to fund the benefits due to employees in later years. That assessment involves critical assumptions regarding future levels of inflation, future levels of salary, the expected rate of return on pension fund investments and the life expectancy of employees. Although much of this will be a matter for actuarial assessment, the question of whether a company's present contributions are at a level which is sufficient to meet its future liabilities can have a critical bearing on the profit and loss account. Unfortunately – and perhaps not surprisingly in view of the enormous difficulties of measurement which are involved – the matter of present contributions and future commitments is one to which companies tend to give very little disclosure.

RESEARCH AND DEVELOPMENT

Until the issue of an accounting standard (SSAP17) in 1977, the variety of methods by which companies treated their research and development expenditure were numerous. For the most part, R&D costs are intangible and the question as to whether any future benefit will derive from them is particularly intractible. The relevant accounting principle is one of matching: if a cost is not to be written off as an expense to the profit and loss account, then it must be carried forward as an asset in the balance sheet. The consequence for accounts is that any reluctance to write of R&D costs increasingly leads to the accumulation of an asset from which the future benefit to be derived is at best uncertain and at worst spurious.

Standard Accounting Practice now distinguishes between expenditure on pure research (the advance of knowledge), expenditure on applied research (directing pure research towards commercial possibilities) and expenditure on specific development projects (work directed at the introduction or improvement of a specific product or process). No tangible benefit can immediately be related to research costs and therefore they should be written off as incurred. With regard to development costs, however, where there is a clearly defined project and where its ultimate commercial viability can be assessed with reasonable certainty, it is permissable to carry them forward as an asset to be matched against the revenues they will help to generate in the future.

STOCK

The valuation of a company's stock at the balance sheet date is a matter that affords a great deal of room for subjective judgement. Part Two describes how Dovetails' stock was valued by reference to the actual cost of producing it – without reference to its replacement cost or subsequent resale value – and how the choice of 'costs' from the range of different purchase prices during the year significantly affected not only the value of stock but also the calculation of profit. Reference was also made to the level of estimation and opinion involved in those instances where stock is written down to less than its cost, e.g. in order to provide for obsolesence.

SSAP9 established some of the ground rules that should be adopted in valuing stock. Nevertheless, it is a good example of the way in which an accounting 'standard' can do no more than establish some basic rules, without attempting to be prescriptive in the more detailed aspects of valuation in order to permit the flexibility which different businesses will need in order fairly to value totally different types of stock and work-in-progress.

The basic principle is that the costs to be included in stock should be limited to those expenses which have been incurred in bringing the stock to its present condition and location at the balance sheet date, subject only to the general rule that stock should be stated at the lower of cost and net realisable value. The methods that should be adopted in arriving at that cost are not prescribed, other than that they should be those which are most appropriate to the circumstances of the business in order to arrive at an approximation of actual cost. Companies vary greatly in the level of information they disclose and, amongst the difficulties confronting any reader of accounts, two particular problems will be assessing the method that has been used to arrive at cost and the extent to which overheads have or have not been included in the valuation.

Of those companies that did provide some further information, the 1981/82 *Survey of Published Accounts* revealed the following variety of methods adopted by companies in their assessment of cost of stock:

FIFO method	45
Average cost	16
Standard or unit cost	6
Retail prices less average sales margin	20
Base stock	5
LIFO method	3
	95

All of these are methods adopted in order to arrive at an approximation of actual cost. The FIFO method (first in first out) attributes later material costs to stock valuation (and earlier costs to the cost of goods sold). The LIFO method (last in first out) attributes earliest costs to the valuation of stock in hand. The method by which estimated profit margins are deducted from retail selling prices is one that is used primarily by retail stores.

The following figures – also extracted from the 1981/82 Survey – summarise the extent to which companies included in the Survey provided more specific information as to their policy for including overheads in stock valuation, and the sort of description which they gave:

Production, works or manufacturing overheads included	146
'Appropriate' overheads included	69
Administrative overheads included in addition to manufacturing overheads	7
All overheads specifically excluded	9
No information given	69
	300

Even less information is usually given regarding any amounts by which stock may have been written down in order to state it at net realisable value.

With regard to long-term contracts, SSAP9 permits work-in-progress to be valued, in given circumstances, at more than cost, i.e. to recognise a proportion of profit before the contract is completed. For companies engaged in this sort of work the estimates of what the eventual profit might be and how much of it can reasonably be recognised in the current year will be subject to a good degree of uncertainty; but those estimates will be critical to the reported results.

DEPRECIATION

The level of judgement inherent in assessing the annual charge for depreciation expense – and its consequence for accounts – has been covered in Part Two. The relevant SSAP (No. 12) is a further example of an accounting standard which can do no more than establish the basic rule: all assets which have a finite useful life should be depreciated over the accounting periods expected to benefit from their use; the method of calculating depreciation – and in particular the expected life of a particular asset – will be a matter on which different companies will have different views. This again is an area in which the reader – in his attempt to assimilate information from accounts – is largely at the mercy of the willingness or otherwise of the particular company to provide further detail: some companies offer precise and detailed statements of their depreciation policies; others provide information in only the very broadest of terms. In general, the reader should beware that the older the assets then, in times of inflation, the more understated will be the cost of using them, i.e. the depreciation expense, compared with what those costs would be if the assets needed to be replaced at current prices.

GROUPS: CONSOLIDATION

The 1948 Companies Act introduced the requirement that, in addition to separate accounts for each individual company, the existence of a group of companies under common control should be recognised by producing consolidated accounts that combine the separate accounts of each member of the group. [A holding company controls another (subsidiary) company if it owns more than 50 per cent of its equity share capital.]

The process of consolidation is one whereby the assets and liabilities of each member of the group, and their profits or losses for the period, are aggregated into one figure in the accounts for the group as a whole. For the most part, the accounts of a group are constructed on exactly the same bases as the accounts for an individual company, although there are one or two adjustments which are made on consolidation in order that the group accounts portray a fair picture of the financial position and performance of the group *vis-à-vis* the outside world. Thus any amount due to or from companies within the same group are eliminated on consolidation (because as far as the outside world is concerned no such assets or liabilities exist) and any trading between group companies is excluded from the combined figures for turnover and profit on the basis that a profit only accrues to the group as a whole when a sale is made to external third parties. That apart, there are two further areas of accounting which have particular relevance in the context of groups – goodwill and foreign currencies.

GOODWILL

Goodwill is a term used to describe the amount paid in order to acquire any rights or facilities (such as the right to sell or produce a product, or the acquisition of business connections or 'know-how'), or an amount paid in excess of the value of any tangible assets acquired. In a group context, goodwill will usually arise in the consolidation process in so far as it represents the surplus paid on the acquisition of a subsidiary over and above the value ascribed to the subsidiary's net assets at the time of acquisition.

One point which should be made quite clear is that, where it appears in a balance sheet, the amount shown against goodwill is not an estimate of the total 'goodwill' attaching to the business concerned. A balance sheet is very largely an accumulation of costs incurred by a company: a company may possess a good number of other 'assets' (its workforce, its market reputation, its management skill) which never appear in a balance sheet because accounts do not attempt to put any value on them. It should be underlined, therefore, that the appearance of goodwill does not mean that the balance sheet purports to reflect the value of the business – in the sense of what could be obtained for it if it were sold as a going concern. Goodwill in accounting terms is no more than the amount paid in the past in order to acquire some intangible benefit.

The alternative accounting treatments for goodwill are various. Some companies take the view that, once it has been acquired, goodwill is maintainable and should continue to be shown in the accounts at its original cost, unless there is evidence that its value has been permanently impaired. The alternative view – and one which is supported by prudence – is that balance sheets should not be confused by including assets of dubious or intangible value. The compromise position is that goodwill is an asset which has a finite life, which eventually expires, and which should therefore be written-off over a number of years – although that number is something which is totally at the discretion of the company concerned.

All that can be said is that the reader should be put on warning where goodwill appears in a balance sheet and should be concerned to read the accounting policy which has been adopted in respect of it and the extent to which that policy has an affect on the profit and loss account. The 1981/82 Survey shows the following breakdown:

Goodwill shown at cost	29
Goodwill written down or amortised	30
Goodwill written off in year of acquisition	195
	254

Of the companies writing off goodwill in the year in which it was acquired, 145 indicated that this was done through reserves (thus avoiding the profit and loss account totally), 43 treated it as an extraordinary item (thus avoiding any impact on operating profit) and 7 gave no indication as to how the writing off would be treated. The majority of the companies who stated that their policy was to amortise goodwill over a period of years gave no indication of how long that period was.

FOREIGN CURRENCY TRANSLATION

Where a group has overseas subsidiaries, the problem arises as to how the operations of the foreign company are to be translated from the local currency into sterling for inclusion in the UK consolidated accounts.

Different methods of translation are possible, and it is an area of accounting for which it has proved difficult to establish any one generally accepted treatment. The latest proposal is that it should be standard practice to translate overseas profit and loss accounts at the average rate of exchange ruling during the year and to translate overseas balances at the closing rate of exchange ruling on the balance sheet date. (An alternative treatment would be to translate foreign currency assets and liabilities at the rates ruling at the time each transaction was entered into.) Because of wide fluctuations in foreign currency exchange rates, the differing methods of translation can have a marked impact on the results disclosed by a group with significant overseas operations.

More importantly, there is considerable dispute as to how any differences that arise from the translation process should be treated in the accounts – in particular, whether they should be included in the profit and loss account or accounted for direct to reserves. The emerging consensus is that exchange rate differences that have no cash flow implications for the company concerned should not be allowed to distort its reported results for the year. Thus the 'differences' that arise merely from the accounting process of expressing figures recorded in one currency into the domestic currency have nothing to do with the operating performance of the group (unless and until overseas profits are repatriated, i.e. funds are transferred from one currency to another) and should not therefore be reflected in the profit and loss account.

Whether the process of translation will result in a 'profit' or 'loss' in any one year will depend on how sterling has moved against the particular foreign currency during the year in question. Here again, all that can be said is that the reader should scrutinise the method by which the company has dealt with these differences: despite the requirement for consistency, it has not been unknown in recent years for companies to switch their accounting policy in this respect according to whether or not the movement in sterling has given rise to a 'profit' on translation (in which case it becomes attractive to account for that profit in the profit and loss account) or a 'loss' (in which case the reasons for accounting direct to reserves become more persuasive).

By way of illustration of the alternative policies which companies adopt, the 1981/82 Survey shows the following analysis:

	Profit and loss account	Reserves
Unrealised differences on translation of:		
Fixed assets and long-term borrowing	27	112
Current assets	18	–
Other (unspecified) assets and liabilities	81	83
	126	195

Appendix 1 Glossary of terms

Accounting bases
The (sometimes alternative) methods that have been developed for applying basic accounting concepts to business transactions and for measuring certain items in the accounts, e.g. various methods for depreciation of fixed assets.

Accounting concepts
The basic assumptions underlying the preparation of accounts, including 'going concern', 'accruals', 'consistency' and 'prudence'.

Accounting policies
The specific accounting bases judged by the business to be most appropriate to its circumstances and therefore adopted in the preparation of its accounts, e.g. of the various methods of accounting for depreciation, the policy adopted may be to depreciate plant plant over a five-year period.

Accounting records
The 'books' in which a business records the transactions it has entered into. For companies, minimum standards of accounting records are required by law.

Accrual
An expense or a proportion thereof not invoiced prior to the balance sheet date but included in the accounts – sometimes on an estimated basis.

Accruals concept
Income and expenses are recognised in the period in which they are earned or incurred, rather than the period in which they happen to be received or paid.

Advance corporation tax
The tax a company is required to pay (at the basic income tax rate) when it makes a distribution. The amount paid can be subsequently set off against the company's corporation tax liability for that year.

Asset
Any property or rights owned by the company that have a monetary value.

Associated company
See Related company.

Balance sheet
A statement describing the financial position of a business at a particular date.

Capital allowance
An allowance against profits given for tax purposes in respect of expenditure on fixed assets during the period.

Capital employed
The aggregate amount of long-term funds invested in or lent to the business and used by it in carrying out its operations.

Capitalisation   The treatment of costs as assets to be included in the balance sheet rather than as expenses to be written off in the profit and loss account.

Cash flow   A statement – often a projection – of future, anticipated cash balances based on estimated cash inflows and outflows over a given period.

Consistency concept   The requirement that once an accounting policy for a particular item in the accounts has been adopted the same policy should be used from one period to the next. Any change in policy must be fully disclosed.

Consolidation   Method of combining the accounts of a group of companies into one balance sheet and profit and loss account for the group as a whole.

Contingent liability   A liability dependent upon the outcome of a future event.

Costs of goods sold   Those costs (usually raw materials, labour and production overheads) directly attributable to goods that have been sold. The difference between sales and cost of goods sold gives a measure of gross profit.

Creditors   Amounts due to those who have supplied goods or services to the business.

Current asset   An asset which, if not already in cash form, is expected to be converted into cash within twelve months of the balance sheet date.

Current cost convention   A basis of accounting under which revenue is compared with the current (rather than the historic) cost of resources used up in earning it and assets are stated in the balance sheet at their current value to the business (usually equivalent to net current replacement cost).

Current liability   An amount owed which will have to be paid within twelve months of the balance sheet date.

Current ratio   The comparison between current assets and current liabilities in a balance sheet, providing a measure of business liquidity.

Debentures   Long-term loans, usually secured on the company's assets.

Debtors   Amounts due from customers to whom goods or services have been sold but for which they have not yet paid.

Deferred asset/liability   An amount receivable or payable more than twelve months after the balance sheet date.

Deferred taxation   An estimate of a tax liability payable at some estimated future date, resulting from timing differences in the taxation and accounting treatment of certain items of income and expenditure.

Depreciation   An estimate of the proportion of the cost of a fixed asset which has been consumed (whether through use, obsolesence or the passage of time) during the accounting period.

Distribution

The amount distributed to shareholders out of the profits of the company, usually in the form of a cash dividend.

Dividend cover

The relationship between the amount of profit reported for the year and the amount distributed.

Dividend yield

The relationship between the amount of dividend per share and the market share price of listed companies.

Double entry

A system of bookkeeping whereby the amount of each transaction the business enters into is recorded in two places – according to the manner in which the transaction increases or decreases any one or more of the business's assets, liabilities, capital, revenue, or expenses.

Earnings per share

The amount of profit (after tax, but before any extraordinary items) attributable to shareholders divided by the number of Ordinary shares in issue.

Exceptional item

Income or expenditure that, although arising from the ordinary course of business, is of such unusual size or incidence that it needs to be disclosed separately.

Expense

A cost incurred, or a proportion of a cost, the benefit of which is wholly used up in the earning of the revenue for a particular accounting period.

Exposure draft

A document issued by the Accounting Standards Committee for comment prior to the formalisation of a Statement of Standard Accounting Practice.

Extraordinary item

Any significant amount of income or expenditure arising from events outside the ordinary activities of the business and which, because of its unusual nature, needs to be separately disclosed.

Fixed asset

Assets held for use by the business rather than for sale.

Fixed cost

A cost that does not necessarily vary with changes in the scale of operations, e.g. rent.

Gearing

The ratio of debt to equity, usually expressed as the proportion which long-term borrowings bear to shareholders' funds.

Going concern concept

The assumption that the business will continue in operation for the foreseeable future, i.e. that there is no intention to curtail or significantly reduce the scale of operations.

Goodwill

Any surplus consideration paid over and above the value of net tangible assets acquired.

Gross profit   The difference between sales and the cost of goods sold.

Group   A number of companies operating under the same controlling ownership.

Historic cost convention   The convention by which assets are valued on the basis of the original cost of acquiring or producing them.

Holding company   A company that controls another company as a result of owning more than 50 per cent of its equity share capital.

Interest cover   The relationship between the amount of interest payable during a period and the amount of profit (before interest and before tax).

Liability   An amount owed.

Liquidity   A term used to describe the cash resources of a business and its ability to meet its short-term obligations.

Listed investments   Investments the market price for which is quoted on a recognised Stock Exchange.

Long lease   A lease with an unexpired term in excess of 50 years.

Long-term liability   An amount payable more than twelve months after the balance sheet date.

Materiality   A subjective judgement of the extent to which any amount is significant in the context of the financial position of a business as described in the balance sheet or its reported profit or loss.

Minority interest   That part of a group's net assets owned by shareholders other than the holding company.

Net assets   The net amount of total assets less total liabilities.

Net book value   The cost (or valuation) of fixed assets less accumulated depreciation to date.

Net realisable value   Amount at which an asset could be sold in its existing condition at the balance sheet date, after deducting any costs to be incurred in disposing of it.

Nominal value   The face value of a share or other security.

Overhead   An expense that cannot be attributed to any specific part of the company's operations.

Post balance sheet event   Any event occurring after the balance sheet date, but before the accounts are issued, which is sufficiently significant to be either reflected or noted in the accounts.

Prepayment	The part of a cost which is carried forward as an asset in the balance sheet to be recognised as an expense in the ensuing period(s) in which the benefit will be derived from it.
Price/earnings ratio	The relationship between the latest reported earnings per share and the market price per share.
Prior year adjustment	A retrospective adjustment to the previous years' accounts which is reflected by revising comparative figures in the current year's accounts.
Profit	The difference between the revenues earned in the period and the costs incurred in earning them. A number of alternative definitions are possible according to whether the figure is struck before or after tax, extraordinary items, distributions, etc.
Profit and loss account	A statement summarising the revenues earned and the costs incurred in earning them during an accounting period.
Provision	The amount written off in the current year's profit and loss account in respect of any known or estimated loss or liability.
Prudence concept	The philosophy which says that when measuring profit provision should be made for all known or expected losses and liabilities, but that revenue should only be recognised if it is realised in the form of cash or near-cash.
Quick ratio	The relationship between those current assets readily convertible into cash (usually current assets less stock) and current liabilities.
Related company	A company in which the investing company holds a substantial (generally not less than 20 per cent) and long-term interest and over which it exercises significant influence.
Reserves	The accumulated amount of profit less losses, and any other surpluses, generated by the company since its incorporation and retained in it.
Revenue	Money received from selling the product of the business.
Share capital	Stated in the balance sheet at its nominal value and (if fully paid, and subject to any share premium) representing the amount of money introduced into the company by its shareholders at the time the shares were issued.
Shareholders' funds	A measure of the shareholders' total interest in the company, represented by the total of share capital plus reserves.
Share premium	The surplus over and above nominal value received in consideration for the issue of shares.

Statement of Standard Accounting Practice

Statements issued by the accountancy bodies which describe approved methods of accounting. (*Abbrev.* SSAP.)

Stock appreciation relief

A taxation relief given in order to allow for any increase in the cost of financing stock which results from increased prices. It is calculated by applying, to the carrying value of stock at the beginning of the period, the movement in a Government-produced price index during the period.

Subsidiary company

Any company in which the investing company has an interest of more than 50 per cent in the voting share capital, or otherwise is a member of it and controls the composition of its board of directors.

Tax credit

The amount of tax deducted at source (at the basic rate of income tax) by a company from any dividend payment.

Timing difference

An adjustment to accounting profit in order to arrive at taxable profit which arises from the difference between the accounting and taxation treatment of certain items of income and expenditure.

Translation (of foreign currencies)

The conversion of foreign currency amounts into sterling for the purposes of preparing UK accounts.

Turnover

Revenue from sales.

Variable cost

A cost that increases or decreases in line with changes in the level of activity.

Working capital

Current assets less current liabilities, representing the amount a business needs to invest – and which is continually circulating – in order to finance its stock, debtors and work-in-progress.

Work-in-progress

Goods (or services) in the course of production (or provision) at the balance sheet date.

Appendix 2   Sources of comparative business statistics

Part Three laid some emphasis on the benefit a businessman can derive from comparing the performance of his own business with that of similar businesses or the industry as a whole. This appendix provides further information on the possible sources of comparable business statistics.

TRADE ASSOCIATIONS

Some 2,000 trade and related associations serve the business interests of British industry. A good number of them collect, analyse and distribute business statistics drawn from their particular industrial sector. The resulting publications in most cases can be purchased, or occasionally obtained free, by any interested party.

The chart at the end of this appendix gives a first, and very broad, indication of the sort of information which is made available by a cross section of associations. It has been prepared from responses to direct enquiries of the trade associations concerned. All of the associations contacted proved most helpful in their willingness to provide details of the statistical services they offered. Addresses and telephone numbers are included for those who wish to enquire for greater detail than can be included in this summary.

The chart covers a cross section of British business, but excludes nationalised industries and those dominated by very large companies. It is necessarily selective. Usually, only one association appears under each trade. This is not to suggest that the association given is the only one within the sector that provides statistics, but rather that it is a good example of one which does. In some cases – where a body has been set up within a sector for the sole purpose of collecting and disseminating statistics and information – it is the natural choice for the purpose of this summary.

The sort of information made available varies widely. All of it is useful to the businessman, but for present purposes it has been classified into three broad types – according to its immediate usefulness in terms of assessing comparable business performance.

The first class of information is of the sort which provides specific indicators of profitability within the sector, and which is often published in the form of ratios and percentages which are immediately comparable with the forms of analyses described in Part Three of this book. Associations publishing this information will usually compile their statistics from a variety of sources, including individual business results and responses to statistical questionnaires. The resultant publications provide members with an immediate basis for comparing their own business performance with those of a similar size, while at the same time keeping in touch with the more general developments within the trade.

The second level of statistics are those which provide an analysis by product or sub-sector within the industry. In these cases the statistics will often cover trends in sales, production, average selling prices, and order book levels. Here again information is compiled from a variety of sources (for example Business Monitors – see below) and is collated and made available to members – often with a commentary – in a single publication. This sort of information will enable the businessman to assess his share of the sector, to compare his sales trends and price experience with those of his competitors, and generally to keep in touch with the state of the market for his product.

The third category of statistics are those which summarise such things as sales, production and price trends for an industry as a whole, or which otherwise provide no more than broad economic indicators of the levels of demand and output within the whole sector. Usually, this information will be collated from other – often Government – publications and will be presented as a background to annual reports.

For each association, the publications considered relevant are listed and their contents summarised. Many publications span more than one category. Available booklists are indicated by the symbol *.

BUSINESS MONITORS

Business Monitors is the series through which the Government publishes the statistics it gathers on industrial activity and performance. They are published by HMSO on behalf of the Business Statistics Office, and separate series are available for production and for service and distribution sectors.

Trade associations often include statistics extracted from the relevant *Business Monitor* for the purposes of their own publications. Potentially most useful are the *Quarterly Production Monitors* (PQ series). They provide up-to-date sales figures for any one of nearly 4,000 individual products manufactured by firms in some 160 industries. Where available, import and export figures, employment statistics and movements in wholesale and retail prices are also included in the quarterly issue for the particular product.

This information can help the businessman to assess sales and price trends for his own products, to measure the efficiency of different parts of his business, and to compare his own performance with that of the industry as a whole. *Business Monitors* can also provide him with a basis for keeping up-to-date with trends in the industries that supply him.

Further details, and the complete listing of the product headings under which *Business Monitors* are issued, are available from the Business Statistics Office, Cardiff Road, Newport, Gwent NPT 1XG (Tel. 0633 56111).

OTHER SOURCES

A number of independent organisations issue publications summarising comparative business performance. The annual *Times 1000* offers financial extracts and selective profitability ratios for the largest 1,000 UK-listed companies, ranked by size of turnover. Jordans publish similar information for the private sector in their *Britain's Top 2,000 Companies.* In this case the companies included are listed in alphabetical order. In both of these publications a description of trading activity is given for each company, but the information is not presented or classified by industrial category.

Dunn & Bradstreet compile an annual series of *Management Ratios* which offer a detailed analysis of the comparative performance within some 22 separate industrial sectors. The analysis within each sector is broken down to give separate statistics for large, medium and small businesses. Inter Company Comparisons publish an annual *Industrial Performance Analysis* which includes 14 business ratios for 150 separate sectors.

All of these publications draw their source data from the annual published accounts of the companies concerned. The time-lag between the period to which the figures relate and the publication of comparative statistics can be up to two years.

TRADE ASSOCIATIONS: BUSINESS AND INDUSTRY STATISTICS

Trade and Trade Association	Specific Indicators of Business Performance	Statistics by sub-sector and/or by product	Statistics for the sector as a whole
AGRICULTURAL CHEMICALS British Agrochemicals Association, 93 Embankment, London SE1 7TU 01-735 8471		*Annual Report and Handbook* Sales by broad product type	Sales – total, UK, export; UK pesticide usage
BAKING (Inc. CHOCOLATE AND CONFECTIONERY) The Cocoa, Chocolate and Confectionery Alliance, 11 Green Street, London W1Y 3RF 01-629 8971		*Annual Report* Despatches (UK) by product type (tonnes), ingredients purchased (tonnes) *Statistical Summaries (monthly)* Despatches as above on a monthly basis (with previous year's equivalent)	Sales – total UK; consumer and trade values; imports and exports Summary of despatches, stocks and values, total and average invoice values and consumer values; stocks; wholesale price indices
BOOKSELLING* Booksellers Association of Great Britain & Ireland, 154 Buckingham Palace Road, London SW1W 9TZ 01-730 8214/5/6	*BA Charter Group Economic Survey (Annual)* Comparative analysis of business results Net profit as a percentage of total sales, net profit by size of book sales; performance by specialisation	Analysis of sales by size of business	Overall trading results within the sector
BREWING Brewers Society, 42 Portman Road, London W1H OBB 01-486 4831		*Statistical Handbook (Annual)* Production and consumption statistics Inter-drink comparisons; prices and expenditure; Customs and Excise Duty; licensing statistics	Production and consumption statistics

Organisation	Publication / Data	Coverage
BUILDING The Building Services Research and Information Association,* Old Bracknell Lane, Bracknell, Berks RG12 4AH 0344 25071	*Statistics Bulletin (Quarterly)* Production, imports and exports; price indices; new orders by sector; trade expectations within sectors Output of products and equipment; trade expectations	Housebuilding starts and completions; expectations
National Federation of Building Trades Employers,* 82 New Cavendish Street, London W1M 8AD 01-580 5588	*State of Trade Enquiry (Quarterly)* Anticipated volume of work; current capacity levels Availability of labour within trades	
National Council of Building Material Producers, 33 Alfred Place, London WC1E 7EG 01-580 3344	*BMP Statistical Bulletin (Monthly)* Value of new orders and output Building materials; production and sales; price indices; imports and exports	Housebuilding approvals starts, completions, renovations Building Societies – share deposits and mortgages; private architects – estimated workload and value of new commissions
CARPETS British Carpet Manufacturers Association, 26 St James's Square, London SW1Y 4JH 01-839 2145	*Annual Report* Sales by product type; fibres used	Exports, imports

(Continued)

Trade and Trade Association	Specific Indicators of Business Performance	Statistics by sub-sector and/or by product	Statistics for the sector as a whole
CHEMICALS Chemical Industries Association, Alembic House, 93 Albert Embankment, London SE1 7TU 01-735 3001/8		*UK Statistics Handbook (annual)* Production, sales, employees, exports, imports, consumption of materials, fuel and energy, price indices	As opposite, for sector as a whole
ELECTRICAL British Electrical & Allied Manufacturers Association, 8 Leicester Street, London WC2N 7BN 01-437 0678	No regular publications but confidential information; service available to members only; statistical collections with product areas		
FOOD Food Manufacturer's Federation, 6 Catherine Street, London WC2B 5JJ 01-836 2460		*Annual Statistics, Food Industry* Processed food production; employment statistics	Imports and exports
FOOTWEAR British Footwear Manufacturers Federation,* Royalty House, 72 Dean Street, London W1V 5HB	Sales and net output per enterprise and per head. Cost of sales in the footwear industry – analysis. Production and profitability	*Footwear Industry Statistical Review (Annual)* Consumption of materials; footwear deliveries; average selling prices; import penetration and sales *Quarterly Statistical Supplement* Sales, domestic supplies and import penetration by sector	Sales, exports, imports, import penetration, employment, earnings Wholesale and retail prices Exports/imports

FURNITURE Furniture Industry Research Association (FIRA),* Maxwell Road, Stevenage Herts ST1 2EW 0438 3433	*Monthly statistics* Costs and prices *Statistical Digest of the Furniture Industry* Number of companies, turnover, employees, materials consumed, overseas trade, price indices *Quarterly Bulletin* Updates of *Statistical Digest* (above) Deliveries, orders, supplies Employment Retail sales
GLASS British Glass Industry Research Association, Northumberland Road, Sheffield S10 2UA 0742 686201	Confidential information available to members
GROCERY & PROVISION TRADE Institute of Grocery Distribution,* Grange Lane, Letchmore Heath, Watford WD2 8DQ Radlett 7141 *NOTE:* This association provides a wide range of financial and economic information apart from the publications listed	*The Retail Grocery Business (Annual)* Analysis of financial performance Size and structure of the retail grocery business; trade changes *Companies in the Food Industry 1979/80* Summary of financial performances of member companies (sales, pre-tax profits, capital employed, financial ratios) Employees and remuneration *Food Industry Statistics Digest (Annual, updated monthly)* Retail prices, costs and profits, stocks and capital *The Grocery Business 1970–80* Economic environment, consumer habits and profiles, the food manufacturing sector, the food distribution sector National consumption, turnover, number and size of shops Long-term forecasts

(Continued)

Trade and Trade Association	Specific Indicators of Business Performance	Statistics by sub-sector and/or by product	Statistics for the sector as a whole
KNITTING HATRA (was Hosiery & Allied Trades Research Association),* 7 Gregory Boulevarde, Nottingham NG7 6LO 0602 623311		KNITSTATS (half-yearly) Home consumption; imports as a percentage of home consumption; exports as a percentage of sales Materials used in production	Exports, imports, employment, pay and prices Price indices
LEATHER British Leather Federation, 9 St Thomas Street, London SE1 9SA 01-407 1582	Confidential information available to members only; emphasis on market research		
MOTOR TRADE Motor Agents Association, 201 Gt Portland Street, London W1N 6AB 01-580 9122		Monthly Statistical Digest New car registration by make; best-selling models; vehicle production	Manufacturer's market shares; average weekly production; turnover; average earnings of employees Consumption and deliveries of petroleum products; price and rates of duty on petrol
OFFICE PRODUCTS British Stationery & Office Products Federation, 6 Wimpole Street, London W1M 8AS	Statistical function being developed: no statistics produced at present		

PAPER AND PACKAGING
PIRA (The Research
  Association for the
  Paper, Board Printing &
  Packaging Industries),*
Randall Road,
Leatherhead,
Surrey KT22 7RU

Statistical and Economic Review of the Packaging Industries 1976-80.
Outlook 1981/82 United Kingdom
Consumption, price movements, end uses of materials, competition, sales – UK and export

UK industrial and manufacturing production by volume: retail sales by volume

Outlook-demand, price-movements and competition

Cost and Availability of Packaging 1980-85
Demand, production and capacity, price movements; production costs, availability of raw materials
Estimated movement in individual production costs.

Estimated movement in total direct production costs

General economic factors and assumptions. RPI forecast, forecast of UK industrial production, forecast of exchange movements

PHARMACEUTICALS
Association of the
  British Pharmaceutical
  Industry,*
12 Whitehall,
London SW1A 2DY

01-839 3961

The Pharmaceutical Industry and the Nation's Health
Profit as a percentage of home sales; net output per employee

UK output by therapeutic group

Exports and imports; wholesale price increases

Output, growth; home sales; exports and imports; trade surpluses of industry

R&D expenditures; wholesale price increases; promotion expenditure; sales to NHS

PLASTICS AND RUBBER
Rubber & Plastics
  Research Association,
Shawbury
Shrewsbury,
Salop SY4 4NR

0939 250383

West European Trade in Rubber Products – available also as 'Trade by Product' and 'Trade by Country'
Production and consumption; analysis of import shares

Imports and exports

The Market for Plastics Processing Machinery in the UK
UK production, imports, exports and consumption; future prospects and trends

Basic data and forecasts on the plastics processing market

The future of the Plastics Industry
Supply of raw materials; market trends; replacement of traditional products

(Continued)

Trade and Trade Association	Specific Indicators of Business Performance	Statistics by sub-sector and/or by product	Statistics for the sector as a whole
PUBLISHING Publishers Association,* 19 Bedford Square, London WC1B 3JH 01-580 6321	Quarterly Statistics Bulletin Profit as percentage of assets, sales, capital employed and per employee	Quarterly Surveys + Value of turnover, total units, average prices Yearly Surveys + As above, plus financial structure of companies Price indices; sales (home and export) by product category; market analyses	
TEXTILES British Textile Employers Association,* 5th Floor, Royal Exchange, Manchester M2 7ED 061-834 7871		Quarterly Statistical Review Detailed statistics of activity in each sector; imports and exports (Also various statistical publications giving production, employment, machine activity, consumption of materials, exports and imports, within each sector.)	Main indicators of activity and foreign trade in textiles and clothing
TIMBER Timber Trade Federation, 47 Whitcomb Street, London WC2H 7DI 01-839 1891		UK Year Book of Timber Statistics (and monthly supplements) Imports, exports, sales, consumption, stocks, price information	

Index